Eggs Ignatius

Neue Jerosolomytanische Bilgerfahrt

Eggs Ignatius

Neue Jerosolomytanische Bilgerfahrt

ISBN/EAN: 9783337317621

Hergestellt in Europa, USA, Kanada, Australien, Japan

Cover: Foto ©Lupo / pixelio.de

Weitere Bücher finden Sie auf **www.hansebooks.com**

Newe Jerosolomytanische Bilger=Fahrt/

Oder

Kurtze Beschreibung deß gelobten Heyligen Landts/ von Christo JESU Vnserem Erlöser vnnd Seeligmacher betretten vnnd geheyliget/ ꝛc.

Durch

P. F. IGNATIVM von Rheinfelden/ deß Mindern Ordens S. P. Francisci, Capucciner genannt/ Predigern/ durchwandlet vnd beschriben/ ꝛc.

Mit

Angehencktem Summarischen Bericht/ Franciscaner=Ordens Provintzien/ Custodien vnnd Persohnen.

Insonderheit aber

Vnderschidlichen Missionen oder Sendungen deren Capuccineren/ zu Erweiterung Catholischen Glaubens inner vnnd ausser Europen/ in Asien/ Affrica/ ꝛc.

Cum Licentiâ Superiorum.

Getruckt zu Costantz am Bodensee/ in der Fürstlichen Bischöfflichen Truckerey/ bey Johann Geng/

Anno M. DC. LXIV.

EPISTOLA DEDICATORIA.

Dem Hochwürdigen/ in Gott Geistlichen Vattern vnnd Herren/ Herren

FRANCISCO

Abbten/

Deß weitberümbten bhralten Gotts-Hauß S. Blasien auff dem Schwartzwald/ ꝛc. Deß hochheiligen Ertz-Patriarchen Benedicti Ordens/ ꝛc. meinem gnädigen Prælaten/ vnd Herꝛn ꝛc.

Ochwürdiger/ gnädiger/ Prælat vnnd Herꝛ. In Erinnerung was Gestalt vnser Seraphische H. Vatter Franciscus, nach empfangner Evangelischer Regel seinen angefangenen newen Orden fortzupflantzen/ die erste guttätige Hilff/ von dem hochberühmten Orden/ deß grossen heiligen vnd Ertz-Patriarchen Benedicti erhalten: Als deme der Gottseelige Abbt deß Bergs Subasij berührten

EPISTOLA

Benedictinischen Ordens. laut der Chronick FF. Min. p. 1. lib. 1. cap. 15. das Kirchlein Portiunculam, in welchem hernacher/ neben vollkommnen H. Ablaß/ deß gantzen Mindern Ordens-Grundveste gesetzt worden/ guthertzig vberlassen/ vnnd zu einer Wohnung geschenckt. Also hat auch die posteritet hoch ernennten Benedictinischen Ordens/ nach deme der H. Carolus Borromæus, eines so heiligen vnnd Seraphischen Vatters/ Geistliche Kinder/ die Capucciner in Teutschland gebracht/ zur Nachfolg dergleichen ruhmwürdigen Fuß-Stapffen/ biß anhero mit sehr gutthätiger Hand alle ersprießliche assistentz geleystet/ dergestalten/ daß sie ins gesambt/ diser vnserer Provintz vornembste vnd beste Promotores vnd Gutthäter/ ja als trew liebreiche Vätter schuldiglich geliebt vnd geehrt werden sollen.

  Weil aber vnder so vilen vnnd weitberühmbten Clöstern obberührten H. Ordens vnsers Vatterlands das Gotts-Hauß S. Blasij auff dem Schwartzwald vnder die fürnembste sowol in geistlicher als zeitlicher Würdigkeit billich vnd recht kan gezehlet werden/ als hat neben vmbligender Landtschafft vnser wenigste Congregation deren Capuccineren vor derist zu Danck vnnd Erkandtnuß selbiges insonderheit höchstens zuverehren.

  Dahero dann gar nit zu zweiffeln/ der allerhöchste habe den ersten Christen/ in der grausamen Verfolgung

Kay-

DEDICATORIA,

Kaysers Diocletiani, den wilden Orth/ auffm Schwartzwald/ allwo jetztmahlen Ewer Hochw. vnd Gn. weit berühmtes Gotts-Hauß sich befindet/ zu Fristung jhres Lebens/ auß sonderer Geheymbnuß Gottes/ gezeigt/ das vorderist allda sein H. Göttlicher Nam zu ewigen Zeiten/ gelobt/ geehrt/ gepriesen vnd außgebreitet werde/ vnd dann künfftiger Zeit/ (wie dato beschicht) andere so Geist: als Zeltliche jhren Trost vnd Zuflucht zusuchen vnd zufinden hetten/ welches darauß abzunemen/ das die erste Innwohner daselbsten (so wegen vorbey fliessenden Wassers/ die Brüder an der Alb genannt/ vnd folgends die H. Regel vnd Orden deß vorangedeuten H. Ertz-Patriarchen Benedicti angenommen vnd dato lobwürdig profitiern) Jhr angefangenes Gebäw nit fort zubringen gewußt/ biß sie den H. Bischoff vnd Martyrer S. Blasium zu jhrem Patronen/ Schützer vnd Schirmer erwöhlt/ auch dessen Namen zu ewiger Gedächtnuß behalten/ vnd sein Gnadenreiches Patrocinium vnd Vorbitt so weit genossen/ das gemeltes Gotts-Hauß biß dahero/ auch so gar durch dise letztere erbärmlich- vnd gefährlichste Kriegs-Zeiten/ durch besondere Vorsehung Gottes/ auch Ew. Hochw. vnd Gn. Klug: vnd Vorsichtigkeit/ nit allein vnbeschädiget erhalten/ sondern von Zeit zu Zeit/ biß anheut/ in solchen Auffgang/ Lob/ Ruhm/ vnd Würde erwachsen/ das es mit seinen hochgelehrten qualificierten Subjecten/ nit nur

sich

EPISTOLA

sich selbsten/ sonder noch andere seines Ordens Gottes-Häuser/ Prælaturen, vnd Digniteten/ lobwürdig zu ersetzen vnd zubesetzen begnadiget worden.

Es will mir zwar diß Orths nit gezimmen/ Eiwer Hochw. vnd Gnaden deß grossen Eyfers so Dieselbe Zeit ihrer bereits 26. Jährigen in dero vhralten hochlobwürdigen Gotts-Hauß S. Blasien zu Gottes Ehr vnd Glori. schöner Zierd vnd Auffnamb deß weit in der Welt außgebreiteten Benedictinischen Ordens hochrümblich geführten Regierung/ mit einer deren Modestiæ zuwider gehender amplification, zu erinneren/ als welche/ Krafft dero heyligen Profession, mit liebreicher Freygebigkeit/ Benedictum; vnd noch tragenden Nammen den demütigen Franciscum, vns repræsentieren vnnd vorstellen/ dann mir/ auch jetzt anwesenden Brüdern genugsambe Beweisung ist/ vnd künfftig sein solle/ der zu vnser Capuciner Kirchen allhie zu Walßhut in Persohn gelegt: vnd benedicierter erster Stein/ auch wehrenden Paws/ mit Rath vnnd That/ vberflüssig angeirendte Handreichung/ daß sie billich vnder die vornembste Gutthäter dises vnsers Closters können geachtet vnd gezehlet werden.

Mit stillschweigen in zwischen vbergehend/ nechst anderem/ dero angebohrnen Tugenten/ die beständige hospitalitet, vnd aller Orthen reichlich geübte vnnd annoch übende Freygebigkeit/ das klar erscheint/ der Allgüttige

Gott/

DEDICATORIA.

Gott/ habe Ewer Hochwürde vnd Gnaden nit allein dero anbefohlenen Gotts-Hauß seythero zu so glücklichem Volergehen: sondern auch ons armen Capuccineren (ab deren præsenz sie dann ein besondere Consolation vnnd Frewd ersehen vnd spüren lassen) zum besten/ wegen bereits vilfältig erzeigten/ vnd annoch beständig erzeigender grosser Gutthaten/ Vätterlicher affection vnnd Liebe durch allerhand gefährliche vnd betrübte Zeiten conserviert vnd mehr nachvolgende Jahr nach dero Würdigen Verdiensten conservieren werde/ ꝛc.

Dise jetzt gehörte/ vnd andere wegen geliebter Kürtze vbergehende Motiven vnd Verpflichtungen/ haben mich verursacht/ das Vertrawen zunemmen/ Ewer Hochwürde vnd Gnaden hohen Nammen gegenwärtige/ nach schlechter maß meines schwachen Vermögens/ geringschätzbahre Arbeith/ meiner vorderist nach der Insul Candia Krafft obhabender Gehorsame vnnd Mission: Alsdann auch auß zugefallener Begebenheit vnd erhaltener Oberkeitlicher Bewilligung/ nach denen von vnserem Erlöser dem ewigen Sohn Gottes/ mitelst seiner zeitlichen Anwesenheit/ gesegnet vnd gebenedeyten Landen/ vorgenommener vnnd (seiner Göttlicher Mayestätt höchsten Danck gesagt) glücklich vollbrachter Hierosolomytanischer Rayß/ gehorsamblich zu dedicieren/ zuversichtlicher Hoffnung Deroselben ein solche nicht vnannemblich

sein

sein werde; Zumahlen dero Unvollkommenheit/ under Ewer Hochwürde und Gnaden Schutz versichern; ich aber in zwischen mit offentlicher Bezeugung/ meiner demütigen Beflissenheit an Tag geben. Und hierdurch in obligender Ehr-Erbiethung/ mit fernerer Empfehlung dises unsers Closters/ sambt gantzer Provintz gehorsamblich erweisen sollen/ daß ich nechst Anwünschung zeitlichen und ewigen Heyls/ auch Anerbiethung unser aller täglichen Sacrificien und Gebetts/ seye und verbleibe

Ewer Hochwürde und Gnaden

Gehorsamber und demütiger in Christo

F. Ignatius Rheinfeldensis.
Capuc: indig.

Vorrede

An den wohlmeinenden Gutherzigen Leser.

Es hat gegenwärtige Jerosolomytanische Pilgerfahrt / sich allgemeinen Judicio oder Beschätzung zu underwerffen etwas Bedencken gehabt/ in Erwegung/ waßmassen laut deß Spruchs Salomonis, die Welt der Disputation oder Underred übergeben/ aller massen wenig Schrifften/ an das Liecht kommen/ die nit von etwelchen disputierlich gemacht: vnd was billich zuloben/ von vnerfahrnen getadlet worden: Dessen sich gegenwärtige Verfassung vmb soviel mehr zubesorgen/ allweilen sie in keiner Cantzley/ sonder bey den wilden Türcken/ vnder dem sausen vnd prausen/ deß vngestümmen gefährlichen Meers/ zn eygner Consolation oder Trost/ in Formb einer Memorials-Verzeichnus der H. Stätten vnnd Oerther kürtzlich auffgesetzt worden/ diß ohngeacht/ hat sie so verborgen nit verbleiben können/ daß sie nit/ von besonderen/ auch hochansehenlichen Standes-Persohnen desideriert/ vnd in dem Truck zuhaben/ mit befürderlichen Mitlen vorgesehen worden/ hoffende wenit mit Josue vnd Caleb, dasselbe gebenedeyte Land würcklichen zubetretten/ auff das wenigst/ vermittelst gegenwärtiger Beschreibung/ sambt dem Propheten Moysen von fernen zusehen/ vnd neben besserer Verständnuß Göttlicher Schrifft/ die hinderlassene heylige Fuß-Stapffen vnsers einigen Erlösers vnnd Seeligmachers / mit dem Hieronymo, vnnd der Andächtigen Paula zubetrachten. *Eccles. 3.*

Deut. 32.

In massen auch Naaman Syrus die Erden auff welcher Elisæus der Prophet gewandlet/ mit sich genommen selbige zuverehren. Dieweilen vnd aber Krafft obhabender Obedienz dise Reyß erstens in die Orientalische Mission vnd volgendes auch mit erforderter Päbstlicher Bewilligung/ in das H. Land sich erstreckt/ als hab ich mich nie der gemeinen/ noch Ordinari Strassen sonder vnderschidlichen Gelegenheiten vnd Schiffen/ bedienen müssen/ so mir Vrsach geben/ neben dem Türckischen beygewohneten Kriegs-Weesen/ auch was weniges von den Missionen beyzusetzen. *4. Reg. 5.*

Neben deme wird der Leser auch etwelche Vnbekandte Griechische/ Türckische/ Arabische Nammen vnd Wörter/ sambt gewissen Meer-Sprü-

(B)

Vorredt

Sprüchen finden/ welche wegen das solche gewohnlich gebraucht/ nit seynd in das Teutsche übersetzt/ sonder in ihrer Original-Sprach gelassen worden.

Tob. 5.
Gelebe underdessen getröster Zuversicht/ der verständige Leser/ werde in Ansehung deß vorgesetzten Frontispicij, mit dem frommen Tobia in Gesellschafft deß Ertz-Engels Raphaëlis sicher geführt/ wol underwisen/ in dem Vatterland Christi sich erfrewend/ alles mit einfältigem Aug/ und gutem Gemüth ansehen/ und durchlesen/ und nach Arth der Immen zum besten vermercken. Fahls er aber wider verhoffen/ was mißfälliges finden: oder in selbigem heyligen Land mehrers gesehen/ und erfahren/ unbeschwerdt verbessern. auch alles zu höchster Ehr/ Lob und Glori GOttes außdeuten/ dann ich mich sambt seiner heyligen Catholischen Römischen Kirchen gehorsamblich in aller demütiger Underthänigkeit underwürffe/ mich deß Spruchs (der alle Bilger stärcken und trösten solle) behelffende.

Patior ut Potiar

Ich leyde mit Gedult/
Erwarthe GOttes Huld.

COPIA

COPIA

ATTESTATIONIS.

Frater Marianus à ...co, Ord. Min. Regularis Observantiæ Provinciæ Mediolanensis, Lector ac Concionator Generalis, in partibus Orientis Commissarius Apostolicus totius Terræ sanctæ Custos, Sacri Montis Sion Guardianus, & servus, Dilecto nobis in Christo R. P. F. Ignatio à Rheinfeldâ Prædicatori ac Missionario Ord. Min. Capuccinorum S. P. F. Francisci, salutem in Dño.

Notum facimus & attestamur R. P. Ignatium à Rheinfeldâ, universis, singulisque præsentes nostras inspecturis, lecturis, pariter ac audituris, ad hanc sanctam Hierosolymorum Urbem pervenisse, nec non Terræ sanctæ loca, nempe gloriosissimum Resurrectionis D. N. JESU Christi sepulchrum: Sacratissimos Montes scilicet: Calvariæ ubi Salvator noster, propria morte nos redemit in cruce. Oliveti ubi in cœlum mirabiliter conscendit ad Patrem. Sion, augustissimi Sacramenti institutione Spiritus sancti missione, compluriumque nostræ salutis mysteriorum celebratione insignem. Thabor, gloriosa transfiguratione, Patrum testimonio venustatum & beatitudinum admirabili earundem Domini sermone decoratum. Quarantænæ, quadragenario Christi Domini jejunio, sanctificatum. Prætetea SS. Nativitatis Domini nostri præsepe in Bethlehem Judæ Civitate David: Sacram item Nazareth Domum, Angelica annunciatione Deiparæ, & æterni verbi incarnatione celeberrimam. Vallem Josaphat, pluribus Dominicæ Passionis mysterijs, ac Venerabili assumptionis Dei genitricis MARIÆ monumento exornatam. Bethaneam quoque, hospitio Dñi, & Lazari suscitatione honestatam. Sed & montana Judæ sanctissimæ Genitricis Visitatione ac præcursoris Nativitate, eiusque deserto nobilitata. Tiberiadis mare, quorundam Apostolorum vocatione, Petrique in Ecclesiæ Caput electione clarum. Iordanis fluenta Christi Domini Baptismate consecrata. Emaus dominica apparitione illustratum. ac demum cætera omnia sancta piaque loca, quæ tam in Judea, quam in Galilæa ac Samaria à fratribus, fidelibusque Peregrinis visitari solent, humiliter ac devote visitasse, in eisque pluries sacrosanctum Missæ Sacrificium celebrasse. In quorum omnium fidem has præsentes manu nostra subscriptas. ac maiori nostri Officij Sigillo munitas, expediri mandavimus. Vale & Deum pro nobis ubique & semper exora. Datum Hierosolymis in hoc nostro Conventu S. Salvatoris, die undecima Mensis Octobris Anno Domini 1656.

Fr. Marianus qui
supra, manu propria.

Ad Itinerarium Ierosolymitanum Adm. Ven.
P. Ignatij Rheinfeldensis Guar-
diani nostri.

Ut bino cœlum gyratur cardine binis
 Sic tu te volvis parve libelle polis.
Arcticus Elysys fixus reperitur in aulis.
 Franciscus sacræ, qui Cynosura viæ.
Alter at hic infrà Polus est Antarcticus iste
 Franciscus, præsens qui tibi forma refert.
Ille trahit sursum, trahit hic æqualiter ad se,
 Quos inter medius motus utrinque fluis.
Porrò sed ut gnatus testatur navita cæli,
 Cardine magnetem proximiore trahi.
Sic tu dum Solymas ad nostras invehis oras,
 Ad BLASII meritò littora vela moves.
Studium Theologiæ Moralis.
FF. Min. Capuc. VValdshutanum
Obseruantiæ causâ apposui

P. Fr. Ignatio Capuccino Fratri suo
Germano dilectissimo.

ODE

Quisquis ardenti pietatis æstu,
Ad PALESTINAS penetravit ARAS,
Inde divino studuit redire
 Munere plenus.
Plurimi sacras retulere SPINAS,
Aut humum quondam DOMINI cruento
Rore conspersam, aut CRUCIS expeditæ
 Nobile frustum.
Parce, tu multum nimis abstulisti;
Namque JESSEA remeans ab ARCE
Patrias TOTAM SOLYMAM tulisti
 Nuper ad oras.
Nempe lugebas, loca quod SINOIS.
Thraciæ Lunæ tenebris premantur
Quæ suis olim RADIIS replevit
 JUSTITIÆ SOL.

Per-

Perdidit GUIDO miserâ ruinâ,
Et CRUCEM, & REGNUM reparare tristem
Quâ viâ casum licuit, volebas
                       Tu reparare.
Te per irati tumidas procellas
Æquoris, TVRCÆ rabiemque GENTIS.
Cælicâ salvum remerare fecit
                  Arte MARIA.
Debitæ Reverentiæ, & fraterni Amoris ergo, applausit.
               Ioan: Adam Eggs I. V. L.

EIDEM

Omnibus haud longam conceditur ire Corinthum:
  Quando nequis facto, vivida vota juvant.
Hic Natale, Domum, Montes, spectabis & Urbes,
  Atque DEI roseo tincta cruore loca,
Hic datur afflicti vestigia visere Christi,
  Quæ subiit raptam cum revocaret ovem.
Ergo sedens gaude Solymas te cernere posse,
  Dum supplet præsens hic tua vota liber.
          Syncero animo gratulabundus allusit.
              Ioan. Henricus Koler I.V.L.

AD EUNDEM

Dum studio curâque, fideque, nec absque labore
  Non Solymas pedibus sufficit iisse tuis,
Vis etiam loca sacra levi describere chartæ
  Quò qui non vidit, cuncta videre queat.
Sic te cura premit, reliquis, tibi reddere nota,
  Quæ loca divino pressa fuêre pede.
             Cognatus intimus
             VVibertus Eggs I.V.C.

ALIUD

Gratulor, Atlantis Pœni fugêre labores,
  Fines jam patrios, hospitium que tenes.
Æolicos Boreas, jam Neptunique procellas
  Calce premis, portu stat tua fixa ratis,
Quæ Cognate, fuit, Pollux, Cynosuraque puppi,
  Frontibus in sculpta est stella Patrona tuis.
           Devotissimus Patruelis
      Leopoldus Eggs Philos. Studios.   AP-

APPROBATIONES

EX Mandato M. R. P. Generalis nostri, ego infrascriptus libellum cui Titulus. Peregrinatio Jerosolomytana A. R. P. Ignatij Rheinfeldensis legi per totum, nihilque in ea reperi Orthodoxæ fidei, bonisque moribus absonum, imo multa lectu jucunda, scituque utilia, proinde luce dignum censeo. Dabam Rottenburgi 13. Sept. Anno 1663.

F. Generosus Ruremondensis
Capuc: indig.

EX commissione M. R. P. Generalis nostri P. Marci Antonij, ego infrascriptus per legi librum scriptum, cuius Titulus est. Newe Jerosolomytanische Bilgerfahrt/ ꝛc. P. Ignatij Rheinfeld. Capuc. Guardiani & Concionatoris, ad honorem Religionis & augendam devotionem fidelium perutilem esse judicio, dignissimumque, ut in lucem edatur. Lauffenburgæ 22. Sept. Anno 1663.

F. Antoninus Bremgart. Capuc: & Moralis Theologiæ Lector indig. m. p.

FACULTAS.

Nos F. Marcus Antonius à Carbenedulo totius Ordinis Minorum Sancti Patris Francisci Capuccinorum Generalis, Minister licèt Immeritus.

CVm opus idiomate Germanico conscriptum à P. Ignatio Rheinfeldensi Concionatore nostro compositum titulum habens. Newe Jerosolomytanische Bilgerfahrt ꝛc. cum adiunctis Missionibus & Relationibus jam à Theologis nostris quibus id commisimus approbatum sit vt typis detur, quantum ad nos attinet, servatis tamen servandis, tenore præsentium facultatem impartimur. Datum in nostro loco Capitulari Solodori, die Octava Novemb. 1663.

F. Marcus Antonius
Minister Generalis.

CEN-

CENSVRA

TRractatum præsentem, cui Titulus est, Peregrinatio Nova Ierosolomytana unà cùm copys duabus Litterarum à Turcarum Imperatore datis, ac Relationibus & Missionibus annexis legi. Cumque singulariter remonstrent fructum Missionum ad partes illas infidelium à RR. PP. Capuccinis institutarum, publico Typo dignissimum iudico. Constantiæ 14. Ianuary Anno 1664.

Philippus Freyhammer S.S. Th.D.
Parochus & Canonicus S.
Steph. lib. Censor.

𝔅𝔢𝔰𝔬𝔫-

Besondere Ermahnungen dem Christlichen Bilger nothwendig zuwissen/ vnnd wol zubeobachten.

VIl vnd vnderschidliche Erjnnerungen hat der Christliche Bilger zubeobachten/ welcher sein Reiß nach dem Willen GOTTES vnnd Trost seiner Seelen/ in das heylige Land begehrt anzustellen/ vnd glücklich zuvollenden.

Vor allem soll er haben/ ein gute auffrechte Meinung selbige allerheyligste Oerther/ allein auß Liebe GOttes/ ohne Fürwitzigkeit zubesuchen/ welche Christus JEsus der eingebohrne Sohn GOttes/ drey vnd dreyssig Jahr bewohnet/ mit seinen heyligen Füssen betretten/ mit seinen heyligen Zähern vnd kostbarlichsten Blut begossen vnd entlich mit seinem vnschuldigsten Todt geheyligt.

Nach disem solle er sein Gewissen/ vermittelst einer schmertzlichen Beichte/ reinigen/ das allerheyligste Sacrament deß Altars andächtig empfangen/ vnnd nach der Ermahnung deß Königlichen Propheten David/ alle seine Gedancken auff den lieben GOtt werffen/ dessen Göttlichen Willen vnd Vorsorg sich ergeben/ diser wird nit ermanglen/ jhme trewlich beyzustehn/ massen erwelchen Bilgern beschehen/ welche in Besuchung deß Jrdischen Jerusalem/ das Himmlische erlangt/ deren Exempel in gegenwärtigem Reiß-Buch an seinem Orth zufinden. Ps. 54

In Ansehung aber dise Reiß weit vnd gefährlich/ solle der Christliche Bilger/ nach dem Exempel deß frommen Tobiæ sich vmb einen getrewen Glaits-Mann bewerben/ vnd neben vnser allgemeinen Fürsprecherin Mariæ der Mutter GOttes/ auch dem H. Ertz-Engel Raphael sich trewlich zubefehlen nit vnderlassen/ selbige täglich/ sambt anderen seinen heyligen Patronen/ mit was Andacht verehren/ etliche H. Messen zu disem End lesen lassen/ vnd sich frommer Menschen Gebett befehlen.

Neben disem hat der Christliche Bilger zuwissen/ daß jhme vor Antrettung diser Reiß die Päbstliche Bewilligung vonnöthen/ ohne welche Er in die Excommunication fallen wurde/ dise licenz aber kan

man

Newe Jerosolomytanische

man zu Rom/ oder auch bey den Apostolischen Legaten erlangen.

Weilen aber der Christliche Bilger/ durch vil vnderschidliche Reich vnd Völcker zureisen/ welche vnserem wahren Catholischen Glauben zuwider/ vnd dene auff das eusserste verfolgen/ ist vonnöthen daß Er in den fürnembsten Articulen deß Glaubens wol fundiert/ sich wisse vnnd könde defendiern/ auch so es vonnöthen für selbigen sein Leben darzugeben.

Dise Bilgerfahrt vorzunemmen/ findet man die beste Gelegenheit zu Venetia, Livorno, Marsilia vnd Malta, von dannen mit hin Kauff-Manns-Schiff nach Orient abfahren/ welche gemeinglich auff Constantinopel, Candia, Cypro oder aber in Siriam jhre Wahren ab- vnd hergegen andere einzuladen kommen/ durch Mittel vnd Gelegenheit deren/ der Christliche Bilger ohne sondern Kosten seine Reiß kan fortsetzen: besonder aber wann Er einen gueten Schiff-Patron antrifft/ mit deme Er sich Essens vnd Trinckens halber vergleichen kan/ welche gemeinglich mit nothwendiger Provision versehen/ vnd dergleichen Bilger zuverkösten gern annemmen. Was aber seine Kleyder vnnd andere Sachen antrifft/ ist vonnöthen daß der Bilger ein verschloßne Truchen oder Kasten habe/ alles wol verforge vor den Boodts-Gesellen/ welche nicht nemmen wo nichts zufinden/ auch nichts ligen lassen/ was sie antreffen.

Wann man zu Schiff getretten/ von dem Port abgefahren vnnd vnder den Seglen ist/ hüte sich der Bilger/ daß Er den Boodts-Knechten nit zu nahe an den Leib kommen/ dafern Er nit will grobe Wort/ oder auch gute Stöß einnemmen/ dann bey dergleichen Gesellen weder respect noch Freundeligkeit zufinden. Deßgleichen solle Er keine Nation deren gemeinglich in solchen Gelegenheiten vnderschidlich zusammen kommen/ verachten/ noch schimpfflich von ein- oder anderem König oder Fürsten reden/ dann offtermahlen sehr große Ungelegenheiten darauß entsprungen/ daher nutzlicher den Rosenkrantz/ oder andere Devotion vorzunemmen/ seiner Raiß sich darmit zuerjnneren/ vnnd den lieben GOtt vmb glücklichen Fortgang zubitten.

Damit auch der Bilger sein Gesundheit erhalte/ vnd den Kranckheiten entweiche/ solle Er sich mit gemeinen Medicinen versehen/ in Essen vnd Trincken mässiglich halten/ der Früchten sich müssig gehn/ vnd selbiger Landen starcken Wein ohne Vermischung deß Wassers nit trincken/ massen jhrer vil durch Lieblichkeit deß Weins den bittern Todt

Bilgerfahrt.

gekoſtet/ vnd alſo ſambt ihrem Leben auch zumahl der groſſen Verdienſten vnd Gnaden beraubt werden.

Von dem Gelt kan ich nit vil ſagen/ weilen ich Krafft meiner Profeſſion keines gehabt/ ſonder mich mit dem Zehr-Pfenning meines H. Vatters Franciſci beholffen/ alſo lautend: Jacta ſuper Dominum curam tuam, & ipſe te enutriet. Wirffe dein Sorg auff den Herren/ ſo wird Er dich ernehren. Dann ob gleichwol keiner das Heylige Land ohne Bezahlung deß Tributs kan betretten/ ſo werden doch die Religioſen S. P. Franciſci etwas ringer gehalten/ maſſen Sie zu Joppe für den Eingang deß H. Landes 6. Piaſtri, daß ſeind Reichsthaler: da die andere Bilger 14. für diſen Eingang vnd ſo vil für den Außgang bezahlen müſſen. Wegen Eröffnung deß H. Grabs erfordert man von den Bilgern 25. Piaſtri oder 12. Ducaten/ da hergegen die Religioſen S. P. Franciſci, ſo daſſelbige eröffnet/ ohne Bezahlung hineingelaſſen werden/ weil ſie dem Türckiſchen Kayſer einen jährlichen Tribut erlegen/ vnd ſowol für die Bewohnung der heyligen Statt/ als Eingang deß H. Grabs abſtatten.

Es iſt auch ſehr rathſamb/ daß ſich die Chriſtliche Bilger/ ihres Standts oder Reichthumb nicht rühmen/ noch ihr Gelt vor jemand ſehen laſſen/ ſich deß Sprichworts erinnerende: fide, ſed cui vide, ſonder als arme Bilger in Kleydung/ Speiß vnnd Tranck/ mangelhaffte ſich erzeigen/ ſo fern ſie ſicher vnnd vnbeläſtiget begehren darvon zukommen.

In Anſehung diſer Reiß (welche mehr zu Waſſer als zu Lande verrichtet wird) kein Zeit noch termin kan geſetzt werden/ ſonder alles bey dem lieben GOtt vnd dem Wind beſtehet/ auch zu Zeiten mit gutem Wind eines Tags weiter als ſonſt in 10. oder auch 20. Tagen zukommen/ ſolle ſich der Bilger nach dem gemeinen Sprichwort verſehen/ bey den Meer-Fahrtern alſo lautend: auff dem Meer berait für zehen Tag ein Brodt/ vnd für einen Tag zehen Brodt. Seytemahlen auff dem Meer anders nichts zufinden/ als groſſe Gefahr aller vier Elementen/ welchen das Schiff Tag vnd Nacht vnderworffen/ ohne die innerliche/ welche alle meer vbertreffen. Kan alſo der gedultige Bilger auff diſer Raiß vil abbüſſen/ vnnd groſſen Geiſtlichen Gewinn einſamblen/ ſofern Er ſein Leyden mit Chriſti IESU vereinbahret/ ſich ſeiner vorhabenden Raiß erinnert/ ſo nit auß Fürwitz/ oder Frewden halber/ ſonder die Sünden abzubüſſen/ vnnd die Genad GOttes

Pſ. 54.

zuerwerben angestellt worden. Zugleich aber wie vnderschidliche Meer-Porten in Orient/ also ist auch eines besser/ vnd dem Bilger zu Fortsetzung seiner Raiß bequemmer/ als das andere. Zu diser Kriegs-Zeit/ finden die Venetianer Fregaten bey den Türcken kein Sicherheit/ wie vor Jahren/ dahero sich der Frantzösischen/ Holländischen/ oder auch der Engelländischen Schiffen zubedienen/ welche auff Constantinopel, Cypro, Aleppo, Tripoli vnd Sidon Kauff-Manns-Güter zuladen/ abfahren. In allen disen Orthen finden die Christliche Bilger Procuratores Terræ Sanctæ, bey welchen sie sich sollen anmelden/ vnnd wie jhre Raiß ferner anzustellen erkundigen. Dise Verwalter deß H. Landes werden von dem Pater Guardian von Jerusalem bestellt vnnd gesetzt/ damit sie den Bilgern befürderlich seyen/ deßwegen solle der Bilger sein Vertrawen zu jhnen haben/ vnd nit zu den Griech oder Juden/ welche sich gemeinglich bey den Bilgern zumachen/ dieselbe/ vermög jhres Handwercks/ zubetriegen. Non est distinctio Judæi & Græci. Spricht der H. Apostel Paulus Rom. 10. Es ist den Griechen sovil zutrawen/ als den Juden.

Bey den Türcken vnd Mohren hat sich der Bilger behutsamb zu halten/ als seinen abgesagten Feind/ welche anders nichts suchen/ als die Christen zu verfolgen/ massen sie mit Worten vnd Wercken Gelegenheit suchen/ selbige in Vnglück zubringen/ daher soll Er sich vor allem hüten in jhre Moscheen einzugehen/ ob sie auch jhme darumb ersuchten/ dann sobald ein Christ jhre Moscheen betrittet/ muß er seinem Glauben absagen/ oder aber lebendig verbrendt werden/ vnnd diß ohn einige Nachsehung.

Dise Suspiciosische Völcker können nit leyden/ so die Christen jhre Statt-Mauren oder Vestungen zu scharff ansehen vnd besichtigen/ besorgende/ solches beschehe/ dieselbe zuverrathen/ halten auch für einen sondern despect, wann ein Christ vor jhnen außspeyet/ oder sie anschawet. Versuchen auch offtermahl die Bilger mit gewissen Zeichen/ als nemblich mit Auffhebung eines Fingers/ anzuziehen/ daß ein Gott/ welcher den Propheten Machomet gesandt/ dessen Glauben allein guet/ vnnd so der Christ gleich wie sie/ auch einen Finger auffgehebt/ vermeinen sie/ derselbige bekenne jhren Glauben/ vnd habe dem seinigen abgesagt.

So nun der Christliche Bilger/ in eintwederem der obermelten Meer-Port angelangt/ vnd das Landt betretten will/ solle Er zuvor seine

Bilgerfahrt.

...ne Kleyder beseytslegen/ vnd hergegen selbiger Landen Aba anzuziehen/ für den Hut solle Er haben einen Türckischen Bunde/ oder Turbande/ von blawer oder sonst vermischeter Farb/ weilen die Türcken nit leyden/ daß die Christen rothe oder weisse Turbande gebrauchen/ damit dieselbe von den Türcken erkennet werden. Solle auch disen Turband niemahl abziehen/ ob Er auch solte für den Türckischen Kayser kommen/ weilen die Entblössung deß Haupts/ für die gröste Vnhöffligkeit geachtet wird. Vnder gemeltem Turbande kan Er das lange Haar verbergen oder auffbinden/ damit dasselbige nit gesehen werden.

Ferner solle der Christliche Bilger wol auffsehen/ daß Er kein grüne Farb an seinem Leib trage/ seytemahl dieselbe bey den Türcken vnnd Mohren für heylig geachtet wird/ deßwegen jhren Geistlichen allein/ oder welche von deß Machomets Stammen/ zu tragen erlaubt ist: Für die Christen ist der Griechischen Völcker Habit am bequembsten vnd sichersten/ durch die Türckey zu raisen.

Allhie ist zuwissen/ daß der Habitus oder Ordens-Kleyd der minderen Brüder S. P. Francisci durch die gantze Türckey bekannt/ vnd vor allen anderen sicher getragen wird/ daher ohn vonnöthen/ solchen abzulegen/ inmassen ich mit selbigem glücklich durchkommen/ auch einigen despect selbiges wegen nicht empfangen/ auff daß der Christliche Bilger sein intent vnd Vorhaben erlange vnd deß Ablaß theilhafftig werden möge/ ist zumercken/ daß bey Anretung deß heyligen Landes vnd Eingang der Statt Jerusalem/ wie auch anderer heyligen Orthen/ vollkommner Ablaß vnd Verzeyhung der Sünden (so fern Vnserseyts kein Verhinderung bevorstehet) zu erlangen/ vnd diß mit Sprechung eines Pater noster vnd Ave Maria, neben Küssung der Erden oder selben heyligen Orths Gelegenheit/ zu welchem sich der Bilger/ vermittelst einer vorgehenden Beicht vnd H. Communion bereiten vnd disponiren solle.

Neben disem allem hat der Christliche Bilger der Geduld hoch vonnöthen/ welche vns Christus IESUS in disem Landt mit seinem Exempel gelehrt/ vnd der H. Apostel Paulus mit disen Worten geprediget hat. Patientia vobis necessaria est &c. Seytemahlen bey disen Hebr. 10. abgesagten Feinden vnsers Glaubens die wenigste Vngedult für ein Aergernuß geacht wird/ dardurch sie Gelegenheit suchen/ die Bilger zu verklagen vnd zu straffen.

Uber alle obgeschribene information hat der Bilger zumercken/ daß Er nothwendig zu Ioppe anländen vnd daselbsten auff das Landt

A 3 stei-

Newe Jerosolomytanische

steigen muß/ weilen kein andere sichere Straß auff Jerusalem zuraisen/ So bald Er das H. Landt betritt/ soll man den Trugoman oder Dolmetschen/ welcher zu Rama wohnet/ die Ankunfft der Christlichen Bilger berichten/ welcher bald zu fernerer Raiß nothwendigen Sachen wird verhanden sein/ die Bilger nach Erlegung für ein Persohn 14. Reichsthaler oder 7. Ducaten auff Jerusalem zuführen/ selbige beritten machen vnd in allem zuverköften. Zu Jerusalem/ wie gleichfahls in allen anderen Meer-Porten der Türckey/ werden die Christen examiniert vnd ersucht/ ob sie nit etwann Gewehr bey sich haben/ daher wird der Bilger ermahnet/ solche vnd dergleichen instrumenta beysents zulegen/ so er anderst nit will bey den Türcken verächtlich: vnnd vbel tractiert werden.

Zu Jerusalem haben die Bilger/ sowol Geist: als Weltliche so auß Europa kommen/ kein andere Herberg/ als bey den RR. PP. Franciscanis de observantia von welchen sie freündtlich empfangen/ wol bedient/ vnd mit aller Nothwendigkeit versehen/ trewlich an alle Heylige Orth begleitet werden/ daher billich selbige mit Hinderlassung eines H. Allmusen zu recompensieren/ in Ansehung sie ihr Kloster sambt den Christlichen Bilgeren/ allein auß dem Allmusen frommer Christen/mit grösster Lebens Gefahr erhalten/ vnd allbereit vber 300. Jahr bewohnen.

So dann die Christliche Bilger die Heylige Orth sowol inn: als ausser der Statt Jerusalem mit Andacht begehren zubesuchen/ haben sie zu solchem End einen Religiosen sambt 2. oder 3. Janitscharen/ auch einen Dollmetschen vonnöthen/ diser vnd keiner andern Gesellschafft/ sollen die Bilger sich bedienen/ dafern sie mit Trost ihre Bilgerfahrt begehren zuvollenden. Andere Ermahnungen/ wie sich die Christliche Bilger zuverhalten/ beschreiben/ weitläuffig vil andere/dahin ich den Christlichen Bilger will gewisen haben: Vnderdessen will ich in dem Nammen GOttes/ mein Raiß zubeschreiben anfangen/ vnd mit dem Königlichen Propheten David kürtzlich melden/ was ich in der Statt deß Herren gehört vnd gesehen/ in der Statt vnsers GOttes/ so er gegründet ewiglich:

In dem Namen IESV, Amen.

Zugleich wie GOtt der Allmächtig nach Zeugnuß deß weisen Manns/ alles wol vnd lieblich ordnet/ Also hat demselbigen gefallen/ auch dise mein Raiß auß sonderer seiner Güte/ wunderbahrlich zu disponieren/ vnd auff nachfolgende Weiß/ selbiger einen glücklichen Fortgang zu geben.

Als M. R. P. Fortunatus de Cadoro General Minister deß Ordens der mindern Brüder so Capuciner genannt/ pflicht seines Ambts/ dise vnsere Provinz visitiert vnd Anno 1653. den 23. Novembris zu Freyburg im Breißgaw Capitul gehalten/ hat er auff Begehren der Venetianischen Respublic, etliche Patres gesucht/ welche den Soldaten/ insonderheit den Teutschen/ in Candia, mit Geistlichen Mitlen vnnd Außspendung der H.H. Sacramenten beysprungen/ seind dahero gleich wie auß anderen Provinzen vnd Sprachen/ auch zween/ auß der Vnseren Krafft der Heyligen Gehorsame zu solcher nothwendigen Mission abgefertiget/ vnnd mir von obgemeltem wohlehrwürdiger P. General die Obedienz ertheilt worden/ Krafft deretrich sambt dem P. Felix von Dillsperg/ auff Venedig geraißt/ daselbsten anderhalb Jahr in der Insul Lido dise Mission abgewartet/ den Soldaten mit Beichthören vnd Predigen gedient vnd nit wenig zu dem Catholischen Glauben bekehrt. Under dessen seynd 4. Teutsche P.P. Capuciner von dem Herzog vnd dem Senat zu Venedig begehrt worden/ welche sambt andern Patribus mit Herren Generaln Laurentio Marcello nach Candia vnd von dannen/ in die Armada zu Dienst der Soldaten/ solten geschickt werden: habe also meinen obgedachten Gesellen zu Venedig kranck verlassen/ vnd bin in Gesellschafft zween Italianern P. Barnaba de Cambellara vnd P. Andrea von Mantua mit obgemeltem Herrn General: Nach empfangenem nothwendigen Gewalt vnd Benediction deß Herren Caroli Caraffa Nuncij Apostolici (welcher mir auch zumahlen ein Päbstliche Obedienz oder Licenz das H. Land zubesuchen/ gnädigklich ertheilt) den 9. Novembris Anno 1655. in Begleitung viler vornemmer Herren vnd Lösung der Stucken zu Schiff gangen/ vnd nach 9. Tagen vom Port gegen Istria abgefahren.

Den

Den 18. Novembris gegen Abendt vermerckten vnsere Piloten/ daß seynd Meer: vnd Winderfahrne/ wie daß der Nord-Windt bald wurde entstehn. Wessen als der Herr General verstendiget/ hat Er Befelch geben Levata zuschiessen/ damit die Flotta zum Auffbruch zu ermahnen/ welche bald ihre Ancker erhebt/ mit gutem Wind/ in Gesellschafft 14. andern grossen Kriegs-Schiffen vom Port gesegltet/ vnnd den 19. ejusdem gegn Abendt/ Istria vorbey auff Dalmatia gefahren.

Istria. Istria ist ein schönes gutes vnd fruchtbares Land den Venetianern vnderthänig/ hat etliche feine Stätt ein herrliches Amphitheatrum nechst bey der Statt Polla/ vor Zeiten Julia pietas genannt. Dises Landt solle erstlich Hister deß Noe Sohn bewohnt vnd den Nammen geben haben.

Den 20. Novembris legte sich der Wind/ der Himmel wurde mit dicken schwartzen Wolcken verzogen/ welche einen harten Wind oder Regen angedeut/ seynd also selbigen Tag ohnfehr von Zara gestanden/ vnd die Gegend Dalmatiæ wol gesehen.

Dalmatia. Zara. Dalmatia ist vor Zeiten ein schönes Königreich geweßt/ nun aber ausser der Stätten vnd Vestungen/ so an dem Meer ligen/ gantz zerstört.

Zu Zara ruehet der Leib deß H. Simeonis, der Christum vnsern Herren auff seinen Armen getragen/ vnder dem hohen Altar/ durchauß noch gantz vnd vnverwesen/ dise Völcker vnd Länder beherschen die Herren Venetianer/ seynd gut Catholisch/ gebrauchen die Sclavonische Sprach/ lesen auch in selbiger nach Ordnung deß H. Hieronymi die Meß. Auff den Abendt hat sich das Gewülck anfangen zertheylen/ darauff ein grawsammer Sturm-Wind Græco genannt entstanden/ welcher vnser Flotta so in 15. Kriegs-Schiffen bestanden/ voneinander gejagt/ das keins das ander sehen können/ hat also sambt der Nacht auch der Wind zugenommen/ die Wellen sich erhebt/ das Meer getobet/ der Wind gesauset/ vnd vns selbige gantze Nacht mit grosser Gefahr herumb gejagt.

Berg S. Angelo. Den 21. Tags frühe befanden wir vns auff der Seyten Italiæ vnnd sahen von weitem den Berg S. Angeli, kündten aber wegen deß Windes kein Port erreichen/ haben vns auß Befelch deß Herrn Generaln in das hohe Meer gelassen/ vns dißfahls deß gemeinen Sprich-Worts bedient/ also lautend: Dio mi guarda da terra, & io mi guardaro del mare. Gott bewahr das Schiff vor Land vnnd Felsen/ so wird ihme das Meer nichts schaden/ seynd also in diser erschröcklichen

for-

Bilgerfahrt. 9

fortuna zween gantzer Tag vnnd Nacht dergestalten herumb gejagt worden/ daß wir kaum wegen deß verdunckelten Lufts/ den Tag von der Nacht entscheyden kondten/ welches bey allen ein Forcht vnnd Schrecken verursachet/ daß keiner vermeinet/ mit dem Leben darvon zukommen/ haben sich deßwegen in gemein/ mit heimblich- vnd offentlicher Beicht zu dem Tode bereit/ zu GOtt vnnd Barmhertzigkeit geschrawen/ auch vnderschidliche Gelübt vnd Vota, dafern der Allmächtige GOtt jhnen auß diser Todts-Gefahr helffen wurde/ versprochen. Grosse Gefahr haben verursachet die Menge der Officier vnd Soldaten/ welche sambt jhren Kästen vnd Truchen in dem eingeloffnen Wasser gantz naß gelegen. Es haben zwar die Bodts-Knecht zu Anfang diser fortuna, nach jhrem Gebrauch/ mit singen vnd springen/ vns andere als erschrockene verlacht/ endtlich aber gantz ermüdet vnd erschrocken/ auch Barmhertzigkeit begehrt vnd zu Abwendung diser Gefahr/ nach laut jhres Sprichs-Wortes/ den Bilger gemacht/ welches auff folgende Weiß beschicht. In Vngestimme deß Meers/ wann kein Hoffnung vorhanden/ legt sich einer auß den Bodts-Knechten/ gantz arm vnd zerrissen ahn/ knyet mit einem Strick vmb den Halß vor dem Mast-Baum nider/ thut in Namen seiner Mit-Gesellen ein Gelübt/ so fern der Allmächtige GOtt jhnen wurde auff das Laude oder in ein Port helffen/ ein gewisses Allmusen zugeben/ oder aber Messen/ vnnd dergleichen lesen zulassen. In diser Vngestimme/ hat Herr General 30. H. Messen für die arme Seelen versprochen/ vnd als wir zu Zante angelangt sein Gelübd vermittelst der Geistlichen abgestattet/ vnnd neben grossem Allmusen die 30. H. Messen lesen lassen.

Den 22. Novembris nachmittag/ hat der Wind allgemach sich gelegt/ das Meer aber noch starck gewütet/ welches vns ein Hoffnung geben/ besser Wetter zubekommen/ als solches erfolgte/ haben wir dem Allmächtigen GOtt mit grosser Frewd gedanckt/ vnd einer dem andern wegen vberstandener Todts-Gefahr Glück gewünscht. Herr GeneralMarcello hat offentlich bekendt/ daß er die 30. Jahr welche er auff dem Meer zugebracht/ dergleichen fortuna niemahlen gehabt/ noch erfahren/ beklagte sehr die andere Schiff/ von welchen allein die weisse Rosen/ ein Holländisches bey vns verbliben/ die andere alle seynd in vnderschidliche Port getriben/ vnd zwey von selbigen zuschaden gangen. Auß vnserem Schiff haben wir deß Generals feluca, ist ein kleines Schifflein/ sambt einem lebendigen Oxen/ welchen die grosse Wasser-Wellen auß dem Schiff geschlagen/ verlohren. Qui descendunt mare in navibus, ipsi viderunt Ps. 106.

B ope-

opera Domini, & mirabila eius in profundo. Die allein welche es gesehen vnd erfahren/ können von der Noth vnd Gefahr deß Meers sagen. Es haben etliche in vnserem Schiff/ wegen diser fortuna grosse Vngelegenheit vnd Widerwillen empfangen: in 2.3.ja 4. Tag nichts versuchen noch essen können/ welches deß Meers Aygenschafft/ anfangs bey allen verursacht/ wie ich dann auch erfahren/ vnd sambt vilen andern leyden müssen.

Den 23. Novembris haben wir mit wenig Wind wenig Fortgang gehabt.

Den 24. dito seynd wir auff den Abendt bey Ragusea vorüber gesegelt vnd kein Landt mehr gesehen/ biß den 29. ejusdem.

Ragusea. Ragusea oder Ragusi, Statt ohnfehr von dem Meer in Albania ist ein Republic, so wegen besserer Sicherheit dem Türcken vnnd zumahl den Venetianeren einen gewissen Tribut jährlich bezahlt/ daselbsten wird täglich ein newer Potesta erwöhlet/ welcher 24. Stund die Statt regiert so hernach entlassen. Als wir aber gegen Valona einer Türckischen Statt *Valona.* gefahren/ vnd ein starcker Wind Tramontana oder Nord-Wind ge- *Sassimo.* nannt/ entstanden/ haben wir daselbst hinder einer kleinen Insul Sassimo genannt die Ancker gehefft/ bessern Wind zuerwarten/ welcher aber mehr zugenommen/ vnd mit solcher Vngestimme siben Tag gewähret/ daß wir von dannen nit weichen kunden. Vnderdessen haben vns die Türcken auß der Vestung ersehen/ vnnd nächtlicher Weil Loß-Fewr angesteckt/ weilen sie vns aber keinen Schaden zufügen kondten/ haben sie auff dem Landt Wache gehalten/ vnsern Außfall zuverhindern. Vnder wehrender diser Zeit hat der Wind ein Fregaten von Corfu ohnfehr von vns an das Landt getriben vnd gantz zerschmettert/ die arme Leuth haben mit grossem Geschrei von vns Hilff begehrt/ welche auß Befelch deß Generals, mit vnserer Copino, ist ein klein Schifflein abgeholt/ vnnd also von der Türckischen Dienstbarkeit salviert worden. Als aber dise Vngestimme je mehr zugenommen/ haben wir das Schiff neben 2. Anckern/ auch mit der Speranz vester gemacht/ vnderdessen hat vns an Holtz vnnd Wasser anfangen zumanglen/ welches vnser Marinari mit grosser Gefahr auff dem Landt gesucht/ gefunden vnd sambt schönen Blumen/ in das Schiff gebracht/ ab welchem wir vns/ in Ansehung der Zeit hoch verwundert/ das *Victori wi-* Holtz welches sie gebracht/ ware Lorber-Holtz/ dessen in selbigen Landen vil *der Selim* gefunden wird: Eben an disem Orth ist Selim der Türckische Kayser vor *Türckisch.* 57. Jahren/ als er Italien mit 100. Galeern verfassen/ vnnd das H. *Kayser.* Hauß

Bilgerfahrt.

Hauß Loreten plündern wölte/ von den Venetianeren vnd Florentinern geschlagen worden/ massen/ als wir den 8. Tag vnsere Ancker erhebt/ hinweg zufahren/ haben wir ein grossen Türckischen Ancker/ mit sambt den vnsrigen auffgezogen/ welche selbiges mahls wie zuglauben verlohren worden.

Den 7. Decembris haben wir nach Erhebung der Ancker die Segel auffgethan/ nacher Corfu zufahren/ als wir aber zu Mitternacht nechst an den Canal gelangt/ ist abermahl ein gantz furiosischer Wind Græco tramontano genannt/ entstanden/ welcher vns widerumb zuruck in das vorige Orth getriben/ darauff ein solches Dondern vnd Blitzen erfolgt/ als wolte alles vndergehen. Dise Gefahr haben wir andere/ weil es Nacht/ nit sonders gemerckt/ die Bodes-Knecht aber/ haben dieselbe weit grösser vnd gefährlicher zusein erkennt/ als die vorige/ deßwegen schlechte Hoffnung deß Heyls gehabt/ den Bilger wie vorgemelt gemacht/ vnnd bald darnach ein Fewr-Flammen/ ob dem Schiff auff den Segel-Baümen gesehen/ ab welchem sie getröst/ mit grossem Geschrey dasselbige/ als den Heyligen German salutiert/ darauff bald ein Stille erfolgt/ vnd nach deme es Tag worden/ vnserzehlt/ was gestalten das Schiff durch Fürbitt deß H. Germani, welchen sie in Gestalt eines Fewrs gesehen/ von dem Undergang erhalten worden.

So es jemandt wundern/ oder auch vnmöglich duncken wurde/ was ich hie von dem H. Germano, welcher ein Bischoff in Sicilia vnd sonderer Patron der Schiff-Leuthen/ vermelt/ dessen wird mir ein jeder Zeugnuß geben/ so etwann auff dem Meer ein Ungewitter außgestanden/ dann vast jedermann dise Ding mit seinen Augen sehen kan/ wann man in eüsserister Noth vnd Gefahr deß Schiff-Bruchs ist. Es erscheint aber dises Liecht (welches jhr vil für S. German halten) in Gestalt eines leuchtenden Gestirns/ oder einer angedeuten Flammen/ jetzt heller/ bald weniger leuchtend/ pflegt sich gemeinglich an einem hohen Orth/ oben auff dem Mast-Baum zusetzen/ bleibt auch offt so lang/ als einer möchte ein Patter vnser betten/ leuchtet zur Zeiten ein halbe/ bißweilen ein gantze Vierthel Stundt.

Wann diß Liecht erscheint/ ists ein vnfehlbar Zeichen/ daß sich der Wind augenschein'lich lege/ vnd je öffter dasselbe erscheint/ je mehr vnnd mehr sich der Sturm vnd Ungewitter mindert/ daher wann die Marinari selbiges sehen auffgehen/ pflegen sie es mit grossem Geschrey dreymahl zubegrüssen/ weilen sie ein gewisse Hoffnung schöpffen daß sie jhres Lebens

B 2

versichert: Die Gefahr vorbey: wie solches mit vilen Exemplen kan bewehrt vnd erwisen werden.

Es bezeugen auch die Schiff-leuth vnd sagen/ wann vnderschidliche Schiff zugleich in einer Gefahr vnd Vngewitter sich befunden/ daß die jenige auff welchen diese Liecht erschienen/ jederzeit darvon kommen/ die andere aber einen Schiff-Bruch erlitten/ sagen auch darneben/ wann diser Flammen zween zugleich erscheinen/ welches gleichwol selten beschehe/ daß alsdann daß Schiff für gewiß vnder gehe/ weilen sie vermeinen/ es seye ein Teüffels-Gespenst/ welches sich nit einer/ sonder viserley Gestalten gebrauche.

Disem allem/ sey wie im wölle/ bin ich der Meinung/ dises seye ein natürliches Fewr vnd nicht S. Germanus/ welches in dem Lufft angezündt wird/ in massen auch zu Landt offtermahlen bey dem Kriegs-Volck/ ob ihren Picken/ vnd auff den Fridhöfen/ dergleichen Fewr nächtlicher Weil gesehen werden/ welche von dem auffsteigenden Dampff in dem Lufft angezündt werden. Daß aber gemeiniglich darauff das Wetter oder Wind nachlasset/ geschicht/ weilen der Lufft gereiniget/ die Materia deß Vngewitters verzehrt/ darvon mehrmahlen ein Stille erfolgen thut.

Benebens ist gar recht/ daß man in dergleichen Aengsten vnd Nöthen der sieben H.H. GOttes vmb Fürbitt anruffen/ bevorab die jenige/ welche von GOtt sonderbahre Gnaden/ in gewissen Nöthen vnd Anligen vns zuhelffen/ haben. Vnder welchen der H. Niclauß/ der H. Germanus in Wasser-Gefahr angeruffen werden/ vmb daß man dern Hilff offt gespürt/ vnd erfahren. Dise H.H. aber können vns durch die Fürbitt bey GOtt Hilff vnd Gnad erwerben/ ob schon sie in Gestalt eines Fewrs sichtbahrlich nit erscheinen/ oder auff dem Segel-Baum sich sehen lassen.

Nach deme wir in diser Vngestimme drey Tag vnd Nacht mit grosser Gefahr herumb gejagt/ vnd wie den 10. Decembris auff den Abendt/ ohnsehr von Corfu vorbey gefahren/ vnd die obere Vestung sambt dem Castell gesehen.

Corcyra oder Corfu.

Corcyra oder Corfu ist in der Insul den Venetianeren gehörig/ kan wol wegen dreyfacher Vestung ein Schlüssel vnd Vormaur der Christenheit gehalten werden/ welche Vöstung vnderschidliche mahl von den Türcken beläger niemahl aber vbergwältiget worden. Als Selim der Türckische Kayser mit grosser Macht dieselbe vberfallen/ hatt er sie so hart mit Stucken beschossen/ daß die Visch in dem Meer von dannen gewichen vnd nie mehr wie zuvor gefangen werden. In dem Stättlin so vnder

dem

dem Castell ligt/ ruhet der Leib deß H. Bischoffs Spiridion vnternesen/ welchen die Griechen in Gefahr deß Meers anrueffen. Allda zeigt man auch ein Kirchen/ in welcher der H. Apostel Paulus geprediget: Auch sagt man/ das Judas der Verräther auß diser Insul gebürtig gewesen. An Oel vnd Wein ist dise Insul sehr fruchtbar/ hat aber wenig Getraide/ vnd noch weniger süsses Wasser/ welches man auff der Gassen herumb trägt zuverkauffen.

S. Spiridion Episcopus. Judæ deß Verrähters Vatterlandt.

Den 11. vnd 12. dito/ hat vns Ost Sudost/ welcher von der Seyten deß Mittags blaset/ in das Jonische Meer getragen// von baumen wir vnsehr von dem Golfo di lepanto, den Orth allda die herzliche Victori zu Zeiten Pabst Pij V. Anno 1571. den 7. Octobris von Ioanne di Austria erhalten worden/ gesehen. Als wir aber mit disem Wind/ von vnser Reiß abgetriben worden/ seynd wir mit grosser Mühe den 15. Decembris gegen Abendt nechst an die Insul Cephalonia gefahren/ vnd selbiges Port sambt der Vestung welche auff dem Berg/ wol gesehen.

Golfo di lepanto. Victoria Ioann di Austria. Cephalonia.

Dise Insul hat 60. Meil in dem Vmbkrais/ ist reich an Oel/ Rosseinlin vnd Muscaten-Wein. Die Innwohner diser Insul seynd nach Art der Griechen vnrühige Menschen/ ligen stäts zu Venedig wider einander im Recht vnd verschwenden jhr Haab vnd Gut im selbigen.

Den 17. Decembris haben wir die Insul Zante erreichet vnd seynd den 18. ejusdem daselbsten glücklich eingeloffen/ mit Lösung der Stucken von dem Castel vnd den Schiffen saluiert vnd empfangen worden/ Allweilen es noch Zeit zu celebriern/ vnd ich von Venedig her kein Meß lesen köndten/ bin ich mit sambt F. Andrea auff das Lande gefahren/ vnnd hab daselbsten bey vnser lieben Frawen in der Barfusser-Kirchen Meß gelesen/ vnd dem lieben GOTT wegen glücklicher Ankunfft gedanckt/ nach der Meß haben vns die Parres das Mittag-Mahl geben/ vnd nach selbigem das Closter/ welches gar schlecht/ sambt deß Ciceronis Grab/ so ausser der Kirchen mit einem grossem Stein bedeckt/ gezeigt.

Zante. Ciceronis Grab.

Zazynthus ist ein schöne reiche Insul vnnd Proviant-Hauß aller Schiffen so in Orient fahren/ obgleichwol das Port nit für alle Winde gut/ massen die Schiff offtermahlen daselbsten grossen Schaden empfangen/ wird es doch von allerhand Schiffen bezogen/ weilen gut Wasser vnd Provision alldort zufinden/ dise Insul ist reich an Oel/ Wein vnd kleiner Rosinen Uva passa genannt/ darauß fast jährlich 130000. Fässer derselbigen vnd 30000. Fuder deß besten Weins/ geführt werden. Deß andern

Zazynthus.

Newe Jerosolomytanische

Tags bin ich mit Fratre Andræa in das Schloß so auff einem hohen Berg gelegen/ Meß zu lesen gangen/ vnd hernach in das Closter S. Eliz, welches ein Pater, Ordinis S. Dominici bewohnt/ kommen/ ligt neben der Statt an einem gar schönen lustigen Orth. Im gantzen Griechen-Land/ wachsen keine grössere Citronen Pommerantzen vnd Limonen/ als an disem Orth/ vnd das daselbsten kein Winter gespürt/ sonder ein stäter Frühling zusehen. Virgilius, heißt disen Orth/ florida hyacintheos, vnnd eben diß will auff Griechisch bedeuten Zazynthus.

In diser Insul haben wir die Schiff/ welche der erste Sturm von vns verjagt/ zwey außgenommen onatroffen/ darunder etliche ziemblich vbel zugericht/ sich repariert vnd nach Candia außsegeln gerüstet/ weilen aber das Weynacht-Fest herzu nahet/ wolte der Herr General Marcello, daß solches in Zante celebriert wurde/ vnd derdessen bin ich mit P. Barnaba vnd F. Andrea zue S. Maria de Piscopo einem Griechischen Closter gezogen/ daselbsten Meß gelesen/ vnd nach selbiger mit einem gar schlechten Essen abgespeist worden. Als wir den andern Tag widerumb auff Zante kommen/ hat vns der Bischoff daselbsten/ so ein Religios S. Francisci PP. Conventualium in seinem armen Häußlein das Mittag-Mahl geben auch erzehlt/ was massen sein bestes Einkommen/ in Vnderweisung der jungen Knaben bestehe/ welche täglich zu ihme in die Schul kommen/ Italienisch vnd Griechisch zulehnen.

Vnderdessen seynd drey Abgesandte Griechen auß Morea oder Peloponeso zu jhr Excellenz H. General angelangt/ welche nach deme sie/ jhre vnerträgliche Beschwerden/ mit welchen sie von den Türcken betränget angezeigt/ vnd vergwisht/ so fern er sich mit der Armada bey jhren Gräntzen wolte sehen lassen/ vnd 300. gute Soldaten auff das Land zusetzen/ einen gewissen Paß daselbsten zuverwahren/ so wolten sie sammentlich die Wehr nächtlicher Weil ergriffen/ die Türcken vnversehens vberfallen/ sich der Republic von Venedig vnderwerffen vnd Gehorsamb leysten/ haben auch zu dessen Versicherung zween Geissel zusambt einer Summa Gelts zugeben sich anerbotten.

Nach deme aber dises berathschlaget worden/ hat man in Bedencken der Griechen Vnrew beförderlicher zu sein erkennet/ das Haupt-Wesen/ disem particular vnd vngewissen Geschäfft vorzuziehen/ massen zu selbiger execution der Armada nach Candia zusegelen/ Ordinanz ertheilt worden/ Vnnd den 8. Ianuarij Anno 1656. nach lösung der Stucken mit 16. Kriegs-Schiffen vnd 3. Marsilianen von Poresar das Türckische Schloß

Tor-

Bilgerfahrt.

Tornese gefahren. Damit aber dise Flotta/ welche allbereit in deß Erb-Feindts Meer eingeloffen/ fueglicher commandiert wurde/ haben Ihr Excellenz zuvor Befelch ertheilt/ auff nachfolgende Zeichen achtung zugeben/ vnd selbige wol zubeobachten. Erstlich solle die Armada sich befleissen/ sovil möglich vereiniget vnd beysammen zuverbleiben/ vnnd kein Schiff für deß Generals seglen/ sonder selbigem zu Tag vnnd Nacht folgen. Zum andern/ wann ein rothe gestambter Fahnen auff dem Mast-Baum ihr Excellenz deß Herren Generals-Schiffs auffgestreckt/ solten die hohe Officier alsobald nach dero Schiff sich begeben/ Kriegs-Rath oder aber Justitia zuhalten. Zum dritten/ die Ancker zuhefften oder Port zunemmen/ solte ein weisser: vnd für den Auffbruch ein blawer Fahnen auffgesteckt werden. So man Wasser/ Holtz vnd dergleichen nothwendige Sachen/ auff dem Landt wolte suchen/ wurde ein halb weisser vnnd halb schwartzer Fahnen auff der anthena zusehen sein. Zu Nachts aber an stat der Fahnen mit grossen liechter in Laternen die Losung was zuthun gegeben werden. Massen andere Gestalt kein Schiff Armada kan gubernirt noch commandiert werden.

Den 9. Ianuarij haben wir vns auff die lincke Seyten gegen Morea genannt/ vnd vmb dasselbe Reich drey Tag gefahren/ etliche Türckische Stätt vnd Vestung/ so an dem Meer ligen/ als nemblich Nouarim Vechio, Modon, Coron, neben andern Castellen vnd Schlössern gesehen.

Morea ist ein schönes Reich vast gantz mit dem Meer vmbgeben/ in welchem Archadia, Patras, Corinthus, Neapolis, Malvasia, Macedonia vnd vil andere Länder eingeschlossen. In selbiger Gegende/ ligt Galata, Thessalonica vnd Athen, welche Länder der H. Apostel Paulus durchwandert/ vnd das Evangelium Christi verkündt/ wie in seinen Epistelen zuersehen/ welche er an dergleichen Orthen geschriben.

Den 11. dito haben wir das Port Sapientia vorbey gesegelt/ in welchem etliche Barbarische Meer-Rauber gestanden/ aber nie getrawet vns anzugreiffen. Dises Port Sapientia ist der gefährlichste Paß/ allda gemeinglich die Trippoltrantische vnd Barbarische Corsari sich auffhalten/ vnd den Christen grossen Schaden zufügen.

Den 12. dito haben wir Brazo di Meino erreicht/ biß ist ein grosses Landt/ oder besser zusagen/ ein Armb deß Meers so von den Griechen bewohnt/ deren Bischoff wie mir ein alter Griech gesagt/ kein andere einkommen/ als den zehenden von den Wachtelen/ welche daselbst in solcher Menge gefangen/ igehörig/ vnd wie die Hering in andere Länder geführt

Tornese.

Morea.

Sapientia.

Brazo di Meino.

Newe Jerosolymitanische

werden. Als wir daselbsten Nachts vorbey gefahren/ haben wir deß anderen Tags auch letzliche Vögel auff dem Schiff gesehen und gefangen: Insonderheit aber werden selbiger Gegend vil Turtel-Tauben gefunden/ welche vilmahlen den mangelhafften Schiffen/ nie ohne Göttliche Fürsichtigkeit zugeflogen/ vnd den Menschen das Leben erhalten.

Cerigo. Die Insul Cerigo seynd wir zu Nachts für passiert/ vnd den 13. Ianuarij haben wir mit sambt dem Tag die Schnee-Berg in Candia ersehen/
Candia. mit gutem Wind demselben Reich zugefahren/ vnd auff den Abend ohngefahr vor Canea gestanden/ folgenden Tags umb die 12. Stund seynd wir erstlich deß Türckische Lägers/ vnd hernacher der Statt Candia ansichtig worden/ so bald die Türcken vnsere Flotta ersehen/ haben sie etliche Loß-Schütz gethan vnd bald darauff zu Pferdt vnd Fuß an dem Gestad deß Meers sich sehen lassen. Als wir aber vermeinten selbigen Abendt das Port zuerreichen/ sihe/ da ist vnverschens ein solcher Sturm-Wind entstanden/ daß wir besorgten von den Schiffen oder von dem Landt Schaden zuleyden/ welches/ GOTT gedanckt/ nit beschehen/ massen wir bey guter Zeit Standiam das Port erreicht/ vnd allda der Venetianer Galleern vnd Galleaßen angetroffen. Welche mit dreyfachem salve den newen General salutiert/ vnd gleich darauff glücklicher Ankunfft gratuliert/ auch nach Auffweisung seines Gewalts demselbigen die Huldigung geleyst.

Nach vnserer Ankunfft haben wir verstanden/ daß die Türcken vermittelst ihrer Hexenmeistern das Vngewitter vnd Sturm gemacht/ welches zu Undergang der Christen auff folgende Weiß erwecken. Sie nemmen einen Wider/ theilen denselben mit einem Sabel zwischen den Hörnern lebendig voneinander/ werffen den lincken theil in das Meer/ den andern vergraben sie auff das Landt/ darauff offtermahlen durch Pact deß Teuffels grosse gefährliche Ungewitter auff gewisse Zeit vnd Stunden entstehen/ massen wir dann solches/ wie jetzt vermelt erfahren haben.

Srandia. Standia ist ein Wilde vnbewohnte Insul zwo Meil von der Statt Candia gelegen/ hat a. gute Port für die grosse Schiff vnnd Galleern in welcher die Venetianische Schiff Armee Winters-Zeit sich pflegt zu retirieren vnd auffzuhalten.

Der 15. Ianuarij bin ich sambt P. Barnaba vnd F. Andrea auff S. Gerörgen Schiff/ irem Galleern gestiegen/ in die Statt Candia gefahren/ vnd daselbsten von vnsern Patribus freundtlich empfangen worden. Ihr Excellenz aber seynd nach 5. Tagen in die Statt kommen/ vnnd auff schö-

Bilgerfahrt.

schönen Fewr-Wercken vnd lösung der Stucken empfangen vnd bewill-kommet worden.

Von dem Reich Creta vnd der Statt Candia/ haben etliche wun-derbahrliche Sachen geschriben/in welcher nun wegen Zwölff jähriger Be-lägerung/ sich alles verändert/ massen die schönsten Palläst eingefallen/ die Clöster zerstört/ daß Brunn-Wasser von den Türcken abgegra-ben/ vnd an vilen Orthen vbel verschossen/ in diser Statt seynd 105. La-teinische vnd Griechische Kirchen/ deren die Haupt-Kirchen S. Tito (den der H. Apostel Paulus zum Bischoff dahin gesetzt) dediciert vnd gewi-hen/ darinn sein H. Leib ruhet. Von gemeltem H. Apostel/ hat dises Reich die Gnad/ daß kein vergifftes Thier noch Kraut dem Menschen o-der Vich schaden mag. Under wehrender Belägerung ist die Statt Candia zum andern mahl von der Pestilentzischen Sucht hart angegrif-fen worden/ hatt auch von selbiger sowol an Soldaten als Innwohnern mehr Schaden/ als von dem Feind empfangen/ inmassen er Anno 1649. auß Mangel der resistenz, mit sturmender Hand die halbe Statt ein-genommen/ 8. Stund inngehabt/ entlich aber durch Anführung Herren General Gilg de haas mit gemeiner Hilff vnnd grossem Schaden wide-rumb hinauß geschlagen: vnd biß dato erhalten worden/ daher wird allen Innwohnern/ gleich wie den Soldaten täglich das Comniß außgetheilt/ weilen sie keine Mittel/ der Belägerung halb sich zuerhalten. In diser Zeit haben die Türcken das gantze Reich/ außgenommen die Haupt-Statt Candia, die Plätz Spina longa, Suda, vnd Carabusi vnder jhren Ge-walt gebracht. Sonsten haben sich auch vil Bawren Sfacioti genanut/ gleich zu Anfang in die Berg salviret/ vnd sich dergestallt verbawen/ daß jhnen die Türcken biß daro nit haben können zukommen.

So haben sich auch die Türcken die Zeit hervor der Statt dermassen ein-geschantzt vnd befestiget/ daß jhr Läger mit Mawren/Gräben auch Wählen vmbgeben/ mehr einer grossen Statt/ als Belägerung sich vergleicht/ darin-nen sie schöne grosse Palläst/ samt einer Moschea erbawen/ vnd den Namen Nova Candia gegeben/ vmb daß sie der Statt Candia in der Grösse vn Ve-ste nichts bevorgibt/ ja wol gar vbertrifft/ dahero sie ohne grosse Macht vnd sonderbahre Hilff GOttes nicht wol auß selbiger zuvertreiben sein werden.

Nach deme ich in diser Statt Candia in vnserem Clösterlein neben andern vnsern Patribus zween Monat den gesunden vnd krancken Sol-daten/ mit Predigen administrierung der H. Sacramenten abgewartet/ vnd die Zeit dem Erb-Feind zubegegnen herbey kommen/ haben jhr Excel-lenz:

Candia.

Nova Candia.

lenz: Herr General Marcello/ mit offentlichem Trommel-Streich die Officier ermahnt/ sich auß der Statt Candia zubegeben/ vnnd den 12. Mertzen/ sambt den Soldaten sich in den Schiffen einzufinden/ zu disem Ende hatt Herr Marggraff Alexander von Barro, als bestellter General vber das Fuß-Volck dern der mehrer theyl Teutsche gewesen/ mich für sich vnd seine Regimenter begehrt/ vnd von vnserem P. Superiore erlangt/ welcher mich Krafft der H. Gehorsamb für die Teutsche/ vnd P. Barnaham für die Italianer verordnet/ vnd mit seiner Benediction entlassen/ bin also den 13. Mertzen von Candia auff Standia gefahren/ in deß Herrn Generals de Borro Galleatzen/ welche Herr Marcus Ricca commendiert gestigen vnd in selbiger mein Quartier genommen/ vnderdessen hat auch der Herr Generalissimus Marcello sein Galleern die Capitaniza bestigen/ vnd mit Auffsteckung der Flocken die Armada zum Auffbruch bereit zuhalten ermahnen lassen.

    Den 15. Mertzen zu Mitternacht/ hat man mit Lösung drey Stucken die Armada abermahl zum Auffbruch ermahnt/ darauff die Ancker gezogen/ vnd gegen Tag vom Port ohne sondern Winde dem Erb-Feind zubegegnen abgefahren. Als wir aber selbigen Abendt ohnfehr von der Insul S. Christinæ kommen/ hat vns ein starcker Sturm-Wind angefallen vnd innerhalb vier Stunden zuruck in das verlaßne Port gejagt/ weilen aber die grosse Armada/ daß seynd die Schiff 18. gewesen/ solch Port nit hat können beziehen/ haben dieselbe gegen der Insul Nio gesegelt/ die klein Armada aber darunder die 7. Galleatzen vnd 24. Galleern verstanden werden/ ist widerumb in das verlaßne Port eingefahren/ vnd daselbsten die Ancker geheftt.

Insul S. Christinæ.

    Den 16. Mertzen abendts hat der Subsudost oder Ostrosiroco angefangen zublasen/ welcher nach deme die Armada vnder Segell kommen/ selbige gegen der Insul S. Erini getrieben/ dise Insul ligt im Archipelago, 30. Teutsche Meil von Candia, ist vor wenig Jahren von dem Himmelischen Fewr angesteckt vnd halben theyl versuncken/ wird von den Griechen bewohnt/ welche wegen Sicherheit sich in den Bergen auffhalten/ vnd ein armbseelig Leben führen.

Insul S. Erini.

    Den 17. dito hat obgemeldter Wind nachgelassen/ vnd ist vns ein furiosischer Nord Nordost Græco Tramontano genannt ein Stund vor Nacht/ vnsehr von der Insul Nio angefallen/ welcher die gantze Armada verjagt/ daß allein die Galleern das Port erreichen können/ die Galleatzen aber sambt den Schiffen/ haben sich heraussen mit Hefftung deß Anckers

Insul Nio.

sal-

Bilgerfahrt.

salviert/ weisen aber der Wind vnd die Gefahr zugenommen/ vnd vnser Galleatzen gegen einem Felsen getriben worden/ haben wir neben der ersten Ancker noch eine außgeworffen/ welche von dem starcken Sturm zerrissen/ deßwegen wir die Speranzen außzuwerffen gezwungen worden/ auff welcher wir zwo Nächt vnd ein Tag gestanden/ vnd dermassen von den auffsteigenden Wasser-Wellen begossen/ daß wir alle Hoffnung verlohren vnd den Augenblicklichen Undergang besorgten/ wie dann zu disem End alle Sclaven auß den Kettenen gelassen/ die Mast-Bäum nidergelegt/ die Ruder herein gezogen/ vnd mit Lösung 7. Canon-Schütz auß Befelch deß Herren Generals Marggraffen der Welt valediciert vnd Urlaub genommen/ vnderdessen hab ich die Christen zur contrition vber ihre Sünd zuhaben (weil keiner wegen grosser Bewegung der Galleatzen sich von seinem Orth/ zubeichten/ begeben könden) ermahnt/ welche/ nach dem sie die Barmherzigkeit GOttes begehrt/ vnnd mit weynenden Augen an die Brust geschlagen/ vmb die absolution gebetten/ habe ich dieselbe sub conditione zum andern mahl ertheilt/ vnd nach solcher Herrn Marggraffen (in Ansehung kein Menschliche Hilff zuhoffen) erinnert/ Geistliche Mittel vorzunemmen vnd dem lieben GOtt ein Votum oder Gelübt zuthun/ welcher vnderdessen zufriden/ gleich 30. H. Messen bey dem wunderthätigen Beatissimæ Virginis Mariæ annunciatæ Bildt zu Florentz/ sambt 30. Pfundt Wachs vnd sovil Gelt zu opffern versprochen. In diser Gefahr seynd die Türckische Sclaven dern 70. waren/ mehr als die Christen erschrocken gewesen/ vnder welchen einer Nammens Solina/ die Soldaten mit folgenden Worten angeredt: bettet ewern GOtt/ daß er vns auß diser Gefahr helffe/ so diß geschiche/ will ich euch zwo Kogel mit Wein bezahlen/ so er auch gehalten! In deme wir also der Barmherzigkeit GOttes erwartet/ vnd darneben kein Besserung deß Wetters folgen wolte/ haben wir vil Volck auff dem Landt (welche Herr Generalissimus Marcello, so mit seiner Galleern in das Port Nio gelängt/ vnd 7. Schütz gehört/ dahin geschickt) gesehen/ dise als sie vnser Noth vnd Gefahr wargenommen/ haben alsbald Jhr Excellentz angezeigt/ welcher ein gute Schanckung versprochen/ der ihme getrawte vns ein Ancker-Seyl zubringen/ dessen hat sich ein Griechischer Peora anerbotten/ zuversuchen/ welcher sambt 12. starcken Gallioten nit ohne grosse Gefahr vom Landt gefahren/ vns ein Seyl von 600. Klaffter zugebracht/ vnnd sich alsobald widerumb gegen dem Landt/ daß Seyl nach sich ziehend begeben/ von dannen wir ein grosses Ancker-Seyl zu vns gezogen/ vnnd damit

Newe Jerosolomytanische

mit die Galleatzen an das Landt geheffter/ daß wir keiner Gefahr mehr zubesorgen gehabt. Als aber der Wind sich vmb Mitnacht etwas gestillet/seynd folgenden Tag 7.Galleern commendiert worden/vnsere Galleatzen in das Port einzuführen/welches auch geschehen/ aber nit ohne Schaden/seytemahlen vnsere Galleatzen an die Felsen gestossen auff der Seyten zerquetscht/ 8. Ruder zerbrochen/entlich aber mit der Hilff GOttes/ das Port erreicht/in welchem man aller Gefahr vergessen/ihrer wenig vmb empfangene Gnad/ GOtt dem Allmächtigen gedanckt/ sonder dißfahls nach dem gemeinen Sprich-Wort sich verhalten: also lautend, Passata la fortuna, pagato il santo. Wann die Gefahr vorbey/ vergißt man deß versprochnen Gelübtes.

Paros.
Insula.

Den 19. Martij ist die Armee von Nio auffgebrochen/ in die Jnsul Paros gesegelt/ vnd ohngefehr von der Statt Ausa in ein sichers Port eingeloffen/ die Ancker geheffet/ vnd biß auff den 9.April alldorten verblieben/ vnderdessen hab ich in selbiger Jnsul etliche Griechische Clöster/ welche die Münch so Calloieri genannt/ bewohnen/ besucht/ vnd gesehen/ daß sie ein armes strenges Leben führen/ die Regul S. Basilij versprechen/ beschären weder das Haar noch Bart/gebrauchen rauhe grawe Kleyder/ haben finstere Kirchen/ vnd in selbigen allein einen Altar/ auff welchem täglich nur ein Meß gelesen wird/ consecrieren in gesewrten Brodt/ vnd geben vnder beyder Gestalt das Nacht-Mahl/ leben in etlichen Jrrthumben/ vnd wollen den Römischen Pabst nit für einen Successorem S. Petri erkennen/ sonder sagen/ daß solcher der Patriarch zu Constantinopel seye/ welchem alle Griechen durch gantz Asia vnd Archipelago gehorsamen/ in Geistlichen Sachen vnderworffen vnd gehorsamb seynd.

München
Calloieri genant.

Delos Insula.

Den 9. April hat man mit Lösung der Stucken die Armada zum Auffbruch ermahnt/ welche/ als sie vnder die Segell kommen/ mit gutem Wind in die Jnsul Delos eingeloffen/ daselbsten mit Meß-Lesung vnnd Weyhung der Palmen/ den Palm-Sontag celebriert.

Æneas,
hat den
Tempel
Apollinis
erbawt.

Delos, welches zu vnser Zeit Idille genannt/ ist vor Zeiten ein berümbte vnd grosse Jnsul gewesen/ in welche sich Æneas nach Zerstörung Troiæ reteriert/ vnnd daselbsten einen herrlichen Tempel dem Abgott Apollini erbawet/dessen Bildnuß auff disen Tag in Schnee-weissem Marmell/ zwey Manns hoch außgehawen/ daselbsten verhanden/ so biß an die Gürtel in die Erden versuncken/neben dem Apollo/ stehet zu rechter Hand ein Weibs-Persohn/ auch auß Marmell/ man vermeinet/ es seye der Sibyllæ Delphicæ Contrafet

Es

Bilgerfahrt.

Es hat das Meer dise Insul durchbrochen/ in drey Theyl abgetheilt/ darauß gleich einem Dry-Angel ein gutes Port worden/ in welchem kleine vnd grosse Schiff sicher stehen/ vnd mit allen Winden hinauß fahren könden/ der Ursachen pflegen die Venetianer jhre Galleern vnd Galleaten daselbsten zu spulmieren/ daß ist mit einer gewissen Materi von Oel vnnd Seiffen zubestreichen/ auff daß sie besser vnnd behender durch daß Wasser lauffen/ dise Insul ist gantz vnbewohnlich/ theils wegen deß Gespensts/ theils auch weilen in selbiger kein süsses Wasser zufinden: verwunderlich ist daselbst der eingefallene Tempel Apollinis zusehen/ in deme gleich einem abgehawenen Waldt/ vil hundert schöne Marmelsteine Säulen vbereinander ligen/ deren etliche gantz/ etliche zerfallen. Neben disem ist auch ein zerstörtes Amphitheatrum verhanden dergleichen ich kein durch Italiam gesehen/ von disem Orth schreibt Virgilius lib. 6. Æneidos.

>   At pius Æneas arces, quibus altus Apollo,
>   Præsidet, horrendæque procul secreta Sibillæ,
>   Antrum immane petit, magnum cui mentem animumque,
>   Deliùs inspirat Vates, aperitque futura, &c.

Weilen aber/ wie oben angezeigt/ dise Insul gantz öd/ seynd 8. Galleern/ nach der Insul Miconos, Wein vnd Wasser sambt andern Nothwendigkeiten abzuholen/ commendiert worden/ welche als sie mit guter provision zuruck kommen/ seynd wir *Miconos.*

Den 14. Aprilis auff die Insul Tinos zugefahren/ in Ansehung der Wind damahl starck/ vnd dasselbe Port nit sonders Gut/ haben Ihr Excellenz Herr General das Port Andros zubeziehen Ordre geben/ Tinos ist ein grosse Insul den Venetianern zuständig/ in welcher auff dem Berg ein vestes Schloß/ deß Türcken Anlauff zuverhindern/ stehet. Bezahlen daher dem Türcken keinen Tribut, wie andere Insulen/ so keine Vestung/ sich zu defendieren haben. *Tinos.*

Den 14. dito Abends haben wir die Insul Andros erreicht/ vnnd glücklich an daß Port gefahren/ weilen nun damahl Charfreytag gewesen/ hat Herr General nach der Venetianer Gebrauch in seiner Galleern vil Liechter vnd Facklen lassen anzünden/ denen bald andere nachgefolgt/ ist also diser Heylige Tag auff dem Meer nit anderst/ als in einer Statt gehalten/ folgenden Tag auff dem Landt die gewohnlichen Ceremonien/ mit grosser ædification der Griechen verrichtet vnd gehalten worden.

Den 16. dito haben wir in disem Port dem Oesterlichen Fest mit Lösung der Stucken den Anfang gemacht/ zu disem Ende die Zelten auffgeschlagen worden/ desto füglicher vnderselbigem die H. Sacramenta zu administrieren/ wie ich dann dieselbige Oesterliche Zeit 200. Persohnen communiciert/ vnd so lang wir allda verbliben/ täglich Meß gelesen.

Andros. Andros ist ein schöne grosse Jnsul/ reich an Seyden/ Baum-Wollen vnnd allerhand nothwendigen Sachen/ hat vnderschidliche Clöster/ welche die Griechen Colloieri bewohnen. Bey den Griechen vnnd andern Orientalischen Christen/ wird keiner zum Patriarcha oder Bischoff erwöhlt/ als die Calloieri, daß seynd Münch/ dann weilen den Weltlichen Priestern/ Weiber zuhaben/ zugelassen/ gestatten sie nit/ daß dergleichen zu der Bischöfflichen Würde kommen sollen/ massen dann auch in der ersten Kirchen/ solches vblich gewesen/ vnnd lange Zeit mit grossem Nutz gebraucht worden.

In disem Port Andros hat sich die Venerianische Armee 10. Tag auffgehalten/ den new erwöhlten Capitan Marco Bembo mit 8. Schiffen zuerwarten/ nach deme er aber nit erschienen/ seynd wir

Negro- Den 6. Maij Anno 1656. auffbrochen vnd nechst bey Negroponte
ponte. vorbey gefahren/ selbige Jnsul gar wol erschein/ welche sich zimblicher massen in die Länge erstreckt. Selbigen Abend seynd wir von einem Sturm-Wind angefochten worden/ welcher die gantze Armada von einander getriben/ vnd in grosse Gefahr gesetzt/ massen sich etliche Schiff gegen Athen,
Sciro. die Galleern aber vnd Galleatzen in die Jnsul Sciro salviert/ diser Sturm hat den erwarteten Succurs den Herrn Marcus Bembo commendiert zu vns getriben/ dessen wir vns sehr erfrewt. Als aber die Armada widerumb durch Gunst deß Windes sich versamblet/ hat obgedachter Herr Bembo seine Befelch vnd Gewalt Herren Generalissimo auffgewisen/ mit Streichung deß Segels Gehorsamb gelenst/ vnd sambt der Armada in
Sciaro. die Jnsul Sciaro, Proviant einzuladen gesegelt/ in welcher wir vil guten Wein vnd Fleisch/ aber kein Brodt gefunden/ wie dann alle selbige Jnsulen/ gar arm an Getraidt vnd Korn/ wegen der grossen Dürre vnnd Hitz selbiger enden.

Berg: A- Den 9 Maij hat der Wind die Flotta gegen dem Berg Athon ge-
thou der triben/ allda wir von fern selbigen hohen Berg/ welcher fast gantz von dem
H. Berg Meer vmbgeben/ gesehen/ weilen der Calloieri oder Griechischen
genant. München Bewohnung/ der heylige Berg genannt/ darauff sehr vil Religiosen in grosser Strenge absönderlich leben/ kommen alle Sonntag vn̄ an besondern Festtägen in dem Kloster zusamen/ Meß zu hören/ nach solchem geht jeder widerumb in sin Hüttlein oder Hölen/ deren etlich hundert daselbs

Bilgerfahrt.

selbsten gefunden werden/ seiner Arbeit obzuligen/ mit welcher ein jeder sich selbsten vnd daß Kloster zuerhalten sich befleissen thut.

Es haben dise Calloieri vnserer Armada allerley Frücht zugeführt/ auch auß Holtz gemachte Creützlin außgetheilt/ Gelt dardurch zubekommen/ dessen sie zimblicher massen begirig seind/ haben vns auch für gewiß gesagt/ daß in selbigem gantzen Berg kein Weibliches Geschlecht/ von Menschen vnd Thieren zufinden/ weren auch den Türckischen Tribut zubezahlen befreyet/ wegen deß respects oder Ansehens/ so die Türcken zu disem Orth tragen vnd haben.

Den 15. Maij seind die Schiff in die Insul Imbros eingelossen/ die kleine Armee zuerwarten/ welche den 17. auch daselbsten angelangt. Nachdeme wir auff daß Land gestigen/ haben wir gar vil grosse Schildt-Krotten angetroffen/ gefangen vnd auch gessen. Dise Insul ist reich an Holtz vnd Wälden/ darinn werden vil wilde Ochsen vnd Pferdt gefunden/ welche vnsere Soldaten geschossen/vnd als daß beste Wildprät genossen/ seind also/ nachdeme wir vns mit Holtz vnnd Wasser versehen/ den 19. Maij vom Port abgefahren/ vnd den 20. nichts an der Insul Lemnos vorbey gesegelt. — Imbros.

Den 22. dito/ haben wir den Canal mit der Sonnen Auffgang erreicht/ vnd den 23. Abends/ mit der gantzen Armada/ für die Dardanelli geruckt/ daselbsten den Erb-Feind zu erwarten. Folgende Nacht haben die Türcken auff dem Land Losung-Fewr angesteckt/ darauff den anderen Tag beederseits deß Canals vil tausendt Türcken zu Pferde vnd Fuß auff dem Land sich sehen lassen/ vnnd mit Auffrichtung ihrer Zelten/ ein Läger geschlagen/ vns damit den Außfahl zuerhindern/ oder wenigest allem Paß/ süß Wasser zubekommen/ abschneyden.

Den 24. 25. vnd 26. dito/ hat sich ein grosse Meng Delphin ob dem Wasser sehen lassen/ so vmb die gantze Armada geschwummen/ als ob sie vns wolten bewillkommen/ oder sich der künfftigen Victori erfrewen/ welches ihrer etlich für ein gut Zeichen außgedeuttet vnd gehalten.

Den 27. Maij ist die Armee auß Befelch Jhr Ecellentz etwas näher für die zwey vnüberwindliche Schlösser oder Bestungen geruckt/ welche man der Ursachen Dardanelli heisset/ weilen sie den Paß auff Constantinopel beschliessen/ auch allem Gewalt gar leicht sich können widersetzen/ in welchen vber die 300. Stuck Geschütz in Bereitschaffe stehen/ deren etliche/ hundert auch mehr Pfundt schiessen/ wurd auch in selbigen dise Ordnung gehalten: Soviel Stuck/ in dem einen Schloß loß gebrent: daß ander mit soviel Stucken schuldig zuandtworten. Disen Canal ha- — Dardanelli.

ben

ben wir mit vnserer Armada dergestalt beschlossen/ daß kein Schiff weder herauß noch hinein fahren könden.

Was wir dise Zeit für Kummer/ Hunger/ Gefahr/ Angst vnnd Noth außgestanden/ ist nit zubeschreiben/ seytemahlen wir in deß Türcken Reich zu Lande vnd Wasser/ dem Erb-Feind vor den Augen/ auch so gar das kalte Wasser nit ohne Blut vergiessen haben könden/ dann solches zubekommen/ hat man die gantze Armee auff das Landt gesetzt/ die Türcken so lang zu hinderhalten vnd mit selbigen zufechten/ biß die Sclaven solches geschöpfft haben welches alletzeit beederseyts blutige Köpff abgeben/ doch haben die Türcken in Ansehung der guten Ordnung/ gemeingklich den Kürtzern gezogen/ bevor das erste mahl/ als die Armada auff das Landt kommen/ haben sie sambt dem Wasser ein grosses Feldt Früchten für die Pferdt eingesamblet/ in die Schiff vnd Galleern gebracht/ etliche Häuser in Brandt gesteckt/ darnach sich bald in die Schiff reteriert/ vnd in guter Ordnung widerumb für die Dardanellen geruckt. Selbigen Tag hat Herr Marggraff vnfehr von dem Meer sein Zelten lassen auffschlagen/ vnnd gewolt/ daß ich vnder selbiger solte Meß lesen/ so auch beschehen/ dessen sich die gantze Armada erfrewt/ in Ansehung sie ein gute Zeit kein Meß gehört/ wie auch/ daß allda vor disem kein Christliches Werck gesehen noch verrichtet worden.

Den 11. Junij bey dem Auffgang der Sonnen/ liessen sich in dem Außfluß deß Canals oder Schlundes/ etliche Galleern von weitem sehen/ welche/ weilen sie nit erkendt/ für die Galleern auß Egypten oder der Bellieri, dem Türcken zu succurieren gehalten worden/ seynd daher auß Befelch Ihr Eccellenz deß Herren Generals zwo Galleern sambt etlichen Pergantinen commendiert worden/ zuerfahren/ ob dise Freünd oder Feindt weren: nach dem man aber ein Erfahrnuß gebracht/ daß es der Malteser Galleern/ so von dem Prior von Rocella commendiert/ hat vnser Armada obselbigen/ nit allein wegen ihrer Hilff/ sonder weilen sie zumahlen allerhand Wahren/ vnd Lebens-Mittel zuverkauffen mitgebracht/ ein sondere Frewd gehabt/ vnd mit Lösung der Stucken vnd Musqueten selbige empfangen/ nach deme sie zuvor vnsere Armada mit dreyfachem Salve von groß vnd kleinem Geschütz begrüßt/ vnnd die Obedienz præstiert. Sechs Tag nach disem hat der Fürst von Parma sambt 4. andern Schiffen auch zu vns gestossen/ also daß vnser Armada in 28. grossen Naven, 24. Galleern/ 7. Galleatzen/ 7. Malteser Galleern sambt etlich andern andern Schiffen bestanden. Als wir nun 33. Tag daselbsten zu Ancker

ge-

Bilgerfahrt.

gelegen/ vnd deß Feindts An- vnd Außfall erwartet/ haben die Türcken grossen Fleiß angewendt/ ihre Schiff außzurüsten vnd allenthalben durch jhr Reich ein grosse Anzahl Kriegs-Volck zubruffen/ auch starcken Vorrath zumachen/ wie sie dann ein mächtige Armada von 22. grossen Naven/ welche sie Sultanen/ heissen/ vnd 40. in 50. Stuck darob führen/ 63. Galleeren/ 11. Galleatzen/ sonsten Mahonen genannt/ darauff 1000. Mann fechten könden/ sambt vilen andern nidern Schiffen/ zusammen gebracht/ darauff sie in der Resolution vnd Meynung/ die außfahrt mit dem Streit wider allen Widerstandt zuversuchen/ den 23. Junij sich innerhalb der Dardanelli sehen lassen/ was für grosse Frewd vnser Armada ab diser Ankunfft empfangen vnd die Stunde deß Angriffs erwartet/ vberlasse ich dem Christlichen Leser zubedencken/ daß kan ich mit Warheit sagen/ den Tag meines Lebens/ solche Frewd nie gehabt zuhaben/ welche sich auch in allem Volck sehen lassen/ vns zweiffels ohne von dem lieben GOTT wider seine vnd der Kirchen-Feind mitgetheylt. Als aber die Stundt herzu genahet/ in deren wir vnß zue guetem der Christenhait auffopferen vnnd streiten solten/ hat sich die Begird bey den Commendanten vnnd gemeinen Soldaten je mehr vnnd mehr entzündet/ auch einer den anderen befragt/ was er jhme vmb sein Beuth so er hoffe von den Türcken zubekommen/ geben wolle? Entzwischen hat ein Frantzösischer Constabel sambt einem Capitan vnd 29. Italianischen Sforzati/ daß seynd gezwungene Knecht/ von vns nächtlicher Weil außgesetzt vnd zu den Türcken gefahren/ durch deren Anstifftung der Feind zwo Bacchareyen auffgewotffen/ von selbigen vnsere Schiff zubeschiessen/ in Meynung solche auß der Ordnung zubringen/ vnd damit Weite zubekommen/ füeglicher durchzuschlagen/ warmit sie vnser Armada drey gantzer Tag belästiget/ vnd die an vnsere Galleatzen gebundene feluca zu Grund: neben 3. Soldaten/ auß deß General-Capitans Schiff/ todt geschossen/ jedoch aber vnser Armada auß der Ordnung nit treiben/ noch zertrennen mögen/ in deren wir deß Feindts Angriff stündtlich erwartet.

Nach deme wir nun den 26. Junij ersehen/ was gestalten die Türckische Armada/ mit Erhebung der Ancker vnd Auffziehung der Segel auch Auffsteckung der Flacken sich zu der Außfahrt gerüst/ ist in vns der Muth vnd Frewd noch mehr gewachsen/ vnd in Ansehung deß auffgesteckten Convalo oder Blut-Fahnen/ sich ein jeder zu dem Streitt auffgemuntert/ mit seiner nothwendigen Gewehr versehen/ vnsere Christliche Sclaven wurden auß den Ketten: Hergegen die Türckische neben den Füs-

Füssen auch an den Händen eingeschlossen/ mit Befelch/ so einer seinen Kopff solte außstrecken/ selbigen verfallen zuhaben. Under disem habe Ich alle vnsere Soldaten vnnd Völcker so in der Galleatzen Ricca zur New vnd Eyd vnd wider den Erb-Feind tapffer zustreiten/ mit einer kurtzen Sermon ermahnt/ auch einem jeden den allerheyligsten Namen IESU auff Papeyr gedruckt außgetheylt/ vnd mich alsdann mit einem Crutzifir in Händen/ in den vordern theyl der Galleatzen begeben/ darauff haben Ihr Excellentia Herr Marggraff de Barro die Losung sambt dem Befelch/ daß keiner sich solte auß seinem verordneten Orth bewegen/ ertheilt/ auch den Constablen gute Sorg zum Fewr/ Pulver vnd Stucken: den andern aber zu den Seglen vnd Rudern zuhaben anbefohlen/ jenige aber/ so beschädiget solten werden/ wolte er daß sie in das vndere Theyl doß Schiffs getragen vnd daselbsten fleissig verbunden wurden/ nach disem hat hochgedachter Herr General sich auff die Prora oder Vorderteyl der Galleatzen mit einem Harnisch angethan/ gestellt/ daselbsten mit blosser Wehr/ heroischem Gemüth vnd Christlichem Eyffer allen zugesprochen/ deß Feindes erwartet/ vnd damit auch allen andern ein Hertz vnd courage gemacht.

Von der Ankunfft deß Erb-Feindes.

Gegen zehen Vhr obgemeldten Tags ist der Erb-Feind mit einem gelinden Nord-Wind vom Port ab/ mit vollen Saglen erstlich die Sultanen/ welche als grosse Schlösser zusehn scheinten/ darnach die Galleern vnd mit den Mahonen/ daß gantze Geschwader/ in guter Ordnung auff vnser Armada zugefahren/ welches als vnser Generalissimus Laurentius Marcelló ersehen/ hat er mit grosser Behendig. vnnd Hertzhafftigkeit/ die Galleern vnd Galleatzen in die Ordnung gestellt/ vnd sich gegen der Enge/ wo vnsere grössere Schiff mit dem Gegen-Wind vnd Widerfluß deß Wassers geängstiget waren/ gewendet/ vnderdessen ist die Türckische Armada zu vns einen grossen Canon-Schuß genahet/ vnd hat gleich mit Lösung 7. Stucken die Schlacht anerboten/ welchen vnser Admiral Herr Contarini nach Kriegs-Gebrauch bald mit eben so vil Stucken geantwortet/ vnd darmit der Schlacht den Anfang gemacht/ gleich darauff haben die drey vordere Schiff/ welche ab dem Wind/ als nemblich Herr Lazarus Mocenigo,/ Herr Marcus Bembo vnnd die Patrona dermassen starck auff die Türcken gespilt/ vnd so lang auffgehalten/ daß auch die Galleern vnnd Galleatzen hertzugenahet. Als wir aber vermeinten der
Feind

Bilgerfahrt. 27

Feind würde daselbsten durchschlagen/ v. und einen formalischen Anfall thuen/ haben sie unversehens die Segel etwas eingezogen umb ihre völlige Armada zuerwarten/ alsdann mit ganzer Macht und furia auff uns zugehen/ und doch gählings auff die lincke Seyten sich gewendet/ in einem Busen deß Canals grad zwischen dem Castell Natolice unnd den Egg Barbieri gelassen/ daselben die Ancker außgeworffen/ hoffende/ also under dem Schirmb und Strucken der Dardanelli unbeschädiget zuverbleiben. Underdessen hat sich unser Armada sehr bemühet/ den Feind zuerreichen/ ware aber unmöglich/ und diß/ wegen widerwärtigen Windts unnd deß Wassers Gegen-Fluß. Damahlen hat man nichts anders gehört/ als hertzliche Seüfftzer/ bitten und betten einen guten Wind zuerlangen/ dessen uns der Allmächtige GOtt erhöret/ welcher zu allgemeinem Heyl seinen heyligen Segen auff disen Tag den seinigen ertheile unnd allgemach den Nord- in den West-Wind (dessen Schöpffer und Meister er ist) verändert/ vermittelst dessen/ unser gantze Armada Mittel bekommen/ erstlich mit den Schiffen so vorher gestanden/ wie auch mit der Galleazen auff den Feind zuesetzen/ ab welchen er solche Forcht bekommen/ daß er alsbald sein grosse Resolution in ein Schräcken verändert/ die Ancker-Seyl abgehawen/ die Segel eingezogen/ Willens mit der Fluche sich zu salvieren/ solches aber war ihme auß Mangel deß Windts unmöglich/ haben dahero durch Gewalt der Galleern disen in das Werck zustellen/ vermeint/ indeme sie in grosser Eyl/ die Schiff anzupacken/ unnd under das Geschütz der Dardanelli zuführen commendiert: Als wir aber die Hilff von oben herab gespüret/ hat ein jeder selbiger sich zubedienen/ seinen Vortheil genommen/ mit Segel unnd Rudern in grossen Eyffer auff den Feind gefahren/ und je einer denselben anzugreiffen/ wollen vorkommen. Den besten Vortheil hat gehabt und auch gebrauchet/ Herr Lazarus Mocenigo; welcher mit Hinderlassung deß Anckers den Windt dergestalt gefasst/ daß er mit völligen Seglen mitten under die Feind geloffen/ und der selben Galleerrn/ welche sich mit der Flucht salvirn wollen/ den Paß dergestalten abgeschnitten/ daß von der ganzen Armada nit mehr dann 14. der lechtern Galleern sambt dem Capitain Bassa doch übel zugericht/ entkommen. Darauff Herr Mocenigo also dapffer und hitzig mit Stucken gespilt/ daß er sie genötiget sich zur Gegen-Wehr zustellen/ wie dann allerseyts geschehen. Auff dem rechten Flügel hat Herr Anthonius Barbaro, und Herr Major Haslang ihren hohen Valor gleichsfahls sehen lassen/ unnd dem Feind vil zuschaffen geben. Im lincken Flügel

D 2 ha-

haben sich die Galleatzen auch herfür gemacht/ vnd neben Nåven kein Pulver gespart/ die zween Herren Contarini vnd Butraglia mit der Malteser Squader, seynd als ein Pfeil in die Feindtliche Sultanen geloffen/ vnd mit hartem Schiessen selbige zimblicher massen geängstiget/ darauff sich beederseyts neben dem Geschrey/ die Trompeten sambt den grossen Steucken/ nit anders hören lassen/ als ob Himmel vnd Erden verbrechen wolten/ da dann vmb sovil mehr ein solch blutiges Treffen angefangen/ vmb wie vil mehr die Türcken jhnen Noth sein lassen/ mit gantzem Gewalt durchzuschlagen/ das Land zuerreichen/ weilen aber dessen kein Hoffnung/ hat es geheissen aut vincendum aut moriendum, dahero beederseits das eüsserste versucht/ vnd hertzliche Proben/ ritterliche Thaten gesehen worden/ massen jhrer vil mit kurtzer Wehr in die Schiff vnd Galleeen gestigen/ selbiger bemächtiget/ vnd was angetroffen zu Sclaven oder gar nidergemacht.

Ihr Excellentz. Herr General Marcello, hat sich seinem Stande gemess/ mit commendieren vorsichtig vnd weisslich verhalten/ nit allein mit Worten/ sonder auch mit dem Exempel/ mänigklich hertzhafft gemacht/ in deme er mit seiner Galleern ein grosse Sultana angefallen/ vnnd bald vbergwältiget/ gleich darauff hat er ein anders zubestreiten für sich genommen/ da man aber dieselbe jetzt wolte besteigen vnnd anpacken/ hat es GOtt dem HErren gefallen/ jhne mit einem glorwürdigen Todt vnstärblich zumachen/ in deme er mit einem grossen Stuck/ in die Seyten geschossen. sambt jhme noch vier andere hinweckgenommen/ vnd zwar eben zu der Zeit da allbereit die Victori auff vnser Seyten sich gewendet: Dessen Obrister Leuthenant Herr Johann Marcello, deme er in Armen verschiden/ hat seinen Todt vmb confusion zuverhüeten/ biss zu End der Schlacht verborgen gehalten/ allein den Proveditor H. ten Badoero berichtet/ welcher alsbald auff sein Galleern Generale gestigen/ biss zu Ende dess Treffens commendiert/ vnd so tapffer gestritten/ dass er mit Erhaltung einer hochdenckwürdigen Victori dess Feindes gäntzlichen Undergang gesehen. Weilen vnd aber/ wie vermelt/ dess Generals Todt allen verborgen/ hingegen mänigklich bekandt/ wie dapffer er in die Feinde gesetzt/ vnd allbereit ein grosse Sultanen erobert/ hat die gantze Armada nach dem Exempel jhres Generals, noch behertzter darauff gesetzt/ vnd mit Verachtung aller Gefahr/ das Gefecht aller Orthen also hitzig zugenommen/ dass die helle Sonnen von dem Rauch verfinstert/ vil Schiff vnd Galleern auff einander gefahren/ vnnd grossen Schaden gelitten/ wie dann vnsere

Gal-

Bilgerfahrt.

Galleatzen sambt andern den Speron oder vordern Theyl abgestossen vnnd verlohren.

Nach deme nun die Schiff vnd Galleern deß Feindts durch Einwerffung der Hand-Granaten/ Schwebel vnd Becks angangen/ vnnd das Fewr die Munition (mite deren sie in Candia zufahren/ die Schiff wol beladen) berühret/ sind die Schiff vnd Galleern mit vnerhörtem praschlen zersprungen/ vnd sambt den Türcken auch die Segel-Bäum in die Lüffte gefahren/ vnnd mit grossem Schaden wider herunder gefallen. Neben disem grawsamen Spectacul ist erbärmblich geweßt/ anzuhören/ das Geschrey der armen angefesselten Christlichen Sclaven/ welche in den angesteckten Galleern vnd Galleatzen an Kettenen/ dem beyschleichenden Fewr nit entgehen können/ also lebendig gebraten/ sterben müssen: Disem Elende gesellete sich das vnmenschliche Geschrey der Verzweifflten vnd nunmehr vberwundenen Türcken/ welche auß Forcht der Dienstbarkeit/ sich hauffenweiß in das Meer gestürtzt/ vnnd lieber sich selbsten mit einem Trunck gesaltznen Wassers hinrichten/ als in langer Dienstbarkeit das Leben verschliessen wolten. Nach deme also mit Schiessen/ brennen/ blündern/ vbermachen die Sonn zu Gnaden gangen/ ist zu Unheyl der Türcken/ das Fewr auffgestigen/ welches heller als der Mond/ die Kinder der Finsternuß gäntzlich zuvertilgen/ zwo gantz Nacht geleuchtet/ bey welchem liecht nit wenig Sclaven vnd etliche Schiff erobert worden.

Folgenden Morgen/ als noch etliche grosse Türckische Schiff halsstarriger Weiß sich widersetzt: n/ seynd selbige mit mehrerem Ernst verfolget/ biß sie entlich auch vberwunden worden/ die Türckische Capitania allein hat so beständig Widerstandt gethan/ biß sie von dem Schiff Bembo zu stucken verschossen/ sambt andern gesuncken vnd zu Grund gangen.

Bey diser glorwürdigen Action haben sich die Ritter von Malta dergestalt verhalten/ wie man von jhnen verhofft vnd die gantze Christenheit zum öfftern erfahren. Massen der Herr Prior de Rocella, nach langem Gefecht zwo Mahonen vberwunden/ die er in die Sicherheit geführt/ darauff nachmahlen angesetzt vnd die dritte Reale genannt/ welche das Gelt geführt/ gleichsfahls erobert/ disem ihrem Priorn haben die andere Cavalieri nichts wollen bevor gehen/ so beherzt vnd tapffer darein gesetzt/ daß sie acht Galleern/ sambt aller Zugehörd bekriegt/ 4000. Christliche Sclaven erlöst/ mit welchen sie nach Malta gesegelt/ vnd selbige neben einem Zehr-Pfenning auff freyen Fuß gestellt/ vnd mit guten Paß-Porten entlassen.

Auff

Auff den Abendt deß andern Tags/ als noch etlich wenig Türckische Galleeren/ welche der Wind an das Lande nechst vnder das Schloß Natolice getragen/ stunden/ ist Herr Johann Marcello hingefahren/ eine derselbigen angeseylet/ zu der Armada gebracht/ die vbrigen so theils gestrandet/ theils mit Wasser angefüllt/ hat man angesteckt vnd verbrendt/ ist also in einer so kurtzen Zeit dise so mächtige Armada auß sonderem Segen GOttes zernichtet/ vnd deß Feindts gantze Macht von einem so kleinen Häufflein/ ohne sondern Verlurst der vnserigen zerbrochen worden.

Massen ausser der 14. Galleeren alles verbrennt/ versenckt vnnd der Christlichen Armaden zu Nutz kommen/ welche mit hertzlichen Beuthen/ sowol von Wehr/ Waffen/ Proviant/ Munition/ als Golde/ Gelt vnnd Kleyder bereichet worden/ vnangesehen der besserer Theyl bevorab die Stuck/ deren wie wir berichtet werden/ 611. in dem Meer versuncken.

Die Venetianer haben 6. grosse Sultanen/ 4. Mahonen vnd 7. Galleeren vnbeschädiget darvon gebracht/ dann weilen die vbrige Schiff gantz verschossen/ hat man nit getrawet/ selbige vber Meer zubringen/ den Malteser Rittern/ seynd wie vermelt/ neben vilen Sclaven auch drey Mahonen vnd 8. Galleern zutheil worden.

Vnsersseyts haben wir den grösten Verlurst/ durch den Todt vnsers Generals empfangen/ welcher so ferner er gelebt/ auß der Victori mehr Nutzen vnd grössern progreß machen könden. Von vnsern Soldaten haben wir bey 200. gemanglet/ von welchen 60. verwundt/ die vbrigen Todt geblieben/ Neben disem haben wir auch drey gute Schiff verlohren/ vnder welchen die Sultana Herren Lazari Mocenigo, welcher in Abschneydung deß Paß/ so fest in das Sand geloffen/ das vnmöglich selbige herauß zubringen/ ist dahero nach Entschöpffung der Völcker vnd besten Sachen angesteckt/ vnd verbrennt worden. Obgedachter Herr Mocenigo hat neben dem lincken Aug/ auch 29. Soldaten/ in dem Gefecht verlohren. Das Schiff Arma von Nassavv, ist so hart gestrandet/ daß es gesuncken. Das Schiff S. Peter hat ein Holländischer Capiteän verwahrloset/ wegen daß er nit hat wollen mit Abhawung deß Ancker-Seyls weychen/ als er gesehen/ zwo Türckische in Brandt gesteckte Galleern gegen seinem Schiff zufahren/ von welchen es angezündt vnd so behändt in den Brandt kommen/ das anders nichts als die Soldaten könden salviert werden.

Es wurde aber zu lang fallen/ alle besondere actiones der dapfferen Helden/ die sich zu GOttes Ehren vnd der gantzen Christenheit zum besten in diser occasion Mannhofft erzeigt/ absonderlich zubeschreiben/weilen

Bilgerfahrt.

keiner gewesen/ der nit dapffer vnd ritterlich gestritten/ bevor Herr Marg-graff Alexander de Barro, so die Galleatzen de Riva commendiert/ dann wie ich selbsten gesehen/ hat er erstlich mit grobem Geschütz dem Feind grossen Schaden gethan/ hernach 30. Mann ein Sultanen zu infestieren außgesetzt/ welche mit Hinderlassung drey Todten vnd fünff verwundten selbige erobert/ vnd gute Beuthen bekommen. Unser Galleatzen hat kein sondern Schaden gelitten/ weilen die Kuglen zu hoch gestogen/ anders nichts als die Segel vnd Seyler beschädiger. Ich habe dises Glück dem allerheyligsten Namen IESU (welchen ich neben etlichen benedictionen außgetheylt) zugemessen. Jn diser Schlacht haben sich noch drey andere Patres Capuciner auff vnderschidlichen Schiffen befunden/ mit Zusprechen vnnd ermahnen die Soldaten behertzt gemacht/ vnd selbigen mit Geistlichen Mitten beygesprungen/ vnder denen ware der einte Pater Electus von Lauffenburg/ der befande sich auff dem Schiff Principissa so Herr Capitän Lado commendiert. Pater Marcellus von Befort/ ware auff deß Herren Foscarini Galleatzen bey Herren Obristen Wilhelm. Pater Barnabas von Gambullera, bey Herren Prinli, so auch ein Galleatz commendiert/ vnd als ein dapfferer Helde gestritten.

Der Fürst von Parma, hat mit der That an einem gefährlichen Orth erzeigt/ daß er nit von seinen dapfferen Vor-Elteren degeneriert oder abweiche. Und ist dise Victori vmb so vil vortrefflicher vnnd nambhaffter/ weilen der Feind grad in dem Schlund deß Einfahrs vnder den Stucken der Dardanelli, dahin man sonsten nicht hinein/ geschweigen stritten könden/ erhalten worden. Groß ist gewest an disem Tag die Hilff vnnd Beystandt GOttes weilen den Christen alles mehr Miraculosisch als natürlich gelungen. Hergegen haben wir verspürt/ daß disen Hunden alle Elementen sich widersetzt/ vnd zu schaden gewesen. Der Winde hat sie nit weiter als in das Verderben geführt: Jn dem Wasser seynd sie ersoffen: Das Fewr hat sie verbrennt/ die Erden hat sie auch außgeschlagen/ diewellen sie dieselbe nit könden erlangen. Ja was noch mehr/ hat alles Volck auff der Seyten Natoliæ oder klein Asia auß grossem Schrecken die Flucht genommen/ vnd so gar dasselbe vnuberwindtliche Castel vnnd Vestung verlassen. In diser occasion hat der Erb-Feind Augenscheinlich gesehen (so er anderst die Augen hat wollen auffthun) daß der Christen GOtt/ ein starcker GOtt/ welcher mit wenig der seinigen/ so auff jhne vertrawen/ die Gewaltige zuschanden mache/ die Demütigen erhöhe/ vnd die hoffärtigen ernidrige/ als welcher mit einer so kleinen

Natolia oder klein Asia.

Newe Jerosolomytanische

nen Armada der Christen/ die nit mehr als in 6000 Mann/ ohne die Bots vnnd Rueder-Knecht bestanden/ eine so grosse Anzahl der Feinden/ deren 60000 gewesen/ gleich wie Pharao, vnd vil andere mehr/ zu nichten gemacht. Könden derohalben vnd sollen billich mit Moyse vnd den Kindern Israel/ GOtt lobend/ singen vnd trewlich danck sagen sprechend: Cantemus Domino gloriose simul &c,.

Exodi. 15.

Groß ist gewest die Zahl der Gefangnen vnd were noch grösser gewesen/ wann die Türcken nit mit solcher Halsstärigkeit biß auff den Todt gestritten/ ist dahero die grössere Anzahl erschlagen/ ertruncken vnd verbrunnen/ wie dann das mit Blut gefärbte Meer gnugsam bezeugt hatt/ welches auff 4. Meilwegs/ die Todten-Cörper außgeworffen/ ja so gar an das Troianische vnd Corintisch Gestadt getriben/ wie wir dann solche nach drey Tägen/ als wir Wasser gesucht/ auff dem Landt gesehen/ vnnd die Christen von den Türcken in deme erkennt/ weillen sie mit dem Angesicht gegen dem Himmel/ die Türcken hingegen zur Erden gericht/ gelegen/ wie sie dann auch auff solche Weiß pflegen begraben zuwerden.

Dieweilen dann der Allmächtige GOtt auß vnbegreifflicher Vorsichtigkeit/ eben disen Tag welcher den glorwürdigsten H. Martyrern Ioanni vnd Paulo dediciert vnd geheyliget/ zweiffels ohne der gantzen Christenheit zum besten/ der Hochlöblichen Republic von Venedig aber zu vnsterblichem Lob vnd Ruhmb/ besonders segnen vnd denckwürdig machen wöllen: Als hat der barmhertzige Gott vns/ wie wir von jhme verhoffet/ durch Fürbitt der allergebenedeytesten Junckfrawen vnd Mutter GOttes MARIA, vnd andern lieben Heyligen vnd Außerwöhlten GOttes/ einen so ansehenlichen herrlichen Sig/ (der ohne das von Hümel kommen muß vnd dergleichen wenig erhalten worden.) gnädigklich verlyhen vnd Augenscheinlich erzeigt/ daß er die nit verlasse/ welche jhr Hoffnung vnnd Vertrawen auff jhne setzen/ vnnd selbige ernidriget/ die sich jhrer Stärcke rühmen/ auch in höchsten Nöthen vnd Aengsten am wenigsten ermangle. Allermassen dise Herrschafft Venedig allbereit durch 12. jährigen Krieg gnugsam erfahren/ welcher GOtt der Allmächtig/ wider das vngläubige Heer der Türcken so gnädigklich beygestanden vnd glücklich prosperiert. Deßwegen an vilen Orthen/ bevor zu Venedig, dem allerhöchsten trewlich gedanckt/ drey Tag gefeyrt: das Te Deum Laudamus in allen Kirchen mit Leuthung der Gloggen vnd Lösung der Stucken gesungen:. 2000. Ducaten vnder die Armen außgetheylt: Die vmb Schulden gefangen loß gelassen: Und disen Tag/ welcher ware der 16. Ju-

Bilgerfahrt.

26. Junij Anno 1656. jährlich mit einer herrlichen Procession in die Kirchen SS. Ioannis & Pauli, zuführen/ verlobt vnd eingesetzt worden.

Nach deme aber der Corper deß verstorbnen Generals sambt den eroberten Schiffen zu Venedig ankommen/ ist er ehrlich empfangen/ in Begleytung deß gantzen Senats in die Kirchen S. Salvatoris getragen/ vnd daselbsten mit Auffrichtung eines gar prächtigen Castri doloris, solennlich beygesetzt worden/ vnd sowol die Kirchen als Strassen/ wardurch er getragen/ mit schwartzem Tuch vberzogen vnd hernach den Armen zu theyl worden.

Bald darauff ist Herr Lazarus Mocenigo an dessen Stell zum Generalissimo erwöhlt/ vnd nach dem die Flotta expediert/ mit einer guten Summa Gelts vnd Soldaten nach Candia gesegelt/ vnd daselbsten glücklich ankommen.

Was die Armada nach diser Victori vorgenommen/ wie sie für Tenedo geruckt vnnd selbe Insul eingenommen.

Den 1. Julij Anno 1656. haben die Herren Malteser/ den Herren Proveditor (welcher nach Absterben deß Herren Generals die Armada commendiert) beurlaubet/ vnnd seynd den 2. ejusdem/ neben jhren 7. Galleern mit 8. eroberten Galleern vnd 3. Galleazzen auffgebrochen/ nach Malta zusegelen/ deßwegen bey der Armada etwas Widerwillen erwachsen/ welche den halben theyl jhrer eroberten Galleern prætendiert vnd angesprochen/ ob sie dessen befüegt/ ist mir vnbewußt/ wol aber weiß ich/ daß diser Handel in ein Juridische action gerathen/ vnd die Beüth den jenigen verbliben/ die sie erobert vnnd dem Feind abgenommen haben.

Den 3. Julij hat man was ferners vorzunemmen Kriegs-Rath gehalten/ vnd darauff den 4. Julij den Auffbruch mit Lösung der Stucken angekündet/ welcher vmb Mittag seinen Fortgang gewonnen/ ist also die Armada mit Hinderlassung zwo Galleazzen vnd 4. Schiffen den Canal zubewahren gegen der Insul Tenedo gesegelt/ dessen sich die Türcken daselbsten versehen/ alle jhre Völcker/ an das Gestad deß Meers commendiert/ vnser Anfahren zaverhindern/ dessen vnangesehen/ hat die Armada das Port bezogen/ in grosser Geschwinde etliche Regimenter auffgesetzt/ welche solang mit den Türcken gefochten/ biß die gantze Militia auff das

E   Land

Landt kommen/ in guter Ordnung auff den Feind gangen/ vnnd selbige
auß dem Feldt in die Vestung getriben: Folgende Nacht hat die Armada
sich gegen der Vestung zu Wasser vnnd Landt genahert/ die Belägerung
formiert/ 5. Battereyen auffgeworffen/ drey Minen innerhalb 8. Tagen
fertig gemacht vnd mit 30. Stucken vnd 5. Fewr-Mörsern dieselbe an-
gefangen zubeschiessen/ welche sich mit hitziger Gegen-Wehr trefflich wi-
dersetzt/ vnd neben Herrn Obristen Salustiberni vber die hundert Solda-
ten erlegt vnd beschädiget. Underwehrender diser Belägerung haben die
Türcken also häfftig auff die Batterey/ so Herr Obrister Wilhelm com-
mendiert/ gespilt/ daß man die Stuck nit plantiern vil weniger laden
können/ weilen die Constabel sambt den Soldaten durch beständiges
schiessen daselbsten abgetriben. Nach deme aber P. Electus solches Orth
benediciert/ ist den Türcken kein Schutz mehr abgangen/ noch einiger
Soldat verletzt worden/ sonder haben von dannen mehr/ als andere dem
Erb-Feind zuschaffen geben vnd mit Stucken auff die Vestung gespilt.

Den 12. Julij hat man auß Verordnung Herrn Marggraffen de
Barro zu Wasser vnd Landt mit allem Ernst die Vestung/ vnd das vnder-
halb gelegne Stättlein Tag vnd Nacht beschossen/ aber wenig Schaden
zugefüeget biß entlich nach Mitternacht ein Granat in jhr Munition gefal-
len/ selbige angesteckt/ vnd einen Thurn sambt etlichen Türcken/ mit gros-
sem Getöß/ in die Lüfft gesprengt/ ab welchem die Türcken häfftig erschro-
cken/ weisse Fahnen außgestreckt/ zu accordiern sich anerbotten/ zween
Geisel herauß gegeben/ vnd hingegen zween von den Vnsrigen hineinge-
nommen/ vnderdessen wurde der accord gemacht/ daß der Bassa mit zwey
Pferdten vnnd einem Casten die andere aber ohne Gewehr/ solten nach
Troia hinübergeführt werden/ die Griechen aber in der Insul verbleiben.
seynd also den 14. Julij außgezogen/ von vnsern Galleern/ mit Hinder-
lassung aller Wehr vnd Waffen an das Gestadt bey Troia gesetzt worden.
Selbigen Tag seynd zwey Regiment Soldaten in die Vestung gelegt:
vnd Herrn Loredan, (welcher selbige das folgende Jahr spöttlich ver-
lassen/ In deme er auff Erzeigung einer Türckischen Armee ohne einigen
Widerstande sambt den Soldaten entwichen) zu guberniern anbefohlen
worden. Vnderdessen ist die Burg/ so ausserhalb von den Griechen be-
wohnt gewesen/ geschleifft/ die Moschea gesäubert/ benediciert/ auff dem
Thurn ein Creutz an statt deß Monds gesteckt/ vnnd nach deme der Altar
auffgericht/ das Danckfagungs-Fest in selbiger gehalten worden. Den
Griechen hat man auch ein Moschea in dem Stättlein jhren GOtts-
Dienst

Bilgerfahrt.

Dienst zuhalten eingeben. Vor obgemelter Moschea haben die Türcken ein Pyramis von Christen-Köpffen/ welche sie in diser Insul vor 8. Jahren/ als die Venetianer selbige wolten einnemmen/ bekomen/ mit Pflaster auffgericht/ zu oberst ein Achs: vnd vnderhalb der Venetianer Löw zum ewigen Spott gesetzt/ die wir alsbald abgenommen/ in die Kirchen getragen/ vnd nach gehaltner Meß Christlich begraben. Welcher von diser Insul mehrere Wissenschafft will haben/ der lese den Virgilium lib. 2. Æneidos allwo auch diß Distichon zu finden/ welches von der Statt Troia gemeint ist.

Est in conspectu Tenedos, notissima fama
Insula, dives opum Priami dum regna manebant, &c.

Es haben sich in währender Belägerung vnder anderem auch zwo merckliche Geschicht zugetragen/ welche nicht zugeschweygen. Ein Soldat stahle auß einer Griechischen Kirchen ein zinnene Patän/ schube selbe besser zuverbergen in seinen Busen/ sihe da fliegt ein Kugel von der Vestung durch die Patän dem Soldaten in das Hertz/ vnangesehen er an einem sichern Orth zusein vermeinte.

So dann wurde ein Teutscher Soldat durch das Hirn geschossen/ welches sambt dem Blut zu den Ohren/ Nasen vnd Mundt außgeflossen. Ich wurde beruffen dem Sterbenden beyzuspringen/ welcher nichts als grosse Hertzstöß vnd Zeichen deß Todes von sich geben/ auch natürlicher Weiß gar nicht mehr lang leben köndte/ dahero ich jhme die absolution sub conditione wegen bevorstehender Gefahr gegeben/ vnd jhne seinem Cameraden anbeschlen. Deß andern Tags hab ich erfahren/ daß er noch nit gestorben/ sonder beständig ohne andere Zeichen schwitze vnnd zittere welches mir in Ansehung deß tödtlichen Schutzes verdächtig vorkommen/ jhne deßwegen ersuchen lassen/ vnd zauberische geschribne Zedel gefunden/ darauff er gleich (GOtt weißt wie) gestorben/ vnd seiner Kunst wenig genossen.

Nach Eroberung obanzeigter Insul/ hat es Gelegenheit geben/ auff Smyrna in Asia zusegeln/ dessen sich Herr Obrister Anthonius Waldon ein Englischer Edelmann/ die siben Kirchen daselbsten zubesuchen/ gebraucht/ vnd mich für seinen Glaides-Mann von Herren General einständig begehrt mit Versprechen/ so er mich mit jhme zureysen/ vergunnen werde/ wolte er nach verrichter Raiß bey der Armee sich widerumb in Diensten einlassen/ dessen sowol die gegenwärtige Patres Capucciner/ als auch Herr General zufriden/ welcher vns mit provision versehen vnd ent-

Reiß nach Smyrne.

lassen/ seynd also wir den 16. Julij in das Schiff Madona de Carmine gestigen/ nach Mitternacht die Ancker gezogen/ vnd mit gutem Winde ne-

Troia. ben Troia vorbey/ gegen der Jnsul Meteline gesegelt/ die zerstörte Thurn Porten vñ Pallást Troiæ haben wir auff der lincken Seyten gar wol sehen können/ auch vermerckt das selbige Statt an einem gar schönen fruchtbarn Orth neben dem Meer gelegen. Habe von einem alten Griechen verstanden/ daß Troia 6. Teütsche Meil in dem Vmb-Krais gehabt/ zu diser Zeit aber seynd noch bey 70. arme Häuser/ vnd auff der Höhe etliche Wind Mühlkien vorhanden.

Meteline Den 28. Julij haben wir die Jnsul Meteline erreicht vnd vns mit selbigen Cursari zuschlagen in Bereitschafft gehalten/ weilen aber die Nacht eingefallen/ vnd der Wind vns gar dienstlich/ seynd wir ohne Gefahr vorbey passiert/ vnnd haben vns den 19. dito ohnfern von der Jnsul

Schio. Schio befunden/ vnnd seynd gegen Abendt in der Enge deß Canals ankommen/ weilen aber selbiger Paß sehr gefährlich vnd die Schiff gar leichtlich stranden/ haben wir die Segel etwas eingezogen/ deß Wassers Höhe gemessen/ vnd entlich glücklich durchkommen.

Den 21. Julij, seynd wir zu Mittag Zeit in das Port zu Smyrna eingeloffen/ in selbigem vier Holländische: vnd 2. Engelländische Kauff-Manns-Schiff angetroffen/ daselbsten waren auch 8. Barbarische Schiff/ so auß Egypten kommen/ jhre Wahren von dannen vber Landt nach Constantinopoli zufergen/ weilen sie durch die Dardanelli nit fahren könden. Sobald wir die Ancker gehefft/ ist vnser Capitan/ sambt dem Supracargo, ist sovil als ein Schreiber/ in die Statt/ vmb die Patenten zuweisen/ vnd sein Begehren vorzubringen/ welche innerhalb drey Stunden/ in Begleitung vier Türcken/ daß Schiff zubesuchen widerumb kommen/ damit aber die Türcken nit erfahren/ daß wir von der Venetianischen Armee: hat der Capitan vns ermahnt vnd befohlen: So die Türcken vns befragten/ ob wir nichts newes/ oder was gewisses von der Schlacht/ so bey den Dardanelli fürübergangen hetten/ zuantworten/ daß wir von Livorno abgefahren/ von der Venetianischen Armada noch Schlacht nichts zusagen wüssen/ vnd diß geschahe vnser Leben darmit zuerhalten/ dann so die Türcken erfahren/ daß wir vor fünff Tagen von der Venetianischen Armee abgefahren/ vnd selbiger Schlacht beygewohnt/ weren wir alle zuwahl ohnfelbar nidergesäblet worden. Nach Visitierung deß Schiffs/ seynd Christliche Kauff-Leuth/ vnd mit selbigen P. Amandus Capucciner von Pariß in das Schiff kommen/ welcher mich sambt Herrn Obristen Waldos

Bilgerfahrt. 37

don in ihr Hospitium geführt/ vnd ein gutes Mittag=Mahl auffgestellt/ dergleichen ich lange Zeit keins genossen hab. Nach disem hat jetzgemelter Herr Obrister Waldon auff Gelegenheit gesehen/ die vbrige 6. Kirchen zubesuchen: Als nemblich Ephesum, Pergamum, Thyatria, Sardis, Philadelphia, vnd Leodicia, an welche der H. Ioannes in Apocalipsi geschriben/ als wir aber vernommen/ daß solches ohne grosse Gefahr nit beschehen köndte/ vnd Vnsicherheit halber nit rathsamb/ haben wir vmb Gelegenheit gesehen/ auff Cypro, von dannen nach Ierusalem zuschiffen/ dahin gleichfahls kein Gelegenheit obhanden gewesen.

Smyrna ligt in klein Asia an einem gar fruchtbaren vnnd schönen Orth/ die Statt hat wegen ihrer Grösse keine Ring=Mawren: ob derselbigen auff dem Berg/ ist ein Vestung/ herunden an dem Meer ein Castell/ daß Port ist zu diser Zeit vor anderen berümbt/ weilen daselbsten allerhand Wahren so auß Persia vnd India vber Lande kommen/ abgelegt vnd widerumb eingeladen werden/ von dannen nacher Europa zuführen: In disem Orth habe ich zween Teutsche Patres Societatis IESU auß der Oesterreichischen Provinz so in Persien zureysen vorhabens/ angetroffen/ Nammens P. Bernardus Distel/ vnd P. Iacobus Huober/ welche mit Persianischen Kleydern/ in Gesellschafft der Caravana angethan/ auch mit Wehr vnd Waffen wol mundiert.

Smyrna.

Den 15. Augusti von Smyrna verreißt/ vnd den 27. von den Arabiern zuruck getriben/ sambt der Caravana daselbsten widerumb ankommen.

In diser Statt Smyrna ist auch vber vns ein Vnglück kommen/ welches der liebe GOtt entlich zum besten gewennt. Wir hatten in Vnserem Schiff einen vnbekandten Juden/ der für einen Bodts=Knecht gedient/ diser/ als er in die Statt zu seines gleichen kommen/ hatt er selbigen geoffenbahrt/ daß wir von der Venetianischen Armada kämen/ auch der Schlacht beygewohnt hetten/ zum Wahr=Zeichen dessen wurde man vil Spolia oder Türckische Beuthen in dem Schiff finden: Dises ware bey den Verrätherischen Juden ein gute Mär/ ihren angebohrnen Neid wider die Christen außzustossen/ vnd bey den Türcken noch mehr verhaßt zumachen. Der Verräther wurde von 2. Rabini für den Bassa, die Sach zu referiern geführt/ welcher bald befohlen/ das Schiff sambt allem so darinnen/ in Arrest zunemmen: Als dessen der Englische Consul berichtet/ hat er solches dem Schiff=Capitan vnd vnserem P. Superior zu wissen gethan/ vnd gerathen/ daß wir alle ohne Verzug vns solten in das

E 3 Schiff

Schiff begeben/ vnd mit selbigem die Flucht nemmen/ weilen aber solches theyls auß Mangel deß Winds vnd andern Ursachen nicht köndte beschehen/ hat der Capitan daß Schiff/ mitten vnder die 6. Holländische vnnd Englische Schiff gestellt vnnd derselben Hilff/ laut ihrer Vererträgen begehrt/ vnnd auch empfangen/ die dann bald ihre Stuck fertig gemacht vnd deß Feindts erwartet. Vnderdessen haben die drey Consules, nemblich der Französischer Englische vnd Holländische sich der Sach angenommen/ vnd mit einem stuck Gelt den Bassa zufriden gestellt/ beneben vns ermahnt/ in der Staterne sehen zulassen/ dann sie gantz furioß sich wider vnser Schiff erzeigt/ vnd getobet.

Den 10. Augusti ist zu Smyrna ein grosser Erdbidem gewesen/ welcher zu drey vnderschidlichen mahlen vnser Hospitium erschüttelt. Diß Orth ist dem Erdbidem sehr vnderworffen/ massen Vnsere Patres sagt/ daß selbige Statt bereit zum sibenden mahl von dem Erdbidem zerfallen/ wie dann noch zusehen an dem Amphitheatro, in welchem der H. Policarpus zu dem Feur verdambt worden/ so halb ruiniert gesehen wird. Vnderdessen ist auch das Fest vnser lieben Frawen Himmelfahrt eingefallen/ welches von vnsern PP. in disem Orth eben mit selbiger sollennitet vnd ceremonien wie in der Christenheit gebräuchlich gehalten worden. Vormittag haben der mehrer theyl der Catholischen Kauff-Leuth/ mit vorgängner Beicht/ communiciert/ nachmittag hat man die Vesper gesungen/ vnd nach vollendter Predig ein Procession innerhalb der Kirchen/ mit einem schönen MARIAE Bildt angestellt/ welches in Ansehung deß Orhs vnd Beywohnung etlicher Türcken/ mir ein sondern Trost vnd innerliche Frewd verursachet. Von diser Statt Smyrna kan ich weiters nichtes sagen/ weilen ich wegen obangedeutter Vrsach mich nit vil hab dörffen sehen lassen. Allda fliegen die meiste Adler auff den Tächern herumb/ wie bey vns die Storcken.

Nach dem wir nun 10. Tag zu Smyrna auff Gelegenheit vnser Reiß fortzusetzen gewartet/ aber keine sich erzeigen wollen/ haben wir vns in ein Englisch Schiff Maria Rose genannt/ welches mit Englischem Tuch auff Constantinopel zuseglen vorhabens/ begeben/ vnd mit selbigem den 20. Augusti von Smyrna gegen der Insul Sio abgefahren/ selbige ohne Berührung deß Ports ein gantzen Tag vor Augen gehabt/ welche vor allen andern Inßlen/ wegen der köstlichen Früchten/ bevorab deß Mastix hochgeachtet/ vnd berümbt ist. Man hat vns gesagt/ daß zu Sio/ daß beste Wein-Gewechs seye/ von dannen die Wein-Reben erstlich in Candia

Sio.

dia gepflantzet worden. Von dem Maſtix / ſo in diſer Inſul in groſſer Quantitet von kleinen nidern Bäumen flieſſt / hat der Türckiſche Kayſer Jährlich 3000. Real Einkommens. Es pflegen die Griechiſche Innwohner daſelbſten / daß Brode mit Maſtix-Pulver zuvermengen / welches gar lieblich vnd zu Stärckung deß Magens gar dienſtlich iſt.

Den 26. Auguſti haben wir die Inſul Stalimine oder Lemnos erreicht / vnd daſelbſt die Venetianiſche Armada / nach Eroberung deroſelben angetroffen / diſe Inſul iſt die gröſte im Archipelago, reich an Vich vnd beſonderen ſchönen Pferdten / hat 85. Dörffer zwey gute Port vnd ob ſelbigen zwey Caſtell / in gemelter Inſul wird Jährlich den 6. Auguſti die terra lemnia, mit gewiſſen ceremonien von den Griechen außgraben / welche 18000. Real dem Türckiſchen Kayſer darfür bezahlen / vnnd damit in alle Länder handlen. Diſe Erd iſt ein bewährtes Mittel / wider das Gifft / treibt auß die böſe humores, ſtellt die hemeroides ein Meſſer-Spitz wol darvon eingenommen. In diſer Inſul ſeynd etliche Soldaten von den Türckiſchen Kleydern deß Peſt inficiert worden vnd geſtorben / darauff zu Verhüttung gröſſeren Vbels die Armee ſepariert / vnd darduch fernern progreſs zumachen verhindert worden. *Lemnos.*

Terra lemnia.

Den 29. Auguſti ſeynd zwey Schiff von der Armada nach Candia Proviant abzuholen commendiert worden / vnd wegen das vns mit der Armee practiciern verbotten / bin ich in das Schiff Sacrificium Abrahæ genannt / geſtigen / in ſelbigem nacher Candia zufahren.

Den 31. dito ſeynd wir von einem harten Wind / in das Icariſche Meer gejagt / vnd ſelbige Nacht vnfehr von der Inſul Patmos, welche die Griechen Palmoſa heiſſen / ankommen / da wir beeder Inſulen Gelegenheit ſehen könden deren der Poët mit diſen Worten gedenckt. *Icaria.*

Icarus Icarias nomine fecit aquas.

Von der Inſul Patmos haben wir diſen Bericht vernommen / daß dieſelbe von den Griechen bewohnt / vnnd biß dato von den Corſarn das ſeynd Meer-Räuber (wie zuglauben / auß Gnad deß H. Ioannis) nicht angefochten worden. Als der H. Ioannes von dem Kayſer Domiriano, in diſe Inſul geſandt / hat er daſelbſten / in einer Crufft oder Höle / auß Göttlicher Eingebung / die heimliche Offenbahrung beſchriben / an welchem Orth ein Cloſter / ſo von den Calloieri bewohnt / noch verhanden. Es wollen etliche Scribenten / der H. Ioannes lige daſelbſten begraben / ja deſſen Beſtätigung ſagen ſie / daß an ſelbigem Orth das Erdreich / als ob es Waſſer / ſich bewege. Diß habe ich nicht geſehen / dahero halte für glaub- *Patmos.*

wür-

40 Newe Jerosolymitanische

würdiger/ daß der H. Joannes zu Epheso/ in dem 60. Jahr gestorben vnd begraben/ mit Leib vnd Seel/ in den Himmel/ als der geliebste deß Herren auffgenommen worden. Deßwegen der H. Joannes von allen Orientalischen Christen mit einem langen Bart abgemahlet/ wird/ als welcher nach Zeugnuß deß H. Hieronymi in dem 68. Jahr nach dem Leyden Christi deß Herren gestorben/ vnd zu Epheso begraben worden/ so man zu den obgezehlten Jahren noch 12. hinzugesetzet/ in welchem er zu dem Apostolischen Stand beruffen worden/ finden wir daß er 80. Jahr erreichet habe/ wird deßwegen nit vnbillich mit einem langen Bart abgemahlet/ bevor warerer an das Creutz gesetzt/ denn er damahlen noch jung gewesen.

Ebenmässig wird der H. Johannes Baptista bey ihnen mit den Flügken/ wie bey vns der H. Ertz-Engel Michael abgemahlet/ wegen daß er mehr ein Engel als Mensch gewesen. Nach deme wir also 23. Tag von vnderschiedlichen Winden angefochten/ vnd geplaget worden/ seynd wir den 14. Septembris in Candia angelanget/ vnd noch selbigen Tag auß dem Schiff/ in die Quarantana/ wegen der infection vnserer Armee gesetzt worden/ in welcher wir so vbel gehalten vnd losiert gewesen/ das wir deß H. Jobs Gedult vonnöthen gehabt/ der Himmel ware vnser Tach/ die Erden vnser Beet/ zu Tag wurden wir von der Sonnen gebraaten/ zu Nacht/ von dem Geröß deß Meers belästiget/ vnser Tranck ware mehr gesaltzen/ als süsses Wasser/ das Biscot ware die beste Tracht. Neben disem allem hetten vns die Türcken/ Nachts tönden überfallen/ vnnd nach ihrem Belieben hinweckführen/ weilen wir auser der Statt Mauren an dem Gestad deß Meers verschmachten müssen/ dafern wir nit die Resolution gefaßt/ vnser Reiß fortzusetzen/ vnd dem H. Land zuzufahren/ zu welcher vns der liebe GOtt auch Mutel vnd Gelegenheit/ an die Hand geben/ von welchem ein mehrers solle gesagt werden/ wann ich zuvor was weniges/ von den 7. Kirchen Asiæ wirdt gemelt haben.

Von

Bilgerfahrt. 41

Von den ſiben Kirchen Aſiæ an welche der Heylige IOANNES in Apocalipſi geſchriben.

DIſe Inſul Patmos von den Griechen Patimos oder Palmoſo genannt/ ligt von Candia gegen Septentrio 40. von Rhodis 30. vnnd von Cypro gegen occident 80. Teurſcher Meyl/ in dem Aſiariſchen: eygentlicher aber in dem Icariſchen Meer/ hat beyläuffig in dem Umbkraiß 7. Meil/ wirdt von den Griechen bewohnt/ die ſich berühmen/ jhren Glauben vnd Lehr von dem H. Evangeliſten Ioanne empfangen vnd behalten zuhaben/ welcher von Kayſer Domitiano vmb das Jahr Chriſti 97. in das Ellend verſchickt/ allda Er in einer Hölen oder Crufft die haimbliche Offenbahrung geſehen vnd beſchriben: Darinnen nach Zeugnuß deß H. Hieronymi, tot ſecreta quot verba: Eſſen ſovil verborgene Geheymbnuß als Wort begriffen/ daheroſie von S. Dionyſio Ariopag. die höchſte/ ja Göttliche Theologia IESV Chriſti intitulliert wirdt/ welche die Jrthumben verwerffe/ guete Sitten einführe/ den wahren Glauben vnderweiſe vnd lehre: In deren auch neben den 7. Kirchen Aſiæ die allgemeine Kirchen vnnd dero Glider zue einem Chriſtlichen Leben mit folgenden Worten ermahne vnd angetriben wird: Welcher Ohren hat/ der höre/ was der Geiſt der Kirchen ſagt.

S. Hier. Epiſt. 103. ad Paul. cap. 7. S. Dioniſ. de Eccleſ. Hier. c. 3. part. 3. Apoc. 2.

Es hat die Inſul Patmos neben einem Stättlein etliche ſchlechte Dörfflein/ vnd an dem Ohrt/ da der H. Ioannes gewohnet/ ein Cloſter/ von den Religioſen Ordinis S. Baſilij bewohnet/ ſo biß dato auß favor vnd Gnaden deß H. Ioannis von allen Anläuffen der Feinden bewahret vund erhalten worden.

Die 7. Kirchen aber/ an welche damahliger Biſchoff vnd Gläubiger der H. Ioannes auß Beſelch Chriſti deß Herren geſchriben/ befinden ſich in vnderſchidlichen Provinzien deß mindern Aſiæ/ vnfehr von der Inſul Patmos. Aſia minor oder klein Aſia, wirdt von den Türcken Natolia oder Anatolia/ auff Griechiſch Orient oder Auffgang gehaiſſen: begreifft in ſich Phrygiam, Galatiam, Bithyniam, Pontum, Lydiam, Cariam, Paphlagoniam, Lyciam, Magneſiam, Cappadociam vnnd Comageam, ſambt anderen Provinzen/ hat gegen Nidergang das Ægeliſche Meer/ gegen Auffgang den Fluß Euphrates, gegen Mittag das Mittägige/ vnd gegen Mittnacht Pontum Euxinum, oder ſchwartze Meer.

F In

In disem kleinen Asia befindet sich Ephesus von den Griechen Figena genannt/ ohnsehr von dem Meer/ 20. Teutscher Meilen von der Insul Patmos gegen Auffgang der Sonn/ von dannen der H. Ioannes seine erste Epistel oder Sendschreiben Christi/ an den Engel oder Bischoff daselbsten (so nach Meynung Lyrani S. Timotheus solle gewesen sein/) abgehen vnd jhne ermahnen lassen/ die erste Liebe einzupflantzen/ mit Versprechen/ jhme zu essen vom dem Holtz deß Lebens mitzutheylen.

Apoc. 2.

Alhie ist zumercken/ daß der hey. ige Ioannes die damahligen Bischöff/ wegen jhres Englischen Ambts vnd hoher Würde/ Engel nambset/ dann wie S. Dionys. Ariopag. sagt: Sie erstlich von Gott erleuchtet/ vnd wir durch sie die Göttliche Gnaben vnd Gnaden empfangen.

S. Dion. de cœl. cap. 4.

Die Statt Epheso wollen etlich zur Metropolim oder Haubtstatt Asiæ minoris machen/ solle von den Amazonen erbawt: vom König Codro aber gemehrt vnd erweitert worden sein. Daselbsten ware vor Zeiten der in der gantzen Welt berühmbte Tempel Dianæ, an welchem gantz Asia 200. Jahr g bawt/ welcher, diser Zeit sambt dem grössern Theil der Statt zu Boden darnider ligt.

Nachdeme nun der H. Ioannes auß Patmos. seinem exilio erlöset hat Er zue Epheso sein Evangelium sambt den Episteln beschriben/ auch eben daselbsten nach der Geburt Christi 106. vnd dessen Seyden in dem 68. Jahr zue Zeiten Traiani deß Kaysers/ seines Alters in dem 99. oder wie Baronius will/ 93 Jahr in Gott entschlaffen/ begraben/ vnd mit Leib vnnd Seel von Christo seinem geliebten Meister auffgenommen worden.

Die andere Epistel Christi ist an den Bischoff zu Smyrna abgangen/ welcher Kirchen nach Zeugnuß deß H. Hieronymi der H. Polycarpus selbiger Zeit vorgestanden/ den der H. Ioannes zur Beständigkeit in dem Glauben vnd Tugend biß in den Todt ermahnet/ mit Versprechen jhme die Cron deß Lebens zugeben.

Smyrna, so auch Myrra geheissen/ ligt in dem Reich Asiæ der Landschafft Ioniæ nechst an dem Meer/ 8. Meyl von Epheso vnnd 28. von Patmos, ist erstlich von den Lyden zerstört vnd hernach durch vnderschidliche Erdbidem verderbt worden: Nach gehendts aber wegen deß guten weiten vnd sichern Meer-Ports/ vnd fruchtbaren Bodens so weit vnnd groß erwachsen/ daß solche jetziger Zeit ohne Ring-Mawren vnnd Thor/ mehr einem Landt/ als Statt zuvergleichen. Die Statt hat neben den schönen alten Gebäwen vil Moscheen, vnder welchen der alte Tempel

Bilgerfahrt.

Ianæ vnd Homeri die Poëten sonderlich verrümbt/ nechst bey der Statt fließt Melas ein kleiner Fluß in das Meer.

Die dritte Epistel oder Sendt-Schreiben Christi/ hat der H. Ioannes an den H. Carpum damahligen Bischoffen zu Pergamo geschriben/ denselben ermahnende/ sich den Nicolaiten wegen jhrer falschen Lehr/ mit Betrawung deß Schwerdts/ zuwidersetzen/ deßwegen jhme das Himmel-Brodt versprochen.

Pergamo oder Pergama ware vor Zeiten sehr berühmbt/ vnnd wie Aretas bezeuget/ vber alle andere Stätt Asiæ der Abgötterey bengethan/ ligt gegen Orient 15. Meil von Troia: 20. gegen Mittag von Smyrna vnd 40. von Patmos. Von dannen ist Galenus der Fürst der Medicorum gebürtig gewesen/ vnd sollen erstlich die Membranæ oder Pergament allda erfunden worden sein. Dise Statt ist jetziger Zeit gleich wie andere mehrertheyl ruinirt.

Die 4. Epistel Christi ist nach etlicher Meynung/ an den H. Iræneum, hernach Bischoff zu Lyon in Franckreich/ abgangen/ andere sagen S. Carpus Martyr seye zur selbigen Zeit Bischoff gewesen. Disem wie jhm wölle/ befilcht S. Ioannes der vnzüchtigen Iezabel zuwiderstehn/ mit Versprechen deß Morgen-Sternens sambt dem Gewalt vber die Völcker.

Thyatira sonsten auch Tiria ligt in der Landtschafft Mysia, 25. Meil von Pergamo vnd 30. von Patmos, auß derselbigen ist Lydia die Purpur Krämerin/ welche der H. Apostel Paulus zum Christlichen Glauben bekehrt/ gebürtig gewesen/ wie zu sehen Actor. 16.

In diser fünfften Epistel Christi/ wurd der Bischoff zu Sardis (so S. Meliton solle gewesen seyn) ermahnet/ wachtbar zuseyn/ vnd zu streiten/ dafern er das Kleydt der Vnschuld erwerben/ vnnd in das Buch deß Lebens/ begehre eingeschriben zu werden. Diser Bischoff hat zu guetem der Christen/ wider den Kayser M. Antoninum ein Apologiam geschriben/ wie Anno 172. bey Eusebio vnd Baronio zulesen.

Sardis oder Sardeis befindet sich in der Landtschafft Lydia nechst bey dem Berg Tmolo, von Thyatira 10. vnnd von Patmos 30. Meil gelegen.

In diser Statt solle Cræsus der König gewohnt vnd regiert haben/ laut dises Vers Horatij. Quid concinna samus, quid Cræsi regia Sardis? Etliche seynd der Meynung dises seye Samus die Insul gewesen. Hor. l. 1. Epist. 11.

Die sechste Epistel Christi/ hat S. Ioannes an den H. Quadratum damah-

damahlen Bischoffen zu Philadelphia geschrieben / so nach etwelcher Meynung auch Bischoff zu Athen gewesen. Diser wird ermahnet zu bewahren was er hat/ damit nit ein anderer sein Cron nemme/ mit Versprechen jhne zu einer Saul deß Tempel GOttes zumachen.

Philadelphia ligt in Mysia nechst bey Lyda, von Patmos gegen Orient oder Auffgang der Sonnen 40. Meil/ welche von Attalo Philadelphio erbawt vnnd den Nammen bekommen/ solle noch mehr als andere Völck reich sein.

In diser sibenden vnnd letsten Epistel Christi/ wird der H. Bischoff Sagares: eygentlicher aber alle lawe vnd kalte Christen ermahnet/ jhrem Beruff nachzukommen/ mit Anerbietung das Gold zukauffen/ vnd sich selbsten zu vberwinden/ dafern man begehrt in dem Thron zusitzen ewigklich zu regieren.

Von diser Statt Laodicia, welche von Philadelphia 10. vnnd von Patmos 44. Meil gelegen/ schreibt Plinius daß selbige erstlich Diospolis hernach Rhois vnd entlich Leodicia oder Laodichia wegen Laodices Königs Antiochi Weib geheissen/ worden/ ist wegen der vnfehr darvon gelegnen Wasserflüssen Lyci, Asopi, vnnd Capri wol gelegen/ reich vnnd berümbt/ hat mit der Statt Colossis gute Correspondenz vnd Freundtschafft gehabt/ deßwegen der Apostel Paulus befohlen sein an die Colossenser abgangnes Sendt-Schreiben/ den Laodicensern zu vberschicken/ vnnd hinwider der Laodicenser Schreiben den Colossensern zu communiciern/ damit eins vnd daß ander in beede Kirchen abgelesen wurde.

Es haben zwar etliche vermeint/ ob were es Rhodis, wegen daß Colossus solis, so daselbsten vor dem Port also hoch vnd weit gestanden/ daß vnder selbigem auch die Galleen mit Segel vnd Rueder haben könden durchfahren/ vnd daher nit weit von Laodicia zuseyn/ deme aber nit also: Seythemahlen dise Statt Colossus in Peloponeso oder Morea gelegen/ vnd kein Statt so Colossus genennt/ in Asia Minori gefunden wird.

Ob gleichwol dise 7. Kirchen allbereit vil Jahr vnder dem Türckischen schweren Joch mercklich Schaden gelitten/ vnnd sich nie mehr in jhrem alten Stand vnd Freyheit befinden/ werden sie doch von Christlichen Religiosen mit Bischöfflichem Gewalt bedient/ so den Gläubigen mit Außspendung der H. Sacramenten beystehen vnd erhalten/ wie ich zu Smyrna gesehen/ vnd selbsten mit Auffopfferung der H. Meß vnnd andern Geistlichen gewohnlichen exercitijs geübt vnd verrichtet habe.

Marginalia: Plin. lib. 5. c. 29 ; Ad Collos. 4.

Die

Bilgerfahrt.

Die Schifffahrt von Candia auff Ioppe.

WEgen oberzehlter Tractation haben wir auß zweyen Vblen das wenigere erwöhlet/ vmb Gelegenheit gesehen/ von so grosser Armbseeligkeit vnd Gefahr erlediget zu werden/ vermeinende/ rühmlicher zu seyn/ ehrlich zu sterben/ als armseelig zu verderben/ seynd derohalben in GOttes Nammen/ den 18. Septembris in ein Frantzösische Tardana (S. Anna genannt) ist das minste Schiff/ so auff das hohe Meer gehet/ gestigen/ vnd selbigen Abendt mit gutem Wind von Candia abgefahren/ deß anderen Tags nechst bey der Insul Coum, da auch der H. Apostel Paulus angelangt/ fürüber gefahren/ auff den Abendt die Insul Caro auff der lincken Seyten gehabt/ von dannen seynd wir durch einen starcken Sturm in das Rodische Meer gejagt worden/ haben beyneben auß Forcht der Rodischen Cursaren (das seynd Meer-Rauber) so vil möglich gewesen/ die Segel gegen dem Mittägigen Meer gewennt/ selbige Nacht ein Malteser Schiff/ so in Curso gangen/ angetroffen/ welches vns die gantze Nacht/ nachgejagt/ entlich aber mit Abschneydung deß Paß/ die Segel zustreichen bezwungen/ vermeinte ein Türckische Tardana zu seyn/ haben beynebens wegen Vnzestime deß Meers schwärlich mit vns reden/ weniger daß Schiff besteigen können/ als sie entlich erfahren/ daß wir Christen/ haben sie nach Erkundigung vnserer Reyß/ vnd ob wir keine Türckische Schiff gesehen oder angetroffen/ mit Glück wünschen vns verlassen/ seynd also vmb die Gegendt Rhodis ein Beuth zu erlangen/ verblieben/ vnd mir/ nach auffgezogenem Seglen/ gegen Cypro gefahren.

Den 21. Septembr. haben wir die Insul/ oder besser zu reden/ daß Königreich Cyprus von fernen gesehen/ vnnd den 23. dito/ daselbige nechst vorbey gesegelt/ wegen das vnser Capitan darinnen nichts zu handlen/ nit berührt/ sonder mit gutem Wind gegen Siriam gefahren/ nach 3. Tagen seynd wir ob Tripoli ohnfern von dem Lande gewesen/ weisen aber die finstere Nacht eingefallen/ noch einiger/ weder deß Landes noch Ports Erfahrnuß gehabt/ haben wir das Schiff von dem Lande gewendt/ sicherer bey Tag einzufahren/ massen wir den 28. Septembris bey guter Zeit glücklich in das Port zu Tripolis eingeloffen/ vnd selbigen Tag/ nach Weysung vnserer Patenten in die Statt eingelassen/ vnnd von meinen Vättern Capuccineren freundlich empfangen vnnd wol gehalten worden.

Tripolis. Tripolis, ist sovil als 3. Stätt/ ligt ein halbe Stund von dem Meer/ an einem schönen vnd fruchtbahren Orth/ hat ob der Statt ein gutes Castell/ vnd an dem Meer ein Vestung/ schöne Pallest vnd Häuser/ sonderlich aber vil Wasser/ so von dem Berg Libano herab fliest/ wird zu diser Zeit mehr von den Griechen/ Jacobitern/ Maroniten/ sonderlich aber Juden bewohnt/ Kauff-Mannschafft halber/ als Catholischen bewohnt/ wegen deß vor etlich Jahren der Bassa daselbsten/ alle Catholische Kauff-Leuth in einer Nacht nidersablen lassen/ sich mit jhren Gütern zubereichen/ in deme sie bey kurtzer Zeit die Sicherheit erlanget/ fangen die Frantzösische Kauff-Leuth widerumb an daselbsten zuwohnen: massen auch vnsere Pattes ein Hospitium alldort besitzen/ welche neben den Geistlichen exercitijs, den Catholischen die H.H. Sacramenten administrieren oder außspenden.

Byretum Den 29. Septembris hat es Gelegenheit auff Biretum oder Baruti zufahren geben/ deren wir vns bedient/ vnnd den 30. dito daselbsten angelangt/ bey vnsern Patribus das Mittagmahl genommen/ nach selbigem die Statt besichtiget/ vnd den Orth (so diser Zeit ein Moschea) gesehen/ allwo das jenige Crucifix von den Juden gemartert/ so heuffiges Blut vergossen/ daß (wie in dem Martyrologio ad diem 9. Novembris zufinden) die Orient- vnd Occidentalische Kirchen von selbigem bereichet worden/ die gantze Histori findet der Leser bey dem Baronio Tomo 9. Annal. ad annum 787. wie auch in dem Martyrologio Romano, den 9. tag Wintermonats 2c. Ein halbe Meil weegs von der Statt Baruti hat man vns

Der Orth allwo der H. Georgius den Dracken erlöst. den Orth gezeigt/ allwo der H. Georgius den Dracken erlegt/ vnd deß Königs Tochter solle erlöst haben. Diser H. Martyrer Georgius/ wird nit allein von den Orientalischen Christen/ sondern auch von den Türcken so gar hoch verehrt/ massen die Türcken vor seinem Tag niemahlen in das Fäd ziehen/ pflegen auch den Christlichen Kirchen einigen Schaden zuzufügen/ an welchen sie dessen Bildnuß finden/ dahero die Griechen in dem Eingang jhrer Kirchen ob der Thüren diß H. Martyrers Bildnuß in Stein eingehawen pflegen zusetzen.

Phænicia Berytum oder Byretum ligt in Phænicia allda der H. Nicodemus der erste Bischoff gewesen/ vnd das vorerdeute Crucifix solle gemacht haben. Dise Landschafft ist über die massen fruchtbar/ jnsonderheit an Zucker vnd andern Früchten/ deren in Europa nit gefunden werden/ daselbsten hab

Pilgerfahrt. 47

habe ich ein sonderbahre Frucht gesehen vnnd auch gessen / auff Arabisch Mauza, bey den Christen aber Adams-Feigen genant. Dise Frucht wachst auff einer Stauden/ in 30. oder mehr beysamen / also daß sie Lasts halber auff das Erdtreich sincke. hat die Formb der Cucummeren einer Spangen lang/ an der Farb/ gelb/ vnd an dem Geschmack den frischen Feigen nit vngleich. Die Christen selbiger Landen/ halten darvor das seye die Frucht / von welcher Adam vnd Eva im Paradeyß gessen haben/ vnd diß probieren sie wie volgt. Mauza, oder A-dams-Feigen.

Erstlich weil man in selbigen Orthen keine Oepffel hat: vnd der H. Hieronymus in Vbersetzung der Bibel das Wort Mauza die Frucht eines Baumbs außgedeütet. Fürß ander wann man die Frucht Mauza von einander schneidt/ sihet man ein Aederlin einem Crucifix gantz gleich. Daher schliessen sie/ daß die Vbertrettung vnser ersten Eltern habe müssen mit dem Todt deß Creutzes Christi bezahlt werden/ dessen Figur in der Fruche verbliben. Vber alles diß Gewächs/ anderhalb Elen brate/ vnnd drey Elen lange Blätter/ darauß dann nach Erkandtnuß der Sünd gar leicht die Schürtz haben könden gemacht werden/ vnd diß sovil die Meinung der Orientalischen betrifft. Gewiß ist es/ daß die H. Schrifft von dem Apffel kein Meldung thut/ sonder allein von der Frucht / waß es für eine gewesen/ laß ichs andere disputiern.

Den 1. Octobris sind wir nach Mitternacht von Baruti auff Sidon gefahren/ vnd den 2. dito bey guter Zeit daselbsten ankommen / auff daß Land gestigen/ in daß Hospitium der Vätter Capuciner sambt Herren Obristen gangen/ nach celebrierung meiner H. Meß hat sich ein geistlicher Maronita von dem Berg Libano eben mit selbigen paramenten ange-thon/ in Arabischer Sprach ein Stundlang Meß gelesen/ welcher ich beyge-wohnt/ fleissig auff alles gemerckt/ vnd gesehen/ daß zu Anfang der Meß der Ministrant mit bedecktem Haupt vnd langen Rock/ auff der Epistel Seyten mit einem Rauchfaß gestanden / nach Einlegung deß incensi hat der Geistliche die Hostia (wie wir brauchen) den Kelch vnd daß Meß-buch über den Rauch gehalten/ ein jedes an sein Orth gesetzt/ vnd nach dem der Priester incensiert worden/ die Meß angefangen/ der Ministrant ist von der sincken auff die recht Seiten mit dem Rauchfaß vnnd einem Buch gestanden/ hat wol sovil zusprechen gehabt/ als bey vns die Priester in der Meß zulesen. Der Geistliche hat sich vilmahl zu dem Volck ge-wendt/ vnnd über selbige daß Creutz-Zeichen gemacht/ nach der Conse-cration hat er die Hostien nit auffgehebt/ sonder sich vmbgewendt/ vnnd vor Wie die Maroni-ten Meß lesen.

seiner

seiner Brust auff der Paten dem Volck gezeigt/ welches dieselbe auß Demuth nit angeschawt/ sondern auff ihr Angesicht nidergefallen/ als ihren Herren vnd Gott verehrt/ vnd angebettet/ auch so lang ligen bliben/biß der Priester selbige sambt dem H. Bluth genossen/ihnen den zähren Kelch vnd paten vnder über sich gezeigt. Solches thun sie darumb/ weilen bey ihnen ein Sprichwort/ also lautend: Welcher Gott in der H. Hostien anschawet/ denselben siher Gott nit an; Also groß ist bey ihnen der Glauben vnd die Andacht zu dem H. Sacrament deß Altars.

Dise Völcker werden Maroniten genannt/ weilen sie von einem Religiosen/ welcher Maronius geheissen zu dem Christlichen Glauben bekehrt worden. Sie selbsten sagen vnd seynd auch vil mit Baronio der Meynung/daß dise Völcker von den H. Aposteln den Glauben empfangen vnd allezeit behalten haben. Massen ihr Patriarch auff dem Berg Libano in einem Closter S. Maria de Cœnobio gelegen/ wohnet/ vnd der Römischen Kirchen den Gehorsamb leystet/ diser regiert alle Maroniten deren in Syria, Phœnicia, Palestina vnnd Cypro vil gefunden werden. Ihr eigentliche Wohnung ist der Berg Libanus vnd ante Libanus, deren vil tausent daselbsten wohnen/ haben mehr Freyheiten/ wegen ihrer Trew vnd Frombkeit als andere Christen vnder den Türcken/ desswegen lassen sie ihrem Patriarchen zwo Gloggen zu/ welche an andern Orthen der Türck nit gestattet/ dann sie sagen/ die Himmel/ werden von dem Thon der Gloggen von ihrer Küh abgehalten/ daß auch die Teuffel in der Höllen solten beunruhiget werden.

Sidon.   Sidon, oder Saeida auff Arabisch ist das Orth/ von welchem der H. Marcus c. 7. also redet. Exiens IESUS de finibus Tyri, venit per Sidonem ad Mare Gallileæ, &c. In diser Statt wohnen vil Christliche Kauff-leuth/ welche Syden vnd Baum-Wollen auffkauffen/ in die Christenheit zuschaffen.

Den 3. Octobris seynd wir Nachmittag zu Schiff gangen auff den Abendt die Statt Tyrus vorbey gefahren/ vnnd selbe Gelegenheit gar sein gesehen.

Tyrus.   Tyrus ist ein grosse schöne vnd reiche Statt gewesen/ wie bey dem Propheten Ezechiel zulesen/ der auch ihren Undergang vorgesagt/ massen daselbsten ausserthalb etlich wenig Häuser/ alles zerstört/ dise Statt ist zum einen theyl mit dem Meer umbgeben/ vnd ausser der Juden wenig bewohnt. Vor dem Thor selbiger Statt weißt man den Orth/ allda Christus die

Prea-

Bilgerfahrt. 49

Predig gehalten/ darvon S. Lucas c. 11. schreibt/ sagend. Beatus venter qui te port auit.

Den 4. Octobris seynd wir zu Ptolomais ankommen/ auff das Landt gestigen/ etliche Juden hinauß gelassen/ Kauff-Manns Wahren einzuladen/ vnderdessen ist mir Zeit worden/ mit Celebrierung der H. Meß/ daß Fest meines Seraphischen H. Vatters Francisci zu ehren/ zu welchem mir ein Holländischer Kauff-Mann Gelegenheit in seiner Behausung gemacht/ vnnd die paramenta der Vätter Franciscanern von Nazareth zugebrauchen geben/ welche Patres zu gewisser Zeit dahin kommen/ den Christlichen Kauff-Leuthen daselbsten Meß zulesen/ weilen allda weder Kirchen noch Priester vorhanden/ sonder alles mit Türcken vnd Arabieren vbersetzt. In disem Orth werden noch zwo Christliche ruinierte Kirchen gesehen/ S. Andreæ & Ioannis, neben dem Pallast/ welchen vor disem der Groß-Meister deß Teutschen Ordens bewohnt/ vnnd daselbsten sein Residenz gehabt. Nach gelesner H. Meß seynd wir widerumb zu Schiff gangen/ in zwo Stunden zu dem Berg Carmelo kommen/ welcher nit sonders hoch/ sich in das Meer erstreckt/ auff deme wir das Orth da Elias den Altar auffgerichtt/ gesehen/ wie 3. Reg. c. 10. zulesen. Underhalb desselbigen ist die Krufft oder Höle darinnen diser Prophet gewohnet/ so jetzo vier Patres Carmelitaner besitzen. Vor Zeiten hatten gemelte Patres ob dem Berg ein grosses Closter/ welches von den Arabiern zerstört/ vnd geschleifft worden. Auff disem Berg ist die erste Kirchen vnser lieben Frawen zu Ehren erbawt worden/ vnd zwar eben in selbigem Orth/ da der H. Prophet Elias die sechte Wolcken von dem Meer gesehen auffsteigen/ wie zulesen/ 3. Reg. c. 18. von disem Berg vnd Kirchen haben die PP. Carmeliter jhren Naimmen geschöpfft/ vnd wollen daß jhr Religion in der Catholischen Kirchen die älteste/ als welche von dem H. Propheten Elia daselbsten fundiert vnd jhren Anfang genommen. Vil andere Wunderwerck welche der H. Prophet Elias auff disem Berg gewürckt/ findt der Leser in dem 2. vnd 3. Buch der Königen. Eins ist nit zugeschweigen/ welches allen Bilgern bekandt/ wie nemblich auff selbigem Berg/ Stein gefunden werden/ einer Melonen gleich/ dann als diser H. Prophet von einem Gärtner ein Melonen begehrt die er jhme abgeschlagen/ sagend: daß er keine Melonen/ sonder Stein in seinem Garten habe/ darauff alle Melonen in Stein verwandlet/ vnd noch auff den heütigen Tag verhanden/ wie ich dann dergleichen selbsten gesehen vnnd in Händen gehabt.

G Nach

Ptolomais.

Der Berg Carmelus.

Nach deme wir den Berg Carmel passiert/ haben wir das Castell Peregrinorum auff einem Berg gesehen/ welches vor Zeiten ein Herberg der Pilger vnd Rittern deß Teutschen Ordens zuständig gewesen. Zwo Meil vnderhalb deß Castells/ ligt Cæsarea Palestinæ, so hart an dem Meer/ daß wir die Häuser/ Porten/ Thürn/ auch die Leuth gesehen vnd vermerckt/ daß diß ein schöne grosse Statt gewesen/ wie auß den Ruinen abzunemmen/ in dern gar vil vmb deß Christlichen Glaubens willen gemartert worden. Daselbsten hat S. Petrus den Cornelium getaufft vnd zum ersten Bischoff gesetzt/ der H. Hieronymus schreibt ad Paulam. Daß S. Philippus einer auß den 72. Jüngern Christi mit sambt seinen 4. Töchtern/ welche alle Prophetissen gewesst/ allda begraben ligen. Was sich mehr in diser Statt zugetragen finde der Leser in den Geschichten der Aposteln am 21. vnd 25. Capitul.

Cæsarea Palestinæ

So bald wir dise Statt fürvber gesegelt/ ist ein grawsamer Sturm-Wind entstanden/ welcher vns von dem Landt in das hohe Meer/ vnd in grosse Gefahr gesetzt/ vmb daß wir kein groß Schiff: vnd vnerfahrne erschrockene Türcken vnd Mohren zu Schiff-Leuthen gehabt/ welche wegen jhres bösen Gewissens gleich verzweifflet/ kein Hülff noch Hand angelegt/ sonder deß Todes erwartet. Zu dem hat vns die Nacht vberfallen/ der Sturm zugenommen/ die Wellen wie die Berg auffgestanden/ zween der Schiff-Leuthen in das Meer geworffen/ das Steter sambt dem Segel-Baum zerschmettert/ vns damit alle Mittel vns zu salvieren benommen/ deßwegen ein jeder nach seinem Glauben/ mit betten vnd seufftzen zu GOtt geschryen/ mehr vmb ein seeliges End als vmb das Leben bittende/ dessen kein einige Hoffnung gehabt. Die Juden kondten den Schrecken vnnd Angst nit mehr gedulden/ wolten sich in das Meer stürtzen/ welches auch geschehen were/ wann nit der Rais daß ist der Schiff-Mann/ welchem das Schiff vnd die Wahren anvertrawt/ selbige abgehalten hette. Ich zwar hette nit vngern gesehen/ wann sie dises versucht/ hoffende/ so dise verfluchte Menschen von vns weren/ der liebe GOTT wurde sich vnser ehender erbarmen/ vnnd mit Stillung deß Windes zu Landt helffen. Die Türcken vnd Mohren wären allbereit jssterben bereit wolten deßwegen nit hören/ daß ich solte betten/ ja als ich mein Crucifix herfür genommen das Wetter zu benediciern/ haben alle angefangen vber mich erschröcklich zuschreyen/ hatt auch wenig gefählt/ sie hetten mich/ sambt dem Creutz ins Meer geworffen/ dann sie der Meynung/ wir Christen hetten solches Vngewitter gleich wie Ionas verursachet/

her-

Bilgerfahrt.

hergegen vermeinten wir Christen/ GOtt wolte vns/ wegen jhres Vnglaubens/ straffen. Allhie muß ich rund bekennen/ daß dise Gefahr alle andere weit vbertroffen/ die ich auff diser Reyß zu Landt vnd Wasser gehabt/ bin ich auch näher niemahlen bey dem Todt gewesen/ als in disem Sturm/ welcher von 4. Uhr Abendes biß vmb 4. Uhr Morgens gewehrt/ in welcher Zeit wir anders nichtes gethan/ als auff das End deß Lebens gewartet/ vor dem Richter-Stuel GOttes zu erscheinen: In diser eusseristen Gefahr hab ich mich der Hilff vnd Fürbitt meines Seraphischen H: Vatters Francisci, dessen Fest selbigen Tag begangen wurde/ getröstet/ mit Erinnerung daß folgenden Tag/ durch vnser gantze Religion für alle Abgestorbne Vättern vnd Brüder deß Ordens ein Anniuersarium oder Jahrtag sambt allen Messen appliciert vnd gelesen werden/ vermitlst deren ich auch die Barmhertzigkeit GOttes zuerlangen/ kräfftiglich gehofft vnd erwartet. Das ärgste ware/ daß wir kein Landt gesehen/ noch gewüßt/ vnnd ob wir schon solches gesehen/ haben wir weder Stewr noch Segel gehabt/ dasselbe zuerlangen: Als aber dise lange Nacht (dergleichen ich keine gehabt/) ein End genommen/ vnd der Tag angebrochen/ haben wir das Landt/ O grosses Wunder erblickt/ vnd nit vber 3. Stund vns von Ioppe befunden/ da wir vermeinten auff dem hohen Meer zuseyn. Gleich darauff haben wir den Ancker außgeworffen/ hilff zuerwarten/ weilen aber keine zuhoffen/ wegen daß wir zu weit von dem Port vnd nit gesehen werden köndten/ haben wir den Ancker widerumb auffgezogen/ vnd seynd von den Wellen allgemach zu dem Gestad getriben worden/ entlich vermittelst der Barmhertzigkeit GOttes/ das erwünschte Port erlangt/ welcher auß sonderem seinem verborgnen Urthel/ mit vorgehender Trübsal das H. Landt würdiger zuberetten/ vnser gnädigklich gedacht/ vnd gütigklich erfrewet/ welchem sey Lob/ Ehr vnnd danck in alle Ewigkeit/ Amen.

In diser Gefahr vnd Ungestimme deß Meer kan ich ja billich mit dem Königlichen Propheten David die Wunder GOttes außruffen singen vnd sagen.

Psalmo 106. Ps. 106.
Qui descendunt Mare in navibus facientes operationem in aquis multis.
Ipsi viderunt opera Domini, & mirabilia ejus in profundo.
Dixit & stetit Spiritus procellæ, & exaltati sunt fluctus ejus.
Ascendunt usque ad Cœlos, & descendunt usque ad abyssos.

Et clamaverunt ad Dominum cum tribularentur: & de necessitatibus eorum eduxit eos.
Et statuit procellam ejus in auram, & siluerunt fluctus ejus.
Et lætati sunt quia siluerunt: & deduxit eos in portum voluntatis eorum.
Confiteantur Domino misericordiæ ejus, & mirabilia ejus filijs hominum. &c.

Wie wir zu Ioppe ankommen/ vnd von dannen auff Jerusalem verreißt.

Ps. 73. Baruch. 3.

Al dieweilen Ioppe auff Arabisch Iaffa genannt/ der Paß vnd Eingang deß Landts/ in welchem der Sohn GOttes vnser Heyl gewürcket/ haben Ihr Päbstliche Heyligkeit diß'm Orth/ die besondere Gnad vnd Freyheit an Ablaß mitgetheylt: Daß/ wann die Bilger allein das Gestad berühren/ eben den Ablaß empfangen; als ob sie all andere H. Oerther besucht hetten/ dann vil Bilger auß Cypro, Tripoli, Sidon, Alexandria, Damiata, vnd anderst woher auff Ioppe, welche/ theils wegen der Arabischen Mörderey: theils wegen der Pest/ Kranckheiten oder Armuth weiter nicht fortkommen können. Daher wird Ioppe hochgeachtet/ vnd von den Christlichen Bilgern/ in Betrettung deß Landts mit Küssung der Erden verehrt/ massen wir auch gethan/ als wir auß dem Schiff gestiegen. Dann obwohlen diese vnd vil andere Kirchen Klöster vnnd Oerther deß H. Landts von den Türcken ruiniert vnd zerstört/ werden dannoch in selbigen die Indulgenz oder Ablaß mit Küssung der Erden erlangt/ laut deß Spruchs SS.Can. §. Res sacræ vel loca ubi sacræ ædes fuerunt exstructæ, sunt sacra, etiam diruto ædificio.

Ioppe.

Zu Ioppe seynd wir den 5. Octobris angelangt/ so 2. Teutsche Meil von Rama, vnd 8. von Ierusalem ligt/ zu Mittag auff das Landt getretten/ vnd wegen der grossen Frewd alles Kummers vergessen/ demnach aber die Türcken vnserer Ankunfft berichtet/ vnd erfahren daß wir Christliche Bilger/ haben sie das Schiff vnnd Uns fleissig ersuecht/ ob wir Kauff-Manns-Wahren oder Gewähr hetten/ vnd vns nach Bezahlung deß Tributs entlassen. Nach solchem haben wir vnser Ankunfft den Trugoman oder Dollmetschen zu Rama berichtet/ welcher bald mit aller Nothurfft verhanden gewesen/ selbigen Abendts zuuertagsen vns ermahnt/
wei-

Pilgerfahrt.

weilen er Zeittung gehabt/ die Arabier waren in Palestina eingefallen/ auch besorgt/ sie möchten uns den Paß versperren oder gefangen nemmen/ under weilen haben wir was weniges gessen/ und darauff die Raiß mit der Caravana auff Rama vorgenommen.

Ioppe ist in der H. Schrifft alten und newen Testaments wol bekannt/ daselbsten ist Ionas der Propher zu Schiff gangen/ und 4. Meil von dannen von dem Walfisch an das Gestad geworffen worden/ daselbsten stehet noch auff dise Zeit ein Cappel zu S. Ionas genant. In dem ersten Buch der Machabeer. c. 10. findt der guetwillige Leser was gestalt dise Statt zerstört und verderbt worden.

Die Geschichten der Aposteln/ melden vil von Ioppe, daselbsten hat S. Petrus in Simeonis Hauß/ welches noch verhanden/ selbiges wunderliche Gesicht gesehen/ und deß Hauptmanns Cornelij von Cæsarea Abgesandten angehört/ die Tabitham von Todt aufferweckt/ auch zeigt man am Meer ein Orth/ da S. Peter den Fischen geprediget/ weilen Ihne die Menschen nit anhören wolten.   Acto.10.   Acto.9.

Die Statt war vor Zeiten auff einem Berg gelegen wie zusehen auß den Mawren und zerfallnen Thürnen. An dem Gestad deß Meers seynd noch etlich alte Gewölb/ darinn die Pilger ihren Underschlauff haben/ weilen auß Mangel deß Ports keine Christliche Kauff-Leuth daselbsten wohnen. Als wir zu Ioppe waren erbawten die Türcken ein newe Moschea, ohnfer von dem Gestad deß Meers.

So bald wir von Ioppe auff die Höhe komen/ haben wir ein gar schön Feldt voller Baum-Wollen angetroffen/ und biß an das Gebirg durch selbiges gereyßt. Eben in disem Feldt hat Samson vermittelst der Füchse den Philisteern die Frucht angezündt und verbrendt. Als wir fürbaß kommen/ haben wir auff der Höhe zur lincken Seyten ein Pferdt unnd auff selbigem ein Mann gesehen/ ab welchem unsere Gelayts-Leuth erschrocken besorgend/ es möchten noch mehr seines gleichen verhanden sein/ wie dann gleich andere sich erzeigt/ zusehen/ was wir für Resolution fassen wurden. So bald sie aber vermerckt/ daß die Caravana auß Forcht sich gewendt/ widerumb auff Ioppe zureysen/ seynd sie so schnell als der Vogel im Lufft/ auff uns zugeritten/ den Paß abgeschnitten/ mit blossen Sablen umbringe/ einen nach dem andern durchsucht/ und weilen sie bey uns nichts verdächtiges gefunden/ haben sie sich mit einem stuck Gelt lassen befridigen. Die Juden aber so auch in unserer Gesellschafft haben sie mit Worten und Streichen härter gehalten/ umb daß sie von   Indic.15.

G 3   GOtt

GOtt vnd dem Menschen verhaßt vnd billich verdacht seynd. Es waren dise Arabier junge wilde Leuth/ neben guten Pferdten wol mundiert/ welche nach deme jhnen die rancion erlegt worden/ mit Geberden vnnd Worten sich fründtlich erzeigt/ vnd vns mit gutem contento entlassen.

Nach solchem seynd wir in einer Stund zu Rama angelangt/ in dem Hauß deß H. Nicodemi (so den PP. Franciscanis zugehörig) den Einkehr genommen/ nach dem Essen zwo Stundt geruhet/ vnd zu Mitternacht widerumb auffgebrochen/ in aller Stille durch Rama passiert/ weilen die Türcken selbige Nacht ein besonder Fest jhrem Machomet gehalten zu welchem sich vil Santoni (daß seynd Geistliche) versamblet/ mit grossem Geschrey vnder offnem Himmel herumb gesprungen/ vnnd nit anderst als vnvernünfftige Thier getobet vnd gewüttet.

Rama oder Arimathia.

Es halten etliche/ Rama/ seye Arimathia deß Iosephi Vatterlandt/ so vnsern Seeligmacher vom Creutz gethan vnnd zur Erden bestattet hat. Es scheint/ als were Rama vor Zeiten ein grosse zierliche Statt gewesen/ jetzo vergleicht sich einem grossen offnen Marck-Flecken/ daselbsten seynd zwo Moschea so vor disem Christliche Kirchen gewesen/ eine dem H. Ioanni Baptistæ: Die andere den 40. Martyren/ welche von Sebasten dahin transferiert worden/ dediciert/ die Bilger haben allda ein gefährlichen Paß/ weilen die Innwohner daselbsten Mohren/ der Christen abgesagte Feind/ vnd vilmahlen von jhnen beläßtiget werden.

Act. 9.

Den 6. Octobris seynd wir wie oben gesagt von Rama nach Mitternacht verreißt/ auff der rechten Handt Liddam/ allda der H. Petrus Æneam von der Wassersucht curiert/ ligen lassen/ bald haben wir ein grosse noch wol erbawte Kirchen gesehen/ da der H. Martyrer Georgius gemartert worden/ dessen Haupt noch solle vorhanden sein. Nechst bey Diospoli haben wir auff dem Felde ein groß Geschwader Arabier angetroffen/ welche sambt jhrem König daselbsten das Läger geschlagen. Vnser Dollmetsch hat vom König/ so ein schlechter Potentar, mit einem stuck Gelt den Paß vnd Sicherheit erlangt/ vnd vns darmit durchgeholffen/ an disem Orth haben wir neben dem Vich auch vil Camel vnd Dromedarij gesehen/ so disen Arabiern zugehörig.

Es haben dise Arabier/ deren vil vnderschidliche Compagnien selbiger Landen herumb ziehen/ keine gewisse Wohnungen/ behelffen sich mit stehlen/ rauben/ vnd jhrem Vich/ wann dasselbige Orth außgeweidet/ treiben sie es ein anders zuverderben.

Nach

Bilgerfahrt.

Nach deme wir selbige Nacht Palestinam passiert/ bey guter Zeit in das ruhe Gebirg kommen/ haben wir abermahl etliche wilde Arabier/ so bey einem Fewr gesessen/ angetroffen/ welche vns mit grosser Vngestimme angefallen/ der Dolmetsch ermahnte vns ohne Forcht zu passieren/ er wolte sie zufriden stellen/ fiengen darauff an mit einander zuschreyen/ als ob sie wolten einander vmbringen/ welches solang gewähre biß er vermeint/ daß wir jhnen entrunnen/ hat sich darnach mit seinem Pferdt darvon gemacht/ vnd ist in einer halben Stund widerumb zu vns kommen/ sagende: Das gedachte Arabier weder Wehr noch Waffen gehabt/ auch keine Pferdt/ damit sie vns hetten könden nachsetzen/ weren auch nit befüegt/ an selbigem Orth den Zoll zubegehren/ seye deßwegen ohne Bezahlung darvon geritten/ vnd sie jhme lassen nachschreyen.

Innerhalb drey Stunden haben wir deß guten Schächers Wohnung auff einem Berg stehend angetroffen/ vnnd gleich darbey einen Brunnen/ von welchem die Christen sagen/ daß er deß H. Jacobs gewesen/ dessen zerstörte Behausung auch gewisen wird/ darauff seynd wir abwerts kommen/ vnd haben ein Kirchen vnd an selbiger ein zerstörtes Kloster/ bey der Straß angetroffen/ daselbsten die Esel vnnd Camel getränckt/ vnd vnderdessen die Kirchen besichtiget/ welche ausserhalb gantz/ inwendig aber mehr einem Stall als einer Kirchen gleichet. An disem Orth hat der H. Prophet Ieremias seine Prophezien geschriben/ deßwegen die H. Kayserin Helena dise Kirchen zu ehren deß Propheten Ieremiæ erbawen lassen/ welches die Arabier zerstört/ vnd die Kirchen für einen Stall gebrauchen/ diß ist der Orth Anathot von welchem Ieremiæ cap. 1. 11. vnd 13. geschriben stehet. *Anathoé.*

In deme wir also durch selbiges Thal gereyßt/ haben wir zur rechten Hand die Statt Modin in der Höhe gesehen/ vnd vermerckt/ daß sie nit groß aber wol erbawt/ noch von den Juden bewohnt werde/ weilen Mathathias der Machabeer Vatter/ sambt seinen Söhnen allda begraben ligen/ wie zusehen lib. 1. Machab. an vnderschidlichen Capitelen. *Modin.*

Nach deme wir also von dannen ein Meil weegs gangen/ seynd wir in das Thal Therebinthin kommen vnd den Platz gesehen/ allwo David den Goliat vberwunden/ vnnd das Haupt abgeschlagen/ zu dessen Gedächtnuß die Kinder Israel einen herrlichen Pallast alldort erbawen/ welcher ausser der Hauptmauren gantz zerstört vnnd verwüst. In disem Thal/ sehr eng/ ist ein Brunnen in einer Hölen/ welchen der Prophet *das Thal Terebinthin.*

Iere-

Brunn Ieremiæ. Ieremias von GOtt solle erbetten haben/ weilen kein ander Wasser daselbsten/ daher er den Brunnen Ieremiæ geheissen wird.

Auß dem Thal seynd wir in die Höhe kommen vnd auff der lincken Seyten Silo gesehen/ daselbsten ist der Propher Samuel von Elcana vnd Anna gebohren worden/ wird in H. Schrifft 1. Reg. Ramathaim Sophim genannt.

Silo.

Als wir aber bey zwo Stund einen sehr rauchen steinigen Weeg (welcher meinem gefährten Herren Obristen dermassen schwer fürkommen/ daß er gesagt/ er habe dergleichen bösen Weeg nie mehr gehabt) gereißt/ hat sich ein Stein der H. Statt Ierusalem sehen lassen/ alsobald wir derselben gewahr worden/ seynd wir/ nach Gebrauch aller Völcker/ auff die Knye nidergefallen/ mit Küssung der Erden selbige mit dem H. Bernardo gegrüßt/ sprechende: Salve S. Civitas &c. GOtt dem Allmächtigen vmb dise Gnad gedanckt/ mit lauter Stimm das Te Deum Laudamus &c. zusingen angefangen/ vnd mit guten Gedancken vnnd grossem Trost der H. Statt zugangen.

Ierusalem.

In Erwegung daß die Statt Ierusalem vber alle Stätt der Welt von GOtt erwöhlt/ das Menschliche Geschlecht in selbiger zuerlösen: Als wird sie billich von allen Nationen vnnd Völckern geliebt/ verehrt/ vnd hoch gehalten/ weilen sie ist/ wie der Prophet Ieremias bezeugt/ ein Heylige Statt/ ein Fürst in aller Provinzen/ ein Herscherin aller Völcker/ vnd ein Frewd der gantzen weiten Welt/ welche GOtt selbsten geliebt/ vber die Hütten Jacob/ vber welche die Glory deß HErren kommen/ vnd wir alle sein Barmhertzigkeit in jhr erlangt/ wie dann in selbiger die Zeichen vnd Fuß-Stapffen vnserer Erlösung noch verhanden vnd gesehen werden/ ab welchem das Christliche Hertz/ neben der Forcht/ auch ein innerliche Frewd gespürt/ allermassen ich sambt andern meinen Gefährten (GOtt gedanckt) erfahren, dann je näher wir zu der H. Statt gelangt/ je mehr die Frewd zugenommen. Haben also mithin die Porten Damasci erreicht/ durch vnseren Dollmetschen den R. P. Guardian bericht/ welcher vnser Ankunfft/ dem Bassa zuwissen gemacht vnd vmb Erlaubnuß die Statt zubetretten gebetten/ der hat vier seiner Officialen/ vns zu examinieren vnd zuersuchen verordnet/ welche innerhalb einer Stund zu Pferdt daher geritten/ einen nach dem andern seines Alters/ Vatterlandts/ Nammens vnd Standt befragt/ die Rantzen vnd Fehl-Eysen durchsucht/ vnd nach Bezahlung deß Tributs/ freyen Paß/ in die Statt zutretten vergunt/ seynd also wir Christen erstlich durch

Ier. 1.

Ps. 86.

durch ein weite Gassen in ein enges Gäßlein kommen/ dem Closter S. Salvator zugangen/ bey den RR. PP. de observantia vnser Herberg genommen/ vnd von selbigen freündtlich begrüßt vnd empfangen worden.

Auff was Weiß/ wir zu Ierusalem von dem R. P. Guardiano vnd den RR. PP. Franciscanis empfangen worden.

Als wir in das Convent S. Salvatoris angelangt/ seynd wir von den Religiosen S. P. Francisci de observantia, mit grosser Lieb vnd nachfolgenden Ceremonien empfangen worden.

Vor allem ist zuwissen/ wie daß dise Patres den Orth Sion (welchen sie vil Jahr besessen/ so nun den Türckischen Sanctonen vbergeben worden) nit mehr bewohnen/ sonder haben ein Closter in der Statt zu S. Salvator genannt. In gemeltem Orth befindt sich die Kirchen zu besserer Sicherheit vnd rühriger Verrichtung deß Gottes-Diensts nit auff ebnem Boden/ wie bey vns Christen/ sonder erhöcht/ zu welcher man ein Stiegen muß steigen./ vor diser Kirchen ist ein zimblicher Saal in deme die Christliche Bilger/ nachfolgender Weiß empfangen werden.

In besagtem Saal ist erstlich ein wohlriechendes Fuß-Wasser/ sambt andern zur Fuß Waschung nothwendigen Sachen/ zubereit gewesen/ vñ nach deme R. P. Guardianus samt allen Patribus deß Convents mit Paramentis angethan/ Processions Weiß/ sambt einem Creutz/ geweichten Wasser/ brennenden Kertzen/ vnd Incens auß der Kirchen vns zuempfangen kommen/ haben sie vns Bilger vmb den Creutz-Gang vnd hernach in den vorigen Saal geführt/ daselbsten hat Rev. P. Marianus von Mayland Guardianus, sich mit einem Tuch vmbgürtet/ Wasser in ein grosses Becke gossen/ nach dem Exempel Christi/ niderknyend vns angefangen/ die Füß zuwaschen/ vnderdessen haben die andere Patres, den Psalmum Lætatus sum &c. sambt andern Psalmen gesungen/ dem P. Guardian die Füß helffen trücknen/ vnd barauff einer nach dem andern dieselbe geküßt. Nach vollendter Fuß-Waschung/ ist R. P. Guardian auffgestanden/ die Bilger incensiert/ jedem ein brennende Wachs-Kertzen in die Handt geben/ etliche orationes gesprochen/ vnd das Te Deum Laudamus zusingen angefangen/ gleich darauff seynd wir Processions Weiß vmb den Creutz-Gang in die Kirchen geführt worden/ daselbsten hat R. P. Guardianus vns mit einer kurtzen Sermon begrüeßt/

Gott vmb erwölsene Gnad zudancken ermahnt/ mit Meldung was Gestalt die H. Oerther zu visitieren/ den Ablaß zugewinnen/ vnd jeder sich zuverhalten hette/ entlich hat vorgedachter P. Guardian nach gegebner benediction einen nach dem andern vmbfangen/ sambt allen seinen PP. nach Ordnung den Friden-Kuß gegeben. Nach disem Werck der Liebe/ hat man die Weltliche in das Pilger Zimmer/ mich aber in ein besondere Kammer/ vnd von dannen in das Refectorium zu dem Mittag-Essen geführt/ wol gehalten/ vnd mit grösster Lieb gedient.

Neben dem haben vns die PP. auch anerbotten/ so wir wegen Enderung deß Luffts oder Müede der Reyß einer Medicin oder Aderlässe vonnöthen/ solches vertrawlich anzuzeigen/ wolten nit ermanglen/ alle Notturfft zuverschaffen.

Von der ersten Visitation der Heyligen Oerther was Gestalt wir selbige angestellt vnnd vollzogen.

NIt auff gleiche Weiß könden die Heylige Oerther von den Christlichen Bilgern visitiert oder besucht werden/ sonder nach Zeit vnd Gelegenheit der Türcken vnd Mohren/ welche zu einer Zeit mehr wider die Christen wüten vnd toben/ als zur andern/ deßwegen nit allezeit sicher vnder selbigen zuwandlen/ bevor wann sie zu Wasser oder Landt von den Christen etwas gelitten/ wie dann beschehen/ da ich mich alldorten befunden/ als welche wegen obbeschribnen Verlursts gantz erschrocken vnd bestürzt/ sehr wider die Christen erzörnt gewesen/ haben deßwegen vns nach dem Rath deß P. Guardiani gericht/ zuvor die H. Oerther inn- vnd ausserhalb der Statt Ierusalem hernach auch das H. Grab visitiert vnd besucht.

Den 7. Octobris Morgens frühe/ hab ich bey S. Salvator Meß gelesen/ nach empfangener benediction von R. P. Guardiano/ sambt der gantzen Gesellschafft vnser erste Visitation vorgenommen vnd durch die Statt dem Berg Sion zugangen.

Berg Sion. Der Orth oder Berg Sion/ ist wegen viler hohen Geheimnussen/ welche Christus daselbsten vollbracht/ eins auß den vornemb-sten vnnd Heyligsten Oerthen deß H. Landes allwo vil vnd grosse Ablaß zugewinnen. Diser Orth Sion ware vor Zeiten in den Statt-Mauren Ierusalem begriffen/ vnd wegen daß derselbe etwas hoch gelegen/ der Berg Sion ge-

heis-

Bilgerfahrt.

heissen/ auff welchem der König David gewohnt/ gestorben/ vnd sambt seinem Sohn Salomon begraben ligen/ wie dann die erhöchte Gräber/ so vnder dem Cænaculo in einem Gewölb noch verhanden gezeigt werden. Diser Berg Sion hat nach dem Leyden Christi vnsers Erlösers ein andere Beschaffenheit bekommen/ dann derselbe zu diser Zeit von der Statt abgeschnitten/ vnd deßwegen den mindern Brüdern S. P. Francisci (welche selbigen vil Jahr/ als jhr Closter besessen/ auß Mißtrawen benommen/ vnd den Santonen (daß seynd bey den Türcken Geistliche/ haben aber sovil Geistlichkeit/ als die Schwein) eingehändiget worden/ welche denselben besitzen/ vnd deßwegen den Christen zubetretten/ nit erlaubt ist. Das Cænaculum, oder Saal/ da Christus vnser Erlöser/ das Abendt-Mahl gehalten/ vnnd der H. Geist vber die Jünger kommen/ haben sie vns auffgethan/ vnd weilen es nit mehr als 4. oder 5. Stafflen von ebnem Boden/ haben wir wol können hinein sehen/ vnnd vermerckt/ daß diser Saal zimblich groß/ mehr in die läng als breite sich strecke/ in der mitten stehen drey Marmelsteine Säul/ nach einander/ auff welchen das Gewölb gestützt/ hat auch drey grosse Fenster gegen dem Vorhoff vnd andere Gemach/ welche wir vor aussen gesehen/ wie sie aber innwendig beschaffen/ kan ich nit sagen/ weilen wie gemelt der Eingang vns Christen verbotten. Die Geheymnuß so an disem Orth/ beschehen/ werden weitläuffiger in den Geschichten der Aposteln am 1. vnd 2. Cap. beschreiben. Auff dem Berg Sion hat man vns auch den Orth gezeigt/ allwo MARIA die gebenedeyte Gebährerin GOttes nach der Himmelfahrt jhres geliebsten Sohns sambt dem H. Ioanne gewohnt/ vnd auch gestorben. Nach dem wir also die H. Oerther/ mit Küssung der Erden verehrt/ vnd mit Sprechung eines Pater noster vnnd Ave MARIA den Ablaß gewunnen/ seynd wir durch der Catholischen Kirch-Hoff der Statt zu in das Hauß Zebedei kommen. Alhie soll ich nit vnderlassen zu melden/ wie die Orientalischen Christen/ jhre verstorbene beklagen/ vnd begraben. Den andern Tag nach vnser Ankunfft zu Ierusalem, ist der Dollmetsch der Vätter Franciscaner gestorben/ vnd weilen er allernächst bey dem Closter gewohnt/ habe ich gesehen/ die Weiber denselbigen beklagen/ wie volgt: Nach Abscheydung der Seel/ haben sechs Weiber/ den Todten-Cörper weiß angethan/ in einem Saal auff ein außgespante weisse Decken gelegt/ deß verstorbnen Fraw/ ist bey dessen Haupt/ eine bey seinen Füssen/ die vbrigen vier nechst an dem Todten auff dem Boden/ mit zerstreweem Haar/ angestrichen

Klag/ eines Orientalischen Christen.

schwar-

Newe Jerosolomytanische

schwartzen Gesichter/ geseszen/ welche bald auffgestanden/ sich auff den Todten darnider geworffen/ bald dessen Händ/ Füß vnd Kopff geküst/ bald sich selbsten geschlagen/ die Haar außgerauft/ die Kleyder zerrissen vnd so erbärmlich gehewlet/ daß keiner ohne Mit-leyden hat können zusehen/ dise Klag hat vnauffhörlich gewehrt/ biß der Leib begraben worden/ welche von etlichen darzu bestellten Weibern 30. Tag hernach auff dem Grab zu gewissen Stunden geübt wird/ wie ich dann auch zu Tenedo dergleichen gesehen vnd gehört beweinen.

Das Hauß Zebedei. Das Hauß Zebedei ist in der Statt Ierusalem vaselbsten ist ein feine Kirchen/ wegen daß der H. Iacobus Major vnd der H. Ioannes Evangelista allda gebohren worden/ welche die Armenier innhaben vnd bewohnen. Ohnfehr von dannen ist die eyserne Porten/ durch welche der H.

Die eyserne Porten. Petrus von dem Engel auß der Gefängnuß geführt worden / in welche noch zu diser Zeit die Christen geleit worden. Auff der lincken Seyten

Das Hauß deß H. Marci. hat man vns das Hauß deß H. Marci dahin der H. Petrus nach seiner Gefängknuß kommen/ gewisen/ da er von den Glaubigen mit grossen Frewden empfangen worden/ wie zusehen Act. 12. die Kirchen so nächst darbey bewohnen die Sorianer.

Closter S. Iacob. Nach solchem seynd wir dem Closter S. Iacob zugangen/ daselbsten von dem Bischoff freundlich empfangen worden/ welcher vns in die Kirchen geführt/ vnd den Orth/ da S. Iacob gemartert/ durch seine Geistliche weisen lassen. Diß ist ein vberauß schöne grosse Kirchen/ durchauß mit Gemählen vnd Amplen geziert/ welche von den Hispanniern zu Ehren S. Iacob sambt dem Closter erbawt / darinn die Armenier sambt jhrem Bischoff wohnen.

Es halten die Armenier jhre Kirchen in grosser Reverenz vnd Ehren/ berretten dieselbe ohne Schuch/ ebener massen verhalten sich die andere Christen in Oriente. Von S. Iacob seynd wir durch ein lange Gassen/ in welcher vnser Erlöser nach seiner Aufferstehung den 3. Marien erschinen/ in das Closter S. Salvator kommen/ vnd allda mit dem Nacht-Essen erquickt worden.

Was wir in der andern Visitation
gesehen.

Das Hauß Annas deß hohen Priesters. DEn 8. Octobris haben wir bey guter Zeit die andere Visitation vorgenommen/ vnd seynd/ nach dem ich Meß gelesen/ dem Hauß Annas deß hohen Priesters zugangen/ in welchem

chem die hohen Priester vnd Schrifft-Gelehrten versamblet/ Christum vnsern Erlöser erwartet/ so jhnen daselbsten gefänglich fürgestellt/ vnd neben viler Schand vnd Spott/ selben grawsammen Backen-Streich empfangen/ vber welchen sich Christus durch sein gantzen Passion allein beklagt/ wie zusehen bey dem H. Joanne. Auß disem Hauß hat die H. Kayserin Helena/ ein feine Kirchen vnd daran ein Closter erbawen/ welches/ wie alle Clöster der Türcken mit sehr hohen Mawren vmbringt/ vnd mit engen nidern Porten beschlossen. Disen Orth bewohnen die Armenische Closter-Frawen/ welche ein armes vnd strenges Leben führen/ tragen einen grawen rawen Habit/ vber selbigen ein schwartze patienz biß an die Gürtel/ werden von dem Armenischen Bischoff regiert/ von welchem wir auch die Erlaubnuß erlangt/ daßelbige Closter zu visitieren. Vor der Kirchen auff der rechten Hand/ stehet der Oliven Baum/ an welchem Christus vnser Erlöser gebunden worden/ wird wie billich hoch vnd werth gehalten/ vmb das vnser Heyland selben berührt. Es haben vns die Closter-Frawen nach dem man jhnen ein Almusen hinderlassen/ auß Befelch deß Bischoffs von disem Holtz vnd Oliven was weniges mitgetheylt.

Ioan. 18.

Von dem Hauß Caiphæ deß hohen Priesters.

Eß Caiphas Hauß ist auch/ auß Vrsachen/ das vnser Erlöser vnd Seeligmacher in selbigem vil Schmach vnd Spott für vns Menschen gelitten/ in ein Closter verändert worden/ welches die Armenier bewohnen. Neben dem Closter hat es ein zimliche grosse Kirchen/ darinn zur rechten Hand deß Altars der Kercker/ in welchem Christus der HErr die gantze Nacht eingespert/ sovil Spott vnd Schmach von den Juden empfangen/ das wie S. Hieronymus schreibt/ erst am jüngsten Gerichts-Tag/ alles werde offenbahr werden.

Diser Kercker ist finster vnd eng/ wirt für ein grosses Heylthumb gehalten/ weilen der Mensch in selbigem einen sonderbahren innerlichen Schräcken empfindt/ wie ich selbsten erfahren/ vnd von andern so es erfahren gehört. Es haben vns die Religiosen den Stein gezeigt/ welcher an deß Grabs Thür gelegen/ von welchem die Weiber geredt/ sagendt: wer welzet vns den Stein von deß Grabs Thür. Vor der Kirchen weiset man vns den Orth/ alda Petrus den HErrn verlaugnet/ vnd der Haan

Kercker Christi.

Mar. 16.

Newe Jerosolomytanische

gekreyt hat/ vil andere Unbild sambt dem ersten Rathschlag/ das Christus solte getödet werden/ ist daselbsten vorgangen/ dessen wir eingedenck den Orth verehrt/ vnd nach empfangnem Ablaß dem Berg Sion zugangen/ allernechst den Orth passiert, da der H. Petrus seinen grossen Fahl beweint/ von dem HErrn Gnad vnd Verzeyhung erlangt.

Von dannen seynd wir abwerts gegen dem Bach Cedron gangen/ die Porten Sterquilinia oder Mist-Porten haben wir auff der lincken Seyten gehabt/ durch welche Christus vnser Erlöser/ als er von den Juden gefangen/ zu dem Annas geführt worden/ gangen: Wird deßwegen die Mist-Porten genannt/ weilen man dardurch den Kaath zu Salomons Zeiten auß der Statt geführt.

Innerhalb diser Porten/ haben wir ein schöne grosse Kirchen/ mit Bley bedeckt/ gesehen/ in welcher MARIA die Mutter GOttes erzogen/ vnd biß sie dem H. Joseph vermählet worden/ GOtt dem HErrn gedient. Von dannen seynd wir zu der Wasser-Gruben Siloe von welcher der H. Ioannes schreibt/ kommen/ darauß getruncken/ vnd zur Gedächtnuß desselbigen Blinden vns auch gewaschen. Dises Wasser wird von den Türcken/ als ein geheyligtes Wasser gehalten/ kommen vilmahl sich darinn zuwaschen/ wie dann damahlen etliche schwartze abschewliche Weiber/ sich vnd jhr Kleyder darinn gewaschen. Von disem Wasser werden die Gärten in dem Thal Josaphat/ gewässert/ weilen kein ander Wasser Sommers Zeit allda verhanden.

Siloe.
Io. an. c. 9.

Zur lincken/ zwischen dem Oel-Baum Wald/ wird der Orth gezeigt/ da auß Befelch deß Königs Manassis der H. Prophet Isaias mit einer Sägen von einander geschnitten worden/ nechst darbey haben die Mohren vnder einem grossen Aychbaum jhr Zusammenkunfft vnd gebrauchen sich dessen/ als einer Moschea.

Ein Büchsenschuß von dannen auffwerts/ ist der Acker Haceldama oder ager sanguinis, welcher vmb die 30. Silberling (so die hohen Priester dem Verräther Judas gegeben/ die er hernach wider in den Tempel geworffen) für ein Begräbnuß der Bilger erkaufft worden/ wie bey dem Mathæo zulesen.

Haceldama oder Bluet-Acker.
Mat. 27.

Die H. Kayserin Helena hat disen Orth mit einer Mawren vmbfangen/ vnd 260. Schiff von diser Erden nach Rom führen lassen/ welches die Römer weilen sie dasselbe Erdreich nie mit Ehren empfangen/ außwürfft/ die Frembden Todten-Cörper aber/ so darein gelegt/ werden innerhalb 24. Stunden verzehrt/ das anders nichts als die blosse

Bein

Pilgerfahrt.

Sein verbleiben. Diß Orth ist der Armenier Begräbnuß/ lassen auch andere Nationen dahin begraben/ wan man jhnen ein Almusen gibt.

Von dannen seynd wir hinab in die Tieffe deß Thals Iosaphat kommen/ vnd den Sod Nehemiæ gesehen/ daselbst ein ist noch ein grosses ruiniertes Gebäw/ wie auch der Sode/ in welchem das Fewer verborgen vnd nach vilen Jahren gefunden worden/ darvon 2. Mach. 1. geschriben stehet.

Der Sod Nehemiæ.

Auff der Seyten in der Höhe gegen der Statt Ierusalem ist der Berg der Ergernuß Mons offensionis genant/ daselbsten hat Salomon seinen Kebs-Weiberen zu lieb/ den Abgotten Astaroth, Chamos, vnd Melchom Tempel erbawt/ welche der König Iosias zerstört/ wie zu lesen. 4. Reg. 23.

Berg der Ergernuß.

Ohnfern von dannen sicht man den zerfallenen Thurn/ welcher zu Christi Zeiten nidergefallen vnd 18. Menschen zerquetscht hat/ darvon der H. Lucas. c. 13. meldet. In selbiger Gegendt wird der Orth gewisen/ da die Hebreer jhre Kinder den falschen Göttern geopffert/ seynd also allgemach durch das Thal Iosaphat dem Closter S. Salvator zugangen/ zuvor aber haben wir in der Crufft oder Höle/ in welcher sich die Apostel/ als Christus vnser HErr gefangen worden/ versteckt/ vnser Andacht verricht/ selbige Visitation geendet/ vnd in dem Closter das Nacht-Essen eingenommen.

Ps. 105.

Was Gestalt wir die dritte Visitation vorgenommen.

Nach Vollendung vorgeschribner Visitation haben wir mit Rath vnd Bewilligung deß wohlehrwürdigen P. Guardiani selbigen Abend vndereinander abgeredt vnd beschlossen/ deß andern Tags den schmertzlichen Weeg engendts zu visitieren vnd selbige H. Orth zuverehren/ so nach folgender Weiß beschehen.

Den 9. Octobris seynd wir nach empfangener benediction deß wohlehrwürdigen P. Guardiani auß dem Closter stracks dem Hauß Pilati zugangen/ so ohnfer von der Porten Gregis zur rechten an der Haupt-Strassen von anderen Häusern abgeschnitten/ etwas erhöcht/ vnd von aussen wol erbawt anzusehen/ wie aber dasselbe innwendig beschaffen/ ist mir mehr nit/ als was ich von den PP. Franciscanis vernom-

daß Hauß Pilati.

nommen/ bewußt/ dann weilen der Bassa oder Türckische Statthalter solches als sein Residenz bewohnt/ ist vns Christen zubetretten nit vergunt. Vor disem Pallast nechst an der Straß/ ist die Stiegen gewest/ durch welche vnser Erlöser vnd Seeligmacher zum dritten mahl/ als Er nach der Geißlung dem Pilato zugeführt worden/ gangen: welche hernach auff Rom geführt/ vnd zu S. Ioann Lateran gesetzt worden/ die ich auch Anno 1660. sambt etlich hinderlassenen H. Bluts-Tropffen Christi deß HErrn auff selbiger gesehen/ so mit kleinen Gättern vberzogen/ vnd verwart. Obgemelte H. Stiegen wird auß Reverentz nit mit Füssen/ sonder mit Knyen betretten/ massen ich auch auff den Knyen selbe bestigen. Zu Ierusalem aber ist an statt derselbigen ein andere Stiegen auffgericht/ durch welche wir in den Vorhoff aber nit weiter gangen/ wegen obernennter Ursach. Man hat vns für gewiß gesagt/ daß in disem Pallast zur Fasten-Zeit/ bevor in der Marter-Wochen grosses Getöß vnd Vnruhe gespürt werde/ von deme die Innwohner erkrancken/ vnd mehrmahlen sterben/ Ursachen daß der gedultige HErr IESUS vil Schmach vnd Spott sambt dem Sentenz der Geyßlung wie hie lautet empfangen.

Urtel der Geyßlung.
IESUM Nazarenum virum seditiosum, & Mosaicæ legis contemptorem, per Pontificem & Principes suæ gentis accusatum expoliate, ligate, & virgis cædite. 1. lictor, expedi virgas.

Mar. 15.
Nach disem Sentenz sagt der H. Marcus, führten die Söldner Christum in das Gericht-Hauß: ruffen zusammen die gantze Rott/ vnd fiengen an jhne zugeyßlen.

Krönung Christi.
Nach deren das gedultige Lämblein wider für Pilatum geführt worden/ solle nach gemeiner Sag daselbsten in der Kuchel Christus mit Dörnern gekrönt worden sein/ welches auch zuglauben/ weilen dise Krönung ohne Sentenz oder Vorwissen Pilati, allein auß Anstifftung der GOtt vergessenen Juden/ als sie mit Christo dem HErren auff Audientz gewartet/ schertz weiß vorgenommen worden.

Nach Besichtig: vnd Verehrung diß Orths seynd wir vber die Strassen oder Gassen in das Prætorium kommen. Alhie ist zumercken/ daß dises Prætorium, so von den Christen in ein feine Kirchen verändert worden/ auff der lincken der Serrassen gestanden/ zu welchem man auch von dem Pallast Pilati vber einen hohen gesprengten Bogen gehen können/ so diser Zeit von beyden Gebäwen abgefallen/ anders nichts als das Gewölb verhanden/ auff welchem Pilatus, Christum den Juden/ so

Bilgerfahrt.

vnderhalb auff den Straſſen den Sentenz deß Todts erwartet/ vorgeführt/ ſeinen zerſchlagenen Leib gezeigt vnd geſprochen/ Ecce Homo. Oberhalb auff diſem Bogen ſeynd zwey Gewölblein mit drey Säulen eines Manns hoch/ gleich zweyen Fenſtern/ da Chriſtus der HErr neben Pilato geſtanden/ vnderhalb ſicht man diſe Wort in den Stein eingehawen. Tolle, Tolle Crucifige. Andere Buchſtaben ſeynd Altershalb verblichen. Das Prætorium oder Richt-Hauß auff Griechiſch Lithoſtratos, heiſt Lapidibus ſtratus. Iſt wie geſagt auff der anderen Seyten allda Pilatus zu Gericht geſeſſen/ Chriſtum für ſich führen laſſen/ welcher auch rund bekennet/ daß er kein Vrſach deß Todts an Jhme finde/ doch entlich die Gnad deß Kayſers zuerhalten/ vnd der Vngeſtümme der Juden abzukommen/ hat Pilatus diſen hernach folgenden vngerechten ſentenz ertheylet/ vnd wie Adricomius meldet in ſuo Theatro fol. 163. außgeſprochen.

Ecce Homo.

Ioan. 18.

IESUM Nazarenum ſubverſorem gentis, contemptorem Cæſaris & falſum Meſſiam, ut Majorum ſuæ gentis teſtimonio probatum eſt, ducite ad communem ſupplicij locum: & eum ludibrio Regiæ Majeſtatis in medio duorum Latronum Cruci affigite. 1, lictor, expedi Cruces.

Math. 27.

Nach gegebnem diſem ſentenz, ſagt Mathæus 27. zogen ſie Chriſto den Mantel auß vnd legten Jhme ſeine Kleyder an 2c. legten Jhme auch auff ſeine vnſchuldige Schultern das ſchwere Creutz vnd führten Jhn hin daß ſie Jhn creutzigten.

An dem Orth da Chriſtus vnſer Erlöſer gegeyßlet worden/ hatt die H. Kayſerin Helena ein Kirchen erbawen laſſen/ welche nit ſonders groß/ darinn die Türcken deß Baſſa Pferdt geſtellt vnnd als ein Stal gebraucht. Als aber alle Pferdt daſelbſten verzogt/ haben ſie auſſer eines kleinen Eingangs/ alles vermaurt/ alſo daß man zwar ſelbiges Orth zu gewiſſen Zeiten betretten vnd verehren kan/ Meß zuleſen aber/ iſt alda kein Gelegenheit/ weilen alles verwüſt/ vnſauber vnd verderbe

Ehe vnd zuvor ich den ſchmertzlichen Weeg zubeſchreiben anfange/ hat mich für guet angeſehen/ die Zahl der Schlägen/ Streichen/ Fählen Wunden vnd Wehetägen/ wie ſie Chriſtus vnſer Erlöſer vnd Seeligmacher der H. Birgittæ vnd H. Mechtildi geoffenbahret, beyzuſetzen vnd zuverzeichnen.

Als erſtlich.

Der Aengſtigungen/ welche Chriſtus in dem Garten Gethſemani

J

Newe Jerosolomytanische
ni vnd durch sein H. Leyden gehabt vnd eingenom̄en seynd geweßt/ 161.
Die Kriegs-Knecht so Jhne zufangen geschickt/ waren   580.
Der Zähl von dem Garten der Angst biß in deß Annas Hauß
waren   7.
Bey den Haaren vnd Bart ist Er gezogen vnd gerauffet worden/ 56.
Streich in sein Angesicht/   -   -   120.
Streich auff sein Haupt/   -   -   120.
Streich an sein H. Hals/   -   -   30.
Streich auff seine H. Armb/   -   -   62.
Streich auff seine H. Brust vnd Bauch/   -   -   38.
Streich auff seine H. Knye/   -   -   37.
Streich auff seine H. Schultern vnd Rucken/   -   40.
Tödliche Streich vnd Schläg/   -   -   190.
Streich in der Geyßlung/deren vier gewesen/ so mit Ruthen Geyß-
len vnd Kettenen zugeschlagen/   6666.
Streich vnd Schläg biß in das Gebein/   -   -   215.
Wunden deß Haupts waren/   -   -   72.
Stich von den Dörnen in sein heyliges Haupt/   1000.
Under dem Creutz gefallen/   -   -   3.
Nidergestossen/   5.mahl.
Mit Füssen getretten/   140.
Hertzlich gesaufftzet/   190.
In sein heyliges Angesicht gespeyt/   -   -   37.
Schwartz geschwollene Wunden waren/   1191.
Summa der Wunden deß gantzen Leibs/   5475.
Summa der H. Bluts-Tropffen so Christus IESUS vergossen/
                                                                                          18125.

   Nach dëme wir obermelter massen selbige H. Stätt verehrt vnd den
Ablaß gewunnen/ seynd wir durch den Bogen/ zu dem Orth kom̄en/
allda Christus mit dem Creutz beladen worden/ daselbsten haben wir
nach Entblössung der Füeß den Boden geküsst vnd seynd viam Crucis
oder den Weeg deß Creutzes mit Schräcken vnd Forcht angetretten/ vnd
eben selbige Strassen/ durch welche das vnschuldige Lämblein GOttes
zu dem Berg Calvariæ geführt/ etwas abwerts/ nach 80. Schritten zu
Der erste dem Orth gelangt/ allda Christus der H Err zum ersten mahl vnder dem
Zahl.   Creutz zu Boden gesuncken. 63. Schritt fürbas haben wir zur lincken
           den Platz allda angetroffen/ auff welchem MARIA die Mutter deß
                   HErrn

Bilgerfahrt. 67

HErrn mit Ioanne vnd andern Weibern so von Bethania kommen/ jhren liebsten Sohn zusehen/ gestanden/ vnd auß Mit-Leyden vnd Hertzenleyd in Ohnmacht gefallen/ allwo die H. Kayserin Helena zu dessen Gedächtnuß ein schöne Kirchen erbawen lassen/ so Spasmus Mariæ genannt worden/ vnd jetzt ein Bad der Türcken ist. Auff der rechten Seyten ein Steinwurff von der Straaß vnd ein guter Armbrust-Schutz von dem Hauß Pilati stehet der Pallast Herodis zu welchem Christus auch geführt/ vnd mit einem weissen Kleyd angethan/ für einen Thorn geacht vnd verspottet worden/ wie zusehen bey dem H. Luca. Diser Orth ist von aussen wol erbawen/ zu diser Zeit ein Schul der Türcken. *das hauß Herodis. Luc. 23.*

Von obgemeltem Orth seynd wir noch siben Schritt in die Haupt-Strassen kommen/ daselbsten ist ein Ranck gegen der lincken/ bey welchem der schwache Erlöser sambt dem Creutz zum andern mahl nidergefallen/ mit Füessen getretten/ vnd so vbel geschlagen worden/ daß Er das Creutz nit mehr allein tragen könden/ vnd weilen damahl Simon von Cyrene auß dem Feldt kommend/ fürvbergienge/ haben sie jhne gezwungen/ daß Creutz nach IESU zutragen/ wie zusehen/ bey Marco c. 15. *Der ander Fahl. Marc. 15.*

92. Schritt fürbas seynd auff der rechten Seyten die Töchteren Ierusalem etwas erhöcht/ weynend vnd klagend gestanden/ zu welchen der HErr IESUS gesprochen. Ihr Töchter von Ierusalem/ weynet nit vber mich/ sonder weynet vber euch vnd ewere Kinder/ 2c. *Luc. 23.*

Bey 43. Schritt stehet auff der rechten/ das Hauß deß reichen Prassers/ nechst an der Strassen/ welches einen grossen Vorhoff vnd erhöchte Porten/ darinnen der Portner deß H. Grabs wohnhafft. *das hauß deß reichen Manns.*

Von dannen schlägt man widerumb auff die lincke Seyten/ vnnd kombt in ein Strassen/ so beederseyts erhöcht/ in der mitten aber etwas tieffer/ massen fast alle Strassen der Statt Ierusalem also beschaffen/ auff daß die Menschen vnd das Vich nit eine Straß hetten/ sonder die Menschen auff der erhöchten/ daß Vich aber auff der vndern vnverhindert gehen vnd passieren möchten/ vnnd weilen die vngütige Henckers-Knecht/ Christum durch die tieffere Gassen geführt/ sie aber auff der obern gangen/ haben wir gleichsfahls die vndere Straaß vor vns genommen/ vnd seynd nach 82. Schritten zu dem Hauß Veronicæ so zur lincken/ schlecht vnd nider/ gelangt/ dasselbe geküßt vñ nach 337. Schritt vnder die Gerichts-Porten kommen/ allda/ in Betrachtung das Christus der edle Sohn MARIÆ daselbsten zum dritten mahl auß Schwachheit zu Boden gefallen/ bin ich auff die Knye gefallen/ vnd hab mit Sprechung *das hauß Veronicæ der dritte Fahl bey der Gerichts-Porten.*

5. Pa-

5. Pater vnd Ave den Ablaß gewunnen. Dise Porten so vor Zeiten zu End der Statt vnnd nechst bey dem Berg Calvariæ, ist darumb die Gerichts-Porten geheissen worden/ weilen die Richter daselbst pflegten zusitzen/ die execution der Verurtheylten zuerwarten/ daselbsten auch der sentenz der Verdambten anzuschlagen gebräuchlich gewesst/ auff daß ein jeder solchen lesen köndte/ vnnd die Ursach deß Urtheils vnnd Todts wißte. Und obwohlen dise Porten die Statt nit mehr beschliesst/ vmb daß sie innerhalb derselben begriffen/ so pflegt man doch auff dise Zeit durch selbe zupassiren/ massen wir von dannen auffwerts/ gegen dem Berg Calvariæ gangen/ allwo der schwache HErr JESUS widerumb zu einem Rauck kommen/ vnd von den Söldnern zu Boden gestossen worden/ haben also nach 37. Schritten den Berg Calvariæ erlangt/ allwo Marc. 15. Christus das Creutz abgenommen/ vnd mit vermirtetem Wein getrancket worden. Von demselben Orth haben die Söldner den gedultigen Herren mit Stricken 15. Schritt geschleifft/ vnd solang in ein finstern Kercker gelegt/ biß sie das Creutz zugericht/ vnd die Löcher durchbohret/ gleich darauff haben sie jhne 19. oder 20. Schritt/ den Berg Calvariæ hinCreutzi- auff geführt/ seiner Kleyder beraubt/ auff das Creutz gelegt/ vnnd mit gung Näglen angehefft. Sechs gutte Schritt hinüber/ hat man das Creutz Christi. auffgericht/ vnd in ein Loch deß Felsens fallen lassen/ darvon alle Wunden ernewert/ vnd als ein heylsamer Regen das Blut Christi deß Herren herunder geflossen.

Diß ist lieber Christ der enge vnd harte Weeg deß Creutzes/ welchen dein HErr vnd GOTT dich zuerlösen gewandert. Disen habe ich durch seine Güte gleichwol vnwürdig beretten/ vnnd wie oben gesagt/ verzeichnet/ auch befunden/ daß von dem Hauß Pilati biß auff den Berg Calvariæ 1226. aeinte Schritt seyen. Auff disem Weeg hart der HERR IESUS, wie andächtig zuglauben/ ein Stund zugebracht/ weilen Er schwer beladen/ von einer Seyten zur anderen gestossen/ auß Müede offt darnider gefallen/ vnd Fuß für Fuß gesetzt/ massen damahlen auß den hinderlaßnen blutigen Fuß-Stapffen zusehen geweßt. Als wir derohalben mit grösstem Trost vnd Frewd/ alle obertzehlte H. Orth vnd Stätt verehrt/ damahlen aber nit auff den Berg Calvariæ kommen kondten/ vmb daß selbiger in der Kirchen eingeschlossen/ wie bald solle gesagt werden/ habe ich nechst an diser Kirchen in der Capel vnser lieben Frawen Meß gelesen/ vnd von dannen durch ein Gätter den Orth allda Christus der HErr an dem Creutz gehangen/ gese-

Bilgerfahrt. 69

geſehen. Nach vollendter Meß ſeynd wir der probatica piſcina oder Waſſer-Teich zugangen/ von welchem der H. Ioannes ſagt: Daß der Engel herabgeſtigen/ das Waſſer bewegt/ wer nun der erſt / nach dem das Waſſer bewegt ware/ in das Teich geſtigen/ der ward geſund/ mit welcherley Kranckheit er behafft ware. · Waſſer-Teich. Ioann. 5·

Diſer Teich ſtund ohnfehr von dem Tempel Salomonis gegen Mittnacht/ hat in die länge 160. vnd in die weite etlich vnd 30. Schritt: Neben demſelben ſicht man noch die fünff zerfallne Schöpff/ in welchen Chriſtus den acht vnd dreyſſig Jährigen Krancken geheylet.

Von diſem Teich ſeynd wir vber die gemeine Straſſen/ in das Hauß der H. Annæ koinen/ vnd haben den Orth geſehen/ da MARIA die allerheyligſte Junckfraw von der H. Anna gebohren worden/ daſelbſten ſicht man noch etliche Gemähl/ ſo alters halb von der Mawren gefallen/ als wir aber die Striegen hinauff geſtigen/ iſt ein Türckiſcher Santon zu vns kommen/ ſo diß Orth bewohnt/ diſer hat vns erſtlich die Kirchen/ ſo vber die maſſen zierlich muß geweſen ſein/ gezeigt/ hernach haben wir auch das Cloſter/ ſo auſſer wenig Zellen/ zerſtört/ durch gangen/ vnd von dannen den Tempel Salomonis, vnnd vor ſelbigem Portam ſpecioſam, allda Petrus ſelbigen Mann/ ſo von Mutter Leib Lahm in dem Nammen IESU von Nazareth die erwünſchte Geſundheit ertheylt/ geſehen/ wie zuleſen in den Geſchichten der Apoſtel. Obangezogne Porten/ ſtehet auff 6. ſteinenen Säulen/ mit zween durchgängen/ etlich vnd zwantzig Schritt von der Türckiſche Moſchea, von allen andern Gebäwen abgeſöndert. Von diſem ſeynd wir dem Cloſter S. Salvator zugangen. das hauß der Heyl: Annæ.

Act. 3.

Nachmitag bin ich mit Fratre Franciſco von Neapoli einem Franciſcaner/ ſo ſiben Jahr zu Ieruſalem gewohnt vnd der H. Orthen guete Wiſſenſchafft gehabt/ die Gräber der Königen zubeſehen/ gangen/ welche ohngefehr ein halbe Stund auſſer der Statt vnder dem Boden/ ein Büchſen-Schutz neben dem Weeg/ ſo auff Emaus gehet/ an einem vnachtſamen Orth ligen: Als wir dahin gelangt/ in die Tieffe geſtigen/ haben vns etliche Weiber der Mohren/ ſo oberhalb geſtanden/ beſchrauen/ vermeynende/ Uns den Eingang zuverwehren/ diſes vngeacht ſeynd wir durch ein enges Loch/ in ein finſtere Hölen eingeſchloffen: ſo bald wir hinein kommen/ ein Liecht geſchlagen/ ſeynd in einen außgehawenen engen Gang kommen/ zu End deſſen ſtehet ein ſteinene Thür/ welche o- ben

Gräber der Königen.

J 3

Newe Jerosolomytanische

ben vnd vnden auß dem Felsen so künstlich gehawen/ daß man selbige ohne andere Materi von eysen oder dergleichen/ hat könden auff v.nd zuthun. Als wir zu diser Thür so halber offen gewesen/ hineingeschloffen/ haben wir zu beeden Seyten Capellen angetroffen/ in welchen auff der Seyten zwey Gräber/ gleich einem Altarstein gegen einandern auß dem Felsen so künstlich vnd sauber gehawen/ als ob sie gossen wären. Als wir mit den Liechtern/ weilen alles stock finster fürbas gangen/ haben wir dergleichen Capellen vnd in jedwederer zwey Gräber/ vber die 20. angetroffen/ so oberhalb offen vnd zerschlagen/ das Corpus aber oder Undertheil deß Steins/ ist gleichfahls mit allerhand eingehawenen Figuren vnd Zieraden vber alle massen schön vnd künstlich geziert/ darab sich hochzuverwundern/ dieweilen die Gäng/ Thürn/ Capellen vnd Gräber auß einem gelben Lederfelsen/ wie zu Rom die Criptæ subterraneæ, außgehawen/ schön eben vnd glatt gemacht sein/ daran nichts als die Thürn vnd Teckel der Gräber zerstört vnd verderbt worden. Von vorgemeltem Orth seynd wir neben der Statt in ein grosse vnd hohe Hölen kommen/ in deren der H. Prophet Ieremias klagend vnd weynend gesessen/ als er die lamentationes oder Klag nach vierfachem alphabet, Reymens.Weiß beschriben vnd die bevorstehende Zerstörung der Statt Ierusalem, Verwüstung deß Tempels vnd Gefangenschafft der Juden vorgesagt: Die Höle ist wie gesagt groß vnd hoch ein Büchsen-Schutz von der Statt gar eben gesehen worden. Under disem Felsen ist auff der lincken ein erhöchtes Grab eines Türckischen Santons vnd ob selbigem ein brennende Ampel/ daselbst wohnt beständig ein Santon; welcher vns fründtlich empfangen/ vnd sambt seiner Wohnung auch das Gärtlein gezeiget/ so voraussen gegen der Strassen/ mit schönen Citronen/ Lemenen vnd Feigen-Baum geziert. Von dannen seynd wir durch die Porten Beetlehem dem Closter S. Salvator zugangen/ als ich daselbsten meinen Gescherten von Beschaffenheit diser wunderbahrlichen Gräbern erzehlt/ hat es sie berewet/ daß sie nit sambt mir selbige auch zusehen gangen weren.

Von der vierdten Visitation.

DEn 10. Octobris haben wir die vierdte Visitation vorgenommen/ vnd seynd bey guter Zeit auß dem Closter der Gerichts Porten zugangen/ daselbsten nach gemeinem Brauch der Christlichen Bilger die Füß entblößt/ wegen das vnsr Heyland
Chri-

Christus IESUS mit dem schweren Creutz beladen/ durch selbige zum Todt geführt worden/ den Boden geküßt/ vnd den schmertzlichen Weeg angetretten/ welcher vns in Betrachtung der grossen Geheymbnuß so Christus auff disem Weeg vollbracht/ ein besondere consolation vnnd Andacht verursacht/ seynd also mit hin zu dem Hauß Pilati kommen/ weilen aber vnser intention oder Meynung in dem Orth der Angst Christi oder in dem Grab vnser lieben Frawen Meß zulesen/ haben wir vns auff diser Straß nit auffgehalten/ sonder seynd durch die Porten S. Stephani straggs dem Garten der Angst zugangen/ daselbsten Meß gelesen/ vnnd weilen diß ein offner Orth/ werden die Bilger offtermahlen von den Türcken vnd Mohren/ beynruhiget vnd von jhrer Andacht abgehalten/ solches zuverhütten haben wir ein Wacht bestellt.

Dise Porten ist vor Zeiten Porta gregis geheissen worden/ wirdt zu diser Zeit S. Stephani Porten genannt/ allweilen diser H. Ertz-Martyrer von den Juden zu derselben hinauß gestossen/ vnd ohnfer darvon versteiniget worden. Massen die Zeichen seiner Knyen/ auff die Er gefallen/ für seine Feind zubitten noch in einem harten breyten Stein/ neben der Straß vnder offnem Himmel/ eingetruckt gesehen werden/ welche ich berührt/ vnd mit sondern Trost geküßt/ in Bedenckung daß der H. Stephanus an disem Orth den Himmel offen: Und IESUM zur Rechten seines Himmlischen Vatters stehend/ gesehen/ haben wir knyend vnsere Augen auch dahin gewennt/ vnd nach empfangenem Ablaß/ hinunder vber den Bach Cedron durch den Garten Gethsemani in das Grab MARIÆ der Mutter GOttes kommen. Dises Grab stehet in der Tieffe deß Thals Iosaphat, vber welches ein gar schöne grosse Kirchen erbawen/ hat ein lange breyte Stiegen bey 40. oder mehr Staffeln. Mitten auff diser Stiegen zu beeden Seyten seynd 2. Capellen/ darinn Ioachim vnd Anna begraben/ lange Zeit geruhet. In dem auffsteigen zu der Rechten/ ist ein andere Capel deß H. Iosephi deß vertrawten Gespons MARIÆ vnd Simonis deß gerechten. Dise vier Gräber seynd erhöcht/ gleich einem Altarstein/ offen vnnd sehr/ weilen derselben H. Leiber transportiert worden/ daß Grab der aller edelsten GOttes Gebährerin MARIÆ ist dem Grab Christi nit vngleich/ stehet auff der rechten Seyten/ diser grossen Kirchen frey/ hat ein Altar vnd ob selbigem 21. Ampelen/ so zu den Messen angezündt werden. Neben dem Altar haben die Türcken einen Standt in der Mawren außgehawen/ wie dann in allen jhren Moscheen dergleichen zusehen/ in welchem

Marginalia:
S. Stephans Porten.

Act. 7.

Das Grab der Mutter GOttes MARIÆ.

Gräber deß H. Ioachim vnd Annæ Gräber deß H. Iosephi vß Simonis

chem der Caddi oder Muffti/ das seynd ihre Geistliche zur Zeit ihres Gebetts den Alcoran (welches bey jhnen sovil als bey vns Christen das H. Evangelium) zuverkünden stehet: Verehren also die Türcken disen Orth/ weilen sie MARIAM für die Mutter Christi halten/ auch bekennen vnd glauben/ daß sie in der Geburt ein Junckfraw verbliben/ vergunnen deßwegen den Christen zweiffels ohne auß sonderer Schickung GOttes/ selbiges auch zubetretten vnd zuverehren/ massen ich solchen Orth/ mit grossem meinem Trost gesehen/ berührt vnd geküßt/ da MARIA die Mutter GOttes gelegt worden/ vnd von dannen gehn Himmel gefahren. Alhie kan ich nit außsprechen/ was ich für Schmertzen in Verlassung dises allerheyligsten Orths empfunden/ wegen daß ich mir eingebildet/ MARIAM die Mutter meines HErren vnd GOttes/ mit leiblichen Augen zusehen/ welche/ ob sie gleichwol nit leiblich/ doch mit ihrer Genad Geistlicher Weiß vorhanden/ vnd die jhrigen mit selbiger zutrösten nit ermangelt/ wie dann dises H. Orth ein besondere Gnad vnd Privilegium, die Bilger mit Geistlichem Trost zuerfrewen/ vnd zuerquicken. In diser Kirchen ausserhalb deß Grabs MARIÆ seynd noch 2. Altär/ welche die Griechen vnd Gossidi zur Meß gebrauchen. In mitte derselben ist ein Sodt-Brunnen/ mit einem guetten vnd heylsamen Wasser/ welches wir auß Andacht versucht vnd nach empfangenen Ablaß dem Garten der Angst Christi zugangen.

Gethsemani. Diser Garten Gethsemani, ligt bey 30. Schritt von vnser lieben Frawen Kirchen/ vnterhalb an dem Oelberg/ hat von dem Dorff Gethsemani den Nammen/ ist ein abgesönderter Orth vnd daher tauglich zum Gebett vnd Betrachtungen/ massen Christus vnser Seeligmacher nach Zeugnuß der Evangelisten/ offtermahlen allda die gantze Nacht hindurch in dem Gebett verharret/ wie Er dann auch vor seinem Leyden sich dahin den Vatter zu bitten/ begeben.

Der Orth deß bluetigen Schweiß. Der Orth allwo sich Christus auff sein Angesicht nidergeworffen/ ist ein Höle vnder der Erden/ hat einen engen Eingang/ inwendig rund/ mit vier außgehawenen Säulen in der mitten/ darauff das ober theil der Höle ruhet/ hat kein ander Liecht/ als was oben durch ein Loch hineinfalt. In dem Eingang zur lincken Seyten/ da Christus vnser Erlöser Blut geschwitzet/ stehet ein Altarstein/ den wir mit Altar-Tüchern bedeckt/ vnd wegen Sicherheit ein Wacht vor aussen bestellt/ daselbsten ich das Opffer der H. Meß de Passione Domini mit gröstem meinem Trost celebriert/ den lieben GOTT bittend/ Er wolle so grosse

Angst

Bilgerfahrt. 73

Angst vnd Pein/ die Er allda außgestanden/ an mir vnd an der gantzen Welt nit lassen verlohren werden sonder vns alle seines H. vergossenen Bluts theilhafftig machen. Oberhalb solle der Orth sein/ da der Engel erschinen/ Christum den HErren getröst vnd gestärckt.

Nach deme wir also mit Küssung der Erden/ welche mit dem blutigen Schweis Christi IESU besprengt worden/ vnser Andacht verricht/ vnd von selbigen Heyligthumb etwas zu vns genommen/ haben wir mit außgespannenen Armen/ in die Angst Christi fünff Vatter vnser vnd sovil Ave MARIA zu Erlangung deß vollkomnen Ablaß gesprochen/ vnd seynd ein Stein Wurff weit/ zu dem Orth da die drey Apostel geschlaffen/ kommen/ daselbsten aller dreyen Formb der Kleyder vnd Postur der Leibern auff einem abhaldigen breyten Stein/ nit anderst als ob sie in Wachs eingetruckt/ mit grösser Verwunderung gesehen/ berühret vnnd auß Andacht gekusset. Nach solchem seynd wir durch den Garten/ an das Orth kommen/ wo Judas den HErrn IESUM mit dem Kuß seinen Feinden vbergeben/ nach deme Er sie zum dritten mahl durch sein Allmacht mit einem Wort zu Boden geworffen. Zur rechten Seyten diser Straß hat Petrus dem Malcho das Ohr abgehawen/ welches der gütige Meister widerumb angesetzt. In disem Garten Gethsemani seynd noch 9. sehr grosse Oelbäum verhanden/welche der gemeinen Sag nach von der Zeit Christi deß HErrn verbliben/ werden der Ursachen die Oliven vnd auch das Holtz von den PP. Franciscanern auffbehalten vnd den Bilgern als Heylthumb verehrt/ bezahlen eben der Ursachen dem Türcken keinen Tribut, wie andere fruchtbare Bäum.

Von dannen seynd wir eben die Straß/ durch welche das gedultige Schäfflein gebunden/ geführt worden/ gangen/ haben auff der lincken Seyten neben der Strassen das Grab Absolons angetroffen/ welches von einem Natürlichen gantzen Stein gleich einem viereggeten Thurn/ zwey Gemach hoch außgehawen/ vnd so kunstlich gemacht/ als ob es gossen were/ rings vmb dasselbige Grab/ ligen vil Kißlingstein/ vnd als ich von vnserem Dollmetschen/ die Ursachen dessen befragt/ hat er mir gesagt/ das alle Türcken vnd Juden/ welche daselbsten vorbey gehen/ einen Stein auff das Grab werffen/ sprechend: Du vngehorsamer Sohn vnd Verräther deines Vatters/ hast verdient/ daß man dich versteinigen solle. *das Grab Absolons.*

Ohnfehr von disem Orth/ ist das Grab Iosaphat auch auß einem gantzen Stein gehawen/ etwas breiters als deß Absolons, aber nit so hoch/ *das Grab Iosaphat*

K

Newe Jerosolomytanische

hoch/ von disem Grab hat das gantze Thal seinen Nammen/ in welchem GOTT der Allmächtig die Lebendigen vnd Todten zurichten/ bey dem Propheten Ioël. c. 3. mit disen Worten vorgesagt: Congregabo omnes gentes, & deducam eos in Vallem Iosaphat &c. disceptabo cum ejs ibi. Das Thal Iosaphat ist nit sonders breit/ hat beederseyts Berg vnd Bühel/ ab welchen zu Regenzeit/ das Wasser zusammen laufft vnd den Bach Cedron verursacht/ welcher Bach kein ander lebendiges Wasser hat/ vnnd daher den mehreren theyl deß Jahrs trucken ohne Wasser ist/ dises Thal hat ohnsehr von Ierusalem seinen Anfang/ vnd streckt sich an das Todt Meer/ dahin sich/ der Bach außgießt.

Joel. 3.

Es ist noch ein ander Grab daselbsten Zachariæ deß Sohns Barachiæ/ von welchem bey dem H. Mathæo. am 23. gemeldet/ auch in Gestalt eines viereggeten spitzigen Thurns erbawet. Alle dise Gräber stehen auff einer Seyten/ ohnsehr von einandren noch gantz/ dann sie auß einem gantzen Felsen gehawen/ nit mögen zerstört werden/ wie aber die Leiber darein gelegt worden/. sihet man kein Zeichen. Nechst bey disen Begräbnussen/ seind Löcher oder Hölinen in die Felsen/ in welche sich die Apostel/ als Christus der Herr gefangen war/ verborgen.

das Grab Zachariæ

Die Höle deß Heyl. Iacobi.

Daselbsten ist auch der Orth in Gestalt einer Capellen/ von welchem der H. Hieronymus schreibt/ daß der H. Apostel Iacobus sich verschloffen vnd kein Speiß hat wollen niessen/ biß er Christum von den Todten erstanden sehe/ der dan jhme allda erschinen/ Brodt gereicht vnd gesprochen. Nimb hin Iacobe diß Brodt vnnd iß/ dann deß Menschen Sohn ist von den Todten aufferstanden. In obgemelten Orthen hat man 7. Jahr Ablaß vnd soril quadragenen.

Hernach seynd wir zu der Bruggen oder besser zu reden zu dem gesprengten Bogen vber den Bach Cedron kommen/ van welchem die Juden Christum vnseren HErrn hinvnder gestürtzt/ wie dann in der Tieffe daselbsten/ in einem harten Stein seiner H: Händ vnd Füß hinderlassene eingetruckte Zeichen genuegsamb beweisen die zusehen/ zuberühren vnd zuuerehren/ bin ich hinunder gestigen/ auch vermerckt/ das/ obselbige gleich wol vnder dem freyen Himmel/ dem Regen vnd anderem Ungewitter vnderworffen/ auch täglich geküßt vnd berührt werden / doch vnuersehrt verbleiben/ welches vnmöglich were/ so sie auß Kunst/ wie die Spötter der H. Orth vorgeben/ gemacht massen wir sehen wie hart auch der Stein/ so dem Wetter oder Betrettung vnderworffen/ sich laut diser vers, abschleifst.

Gutta

Bilgerfahrt.

Gutta cavat lapidem, non vi, sed sæpe cadendo.

An disem Orth aber seynd dise H. Fuß-Stapffen oder Zeichen von 1628. oder mehr Jahren schon gantz vnd gleich/ als weren sie ohnlängst eingetruckt worden/ anzusehen/ welches Miracul GOtt der Allmächtige zweiffels ohne/ den Christen zum Trost vnd den Juden zum Spott wollen hinderlassen/ in welchem zusehen/ als die Gottlosen Juden den gedultigen HErrn IESUM von der Bruggen hinunder gestossen/ er aber zu Erhaltung seines H. Haupts/ die Händ vnd Füß vorgebotten/ welche nit anderst/ als ob sie in weichem Wax oder Leim eingetruckt eines Glaicks steiff verbliben vnd gesehen werden.

Es haben mir die PP. Franciscaner gesagt/ vnd erzehlt/ daß die Juden zu Ierusalem alle Fuß-Stapffen vnd Zeichen/ welche Christus vnser Erlöser vnd Seeligmacher daselbsten hinderlassen/ auß zutilgen/ auff alle Weiß vnd Weeg gedencken/ ja offtermahlen/ ihren angebohrnen teufflischen Neid vnd Haß gegen Christo vnd seinen Glidern auß zustossen vil Geldt spendieren/ wie sie dann auch die vorberüerte H. Zeichen vnder einem verborgnen bösen Vorwandt/ nachfolgender Weiß zuverbergen gesucht. Es haben dise verfluchte Feind GOttes vnd der Menschen/ ihre Begräbnuß in dem Thal Iosaphat/ ohnfehr von diser Brugg/ so wegen negst anstossenden Bergs etwas vneben/ vnd weilen ihnen diser Stein ein Dorn in den Augen/ haben sie selbigen zuverdecken/ vnd den Christlichen Bilgern ihr Andacht zubenemmen/ bey dem Sangiaco vmb Erlaubnuß gebetten/ ihre Gräber zuerweitteren/ welches er ihnen nach Erlegung einer Summa Gelts/ vergunne. Gleich darauff haben sie mit grosser Mühe vnd Costen/ den Berg auff der Seyten etwas abgraben/ vnd die Tieffe/ sambt vorangezognem Stein eines Manns hoch außgefüllt/ in Hoffnung/ dise H. Zeichen hiermit ewiglich verborgen zuhaben. Bald darauff hat sich begeben/ O grosses Miracul! das ein hartes Regen-Wetter ausser der Zeit eingefallen/ von welchem der Bach Cedron angeloffen/ den vbergeschüten Grund sambt ein Theil ihrer Begräbnuß weggenommen/ also daß dise H. Zeichen vnd der gantze Stein besser als zuvor gesehen vnd füglicher verehrt werden kan. Non est consilium contra Dominum &c.

Nach Verehrung deß jetztbesagten H. Orths/ seynd wir auffwerts die Gulgestigen/ die Guldine Porten zubesichtigen. Die gemeine Red ist/ daß dise Porten von dem König Salomon erbawt/ vnd mit Gold überzogen worden/ welche von reverberation der Sonnen/ einen solche hellen Glantz

K 2 von

von sich geben/ der den gantzen Oelberg erleüchtet/ so ein Frewd ware anzusehen. Durch dise Porten ist Christus vor seinem H. Leiden auff einem Esel eingeritten vnd mit grossem Frolocken empfangen worden/ wie bey dem H. Matthæo c. 21. zulesen.

Als Heraclius der Kayser/ das Creutz Christi von Siroes, Chosroæ deß Königs in Persia Sohn mit besondern Bedignussen empfangen/ vnd durch dise Porten/ mit Kayserlichem Pomp vnd Prachte/ auff den Berg Calvariæ, dahin es die H. Kayserin Helena zuvor gesetzt/ wolte tragen/ hat er solches auff kein Weiß noch Weeg vermögen/ biß daß Er die Kayserliche Kleyder von sich geleget/ vnd nach dem Exempel Christi IESU, sich schlächt vnd arm angezogen/ in welchem Er das H. Creutz vnverhindert auff den Berg Calvariæ getragen/ vnnd eben an das Orth gesetzt/ von dannen es der König Chosroe weckgeführt.

Dise Porten hat zwey Gewölber gegen einander gesprenget/ zu diser Zeit ist sie mit einer Mawren verschlossen/ welche auffzuthun die Türcken selbsten für Sünd halten/ dann sie sagen/ daß dieselbe sich einmahl selbsten vor einem grossen vnd mächtigen König auffthun: welcher dardurch in die Heylige Statt eintretten/ vnd vber die gantze Welt herschen werde. Uber diß haben die Türcken ein Prophecey/ daß die Christen die H. Statt Ierusalem durch dise Porten einnemmen vnd sie darauß schlagen sollen/ welche der liebe GOtt bald wahr machen vnd seine Gläubigen darmit erfrewen vnd trösten wolle.

Es schreibt Medina in seinem Buch de Terra Sancta f. 52. Als die Türcken dise Porten wolten eröffnen/ seye das Fewr vom Himmel gefallen/ vnd habe alle Anwesende verzert. Mit disem haben wir auch dise Visitation beschlossen/ vnd seynd dem Closter S. Salvator, das Mittag-Mahl zunemmen/ zugangen.

Von der fünfften Visitation, deß Oelbergs/ vnnd dessen vmbligenden Orthen.

DIe Gewinnung der Zeit/ haben wir die Visitation deß Oelbergs noch selbigen Tag vor Uns genommen/ vnnd folgender Weiß verrichtet.

Oelberg.   Diser Berg ist wegen der vilfälteigen Geheymnussen/ die Christus vnser Erlöser/ auff selbigem gewürckt/ sehr berühmbt/ vnd eins auß den
vor-

Bilgerfahrt. 77

vornembsten Orthen deß H. Landes/ wird daher Oelberg genannt/ daß derselbe mit vilen Oel-Bäumen gezieret/ ligt eines Sabbats Reiß/ das ist ein halbe Stund ohngefahr von Ierusalem gegen Auffgang der Sonnen/ welchen das Thal Iosaphat von der Statt entscheidet. Dise Visitation haben wir wie gesagt/ nach mittag angestellt/ vnd seynd auß dem Closter S. Salvator, in Begleytung etlicher P. Franciscanern/ durch die Porten S. Stephani dem Oelberg zugangen/ vnd erstlich vnderhalb deß Bergs/ den Orth gesehen/ auff deme die allerheyligste Junckfraw MARIA solle gestanden sein/ für den H. Stephanum zu bitten/ als er von den Juden versteiniget worden/ welchen Orth die Armenier sonders verehren/ vnd allda ihr Andacht verrichten. Es sagen die Christen selbiger Landen vnd ist auch zuglauben/ das MARIA die Mutter GOttes/ nach der Himmelfahrt IESU, ihrs allerliebsten Sohns/ ihr Zeit zu Ierusalem zugebracht/ vnd seye sambt dem H. Ioanne vilmahlen in das Thal Iosaphat vnd andere H. Stätt vnd Orth da Ihr liebster Sohn etwas besonders gewürckt/ oder für vns gelitten/ selbe zu verehren gangen/ wie sie dann daselbsten sich auch solle befunden haben/ als der H. Stephanus versteiniget worden.

In Antrettung dises Bergs/ haben wir erstlich angetroffen den Orth/ da vnser geliebter HErr IESUS, vber die Statt Ierusalem geweint vnnd jhr bevorstehendes Ubel vorgesagt/ wie bey dem H. Luca zulesen. Alldort ist vor disem ein Kirchen gewesen/ nun gebrauchen selbige die Türcken für ein Moschæa.

Von dannen sihet man die gantze Statt Ierusalem sambt dem Platz darauff der Tempel vnd Pallast Salomonis gestanden/ welches ein sehr grosser Bezirck/ darin new die H. Kayserin Helena ein vberauß schöne vnd herzliche Kirchen erbawen lassen/ so die Türcken für jhr Moschæa brauchen vnd daher vns Christen zubetretten nit erlaubt/ dem eüsserlichen Ansehen nach/ ist sie dem Pantheon, sonsten MARIA Rotunda genannt/ nit vngleich/ hat ein grosse Cuppen, vnd auff selbiger an statt deß H. Creutzes einen verguldten halben Mon. Wie diser Tempel innwendig beschaffen/ kan ich nit sagen/ dann wie gesagt/ den Christen bey Verliehrung deß Lebens/ die Türckische Moschæen zubetretten/ verbotten/ bey gemelter Straff dörffen sie auch so gar in den Vorhoff nit eingehen/ auß Ursach/ weilen die Türcken sagen vnd darfür halten/ daß GOtt dem König Salomon versprochen/ alle zuerhören/ so in disem Orth vmb etwas bitten werden: Es möchten villeicht/ (sagen sie) die

K 3 Chri-

Christen darinnen GOtt bitten/ daß er das Türckische Reich zerstören/ vnd den Christen in die Hånd geben solte/ welche er ohn allen Zweiffel erhören wurde/ in so grosser Blindtheit stecken dise arme Leuth. Wann aber von den Vnsrigen jhnen vorgeworffen wird/ warumb sie nit von GOtt erbitten/ daß die Christen zu Grund gehn/ wissen sie nichts zusagen/ als das solches zubitten nit gebühr.

Wie man vns gesagt/ ist dise Moschea schön/ hell/ mit vilen Ampeln gezieret vnd mit Persianischen Tapeten beleget/ ohne Stül vnd Sitz/ dann die Türcken in jhren Moscheen niemahl sitzen noch knyen/ sonder auffrecht stehen/ vnderweilen auff den Boden fallen/ selben küssen vnnd mit auffgeregten Händen gehn Himmel sehen. Diser Autrit von dem Oelberg ist darumb beschehen/ daß man von dannen den Tempel Salomonis vnd die gantze Statt Ierusalem am besten sehen kan/ wollen derowegen vnsern Weeg widerumb für vns nemmen/ zusehen was weiters auff disem Berg für H. Orth zufinden.

Matth. 6.
Luc. 11.

Auff disem Oelberg hat der Himmlische Lehrmeister Christus seine geliebte Jünger das Vatter Vnser gelehrt/ sprechend: Wann Jhr betten wöllen/ so sprechet: Pater noster &c. Vor disem ware allda ein feine Capell/ welche biß auff ein Saul zerstört. In Betrachtung diser Lehr/ habe ich an selbigem Orth/ auch etliche Vatter Vnser gesprochen/ vnd nach gewonnenem Ablaß seynd wir den Gräbern der Propheten zugangen/ welche vnder der Erden in einem Bezirck begriffen/ so altersbalb mehrentheyls eingefallen/ doch seynd noch etliche außgehawene Gräber verhanden/ als ein Altarstein erhöhet/ die ich gesehen/ seynd alle eröffnet vnd zerfallen/ dann zu alten Zeiten/ haben die König/ die Propheten vnd die Richter jhre besondere Begräbnussen gehabt/ von denen an seinem Orth solle gesagt werden.

Einsatzung deß Christlichen Glaubens.

In Besteigung deß Bergs haben wir ein grosse Höle vnder der Erden gleich einer Kirchen angetroffen/ dessen Zugang verfallen/ daß man nit wol hinab steigen kan/ als ich aber vernommen/ daß in disem Orth die H. Apostel auß Eingebung deß H. Geists das Credo, oder den Christlichen Glauben zusammen getragen/ bin ich hinab gestiegen/ zusehen wie der Orth beschaffen/ hab auch befunden/ daß vor Zeiten ein schöne Kirchen allda müsse geweßt sein/ welche die ersten Christen zu ewiger Gedächtnuß/ auß den Felsen in die Runde/ zu Ehren der zwölff Aposteln/ mit Säulen außgehawen/ auff welchen der gantze obere Last gestewre. Nach deme ich mit Sprechung deß Credo den Ablaß ge-

Bilgerfahrt.

wunnen/ bin ich nit ohne Mühe widerumb herauff kommen/ vnd sambt meinen Gefährten disen H. Berg besser bestigen/ seynd damit zu dem Platz kommen/ allda Christus der HErr die Predig von dem jüngsten Gerichts-Tag gehalten/ von deren der H. Apostel vnd Evangelist Matthæus mit disen Worten/ Meldung thut: Als der HErr IESUS auff dem Oelberg sasse/ tratten zu jhme seine Jünger/ in Geheimb zuerfragen/ wann die Zerstörung deß Tempels beschehen wurde/ welchen Christus ein lange Predig von dem letsten zukünfftigen Gerichte gehalten/ wie bey H. Luca zufinden. Disen Platz haben wir auch besucht/ vnd ein Saul da Christus gesessen angetroffen/ vmb welche ein zerfallene Maur Andeutung gibt/ daß ein Kirch daselbst gestanden seye. *Math. 24* *Luc. 21.*

Von disem Orth seynd wir auffwerts gestigen/ ein groß zerstörtes Gebäw angetroffen/ nechst darbey hat die H. Pelagia vber jhre Sünd Buß gewürckt/ allwo allem Ansehen nach vor Zeiten ein Closter gestanden/ darinn dise Büsserin begraben worden.

So man nun den Berg hinauff kombt/ welcher zimblich hoch vnd rauch/ aber voll schöner Oelbäum/ Feigenbäum/ Citronen/ Lemonen/ Pommerantzen/ S. Johanns-Brodt/ Terebinten vnd Palmenbäum/ hat er zu oberst einen weiten Platz/ auff deme vor disem ein sehr grosse Kirchen gestanden: Als wir aber durch ein offne Porten in den Vorhoff kommen/ haben wir ein gar schöne runde Capell angetroffen/ in welcher der lincke Fuß-Tritt Christi in weissem Marmelstein gar eygentlich eingetruckt/ mitten in der Capel auff dem Boden etwas eingefasst verhanden/ welchen Christus vnser Heyland als er gehn Himmel gefahren/ hinderlassen. *Der Orth da Christus gehn Himmel gefahren.*

Dise Heylige Fuß-Stapffen habe ich sambt andern geküsst/ auch mit grösster Reverentz vnd Andacht/ nicht ohne Trost meine Füeß darein gesetzt/ vnd mit Sprechung fünff Vatter vnser vnnd Ave MARIA den Ablaß gewunnen. Es seynd etliche der Meynung der rechte Fuß-Stapffen/ seye von den Türcken auß den Felsen gehawen/ vnnd in jhr Moschea gesetzt worden/ welches nit wol hette können beschehen können/ ohne Verletzung deß andern/ ist daher andächtig zuglauben/ Christus habe allein den lincken Fuß-Stapffen hinderlassen/ vns darmit zuvnderweisen/ daß wir Menschen den lincken Fuß auff der Erden/ vnd den rechten in der zukünfftigen Welt/ Verachtung deß Zeitlichen vnd Nachtrachtung deß ewigen/ setzen vnd richten sollen/ weilen wie der H. Gregorius

spricht/

spricht/ durch die lincke das gegenwärtige/ durch die rechte Hand aber das ewige Leben verstanden werde.

Daß aber Christus von dem Oelberg auffgefahren/ ist zwiffels ohne beschehen/ weilen er vnderhalb an dem Oelberg in dem Garten der Angst/ sein bitter Leyden angefangen/ Blut geschwitzt/ gefangen/ gebunden vnd als ein Vbelthäter verschmächt worden: Auch haben die H. Engel daselbst den H. Aposteln vnd Jüngern also zugesprochen/ Ihr Männer von Gallilæa, was sehet ihr in den Himmel/ der wirt gleich also kommen/ wie ihr ihn gesehen habt gehn Himmel gehn: In das Thal Iosaphat, so negst an dem Oelberg/ zurichten die Lebendigen vnd die Todten.

AC. 1.

In was Tag oder Monat Christus vnser Seeligmacher auffgefahren seynd vnderschidliche Meinungen: Etliche wöllen das Christus in dem Monat April gelitten vnd gestorben: Der H. Augustinus sambt Tertulliano vnder andern sagen/ das Christus den 25. Martij für vns gelitten vnd gestorben/ massen er auch den 25. Martij von der aller gebendeytesten Jungfrawen MARIA, durch Krafft deß H. Geists empfangen vnd den 25. Decembris gebohren worden.

Den 27. Martij an einem Sontag von dem Todt erstanden/ vnd den 5. Maij an einem Donnerstag zu Mittag gehn Himmel gefahren. Der H. Geist aber ist den 15. Maij auff dem Berg Sion vber die Jünger kommen/ vnd hat selbige mit allen Gnaden vnnd Sprachen begabt vnnd vnderwisen.

Sovil nun auß den hinderlassnen Fuß-Stapffen abzunemmen/ hat vnser lieber HErr in seiner Auffart/ den Rucken gegen Auffgang der Sonnen/ das Angesicht aber gegen Nidergang/ da die Heyden gewohnt selbe zu seinen Glauben zu beruffen gewendt/ wie dann auch der H. Prophet Zacharias solches vorgesagt/ sprechende: Seine Füeß werden zu der Zeit stehen auff dem Oelberg der gegen Ierusalem ligt/ dem Morgen zu.

Zach. 14.

Eben diser Vrsachen/ pflegt die H. Catholische Kirch gegen Auffgang der Sonnen GOtt anzubetten/ weilen obangedeuter Prophet von Christo sagt/ du bist der Mann dessen Namen ist Oriens, Auffgang.

Zach. 12.

Der H. Lucas: durch die hertzliche Barmhertzigkeit GOttes durch welche vns besuecht hat der Oriens auß der Höhe 1c. Die Saracener Türcken vnd Mohren/ wenden sich ihr Gebett zuverrichten/ gegen Mittag weilen die Statt Mecha da jhr falscher Prophet begraben/ gegen Mittag ligt.

Luc. 28.

Es

Es seynd etliche der Meynnung vnd sagen/ es habe das Gewölb der Kirchen/ so die H. Kayserin Helena vber dises H. Orth erbawen lassen/ vnd jetzo zu Boden ligt/oberhalb diser H. Fuß-Stapffen/ nit können beschlossen werden/ also daß von dannen gleichsamb der Weeg/ welchen Christus gemacht/ offen verbliben/ deme ist also/ massen auch ob dem H. Grab Christi/ das Gewölb der grösseren Kirchen/ wie zu Rom Pantheon offen ist/ in der runden Capel auff dem Oelberg so diser Zeit vber die H. Fuß-Stapffen erbawen/ ist das Gewölb offen. Es sagen die Saracener/ daß ihr Machomet mit Christo dahin kommen werde zum Gericht/ verehren deßwegen disen Orth/ vnd gebrauchen sich dessen als ein Moschea, welches vor disem den Christen zubetretten verbotten gewest/ zu meiner Zeit aber hat der Caddi den Christen nit gar vbel gewölt/ dahero vns zugelassen/ nit allein dises H. Orth/ sonder auch das Grab der Mutter GOttes/ vnd den Orth/ da MARIA gebohren (welche die Türcken auch ehren) zubesuchen vnd zuverehren. Hergegen seynd andere H. Orth den Christen zubetretten verbotten/ als das Cœnaculum auff dem Berg Sion &c. so vor disem vnverhindert besucht werden können. Daß aber die Türcken dise H. Orth ehren/ andere aber/ da Christus gelitten/ verspotten/ ist die Ursach/ weilen sie glauben/ daß Christus von MARIA der H. Junckfrawen gebohren vnd auff dem Oelberg gehn Himmel gestigen seye/ dern Orthen aber da Christus gelitten/ entziehen sie alle Ehr/ sprechend: Christus seye als ein Geist GOttes in den Himmel gefahren/ den Juden aber habe Er einen Phantastischen Leib vbergeben/ welchen sie für Christum gefangen/ gebunden vnd gecreutziget/ hette sich auch nit gebührt/ vil weniger sein können/ daß ein solcher Prophet GOttes leyden vnd sterben solte: Diß ist der stockblinden Menschen närrisches Argument vnnd falsche Meynung von Christo vnserem HErren. Neben disem allem reden die Türcken Christlicher von MARIA der Mueter GOttes als Lutherus vnd Calvinus sambt ihrem Anhang/ dann der H. Bernhardinus von Siena bezeugt/ daß Machomet in seinem Alcoran gebotten/ welcher Christum vnd die Junckfraw MARIAM wurde lästern/der solte mit dem Schwerdt hingerichtet werden.

Weilen derowegen Christus vnser Heyland auff dem Oelberg vnser Heyl vollzogen alle seine Werck beschlossen/ vnnd von dannen glorwürdig zu seinem Himmlischen Vatter gestigen/ vnser Fürsprecher zuseyn/ ist billich daß wir mit Haltung seiner Gebotten/ den Weeg der

Christlichen Vollkommenheit für vns nemmen/ seinen Fuß-Stapffen nachfolgen/ jhne mit Gott dem Vatter vnd H. Geist ewigklich loben ehren vnnd preysen.

Seelig vnd aber seelig ist gewesen jener Bilger/ von welchem Anthoninus de Costillo in sua peregrinat: fol. 4. schreibt/ welcher nach Besuchung aller Orthen deß H. Landts auch auff den Oelberg kommen/ vnd in Anschawung deß hinderlassenen Fuß-Tritts Christi IESU auß Andacht verzuckt/ Gott den Allmächtigen auff folgende Weiß gebetten. O/ mein Erschaffer vnnd Erlöser HErr IESU Christe/ seytemahlen ich durch dein Gnad vnd Barmhertzigkeit alle Orth/ an denen du vnser Heyl gewürckt zubesuchen/ würdig worden/ vnd nunmehr den Orth vor mir sihe/ allda du die Welt verlassen/ zu deinem Himmlischen Vatter auffgefahren/ lasse dir gefallen/ dise meine Seel/ welche du erschaffen vnd erlößt/ auch auffzunemmen / damit sie deines bittern Leydens vnd Sterbens theylhafftig/ dich/ sambt allen Außerwöhlten ewiglich loben/ ehren vnd preysen möge. Nach verrichtem disem Gebett/ O grosses Wunder! ist sein Hertz vor Frewden in dem Leib zersprungen/ vnnd die Seel zu ihrem Erlöser gefahren/ sein Herrligkeit ewiglich zugeniessen. Allhie bitte ich/ mit disem Bilger/ meinen GOtt vnd HErren/ mich sambt allen Christgläubigen/ nach Beschliessung vnserer Bilgerfahrt/ auch in daß Vatterland vermittelst seiner Göttlichen Gnaden auffzunemmen.

Auff der rechten dises Bergs stehen noch alte Mauren einer zerfallnen Kirchen/ allda ettliche wollen/ das nach Christi Himmelfahrt zween Männer den Aposteln erschinen vnd gesagt: Ihr Männer von Gallilæa, was verwundert ihr euch/ ?c. wirt der Vrsachen viri Gallilæi genandt.

Von der Rayß nach Bethania vnnd selbigen nechstgelegnen Orthen vnnd Stätten.

Bethania ligt nach Zeugnuß deß H. Ioannis 15. Feldtweegs von Ierusalem, ist ein halbe Teütsche Meil/ welches in einer Stund kan verrichtet werden. Dise Rayß haben wir den 19. Octobris vorgenommen/ vnd seind bey guetter Zeit auß dem Closter S. Salvator, durch die Porten S. Stephani hinunder in das Thal Iosaphat neben dem Garten der Angst/ nechst an dem Oelberg zu dem Orth kommen/ da Judas der Verräther sich erhenckt/ allwo noch auff den heutigen Tag der Juden

Bilgerfahrt. 83

den Begräbnuſſen ſeynd. Nahe an dem Weeg/ hat Chriſtus den vnfruchtbahren Feigen-Baum verflucht.

In Betrachtung aber das Chriſtus vnſer Heyland/ MARIA ſein werthe Mutter/ vnd andere liebe Freünd GOttes diſen Weeg vil vnd offtermahlen gewandert/ haben wir alle deſſen H. Stätt vnnd Orth beſucht/ vnd erſtlich das Hauß Simonis deß Außſätzigen auff der lincken Handt angetroffen/ in welchem Maria Magdalena bey den Füeſſen Chriſti Gnad geſunden/ vnnd von jhren Sünden abſolviert worden. Diß Hauß iſt alſo vbel zugericht/ daß man es nit bewohnen kan/ hat 7. Jahr vnd ſovil quadragenen Ablaß. *Das Hauß Simonis da M. Magdalena bey dem Füſſen Chriſti Gnad gefunden.*

Von dannen ſeynd wir etwas abgeſtigen vnd gehn Bethania kommen/ iſt allem Anſehen nach ein groſſe Statt geweſen/ wie auß den vilen nidergefallenen Mauren vnd Häuſern abzunemmen/ von welchen nicht vber 30. Häuſer bewohnt werden. *Bethania.*

Neben dem Hauſ Lazari ſeynd wir 8. Stapfflen hinunder geſtigen/ vnd haben das Grab/ auff welchem Chriſtus Lazarum erweckt/ geſehen/ von deme der H. Ioann: ſchreibt. Diſes Grab iſt auß einem Felſen gehawen/ daſelbſten ſtehet ein Altar/ mit dem Stein bedeckt/ welchen Chriſtus auffzuheben befohlen. Neben diſem Altar/ ſteigt man vier Stapfflen hinunder/ da Lazarus todt gelegen/ in welches Grab ich mich auß Andacht gelegt/ vnd bey Sprechung 5. Pater & Ave den Ablaß gewunnen. Bey diſem Grab ſicht man durch ein Gätter in ein Türckiſche Moſchea/ welche von den Chriſten für ein Kirchen/ zu Ehren deß H. Lazari erbawt. Und weilen die Türcken glauben/ das Lazarus daſelbſt von Chriſto aufferweckt worden/ haben ſie ſelbiges Orth auch in ehren. *das Grab Lazari. Ioan. 11.*

So man durch Bethania kombt/ wirt ein ſchöner Platz gezeigt/ allda die Behauſung Mariæ Magdalenæ geſtanden/ nahe darbey neben der Straß/ ligt ein groſſer Stein/ den man von Alters den Stein deß Geſprechs nennet/ darauff Chriſtus der HErr geſeſſen/ da Er von dem Jordan hinauff kommen/ Martha Jhne angetroffen/ den Todt jhres Bruders beklagt. Von dannen ſie wider zuruck gangen/ jhr Schweſter Mariam heimblich berufen. Als ſie nun gehört/ daß der HErr IESUS verhanden/ iſt ſie alsbald auffgeſtanden/ jhme entgegen gangen/ zu Füſſen gefallen/ vnd mit weynenden Augen geſagt: HErr wereſt du hie geweſen/ mein Bruder were nicht geſtorben/ rc.

Diſen Stein halten die Türcken nit weniger als die Chriſten in groſſen Ehren/ küſſen jhne vnd beſtättigen für gewiß/ daß ſie von jhren

F 2   Vorelteelteren gehört/ wie wol die Pilger beständig von disem Stein schlagen/ nichts desto weniger an keinem Orth abnemme/ daß dann sovil mehr gläublich/ weil er so hoch/ das man bequemblich darauff sitzen kan/ so er aber höher gewesen were/ herre Christus nit darauff sitzen könden/ darauß dann erfolgt/ weil er die Höhe/ so zur Zeit Christi gewesen/ noch behält/ daß er durch abnemen nit möge gemindert werden/ wie dann ich selbsten darauff gesessen/ vnd ein Particul darvon geschlagen. Es ist zuemercken/ daß den Pilgern verbotten/ von den H. Orthen/ so innerhalb der Kirchen begriffen/ was abzuschlagen/ von den andern aber so vnder dem Himmel/ vnd nit eingefaßt/ könden sie nach jhrer Andacht mit sich nemmen/ oder aber von dem Pater Guardian solche begehren/ welcher dann auff alle Weeg/ die Christliche Pilger zutrösten sich bestelst. Daß Hauß Marthæ/ welches der Einkehr vnd Herberg Christi IESU, seiner werthen Mutter/ sambt der H. Aposlen gewesen: Auch allen Armen vnd Gläubigen offen gestanden/ sie zuspeisen/ vnd zubeherbergen/ ligt vnweit von obgemeltem Orth. Das Castel Mariæ vnd Marthæ, von welchem der H. Ioannes Meldung thut ligt sambt jhren Häusern zu Boden/ verwüscht vnd verderbt.

Ioan. 11.

Als wir die gantze Weite herumb gnugsamb besichtiget/ giengen wir in den Flecken Bethphage, welcher jenseits deß Oelbergs/ so den hohen Priestern zu Ierusalem vor Zeiten zuständig gewesen/ der ist sogar abgangen/ daß nichts darvon/ als etliche Grund-Mauren zusehen. In disem Castell auff der Weeg-Scheydei waren gebunden die Eselin auff dem der HErr IESUS vor seinem bittern Leyden vnd Sterben zu Ierusalem eingeritten vnnd mit grossen Frewden empfangen worden. Darfür hinauß hat der Berg/ welcher rauch vnd schroffechtig ein zimliche Ebne/ von dannen man hinab gehn Iericho, den Jordan, das todte Meer/ das blachen Feldt/ das Gebürg Gelboe sambt den Arabischen Bergen sehen kan/ in selbiger Gegend haben wir auch den Berg Nebo gar wol gesehen/ auff welchen Moyses auß Befelch GOttes gestigen/ daß gelobte Landt zusehen/ allda er in GOTT entschlaffen.

Beth-
phage.

Berg
Nebo.
Deut. 32.

Auff disem Berg geht man abwerts/ vnd kombt erstlich an den Rain/ welchen Christus mit seinen Jüngern bestigen vnd gesprochen: Nembt war/ wir ziehen hinauff gehn Ierusalem vnd deß Menschen Sohn wird den hohen Priestern vberantwortet werden/ ꝛc. Auch hat man Uns den Orth gewisen/ von welchem Christus bey dem H. Luca sprach: Es war ein Mensch der gieng von Ierusalem hinab gehn Iericho vnd fiel vnder die

Math.
18.20.

Lucæ
10.30.

Bilgerfahrt.

die Mörder/ ꝛc. Auff selbiger Straß saß der Blinde/ welchem Christus mit disen Worten/ das Liecht geben: Sihe auff/ dein Glaub hat dir geholffen. Auff der lincken Handt ist Galgala von welchem Iosue am 4. geschriben steth.   *Lucæ 18.42. Iosue. 4.*

Von dannen kom̃t man in das schöne fruchtbare Thal darinn die Statt Iericho gelegen/ welche gantz zerstört/ ist allem Ansehen nach groß vnd in die Ründe gebawt gewesen. Jetzo haben die Arabische Rauber jhr Auffenthaltung auß Rohr gemachten Hütten darinn: An dem eussersten theil der Statt/ ist noch ein halber Thurn/ so der Rahab Behausung gewesen/ obwohl etliche wollen Zachæus habe darinn gewohnt/ vnd Christum auffgenom̃en/seytemal ausser dises/in der gantzen Gegend kein Maur zufinden/ bei einer Ehlen hoch/ darauß abzunemen/ wie die Vermaledeyung deß Iosue ein so grosse Würckung gehabt/mit der er die Statt gestraffe   *Iosue. 6.*

In diser Gegend wachsen die Rosen/ von welchen Syrach in seinen weissen Sprüchen meldet. Ich bin wie ein gepflantzte Rosen von Iericho. Dise Rosen werden wegen jhrer Krafft vnd Tugendt der Mutter GOttes verglichen/ dann gleich wie die Rosen ein Königin aller Blumen/ mit jhrem Geruch die Schlangen tödt: Also wirt billich MARIA allen Creaturen vorgezogen/welche mit dem Geruch der Jungfräwlichen Reinigkeit die alte Schlangen zertretten vnd vertriben: Auch hat dise Rosen keine Dörn/ vnd ob sie gleich wol dürr/ thuet sie sich in der H. Wyenacht Nacht zum Zeichen der Jungfräwlichen Geburt auff vnd wider zu.   *Ecc. 18.*

So dise Rosen zur Zeit der Geburt vor den gebärenden Weibern in Wasser gestelt wirt/ bekumbt sie jhnen sehr wol/ vertreiben auch das Gespenst/ so sie auff dem H. Grab benediciert werden. Ich hab etliche dergleichen mit mir in die Christenheit gebracht vnd grosse Ehr darmit eingelegt.

Ein halbe Meil von Iericho findt man den Brunnen/ welchen Elisæus der Prophet/ mit eingeworffenen Saltz/ gesundt/ heylsam/ vnd auß sehr bösem das beste Wasser gemacht/ massen das gantze Thal von selbigem befeuchtiget vnd fruchtbar gemacht wirt.   *Brunn Elisæi.*

Der Berg Quarantana hat den Namen weilen Christus auff demselben 40. Tag vnd sovil Nacht gefastet. Diser Berg ist also gäch vnd der Weeg zerfallen/ das man ohne gefahr nit hinauffkomen kan: Die H. Kayserin Helena hat daroben ein Kirchen vnd wie etliche wöllen/ ein Closter erbawen lassen: Diser Berg hat weder Holtz noch Waldt/ son-

Newe Jerosolomytanische

sonder ist ein rawer schroffischer Felsen/ welcher aller Orthen vil Hölinen/ darin vor Zeiten die Einsidler gewohnt/ vnd wie man vns für gewiß gesagt/ werden daselbsten noch etliche knyende/ mit auffgehebten Händen vnd außgespannen Armen vnverwesene H. Einsidler gefunden: Ob disem also/ kan ich nit bezeugen/ dann wir nit hinauffkommen/ noch dergleichen Hölen betreten. Ist wol zuglauben/ das zu den ersten Zeiten (wie der H. Hieronymus sagt/ das mehr in Wüesten vnd Bergen GOtt gedient als in den Stätten den Eytelkeiten abgewartet worden) vil H. Menschen nach dem Exempel Christi daselbsten Buß gewärcket/ vermittelst deren sie neben dem ewigen Leben auch dise Gnad verdient. Wie ich dann dergleichen H. vnverwesene Leiber zu Venedig/ die H. Luciam, zu Bononia die H. Catharinam, zu Trient den H. Märtyr Simonem, vnd an andern vnderschidlichen Orthen gesehen.

Iordan.

Ander halb Meil von Iericho/ fliest der Fluß Iordan durch dasselbe gantze Land in das Todte Meer. Sein Ursprung kumbt von den Flüssen Ior vnd Dan welche vnfehr von Cæsarea Philippi in dem Gebürg entspringen/ da dise zwey Wasser zusammen fliessen/ werden sie Iordan geheissen/ ist ein trüeb aber gesund Wasser/ das nimmermehr verdirbt/ hat in der breyten nit vber 30. Elen. Ist auch nit sonders tieff. An dem Orth/ da Christus von dem H. Ioanne getaufft worden/ hat die H. Kayserin Helena ein Kirchen zu ehren deß H. Ioannis Baptistæ erbawen lassen/ so noch fast gantz/ auch sihet man allda in dem Wasser den Orth da Christus gestanden vnd getaufft worden/ dann der Strom sich etwas weniges wendet vnnd zuruck schlägt/ nicht anderst als ob es nicht würdig were/ disen Orth zu passiern. Was sich weiter an disem Orth

Ioan. 1.
Math. 3.
Marci. 1.

zugetragen/ schreibt der H. Ioannes, selbiger Gegend hat der H. Ioannes die Buß geprediget vnd vil getaufft/ wie bey Mathæo vnnd Marco gemeldet wird. Deßwegen die ersten Christen von fehrnen Landen kommen/ in dem Iordan getaufft zuwerden. Inmassen die Orientalische Christen noch Jährlich in grosser Anzahl zu Oesterlicher Zeit dahin kommen/ in selbigem getaufft zuwerden vnd sich zu waschen/ nemmen auch nechst darbey von einem sonderbahren Holtz Zacho genannt/ Stecken als Bilger-Stäb zugebrauchen/ wie ich dann auch selbsten dergleichen mit mir in die Christenheit gebracht/ mich dises H. Orths zuerinnern.

Todte Meer.

Von dem todten Meer kan ich anders nichts schreiben/ als daß ich solches von weitem gesehen/ aber wegen Vnsicherheit der Arabier nicht darzu kommen: Dises Wasser wird das todte Meer genannt/ weilen

Bilgerfahrt.

in selbigem die 4. Stätt Sodoma, Gomorra, Adama vnd Seboim wegen jhrer grossen Sünd vnd Laster versuncken/ hat 20. Meil in die länge vnd ist 6. oder 7. Meil breit/ darinn nichts lebendiges gefunden/ zur Zeugnuß der Straff GOttes/ hat einen starcken stinckenden Geruch von Schwebel vnd Bech/ so schwärlich zuerdulden. — *Deut. 29.23.*

Iosephus in seinen Historien sagt/ daß er dreymahl im Tag sein Farb verändere. Morgens frühe habe er schwartzlächtig Wasser/ gegen Mittag/ wann die Sonn scheine/ bekomme er ein blawe Farb/ vor der Sonnen Nidergang/ fange er an roth oder vil mehr gelb zuwerden. Auch sollen daselbsten Apffel wachsen/ welche innwendig voller Staub vnnd Aschen/ ist also daselbsten anders nichts/ als die Augenscheinliche Malediction Gottes/ welche die Sünd nach sich ziehet vnd verursacht/ zusehen. — *Ioseph. lib. 5.*

Drey Meil von Ierusalem ist das Closter S. Sabbæ, so die Griechische Calloieri bewohnen/ welche die Zellen oder Wohnungen der HH. Ioannis Chrisostomi, Ioannis Damasceni vnnd Cyrilli den Bilgern weisen. Dises Closter hat zwar nit vil Gebäw aber wol über die 5000. Wohnungen/ welche rings herumb in die Felsen außgehawen/ vor alten Zeiten von den Griechen Calloieri bewohnt gewesen/ wie dann noch vil daselbsten in grossem Abbruch vnd Strengheit leben/ die vns gesagt/ daß daselbsten ein Mönch so 14. Jahr mit niemand geredt/ auch mit Kreutter/ wenig Brodt vnd Wasser sein Leben verzehre. Zu Zeiten Selimi deß Türckischen Kaysers/ als ein newer Bassa zu Ierusalem auffgezogen/ vnd dise Calloieri/ daß seynd Mönch Religionis S. Basilij Magni, sein Freündtschaffte vnd Liebe zugewinnen/ jhme zugezogen/ vnd jeder einen Hanen (weilen sie sonsten nichts anders gehabt) zu glücklicher Regierung verehrt/ hatt diser Barbarische Mensch/ dise Mönch alle/ deren 1000. waren/ biß in Stuck zerhawen lassen vñ gesproche: Solche Anzahl Gaurorum (daß ist suvil als Hundt/ wie sie vns Christen nennen) möchte villeicht ein tumult oder Auffruhr erwecken/ seye derowegen vonnöthen bey Zeiten/ solcher Gefahr vorzukomen: Dise Tyranney hat er dem Selimo vberschriben/ vn ein groß Lob darvon getrage/ von selbiger Zeit an/ hat man dise Geistliche nit mehr in solche Anzahl lassen erwachsen vnd zunemmen. Mit diser Reyß haben wir die Visitation der nechst vmbligenden Orthen ausser der H. Statt beschlossen/ vnnd als wir Abendts gehn Ierusalem kommen/ auff Mittel gedacht/ das H. Grab Christi deß HErrn zubesuchen/ vnd solches deß andern Tags/ wie hernach volgt vorgenommen. — *Closter S. Sabbæ.*

Von

Newe Jerosolomytanische

Von der aussern Gestalt der Kirchen/ deß Heyl. Grabs/ vnd was vor dem Eingang zubezahlen.

NAch deme wir widerumb zu Ierusalem ankommen/ hat R. P. Guardian für gut angesehen/ das H. Grab zubesuchen/ deßwegen er seinen Dollmetschen zu dem Caddi geschickt/ jhme anzuzeigen/ daß den andern Tag etliche Christliche Bilger das H. Grab willens zubesuchen/ bette derowegen jhme gefallen zulassen/ solches nachmittag zueröffnen/ welcher dessen zufriden/ vns zuerscheinen erbotten.

Allhie ist zuwissen/ daß vnangesehen das H. Grab IESU Christi die erste Station vnd vornembste Orth deß H. Landes/ kan doch solches nicht zu allen Zeiten/ vnd auff gleiche Weiß/ sonder nach Gelegenheit der Türcken besucht werden/ vnderdessen pflegen die Bilger andere H. Orth inn: vnd ausserhalb der Statt Ierusalem zu visitiern/ massen wir auch gethan/ wie vor angezeigt worden.

Dises herrliche Gebäw oder Kirchen welches die H. Kayserin Helena vber den Berg Calvariæ vnd das H. Grab Christi erbawen lassen/ ist dermassen vortrefflich vnd köstlich/ das dergleichen nicht zufinden/ dann obwol in Teutschland vnd Italia sonderlich aber zu Rom/ vil vortreffliche schöne Kirchen zusehen/ seynd doch dieselbe in der Kunst/ Majestät/ vnd Ansehen/ diser nicht zuvergleichen/ deßwegen sie billich (mehr aber wegen der H. Orth so darinn begriffen) für die allerheyligste vñ vortrefflichste der gantzen weiten Welt solle gehalten vñ verehrt werden. Daß Frontispirium oder Vortheil ist von schöner Arbeit/ köstlich gezieret/ stehet gegen Mittag/ hat zwo grosse hohe Pörten/ dern die zur lincken Hand zugemaurt/ die ander hat in der mitten ein zimblich Loch/ Speiß vnd Tranck hineinzugeben/ so mit 2. Schlüssel vnd dem Sigill deß Türckischen Kaysers verwahrt. Den einen Schlüssel hat der Bassa, so Statt vnd Land regiert/ den andern der Caddi, welcher die Geistliche Sachen wie bey vns die Bischöff vnderhanden/ daß Sigill bewahrt der Portner deß H. Grabs/ so von dem Türckischen Kayser dahin gesetzt wird. Auff der lincken Seyten deß Eingangs/ ohngefehr 12 Schritt/ stehet der Gloggen-Thurn/ ohne Tach vnd Gloggen/ ist/ vmb daß er der Türcken Thurn in der Höhe vbertroffen/ halben Theyl abgehebt: Auch hat die Kirchen/ 2. grosse runde Kuppen/ die eine/ ob dem H. Grab so

offen/

Bilgerfahrt.

offen/ wie Pantheon zu Rom/ die ander ist beschlossen: Auff der rechten Seyten ausserhalb der Kirchen 9. Stapfflen von ebenem Boden/ stehet ein schöne kleine Capell auff 4. Säulen/ da MARIA die Mutter GOttes neben dem Creutz gestanden/ als Ihr Christus in dem H. Ioanne vns Gläubige mit disen Worten anbefohlen. Mulier ecce Filius tuus &c. Das aber MARIA die Mutter Christi an seiner lincken Seyten stehen wollen/ ist zum Trost der Sünder beschehen/ für sie zubitten/ wie solches der H. Bernardinus Senensis mit disen Worten bekräfftiget: MARIA debet pingi ad sinistram Christi, ut intercedat pro peccatoribus. Von diser Capell sihet man durch ein Gätter auff den Berg Calvariæ, den Orth da daß H. Creutz gestanden/ so vngefahr 8. Schritt darvon/ vnd weilen dise Capell in der Catholischen Gewalt/ hab ich Gelegenheit gehabt/ zweymahl darinn Meß zulesen.

Neben diser Capell auff der Seyten stehet ein schönes Gebäw/ welches vnderschidliche Völcker bewohnen/ neben disem Hauß auff dem Platz gegen der Porten der Kirchen ist vnser Erlöser vnder dem schweren Last deß Creutzes nidergefallen/ zu dessen Gedächtnuß ist ein weisser Marmelstein/ in der Formb eines Steernens dahin gesetzt worden/ so verhanden vnd gesehen wird.

Dieweil aber dise Kirch ohne Bezahlung nicht eröffnet/ ist zumercken/ wann ein Christlicher Bilger 9. Ducaten geben hat/ wird jhme die Kirch dreymahl auffgemacht/ das ist also zuverstehn: Wann die Kirch eröffnet vnd die Bilger hineingangen/ wird die Porten beschlossen/ nach verschloßner Stund so die Bilger wider hinauß begehren/ wird sie zum andern mahl eröffnet. Die dritte Eröffnung beschicht nach verflossenen 24. Stunden. Können also die Bilger ein: oder 24 Stund darinn verbleiben/ das Essen vnd Trincken wird jeder Nation auß jhren Klöstern/ durch ein rund Fenster/ an der Kirchen Porten hineingereicht. Für die Ruhe hat man auch Gelegenheit ohnangesehen die Bilger mehr der Andacht/ als dem Schlaff abwarten.

Auff die vornembste Zest als Ostern/ Pfingsten/ Himmelsfahrt MARIÆ vnnd der H. Aposteln Petri & Pauli pflegen die Bilger in grosser Menge auß gantz Oriente dahin zukommen/ weilen man die Kirchen ohne Bezahlung eröffnet/ doch wollen der Caddi vnd Sengiacho jhre Geschenck haben/ welche sich von einer solchen Menge Bilger auff ein grosse Summa Gelts belaufft. Ausser diser Zeit müssen alle Nationen den Eingang bezahlen/ werden doch nie alle gleich gehalten/

die so vnder den Türcken wohnen/ bezahlen 2. 3. oder 4. Piastri, welche aber auß Europa, müssen alle 9. Ducaten erlegen/ außgenommen/ die Religiosen, S. P. Francisci als welche einen Jährlichen Tribut bezahlen/ vnd darmit die Freyheit haben/ so die Kirchen andern auffgethan selbige auch zuberretten/ massen ich mich deren auch bedient. Mann sagt vns für gewiß das Jährlich 30000. Piastri so da 60000. fl. machet/ auß disem Zoll in deß Türckischen Kaysers Schatz-Kammer sollen gelegt werden: Welcher Tribut erst bey kurtzen Jahren/ so hoch getrieben worden/ vnd wachßt noch von Jahr zu Jahr/ deßwegen die Bilgerfahrt sehr abnimbt/ weilen neben der Gefahr ein so grosse Summa Gelts schwärlich zubezahlen vnd zuerlegen.

Von dem Eingang in die Kirchen deß Heyligen Grabs vnd was Gestalt wir die Heylige Ort visitirt.

ZV Eröffnung der Kirchen deß H. Grabs/ werden wie oben vermelt/ 2. Schlüssel gebraucht. Erstlich wird das Kayserliche Sigill/ ob den Schlössern/ besichtiget/ ob es nicht verfälscht hernach abgenommen vnd die Schloß auffgethan. Alsdann setzen sich die Türckische Officiales, deren 8. gewesen/ gegeneinander vor der Porten auff den Boden/ vnd geben fleissig Achtung wer vnnd wievill hineingehen. Nach deme derowegen die Kirchen auff besagte Weiß eröffnet/ vnd wir dessen bericht/ hat R. P. Guardianus samt etlichen seinen Religiosen vnd andern Christen/ vns Bilger auß dem Closter S. Salvator Processions-Weiß in das H. Grab begleytet/ vnderwegs haben etliche Orientalische Christen/ dem P. Guardian auß Andacht den Habit geküßt/ sich zu vns gesellet/ vnd mit vns in das H. Grab gangen.

Bey Eintrettung der Porten/ haben vns die Religiosen so in der Kirchen wohnten/ deren 6. gewesen/ mit Creutz vnd Fahnen empfangen/ das Te Deum Laudamus angefangen/ dreymahl vmb das H. Grab geführt/ hernach seynd wir Bilger hineingangen/ sie aber haben vor aussen das Gesang vollendet/ etliche andächtige Orationes gesprochen/ nach selbigen in ihr Capell geführt/ welche/ weilen Christus daselbsten seiner geliebten Mutter MARIÆ, nach der Aufferstehung erschienen/ die Capell der Erscheinung geheissen/ darinn die Patres ihren GOttes Dienst verrichten/ daselbsten haben sie nach vollendter Vesper ein Procescession angestellt/ deren wir Bilger mit angezündten Kerken zween vnd zween nachgefolget/ bey welcher sie sonderbahre andächtige Hymnos vnd Orationes nach Beschaffenheit eines jeden Orths Geheymbnuß gebraucht vnd gesungen.

Die Capell der Erscheinung vnser lieben Frawen.

Die erste Station innerhalb der Kirchen nimbt jhren Anfang in diser Capell/ welche mit 3. Altär gezieret/ auff dem kleinern Altar zur rechten Seyten/ ist ein grosser particul von dem H. Creütz/ vnd ein theyl von der Säul an welcher Christus ist gegeyßlet worden. Alhie haben die Patres einen Hymnum von der Säul Christi sambt der Antiphona vnd Oration gesungen/ vns darauff ein kurtze Ermahnung gethan/ in welcher alle Geheymbnuß so alda beschehen/ erzehlt/ die Bilger darmit zur Andacht vnd Danckbarkeit vmb empfangene Göttliche Wolthat/ zubewegen/ nach solchem spricht man mit außgespannenen Armen/ das Vatter vnser sambt dem Englischen Gruß/ küsst die Erden/ vnd folgt der Procession mit entblößten Füssen vnnd möglichster Andacht. Dise Ordnung wird bey allen andern H. Orthen gehalten/ in welcher vollkommner Ablaß zu erlangen.

Die Capell der Gefänckuuß CHRISTI.

Von obgemelter Capell der Erscheinung seynd wir ohngefahr 60. Schritt gangen vnd zu der Gefänckuuß/ darinn Christus der HErr/ in dem die Schergen das Creutz zugericht/ gelegt ward. Dises ist ein kleine enge vnd finstere Capell/ auß dem Felsen gehawen/ hat kein ander Liechte/ als von den Kerplen/ man spürt wol daß Vnser HErr darinn gelegen/ auß der Andacht welche die Christliche Seel daselbsten empfindt vnd gespürt. Diser Orth stehet den Griechen zu/ von dannen seynd wir nach verrichtem Gebett/ in die Capellen gangen.

Die Capell deß Heyligen Longini.

Dise Capell ist dem Heyligen Longino/ welcher vnserem Erlöser die Seyten mit dem Speer durchstochen/ zu Ehren dedi-

M 2

Newe Jerosolymitanische

...ciert/ ligt 56. Schritt von der obgemelten. Man sagte Uns daß
daß Speer lang daselbsten gelegen seye/ wie dann der Altar solches an-
deutet/ allda hat die Procession kein Station, sonder passiert mit dieser
Reverenz zu der folgenden Capell.

Der Orth/ da die Söldner vber die Kleyder
Christi/ das Loos geworffen.

Bey 13. Schritt neben deß H. Longini Capell/ ist eine/
mit einem Altar/ welcher den Armeniern zustendig/ daselbsten
verrichtet die Procession jhr gewöhnliche Andacht/ weilen da-
selbst die Kriegs-Knecht vber die Kleyder Christi das Loos geworffen/
Ps. 21. vnd die Prophecey deß Davidts erfüllt worden / sprechend: Divise-
runt sibi vestimenta mea &c.

Die Capell der Heyligen Kayserin
HELENÆ.

Nach dem seynd wir bey 9. Schritt zu einer Stegen kom-
men/ 40. Stafflen hinunder gestiegen/ in der mitten laßt man
auff der lincken Hand den Orth ligen/ da die H. Kayserin jhr
Gebett verricht/ als man das H. Creutz gesucht/ welches die Gott-ver-
geßne Juden/ auß Neyd in ein vnsaubers Orth/ neben dem Berg Cal-
variæ geworffen/ allda es bey 180. Jahr verborgen gelegen/ biß end-
lich die H. glorwürdige Kayserin Helena, dasselbe an disem Orth ge-
funden/ verehrt/ mit Gold vnd Silber gezieret vnd dise so herrliche Kir-
chen erbawen lassen.

In der Capell der Erfindung deß H. Creutzes/ haben die Catho-
lische den grössern Altar/ welcher mit vollkommenem Ablaß begnadiget.
Zu dessen rechten ist ein anderer etwas kleiner/ so den Griechen zugehört:
In dem zuruck gehen/ halt die Procession in dem Oratorio der H. He-
lenæ auff der rechten die Station wegen der vortrefflichen Andacht vnd
grossen Wolthaten/ welche dise H. Kayserin den H. Orthen erwisen.
Diß Oratorium oder Bettstatt S. Helenæ ist der Armenier.

Die Capell der Schmach.

Nach dem Auffsteigen seynd wir widerumb in die Kirchen
kommen/ vnd nach 10. Schritt/ in die Capell/ darinn die Saul
oder

oder Stein under dem Altar/ auff welchen unser Seeligmacher/ in dem Richt-Hauß Pilati gesetzt/ als er mit Dörnern gekrönt/ verlacht unnd verspottet worden. Diser Stein ist von Farb graw/ kan durch ein Loch angegriffen werden/ gehört den Abyssinern/ so dem Priester Ioanni underworffen/ welche auch ein Wohnung in disem Tempel haben.

Der Orth da Christus an das Creutz
genaglet worden.

Vn dannen seynd wir sambt der Procession bey 20. Schritt an den Berg Calvariæ kommen/ die Stegen von 18. Stapfflen auffgestigen/ den Orth da das Creutz Christi gestanden/ mit tieffer Reverentz vorbey gangen/ unnd an die Statt kommen/ auff welcher unser Erlöser ans Creutz geheffet worden. Die Heyligkeit dises Orths/ und der Schmertzen/ welchen der eingebohrne Sohn GOttes daselbsten gelitten/ als jhme seine H. Händ unnd Füß durchgraben worden/ ist unmöglich zubeschreiben/ seytenmahlen alda auß unserem Erschaffer 4. heylsame Flüß der Gnaden unnd Erbarmnuß geflossen/ welche diß Orth befeüchtiget/ unnd uns alle gereiniget/ lasse O mein Erlöser/ disen Schmertzen an mir und andern Sündern nit verlohren werden/ sonder verleyhe uns allen wahre Buß und Besserung deß Lebens/ und nach selbigem die Frucht deines Schmertzens. An disem Orth seynd zwo Capellen neben einandern/ in der rechten da Christus angenaglet worden/ seynd zween Altär/ den einen gebrauchen die Catholische/ die andere die Griechen/ das Opffer der H. Meß darauff zu verrichten. Diser Orth ist von mancherley Farben eingelegten köstlichen Steinen kunstlich gezieret/ uber welchen zwey Gewölber erbawt/ dergleichen weit und breit nicht gefunden werden.

Der Orth/ da Christus unser Erlöser an dem
Heyligen Creutz gehangen unnd
gestorben.

Sechs Schritt von obgedachtem Orth/ zur lincken Seyten ist der Platz/ da unser Erlöser und Seeligmacher an dem Creutz auffgehaben/ in den Felsen eingelassen unnd für uns alle williglich gestorben/ als er zuvor für seine Crütziger den Himmlischen

Die siben Wort Christi.

Vatter gebetten/ dem Schächer das Paradeyß versprochen/ sein geliebte Mutter Joanni, vnd disem sambt vns allen MARIÆ befohlen/ sein Noth dem Himmlischen Vatter geklagt/ zu trincken begehrt/ alles vollzogen/ vnd entlich seinen Geist dem Himmlischen Vatter auffgeben. Solche vnd andere dergleichen Mysteria, so der Sohn GOttes an disem Orth für vns gewürckt/ vnd den Schmertzen vnnd Pein so er für vns alle gelitten/ vberlasse ich dem Christlichen Hertzen zubetrachten. Weilen mir vnmöglich zubeschreiben/ was ich in Anschawung dises allerheyligsten Orths für Forcht vnd Trost empfunden/ zuschreiben/ wir

Paul. ad Galatas 6.

seynd warhafftig thewr erkaufft/ sagt der H. Apostel ad Galatas/ darumb so preyset vnd traget GOtt in ewerem Leibe. Diß ist der Platz/ auff welchem die Schuld vnsers Vatters Adam bezahlt/ der Himmlische Vatter versöhnet/ der Sohn GOttes gestorben/ das Mütterliche Hertz MARIÆ, mit dem Schwerdt deß Schmertzens durchstochen/ die Engel erfrewet/ der Mensch erlöst/ der Sathan vberwunden/ der Todt versagt vnd die wahre Victori erhalten worden. Eben damahls ist die Sonn verfinstert/ der Vorhang zerrissen/ die Erd erzittert/ die Felsen zersprungen/ vnd vil Todten erstanden. Ja es sagt der H. Pabst Gregorius, das so gar alle vnempfindtliche Element sich entsetzt vnnd bewegt/ allein die boßhafftige Juden/ seynd in jhrer Boßheit verstockt verbliben/ als welche harter als die Stein/ zur Buß nit haben können bewegt werden/ da doch dises vnd andere hochheylige Orth deß H. Landes von GOtt dise Gnad vnd Eygenschafft in sich haben/ nicht allein das Christliche Hertz/ sonder auch die grösse Sünder (darfür ich mich dann auch erkenn vnd beken) durch ein sonderbahre verborgene Weiß/ mit Entschüttung aller Sinnen/ zubewegen vnd GOtt dem Allmächtigen für so vnsahlbare Guttthaten/ die er dem Menschlichen Geschlecht erwisen zu dancken/ massen ich solches mit grösser Frewd vnd Trost erfahren/ als ich mich in einem so hochheyligen Orth/ in welchem das Werck vnserer Seligmachung verrichtet/ in ein effodiert vnd befunden.

Das aber dergleichen H. Stätt vnd Orth/ zu jhrem Weesen vnnd Stand verbliben/ vnangesehen Christus vnser Erlöser gesagt/ es werde kein Stein ob dem andern verbliben: Ist Gottes/ ist zuglauben/ solches seye auß sonderer providenz vnd Vorsehung GOttes geschehen/ weilen die erste Verwüstung der Statt Jerusalem vor Erbaw: Vnnd Zierung der H. Orthen vorgangen/ damit die Fromme andächtige Menschen/ so auß seh endlegliche Landen/ ohngeacht deß Vnkostens vnd

Ge-

Bilgerfahrt.

Gefahr solche zubesuchen kommen/ ihrer Andacht vnnd Trosts nit beraubt werden/ sonder getröst nach Hauß reysen möchten.

Wie dann auff disem H. Berg/ oder wie die Evangelisten sprechen: Orth: Locus Calvariæ oder Golgata (welcher Orth eygentlich kein Berg/ sonder mehr ein Bühel/ 19. Stafflen von ebnem Boden/ bey 24. Schritt breyt vnd etwas mehrers lang/ darauff man die Justitia oder Urthel exequiert) zusehen. Das Loch in deme das H. Creutz gestanden/ ist auß dem Felsen gehawen/ einer Elen tieff/ in die ründe/ darein ich auß Andacht zum öfftern mahl den Kopff gestossen/ ist mit Silber beschlagen/ vnd eingefaßt/ darinn etlich Griechische Buchstaben außgestochen/ die man Alters halben nicht wol lesen kan/ werden dahero auff dise Weiß außgedeuttet. Hic Deus Rex noster ante sæcula operatus est salutem in medio terræ. ps. 73. Hie hat GOtt vnser König/ vor Zeiten gewürckt das Heyl/ in mitten deß Erdreichs vnnd diß der Ursachen wie Venerabilis Beda Lib. de Imagin. bezeügt/ damit sein heyliges Leyden allen Menschen verdienstlich were: ut passionem suam omnibus offerat æqualiter. Eben darumb hat Christus wollen zwischen Himmel vnd Erden hangen/ anzuzeigen/ daß Er ein Mittler zwischen GOtt vnd dem Menschen/ vnd also die Erden durch sein abbrünnendes Blut sambt dem Lufft gereiniget wurde. Sihe O Christen Mensch wie allhie Abell vnschuldig getödet/ Isaac geschlachtet/ das Lamb geopffert/ dein Heylandt gekreütziget vnnd der Sohn GOttes für dich gestorben/ sihe O Mensch dein Leben hangt vor dir/ wer gebissen ist von der Höllischen Schlangen/ vnd sihet den gecreutzigeten an/ der solle Leben vnd nit sterben.

Ps. 73.

Num. 21.

Der Schächer Creutz seynd fünff Elen weit von dem Creutz Christi gestanden/ daß zur lincken ist ein halb Elen weiter von dem Creutz vnsers Seeligmachers/ dieweil in der Schidung Christi/ auch diser Felsen zerspalten vnd von dem Creutz wie vermelt ein halbe Elen gewichen/ vnd durch den gantzen Berg ein Riß bekommen/ dessen Tieffe nit zu ergründen/ welches entsetzlich anzusehen/ auch zu glauben/ das solches nicht ohne sonderbahre Geheymbnuß beschehen/ dann zugleich/ wie derselbige Schächer wegen seiner Unbußfertigkeit/ sich nicht hat wöllen zu GOtt bekehren/ vnd deßwegen von Christo abgesündert/ ewiglich verdambt worden/ also werden an jenem Tag auch alle die jenige/ welche durch gute Werck ihr Heyl nit gewürckt/ zur lincken Seyten gestellt/ ewiglich verdambt werden/ wie solches der H. Evangelist Mathæus bezeugt. Das aber MARIA die Mutter Christi/ auff selbiger Seyten sich

Mathæ. 25.

Cant. 1. sich hat wollen befinden/ ist auß obgehörter Ursach beschehen/ wie Guilielmus Parisiensis vber die Wort Cant. 1. Pasce hædos tuos lehrne vnnd sagt. Ut qui in Judicio ad sinistram erant collocandi MARIÆ intercessione fiat: ut collocentur à dextris.

Es betrachten etliche H. Lehrer vnd ist auch glaubwürdig/ daß die Juden Christum den wahren Messiam vnwürdig geschetzt/ ihr H. Staat anzusehen/ daher sie den Söldnern befohlen/ selbigen mit dem Angesicht gegen Nidergang der Sonnen zuwenden/ wie dann solches beschehen/
Ierem. 18. auff daß die Weißagung deß Propheten Ieremiæ erfüllt wurde/ sprechend: Ich will ihnen den Rucken/ vnd nicht das Angesicht zeigen/ in dem Tag ihres Verderbens. Auch spricht der H. Damascenus vnnd
S. Ioann. sagt: Dominus cum in Cruce penderet, ad occasum prospiciebat,
Dam. Lib. eoque nomine ita adoramus, ut eum obtueamur. Eben daher ist
4. de fide das Heyl vnd Segen von den Juden gewichen/ vnd den Heyden so zu
orath. c. 4. Nidergang gewohnet/ zukommen/ als welche bald hernach von den H. Aposteln vnd ihren Nachkömblingen zu dem Christlichen Glauben bekehrt worden/ wie dann auch der H. Paulus die Juden verlassen/ vnd sich sambt Barnabas zu den Heyden gewennt/ sprechend: Der Herr
Act. 13. hat vns geboten: Ich hab dich den Heyden zum Liecht gesetzt/ daß du das Heyl seyest biß an das End der Erden.

Es haben die Orientalische Christen selbiger Landen auß vhralter tradition vnd sagen/ daß diser Orth Golgata oder Calvariæ darumb genannt werde / weilen daselbsten die Todten-Schübel vnsers ersten Vatters Adam gelegen/ auff welche das Blut Christi vnsers Erlösers solle geflossen seyn/ als ihme sein H. Seyten eröffnet worden. Daß disem also betrüfftiges S. Aug. ser. 71. de Temp. sagend: Brüder nit vnbillich wird geglaubt/ daß der Artzet an dem Orth auffgerichtet worden/ wo der Kranck lage/ vnd war billich/ daß dahin/ wo die Menschliche Hoffart vnbergangen/ sich die Göttliche Barmhertzigkeit neigete / vnnd das kostbahre Rosenfarbe Blut/ welches lieblich den Todten-Staub deß armen Sünders berühret/ ihne erlöse/ vnd das ist die Ursach/ sagt Molanus c. 78. de Imag. warumb vnder die Crucifix Todten-Köpff gemacht/ vnd gemahlet werden. Wollen auch das an disem Orth/ Melchisedech der Priester Gottes/ Brode vnd Wein herfür getragen dem al-
Gen. 14. lerhöchsten GOTT geopffert vnd Abrahamb gesegnet. Auch solle diß der Berg Moria sein/ auff welchem Abrahamb mit seinem Sohn Isaac auß Befelch GOttes gestigen/ zu Vorbedeutung/ daß der eingeborne
Sohn

Sohn GOTTES für vns alle solle geopffert werden/ wird daher Dominus videt: Der HErr sichts/ geheissen. Nach Verehrung dises Orths vnnd verrichter vnserer Andacht/ haben die Vilger jhre Schuch angestossen/ vnd seynd sambt der Procession den Berg Calvariæ abgestigen/ zu dem Stein der Salbung/ welcher gegen dem grössern Thor vber/ so man in die Kirchen eingehet/ gelegen ist.

Der Stein der Salbung.

Vff disem Stein solle Christus der HErr als Er von dem Creütz abgenommen war/ von Ioseph vnd Nicodemo mit Specerey gesalber worden sein. Diser Stein ligt auff ebenem Boden/ mit eysenen Stangen vmbgeben/ ist von weissem Marmel/ vier Elen lang/ anderthalb breit/ ob welchem 8. silberne Ampelen hangen/ stehet den Catholischen zu/ vnd hat vollkommnen Ablaß/ ligt von dem Berg Calvariæ vngefahr 30. vnd von dem H. Grab 50. Schritt.

Das Heylige Grab Christi deß HERREN.

Jn erst gemeltem Orth seynd wir sambt der Procession zu der Capellen deß H. Grabs kommen/ zum dritten mahl darumb vnd entlich hineingangen/ auff die Knie gefallen vnd mit möglichster Reverentz vnd Andacht den Boden geküßt/ das allerheyligste Grab Christi IESU mit Entsetzung aller Krässten angerührt vnd gesehen/ daß der HErr warhafftig erstanden. Was für heüffige Zähren in disem Hochheyligsten Orth vergossen worden / vnd täglich vergossen werden/ ist nit zubeschreiben / es hat meines erachtens dises allerheyligste Grab Christi niemandt ohne Zähren betretten/ noch ohne innerliches Heyrland verlassen. Warhafftig ist dises Grab glorwürdig vnnd wie der H. Bernhardus sagt/ vnder allen Heyligen vnd ehrwürdigsten Orthen/ das allerheyligste vornembste. Inter sancta & desiderabilia loca sepulchrum Christi tenet quodam modo principatum & devotionis plus nescio quid sentitur, ubi mortuus requiescit, quam ybi vivus conversatus est. Ser. ad milit. Temp. c. 11. Auch sagt der H. Hieronymus Ep. 27. daß die H. Paula sich in Küssung nit ersätigen können/ vnd schwerlich von demselbigen abgestanden: Eben dises hab ich selbsten sambt andern gespürt vnd erfahren/ dann in deme wir Bilger noch

S. Bernhardus ser. ad milit. Temp. c. 11.

Newe Jerosolymitanische

nach einander diſes allerheyligiſt Orth zuverehren von vnd zugangen/ hat der Diaconus einen nach dem anderen incenſiert, die Religioſen gewiſſe Pſalmen vnd Hymnos geſungen/vnd der Pater Præſident deß H. Grabs mit einer kurtzen Ermahnung/ die Miſteria oder Geheymnuſſen deſſelbigen Orths erklärt. Nach verrichtem Gebett/ haben wir das H. Grab demüetigliſch geküſt/ vnd ſeynd der Capell der Erſcheinung zugangen/

Erſcheinung Mariæ Magdalenæ.

im für rüegehn/ hat die Proceſſion (Dann Chriſtus Mariæ Magdalenæ in Geſtalt eines Gärtners erſchinen) auch ein Station gehalten/ welches Orth/ Noli me tangere genannt wird/ weilen daſelbſten Chriſtus der HErr mit Maria Magdalena Sprach gehalten/ deme ſie nach

Ioan. 20.

jhrem Gebrauch zu Füſſen gefallen/ ſelbige zukuſſen/ welche der HERR mit diſen Worten abgehalten: Rüer mich nit an/ dann ich bin noch nie auffgefahren zu meinem Vatter ꝛc. Endlich hat die Proceſſion in der Capell der Erſcheinung jhr End/ vnd gleich darauff die Complet jhren Anfang genommen/ nach der die PP. Franciſcaner mit der Litaney vnſer lieben Frawen/etlichen andächtigen Orationen für alle Ständ der ſtreitbahren Kirchen die Complet beſchloſſen vnd vns die Zimmer der Ruhe gewiſen/ hernach iſt ein jeder nach belieben abſonderlich in diſer Kirchen ſeiner Andacht abzuwarten herumb gangen/ alle obertzehlte H. Orth viſiertert/ vnd ſich vermittelſt der H. Beicht/ zu Empfahung deß Hochlöblichen Sacraments auff morndrigen Tag bereitet: maſſen ich mich auch diſer ſo erwünſchten Gelegenheit gebraucht/ die gantze Zeit in Beſichtigung der H. Orthen zugebracht/ wol beſichtiget/ vnd ſovil möglich ab zemeſſen:

Gegen Abende haben wir ſambt den Vättern Franciſcanern in jhrem Refectorio daß Nacht-Eſſen eingenommen/ hernach vns wider in die Kirchen begeben/ ſelbe folgende Nacht nach Eingebung deß H. Geiſt ein jeder abſonderlich ſeiner Andacht abgewartet/ vnd die H. Statt vnd Orth beſucht. So demnach jemand von dem Schlaff betrangt/ kan er in der H. Orthen einem/ eintweder bey dem H. Grab deß HErren/ oder auff dem Berg Calvariæ, oder aber in ſeinem Zimmer ein wenig ruhen/ daß doch nit lang wehren kan/ ſeytemahl für Mitnacht ein jede Nation in jhren Oratorijs die Göttliche Ämpter anfangen/ vnd durch die gantze völlige Nacht/in beſondern Sprachen vnd Ceremonien verrichten/ darzu ſie mit Klopffen/ weilen die Gloggen verbotten gewiſſe Zeichen geben. Die PP. Franciſcaner ſingen zu Mitternachte die Metten in der Capell der Erſcheinung/ ſambt ander Göttlichen Ämbtern vnd dem Officio von vnſer lieben Frawen täglich in dem Chor/ die

Meß

Pilgerfahrt.

Meß lesen die Priester gewohnlich auff dem H. Grab deß HErren/ sonderlich aber werden täglich gewisse gestiffte Aembter daselbsten gesungen: Als am Donnerstag von dem H. Geist/ für den Römischen Kayser/ vnd das gantze hochlöblichste Ertz-Hauß von Oesterreich/ daß der Allmächtige GOTT dasselbe zu gutem seiner H. Kirchen gnädiglich erhalten vnd beschützen wolle: Am Freytag de passione Domini, für den König in Franckreich: Am Sambstag de immaculata conceptione B. V. MARIÆ für den König in Hispanien. Am Montag für die Abgestorbne Christgläubige Seelen das Requiem. Am Zinstag für die Herren Venetianer, vnd Mittwoch für daß gemeine Anliegen der gantzen Catholischen Kirchen. Neben disem werden täglich so wol bey dem H. Grab/ als auch zu Bethlehem vnnd Nazareth vnderschidliche Processiones vnd Gebet für den Wolstandt der streitbahren Kirchen/ auch anderer Buß-Werck/ Abtödtungen vnd Casteyungen deß Leibs von selbigen Vättern vnd Brüdern zu gutem der Christenheit verricht vnnd geübt.

Von der Gestalt vnd Formb deß H. Grabs/ vnd wie die Kirchen/ so vber dasselbige erbawt/ innwendig beschaffen.

Das Hochheylige Grab Christi vnsers Erlösers vnnd Seeligmachers/ ist wie das Evangelium sagt/ auß einem Felsen gehawen/ drey Schuch hoch/ siben lang/ zween vnd ein halben breit/ gleich einem Altar/ darob man füglich das Opffer der H. Meß verrichten kan/ wie ich dann auch mit grossem Trost darauff celebriert. Zu disem End stehen zween Liecht-Stöck darob vnd ein vberauß alte Tafel/ an welcher die Aufferstehung Christi/ neben zween Engelen abgemahlet. Vber dises Grab ist ein Gewölb 9. Schuch hoch/ 7. lang vnd 6. breit. Die Thür stehet gegen Auffgang/ 3. Schuch vnd 9. Zoll hoch/ drey weit. Oberhalb dem Gewölb ist ein ablanges rundes Loch den Dampff der Ampelen außzuführen/ deren 39. seynd/ so von vnderschidlichen Fürsten vnd Potentaten gestifftet worden. Die gantze Capell ist inwendig von schönem weiß vnd Wasserfarb gesprengtem Iaspis gefüttert vnd vberzogen/ außwendig stehet ob selbiger auff 8. rothen Marmelsteinen Säulen ein Kuppel eines Manns hoch/ rings herumb ist die gantze Capell mit vndersetzten rothen Iaspis Säulen gezieret/ vornenher hat

Newe Jerosolomytanische

hat die Kayserin Helena an dise Capellen vber den Stein/ den der Engel von deß Grabs Thür gewelzt/ ein andere Capell stossen lassen/ welche etwas grösser/ als das H. Grab/ innen vnd aussen gezieret vnd mit einer Thür verwart. Neben dem hat höchstgedachte H. Fraw/ das H. Grab vnd Berg Calvariæ mit einer sehr grossen vnd herrlichen Kirchen vmbgeben vnd eingeschlossen/ in welcher ein grosse Anzahl Priester vnd Religiosen jhr Wohnung haben/ Tag vnd Nacht die H. Göttliche Aembter verrichten. Noch mehr vnd grösser ware dise Anzahl/ als die H. Statt Ierusalem in der Christen Gewalt gewesen. Dise Kirchen ist Creutz weiß mit schönen grossen Quader-Stucken gewölbt/ sehr hoch auffgeführt vnnd gar zierlich erbawen/ hat rings herumb allenthalben viereggete Säulen/ so den Gang gegen der Sonnen Nidergang halten vnd tragen. Vber das Grab stehet ein Schwibogen oder Kuppen/ zu welchem zu oberst ein groß rundes Fenster/ gleich wie zu Rom/ in der Kirchen S. Maria rotunda, durch welches das Liecht hineinfalt/ die gantze Kirchen ist innwendig/ mit allerhand Misterien vnnd Figuren von Mosaischer Arbeit gezieret/ so an vilen Orthen alte halben abgefallen vnd verdunckelet/ schwärlich zuerkennen. Das Tach ist mit Bley bedeckt/ hat Erbesserung hoch vonnöthen/ weilen aber die PP. Franciscaner die Mittel nicht haben: die andere Orientalische Christen dise Reparation jhnen nicht lassen angelegen sein/ ist zubesorgen/ es möchte dises so herrliche Gebäw mit der Zeit zu Boden fallen/ vnnd selbigem ein vnersetzlicher Schaden zustehen/ welches der gantzen Christenheit zum Nachtheil gereichen wurde/ solten also billich die Christliche Fürsten vnd Potentaten zu dern Reparation vnnd Erhaltung Jhr milte Hand auffthun vnd eine Stewr herschiessen/ damit sowöl dises als andere ruinierte Gebäw/ zu Trost vnnd Dienst der Catholischen ergäntzt vnd erhalten werden möchte.

Von der Ordnung der hochheyligen Aembtern bey dem Heyligen Grab Christi deß HERREN.

IN diser Kirchen wohnen beständig siben vnderschidliche Nationen, welche in dem Glauben/ Ceremonien/ vnd Sprach vngleich/ vnd nit miteinander vbereinstimmen/ Haben deßwegen/ die Göttliche Aembter zuverrichten/ besondere Oratoria vnnd Orth

Bilgerfahrt.

Orth/ vnd kan gleichwol ein jede in der andern jhr Andacht zuverrichten entsagen/ jedoch mit Bescheydenheit/ daß sie die Gebräuch vnd Ceremonien dern/ so der Orth zuständig ist/ zur Zeit jhres Ambts der H. Meß vnd GOttes-Diensts nicht verhindern/ eben der Ursachen halt man die Procession/ wann ein jede Nation an jhrem Orth den GOtts-Dienst vollbracht hat/ das Ambt der H. Meß aber/ darff keiner in der andern Capell bey grosser Straff verrichten.

Es ist allezeit in diser Kirchen bräuchig gewesen/ wird auch noch heutiges Tags gehalten/ daß auß jeder Nation die Geistliche vnd Priester/ so in diser Kirchen einbeschlossen zuwohnen verordnet/ Tag vnnd Nacht dem GOtts-Dienst abwarten.

Von der Catholischen Nation oder Latinis seynd gemeiniglich vier Priester deß Ordens S. P. Francisci vnd zween Conuersi oder auch mehr beständig darinn/ die haben in jhrer Bewahrung/ daß hochheylige Grab Christi deß HErren/ sambt dem Stein der Salbung/ vnnd die Capell der Erscheinung/ allda sie jhre Göttliche Aembter Tag vnnd Nacht verrichten/ darzu haben sie auch ein bequemme Wohnung zum Essen vnd schlaffen für sich vnd die Bilger.

Der Griechen seynd 2. oder 3. haben jhr Oratorium oder Beth-Hauß mitten in der Kirchen/ mit einer nidern Mawr zwischen den Säulen vmbgeben/ welches an der Grösse alle andere Oratoria vbertrifft/ daselbst ist ein rundes mit einem Zirckel gemacht/ darinnb stehet geschrieben. Hic est medium terræ, hic ist die mitte der Erden / daselbsten hat nach Zeugnuß deß Königlichen Propheten David der Sohn GOttes vnser Heyl gewürckt. Operatus est salutem in medio terræ. Ps. 73. So sagt auch der H. Hieronymus. Ierusalem in medio mundi sitam Propheta testatur dicens. Operatus est salutem in medio terræ. A parte enim Orientis tingitur Plaga, quæ dicitur Asia. A parte occidentis ejus, quæ Europa: à Meridie, Affrica & America. Hier. lib. 5. super Ezech. Eben diser Meynung ist auch Tertulianus sprechend: Golgata hic locus, hic terræ medium, hic victoriæ signum. Lib. 2. cont. Marcionem.

Die Armenier vnd Georgianer haben zween oder drey/ besitzen den Berg Calvariæ jhre Aembter zuverrichten/ haben auch einen guten theyl von dem obern Gang zu jhrer Wohnung/ dise Völcker erhalten 32. Ampeln in diser Kirchen.

Die Maroniter oder Sorianer haben zween/ so die Arabische Sprach gebrauchen/ welche jhren Platz vnderhalb/ allda das Geschlecht

Iosephi von Arimathia jhr Begräbnuß gehabt/ weilen sie Catholisch/ wird jhnen mithin vergunt/ in dem H. Grab Meß zulesen.

Die Abyssiner haben auch einen allda/ welcher sein stätigen Sitz in der Capell/ da Abraham seinen Sohn Isaac hat auffopfferen wollen/ in deren der Stein/ da Christus der HErr sitzend mit Dörnern gekrönt worden/ ist auch ein Ampel daselbst.

Die Gophai, so auch Caldeer geheissen/ besitzen hinder der Capell deß H. Grabs ein kleines Oratorium, haben nur einen darinn/ der sein Andacht daselbst vollbringt/ haben auch ein Ampell.

Die Nestorianer, Jacobiter/ Ruthener oder Reussen haben auch nur einen/ welcher ein besondere Wohnung den GOtts-Dienst zu verrichten/ bißweilen mehr/ nach dem die Zeit vnnd Gelegenheit zureysen zulaßt.

Alle dise Völcker/ wohnen stäts in der Kirchen deß H. Grabs/ verbleiben auch so lang darin/ biß sie von anderen abgelöst werden. So aber einer schwach oder kranck wurde (welches dann zu Zeiten wegen Feuchtigkeit deß Orths beschicht) wird er herauß genommen/ in das Convent gesetzt vnd ein anderer an dessen statt verordnet. Die Speiß vnd Tranck wird jedem von seinem Closter täglich zugetragen vnd durch das Loch so an der grossen Porten/ hineingereicht. Zu der Ruehe haben sie auch jhr Gelegenheit/ doch ein Nation besser vnd bequemmer als die andere/ verehren alle sambt/ mit grosser Andacht dise H. Orth in welchen Christus vnser Erlöser etwas besonders für vns gelitten/ kommen auch jährlich in grosser Anzahl nicht ohne Gefahr vnnd Kosten/ dieselbe zubesuchen. Haben jhre Patriarchen/ Bischöff vnd Praelaten/ von denen sie regiert vnd nach Gebrauch der Römischen Kirchen zu Geistlichen Verrichtungen ordiniert werden. Haben vnd gebrauchen/ siben Sacrament/ verehren die H. GOttes vnd jhre Reliquien, halte dieselbe für getrewe Fürbitter bey GOTT dem HErren/ fasten/ feyren/ vnd celebrieren/ das Opfer der H. Meß/ etlich im gesäurten/ andere im geheffleten Brodt. Das Closterliche Leben/ wird von jhnen hoch geacht/ dergestalt das keiner zum Bischöfflichen Patriarchen/ oder Praelaten Stande befürdert werden kan/ er seye dann ein Religios, dahero dann bey jhnen vil beederley geschlechts Ordens-Leuth gefunden werden. Die Ablaß/ Bilgerfahrten/ Creutz-gäng/ Exorcismos vnd Miracula, halten sie hoch/ excommunicieren auch die Widerspenigen vnd Vngehorsame/ vnd ob wollen sie von dem Fegfewr nichts wissen wollen/ so lehren sie doch/ das ein Orth/ darinn

die

Pilgerfahrt.

die verstorbne Seelen gereinniget werden/ betten derowegen/ opfern/ vnd geben Allmusen/ für die Abgestorbne/ weilen sie auß dem H. Ioanne Chrysostomo wissen vnd sagen. Sancti nondum receperunt mercedem suam. darauß sie abnemmen/ daß die verstorbene noch deß Gebetts vonnöthen. Auff die traditiones, concilia, Gelübt vnd Canones gehn sie fleissig/ halten vnd observieren auch vil andere Gebräuch vnd Ceremonien welche die Catholische Kirch zu der Ehr GOttes/ Ordenlicher Verrichtung seines Diensts vnd Aufferbawung deß nechsten eingesetzt vnd verordnet/ welche vnsere Newgläubige reformiere vnd darumb außgemustert/ auff daß sie jhrem Leib freyer mögen dienen/ jhrem Anhang die Porten deß Verderbens eröffnen vnd also den engen Weeg deß Heyls wider die klare Wort deß HErren bey dem H. Matthæo sicher vnd weit machen/ da doch alle andere Nationen oder Völcker in sovil vnd grosse Irrthumb ein gerathen/ ja dergleichen als Ketzer verdammen vnnd nit für Christen erkennen/ als welche die allgemeine vhralte Christliche Kirchen vnd Lehr verlassen/ eines abtrinnigen erdichte newe falsche Lehr/ wider die außtruckliche Ermahnung Pauli deß Apostels angenommen. Auß welchem zuersehen/ daß die Orientalische Christen in den vornembsten Haupt-Puncten mit vhs Catholischen: vnnd in allem wider die Lutheraner, Calvinisten, Zwinglianer vnnd dergleichen reformiertes Geschmeis/ seyen/ wie solches die jenige wol wissen/ wann sie anders die Warheit wollen bekennen/ so in der Griechischen/ Syrischen vnd Arabischen Sprach erfahren/ das nemblich vor dem Luther kein Christliches Volck dergleichen Irrthumb jemahlen gehabt/ noch bey den Orientalischen/ Christen solche Abendtheur eingerissen. Massen solches jhre eygene Glaubens genossen (welche selbige Länder vnd Religion erfahren vnd mit Augen gesehen) bekennen müssen/ ohnangesehen etliche deroselben/ gleich den Spinnen/ was sie guts gesehen/ verschweigen/ vnd hergegen allein das Gifft mit Worten vnnd Schrifften/ wider die Catholische Religion außgiessen/ wie dann gethan Johann Ulrich Vallich auß Weinmar in Thüringen/ in seinem Ehrverletzlichen Buch/ Religio Turcica, Machometis vita, Orientalis cum Occidentali Cathol: comparatio intitulirt/ vnd Anno 1659. Stadiæ suecorum getruckt/ in welchem er Gotts lesterlich die Türggische Religion mit der Catholischen vergleichet/ vnd sambt den spöttlichen Figuren sein Ketzerliches Gifft wider die H. Catholische allein Seeligmachende Kirch außgiesset/ auch sein falsche Lehr der gantzen Welt offenbahr mache/

Math. 7.

Paul. ad Galat. 1. 8.

Newe Jerosolomytanische

macht/ welche billich verdambt/ vnd keinem ehrlichen Menschen vnder die Augen zukommen würdig: Nit weniger vngereimbte vnd vnwarhaffte Sachen wider die Geistliche/ Und H. Stätt vnd Orth/ solche zuverkleineren/ vnd selbigen die gebührende Ehr zuentziehen/ Haben etweliche Uncatholische in jhren Schrifften hinderlassen/ ja wol auch Sacrilege die H. Communion, allein darum einpfangen/ auff daß sie zu Ritter geschlagen vnd selbigen Ehr fähig wurden/ welche sonst keinem ohne vorgehende Beicht vnd Communion ertheilt wird.

Der Allmächtige GOTT wolle sich jhrer gnädigklich erbarmen/ damit sie nach Erkandtnuß jhres Irrthumbs/ die Warheit erkennen/ mit Abschaffung deß newen/ widerumb zu dem alten wahren Catholischen allein Seeligmachenden Glauben/ mögen bekehrt werden/ auff daß wir nach dem Wunsch vnd Begehren deß H. Apostels Pauli einerley gesinnet/ GOTT vnsern HErren einmütiglich/ mit Mund vnd Hertzen vnd Gemüth/ loben/ ehren/ preysen/ vnnd dessen H. Evangelium auff gleiche Weiß verstehen/ lehren/ predigen vnd halten mögen.

Rom. 15

Von den Gräbern der Königen Balduini vnnd Godefridi.

JN diser Kirchen vnder dem Berg Calvariæ ist ein Capell in welcher zwey erhöchte Gräber mit diser Vberschrifft zusehen:

Rex Balduinus, Judas alter Machabæus.
Spes Patriæ, vigor Ecclesiæ, virtus utriusque.
Quem formidabant, cui tributa ferebant.
Cædar, Ægyptus, Dan, ac homicida Damascus.
Hic jacet inclitus Godefridus, de Bolion
Qui totam istam terram acquisivit cultui
Christiano, cujus Anima cum Christo requiescat.

Es haben dise zween Brüder Balduinus vnd Godefridus das H. Land auß den Händen der Ungläubigen erobert/ vnd die H. Statt Jerusalem am 39. Tag der Belägerung Anno 1099. den 5. Junij mit stürmender Hand vnder jhren Gewalt gebracht/ vnd weilen Godefridus der erste so vber die Maur hineinkommen/ ist er König zu Jerusalem gekrönt worden/ welchen Titul vnd Ehr die Hertzogen auß Lothringen noch zu diser Zeit haben vnd gebrauchen. Es seind noch andere Gräber verhanden/ dern Vberschrifft alters halber schwächlich zulesen. A-

dri-

Bilgerfährt.

drichomius schreibt/ sie seyen der 6. Königen/ so in dem H. Landt regiert/ gewesen.

In diser Kirchen deß H. Grabs ist noch ein grosser Schatz von Kloster Kirchen-Zierdt auß Freygebigkeit Christlicher Fürsten/ bevorab deß hochlöblichen Durchleuchtigsten Ertz-Hauß von Osterreich dahin gefiert/ welcher/ weilen er wol verwahrt/ biß dato von den Türcken nicht entfrembdet noch gefunden worden.

Die Processiones von welchen ich oben Meldung gethan/ werden täglich nach der Complet zu Ierusalem, Nazareth vnd Betlehem, mit Besuchung aller selbigen H. Orthen verricht/ zu welcher schöne andächtige Hymni, Antyphonæ vnd Orationes gesungen werden/ vnd wann die Procession an ein solch Orth kombt/ bezeichnet der Diaconus selbiges mit dem Zeichen deß H. Creutzes vnd spricht: Zum Exempel/ auff dem Berg Calvariæ.

Foderunt hic manus meas. Hic expiravit. Hic surrexit à mortuis. Apparuit hic Mariæ Magdalenæ &c.. *Bey dem H. Grab.*

Zu Nazareth.
Hic missus est Angelus Gabriel. Hic verbum caro factum est.

Zu Betlehem.
Betlehem ecce in hoc parvo terræ foramine, cœlorum Conditor natus est, hic involutus pannis.

Hic visus à pastoribus, hic demonstratus à Stella.

Hic adoratus à Magis, hic cecinerunt Angeli: Gloria in excelsis Deo &c..

Auff dem Berg Thabor.
Hic transfiguratus est &c..

Auff dem Oelberg.
Hic assumptus est in cœlum &c.

Solche vnd andere dergleichen Orth vnd Wört haben ein besondere Krafft das Christliche Hertz zubewegen/ in Bedenckung/ an denselben so grosse vnd hohe Mysteria oder Geheymnussen würcklich vollzogen worden.

Nach deme nun die Zeit verflossen/ seynd die Türcken deß andern Tags kommen/ die Thür auffzuthun/ sobald sie eröffnet/ haben wir Bilger vns in dem H. Grab versamblet/ nach empfangener benediction

O   das

Newe Jerosolomytanische

dasselbe geküßt/ vnd seynd auß der Kirchen dem Kloster S. Salvator zugangen: Vnterweegs haben die Christen vnsere Mäntel auß Andacht gegen den H. Orthen/ so sie berüert hatten/ geküßt/ nach genommenem Nachtmahl/ haben wir vns/was noch in der H. Statt vbertg vnd würdig zusehen/ deß anderen Tags zubesuchen vorgenommen.

Von Beschaffenheit der Statt
Ierusalem.

Die Grösse/ Weite vnd Vortrefflichkeit der alten H. Statt Ierusalem, vnd wie derselben herrliche Tempell beschaffen gewesen/ findet man an vnderschidlichen Orthen der H.

Ps. 86. Schrifft. David in seinem Psalmen heißt selbige ein Statt GOttes/ ein Heylige Statt/ deren Fundament vnd Grundvest in den H. Bergen gegründet/ welche alle Völcker geehrt/ geliebt/ ihr Frewd darinn gehabt/ weilen sie gewesen/ wie der H. Prophet Ieremias spricht: Ein

Ierm. 1. Wohnung GOttes der Heyden Fraw., Ein Fürstin der Länder/ vnd ein Frewd deß gantzen Erdbodens: In ihren haben gewohnt vnd GOtt gedienet/ die Patriarchen/ Propheten/ Königl. Apostell vnnd

Isa. vil andere H. GOttes: Auß ihren ist das Gesatz vnd Wort GOttes

Math. 23. außgangen. Vber dises alles ist der Sohn GOttes kommen/ ihre Kinder zuversamlen/ wie die Hennen versamblet ihre Jungen vnder ihre Flügel/ aber sie haben nit Gewolt/ deßwegen ist sie verwüstet/ zerschlaifft/ veracht/ ihre Kinder verkaufft/ ihre Weiber vnd Töchteren geschwächt/ ihre Innwohner erschlagen vnd sie alle vnder das schwäre Joch der Dienstbarkeit gefallen/ welches Vbel vnnd Jammer/ Christus der

Luc. 19. HErr bitterlich beweinet vnd vorgesagt/ sprechendt: Deine Feind werden kein Stein auff dem andern lassen/ darumb daß du nicht erkandt hast die Zeit darinn du bist heimgesucht worden. Wie dises alles sich zugetragen/ haben weitleüffig beschriben Flavius Iosephus vnnd Egesippus. Alhie will ich kurtzlich melden/ wie offt dieselbe nach Christi vnsers Erlösers Gnadenreichen Geburt bekriegt vnd eingenommen worden

Erstlich ist die Statt Ierusalem 72. Jahr nach Christi Geburt von Tito vnd Vespasiano, hart belägert/ vberwunden/ zerstört vnd in einem Tag 58000. Juden ermörd worden/ dergestalt/ das durch alle Gassen blutrige Bäch geflossen/ darinn die Pferde biß an die Knye gangen/ die anderen seynd verkaufft vnd vertriben worden/ darauff die Römer/

Bilgerfahrt.

so Heyden waren/ selbige Statt vnd Land 249. Jahr vnder jhrem Gewaldt gehabt vnd regiert.

Vnder dessen ist Constantinus Magnus zu dem Christlichen Catholischen Glauben bekehrt/ von dem H. Pabst Silvestro getaufft worden/ welcher hernach Maxentium vberwunden/ jhme das Reich abgenommen vnd das H. Land/ sambt der Statt Ierusalem vnder den Christlichen Gewalt gesetzt vmb das Jahr Christi 312. vnder disem Gewalt ist Ierusalem biß Anno 614. verbliben/ vnd also von den Christlichen Griechischen Kayseren 302. Jahr regiert worden.

In selbiger Zeit ist Helena, Kaysers Constantini Mutter von GOtt ermahnt/ nach Ierusalem kommen/ das H. Creutz gesucht/ gefunden/ vnd zu Ehren desselbigen ein vberauß grosse vnnd herrliche Kirchen (wie vor beschriben) erbawen lassen/ den andern jhrem Sohn Constantino nach Rom sambt den H. Näglen vberschickt/ welches gleichsfahls ein herrliche Kirchen sambt einem Kloster erbawt/ vnd den Nammen ad Crucem in Ierusalem gegeben/ massen noch auff den heütigen Tag zu Rom solcher Schatz verehrt vnd auffbehalten wird. Es hatte die H. Kayserin einen grossen Eyfer vnd Andacht gegen den Stätten vnd Orthen/ welche Christus vnser Heyland betretten/ oder etwas gewürckt/ also daß sie alle dieselbige mit Kirchen oder Klöster wolte geehrt haben: Allermassen sie in dem H. Landt 300. Kirchen mit grossem Kosten aufferbawet/ vnd reichlich begabt.

Andere sagen/ es habe dise fromme Kayserin 500. Kirchen ohne die Spital erbawt/ deren noch etliche gantz/ der mehrertheyl aber zu Boden ligen: Demnach aber mit so vielen vnd köstlichen Gebäwen der Königliche Schatz abgenommen/ der Eyfer aber zubawen je mehr in jhren entzündet worden/ auß Mangel deß Gelts aber deme nit könde statt thun/ hat dem Allmächtigen Gott gefallen/ disen Abgang Miraculosisch zuerstatten. Dann wann die H. Helena kein Gelt gehabt/ hat sie auß Eingebung GOttes die Erden genommen/ selbige mit eygnen Handen/ wie das Gelt formiert/ auff welchem wunderbahrlich die Bildnuß Christi vnd MARIÆ, einer: vnd anderseyts Constantini deß Kaysers eingetruckt verbliben/ mit welchem sie die Arbeiter befridiget/ die Ehr GOttes befürdert/ die H. Orth gezierht/ vnd jhr gutes Vorhaben zum End gebracht: Dergleichen Metall oder Müntz/ findt man in dem H. Landt/ welche grosse Krafft wider die Gespenster vnnd böse Leuth haben/ sonderlich aber bekommen sie wol/ denen so mit dem

fal-

fallenden Siechtag behafft/ werden daher hochgeacht/ deren ich etliche bekommen/ mit mir herauß getragen vnnd ihr Krafft vnnd Würckung gut befunden.

In deme nun das H. Land/ wie vorgesagt 302. Jahr von den Christlichen Kayseren beherschet worden/ hat Chosroas König auß Persia selbiges mit einer grossen Kriegs-Macht vberzogen/ vnd mit grossem Verlurst der Christen vnder seinen Gewalt gebracht/ 90000. derselben den Juden verkaufft vnd daß H. Creutz mit ihme in Persiam geführt/ das Reich seinem jüngern Sohn Medarsen zuregieren vbergeben/ welchen bald hernach Siroes der eltere Sohn Chosroæ sambt dem Vatter ermordet/ vmb sich deß Reichs Persia zubemächtigen. Von disem hatt Heraclius der Kayser/ das Creutz Christi mit gewissen conditionen empfangen/ vnd auff den Berg Calvariæ Anno 628. gesetzt/ von dannen solches genommen worden.

Nach verflossenen 8. Jahren seynd die Saracener mit grosser Kriegs-Macht in das H. Landt gefallen/ vnnd haben sambt demselben auch die Statt Ierusalem eingenommen/ die Christen theyls ermördt/ theyls verjagt, vnd ab Anno 636. biß in das 1099. Jahr das seynd 463. besessen.

Als hernach die Christliche Fürsten disen grossen Verlurst nit mehr gedulden könden/ haben sie sambt Ihr Päbstl. Heyligkeit ein grosse Armee/ welche mit dem Zeichen deß H. Creutzes bezeichnet/ zusammen geführt/ vnder Godefrido Hertzogen auß Lothringen vber Meer geschickt/ erstlich Syriam vnd hernach das H. Lande sambt der Statt Ierusalem nach Meynung etlicher auff den Charfreytag Anno 1099. glücklich eingenommen/ die Saracener vertriben vnd 88. Jahr nicht ohne grosse Mühe vnd Gefahr beherschet/ die H. Orth vnd Kloster widerumb ergäntzt/ vnd die Statt befestiget.

Als aber die Einigkeit vnd Eyfer der Christen abgenommen/ ist dise Statt abermahlen vmb das Jahr Christi 1145. in grosse Gefahr gerathen/ zu selbiger Zeit hat Eugenius der 3. allen Fleiß angewendet/ die Christliche Fürsten vnd Potentaten zu Erhaltung deß H. Landts zuermahnen/ wie dann Kayser Conradus der dritte deß andern Jahrs mit grosser Macht in Palestinam gezogen/ aber wegen erlittenen grossen Vnglücks das folgende Jahr mit mercklichem Schaden ohne einigen progres zuruck komen/ vnd diß wegen Vntrew der Griechen/ welche das Meel mit

Bilgerfahrt.

mit Kalch vermischt/ das gantze Kriegs-Heer zu Grund gericht/ wie bey Baron A.C. 1147. zulesen.

Vnderdessen hat König Ludwig auß Franckreich Ludovici Grassi Sohn ein Armee versamblet/ vnd ist in selbigem Jahr/ Jerusalem zu succurrieren vber Meer gefahren/ in Syria ankommen/ daselbsten den mehren Theyl seiner Soldaten verlohren/ vnd ohne Entsatzung der Statt zuruckgangen/ist also dise H. Statt Anno 1187. vnder dem König Guido von Saladino König auß Egypten vbergweltiger vnd den Christen abgenommen worden/ welchen anders nichts vbergeblieben/ als die Stätt Tyrus, Tripolis vnd Antiochia, so auch bald hernach verlohren/ vnd alle Christen auß dem H. Land vertriben worden.

Nach deme dise leidige Zeitung zu Rohm erschallen/ haben die Herren Cardinäl mit Bewilligung jhr Päpstlichen Heyligkeit Gregorij. 8, ins gesambt versprochen/ wie Baron. ex Rogerio ad Ann. 1187. fol. 988 bezeügt/ hinfüro mit Verachtung alles Pomp vnd Prachts/ das Creutz Christi zupredigen/ keine Schanckungen anzunemmen/ das Almusen zusammlen/ auff kein Pferdt zusteigen/ so lang das H. Land in dem Gewalt der Vngläubigen sein wurde: Haben auch weiter versprochen/ mit dem Exempell vnd Werck vorzugehn/ zu Eroberung desselbigen die ersten zusein: So dies beschehen/ hetten sie zweiffels ohne die gantze Christenheit zu gleichem Eyffer bewegt/ vnd were vorlengst nit allein das H. Land/ sunder die gantze Türckey den Vngläubigen abgenommen/ vnd in der Christen Gewalt gebracht worden/ ist aber leyder dises sambt anderem mehr in vergeß kommen.

Darauff doch Kayser Friderich der erste/ Barbarossa genannt/ nach verflossenen drey Jahren ein grosse Armee Teutscher Völcker in Armeniam geführt/ willens das H. Land zueroberen/ welcher aber Anno 1190. in dem Fluß Caleph ertruncken/ darauff das gantze Kriegs-Heer zu Grund gangen: Deß anderen Jahrs Anno 1191. ist Richardus König in Engelland/ sambt Philippo König in Franckreich mit einem grossen Kriegs-Heer in Syriam gefallen/ die Statt Ptolomaidam belägert glücklich vberwunden vnd die Saracenen oder Türcken vertriben/ als aber vnder den Christen ein Miß-Verstande sich erhebt/ ist abermahl die Armee zu Grund gangen/ die Statt verlassen vnd weiter nichts vorgenommen worden. Hernach hat man vnderschidliche Kriegs-Heer auß Teutschland/ Franckreich/ Italien mit grossem Vnkosten das H. Land zubekriegen hineingeführt/ ist aber wenig nutz vnd Frucht erfolgt.

Newe Jerosolomytanische

Auff dises ist Fridericus der ander Römische Kayser auß Befelch Ihr Päbstlichen Heyligkeit Anno 1229. gleichsamb gezwungen/ mit einem grossen Kriegs-Heer Teutscher Völcker in das H. Land gezogen/ die Statt Ierusalem erobert vnd 15 Jahr beherrschet/ nach deme aber zwischen dem Pabst vnd Kayser ein Miß-Verstandt erwachsen/ hat der Kayser mit dem Türcken 10. Jahr Stillstandt gemacht/ das Land quittiert/ den Türcken vberlassen/ vnd Anno 1244. in das Teutschland gezogen/ von selbiger Zeit an/ ist das H. Land in der Türcken Handen verkliben.

Es ist zwar Anno 1348. widerumb ein groß Christlich Kriegs-Heer zusamen geführt/ vnd dem H. Ludwig König in Franckreich zu commendiern anvertrawt worden/ welcher in Syria glücklich ankommen/ vnnd etliche Orth eingenommen: Als er aber jetzt vor dem Erb-Feind ein Schlacht zulieferen gestanden/ hat die Pest vnder seiner Armee eingerissen/ in kurtzer Zeit so weit vber Hand genommen/ daß die Soldaten hauffenweiß dahin gefallen/ darauff der König von den Türcken gefangen/ vnd nach fünff Jahren nur einer grossen Summa Gelts widerumb erkaufft/ vnd auff den freyen Fuß gestellt worden. Welcher doch nach 17. Jahren auß grossem Eyfer das H. Landt zu recuperiern/ zum andern mahl ein Versuch gethan/ in Syriam kommen/ daselbsten das Läger ohnfehr dem Feind geschlagen/ als aber die Pest wider eingerissen vnd der fromme König von selbiger ergriffen/ ist Er GOttseeliglich in dem HErren entschlaffen vnd nach Paris geführet worden. Nach solchem allem ist Sultanus König in Egypten Anno 1291. mit grosser Macht in Palestinam gefallen/ alle Orth vnd Plätz so die Christen noch inngehabt vberfallen/ alles ausser der Statt Ptolomaida eingenommen/ welche sein Sohn Melec bald hernach Anno 1296. vbergewältiget/ die Christen gäntzlich vertriben vnnd leyder biß dato ohne einigen Widerstandt von den grawsamen Feinden der Christen beherrschet vnnd betrangt worden. Ist also die H. Statt Ierusalem nach der Weissagung Ieremiæ deß Propheten wegen grober Boßheit an Christo vnserem Erlöser so vnderschidtlich mahl eingenommen vnnd in anderer Völcker Gewalt gerathen/ dann nach Christi Geburt haben/ wie gemelt die H. Statt Ierusalem nachfolgende besessen/ als erstlich

Die Juden	72. Jahr
Die Römer	240.
Die Griechische Christliche Kayser	302.
Die Persianer so auch Heyden	14.

Der

Bilgerfahrt.

Der Christliche Kayser Heraclius — 8.
Die Saracener oder Mahometaner das seynd Türcken 463.
Die Christliche Fürsten auß Lothringen — 88.
Die Saracener oder Türcken — 42.
Die Teutschen — 15.
Die Türcken aber — 42.

Dise jetzgemelte Jahr zusamen gezogen/ finde ich 1656. Jahr. In welchem Jahr ich auß sonderbahren Gnad GOttes die wilgedachte H. Statt besucht/ warüber ich mich verwundert/ daß die vornembste H. Orth nach underschidlichen Verenderungen vnd Zerstörungen/ bey so obgesagten Feinden vnsers Christlichen Glaubens vnversehrt verbliben/ da doch vnderdessen die Ketzer in der Christenheit/ sovil 1000. Kirchen vnd Klöster verderbt vnd verwüst/ wider welche an dem letsten Gerichts-Tag dise Unglaubigen werden auffstehen/ selbige zuverdammen/ weilen sie grawsamer vnd vnchristlicher mit den GOtts-Häusern vmbgangen/ als die Türcken vnnd Heyden / dann dise vergunnen zulassen vnd gestatten/ daß die Catholische ihre gewohnliche exercitia in ihren Landen vnd Stätten vnverhindert verrichten könden. Ist also die H. Statt nach der gnadenreichen Geburt Christi deß H Errn Summarisch zusamen gezogen geweßt.

Under den Juden — 72. Jahr.
Under den Heyden — 254
Under den Christen — 413.
Under den Türcken — 917.

macht 1656. Jahr

Billich sollen wir Christen Menschen mit dem H. Propheten Jeremia das Unglück vnd Ellendt diser Statt beweynen/ weilen niemand vnder allen ihren Liebhabern der sie tröste/ alle ihre Freünd haben sie verlassen/ vnd seynd ihre Feind worden/ alle ihre Verfolger haben sie in den Aengsten ergriffen/ ihre Widersächer seynd ihr zum Haupt worden/ alle ihre Porten seynd zerbrochen/ vmb die Menge willen ihrer Sünd ist so grosses Ellendt vber sie kommen: O Christen Menschen erbarmet euch vber dise H. Statt vnd bitten GOtt vmb den Friden Jerusalem. Daß ihre Liebhaber die Völle haben vnd Frid werde in deiner Krafft/ O GOtt Israel.

Thren 1.

Ps. 127.

Newe Jerosolomytanische

Kurtze Beschreibung der H. Statt Ierusalem
vnd wie sie dißmahl beschaffen.

Jse H. Statt Ierusalem ist zimblicher massen vneben/ dann in selbiger drey Berg oder besser zureden Bühel eingeschlossen. Als nemblich der Königs Berg/ auff welchem deß Königs Herodis, der vnschuldigen Kindlin vnd deß H. Joannis Baptistæ Todtschlägers Pallast gestanden. Der Berg Moriar, auff welchem der Tempel Salomonis stuende/ da jetziger Zeit der Türcken Moschea vnd ein grosse weite darumb ist.

Der Berg Calvariæ auff dem Christus der HErr vnser Heyl vollendet/ so vor dem Leyden Christi: ausserhalb: hernach aber von dem Kayser Helio Adriano mit einer Mauren vmbfangen in die Statt gegegen Mitternacht erweitert/ an welchem Orth hernach die Christen zwo Kirchen vnder einem Tach mit grossem Kosten auff das allerzierlichste erbawt/ den Berg Calvariæ sambt anderen H. Stätten vnnd Orthen eingeschlossen: Hergegen ist der Berg Sion (welcher zu Zeiten deß König Davids biß auff die von Christo vorgesagte Zerstörung/ innerhalb gewesen wie zusehen bey dem H. Marco da der HErr zu den zween Jüngeren gesprochen: Gehet hin in die Statt 2c. das Osterlamb zuberaiten/ so auff dem Berg Sion beschehen) jetziger Zeit von der Statt abgeschniten vn befindet sich ausser der Statt Mauren. Sonsten ziehet sich die H. Statt Ierusalem ditser Zeit mehr in die Länge als Breite/ macht beneben einen Dreyangel hat vngefahr sieben Italianische Meilen in dem Vmbkreyß/ist mit einer vesten Maur vmbgeben/ vnd mit guoten Porten verwahrt/ kan aber von vmbligenden Bergen Oliveti, Sion vnnd Gion beschossen. vnd auß Mangel der Mühlen vnnd Wassers leichtlich vbergeweltiget werden/ vnd sich grosser Macht nit widersetzen.

Mar.

Von vnderschidlichen Nationen oder Völckern/
so die H. Statt Ierusalem bewohnen

Nach deme ich die vornembste Orth der H. Statt Ierusalem verzeichnet vnd kurtzlich beschriben wird nit vbelstehn auch derselben Innwohneren Syten vnd Religion alher zu setzen/ dem guettwillige leser damit zuerweisen/ wie billich selbige Statt aller

Falsch-

Pilgerfahrt.

Falschheit vnderworffen/ welche die ewige Warheit Christum vnsern HErren/ verstossen/ durch welches sie zumahl nach der Weissagung Ieremiæ auch all ihr Schönheit/ Macht/ Frewd vnd Freyheit verlohren/ darneben GOtt zu ihrem feindt gemacht Factus est Dominus velut inimicus, in Ansehung/ die Statt Ierusalem allen Völckeren/ so vnder dem Himmel/ bekant/ vnderlassen sie nit selbige zubesuchen/ die Christen auß Andacht/ die Vngläubigen aber auß Fürwitzigkeit/ die doch in so heyligem Orth kein Platz nit haben/ sonder allein der Andacht solle abgewartet werden.

Thren. 3.

Zu was Zeiten die minderen Brüder S. P. Francisci in das Heylige Landt erstlich ankommen.

OB gleichwol die H. Statt Ierusalem von vilen vnderschidlichen Feinden angefochten vnd verfolgt worden/ ist in selbiger dannoch der Christliche GOtts-Dienst niemahlen vnderlassen worden/ allermassen von den Aposteln an/ biß auff die gegenwärtige Zeit/ vnablässlich sich die Christglaubigen daselbsten befunden/ GOtt gedient/ vnd dessen wahren Glauben bekennt/ gelehrt vnnd geprediget/ dann neben den Orientalischen Mönchen S. Basilij vnd S. Antonij seynd erstlichen die fromme Religiosen deß grossen Ertz-Patriarchen S. Benedicti in daß H. Land komen/ vnd haben auff dem Berg Thabor zwey Klöster gehabt/ so von zween Aebten regiert worden/ welche Anno 1113. ehe vnd zuvor die Türcken Ierusalem vberfallen vnnd eingenommen/ zerstört/ die Religiosen ermordt vnd gäntzlich vertriben worden. In der H. Statt Ierusalem ware gleichsfahls ein Abtey nit weit von dem Thor deß H. Stephani an dem Orth/ da MARIA die Jungfraw gebohren/ dero Heyligsten Mutter Annæ dediciert/ darinnen die Kloster-Frawen mit schwartzen Klaydern vnder der Regel deß Heyligen Patriarchen Benedicti GOtt fleissig gedient. Eben mässig schreibt Guil. Tyrius, daß die Königin Melisenda für ihrer Seelen Heyl/ ihres Herren vnd Kindern/ zu Bethania nechst bey dem Grab Lazari ein schönes Frawen-Closter gebawen habe/ welches vnder dem Gewalt der Abbtissinen von S. Annæ der H. Statt Ierusalem ware/ deß H. Patriarchen Benedicti-Ordens: disen sahlt mit folgenden Worten bey Card. Vitriacus sagend. Est ibidem Abbatissa nigra & Moniales, S. Bene-

Epist. Petri Clunia. Abb. Epitome de bello sacro. Lib. 15. c. 26. de Bell. S.

di-

Newe Jerosolomytanische
nedicti Regulam & instituta profitentes &c. Neben disem haben auch die PP. S. Augustini in dem H. Lande Wohnungen gehabt/ so auch vertriben worden. Entlich seynd die mindere Brüder S. P. Francisci mit Päbstlichen Freyheyten vnd Bewilligungen Anno 1246. erstlichen in Syriam, von dannen Anno 1304. in Palestinam oder H. Land ankommen/ daselbsten auff dem Berg Sion angefangen zuwohnen/ welcher Orth jhnen von dem glorwürdigen frommen König Ruperto auß Sicilien vnd seiner H. Gemahlin Sancia beede dem H. Orden wol gewogen/ so auch in selbigem gestorben vnd begraben/ mit grossem Unkosten Anno 1313. von dem Egyptischen Sultano erkaufft vnd eingeraumbt worden/ daselbsten sie mit grosser Gefahr 248. Jahr in Verrichtung deß H. Gottes-Dienst/ klösterlich gelebt/ entlich aber Anno 1561. darauß verstossen/ vnd innerhalb der Statt ein anders Closter S. Salvator, empfangen/ in welchem die fromme PP. biß auff dise gegenwärtige Zeit/ beständig/ mit stätcher Lebens-Gefahr/ vnnd grossen Unkosten/ GOtt gedient/ die hochheylige Oerther erhalten vnnd die Christliche Bilger beherberge. Recht sagt der H. Apostel Paulus. Nit die weisen nach dem Fleisch/ nit die gewaltigen/ nit die Edlen hat GOtt erwöhlt/ sonder den Unweisen nach der Welt/ den armen vnnd schwachen Franciscum, welcher nach Meynung P. Mirandulani, vnnd P. Franc. Quaresimi, zwey mahlen das H. Lande besucht/ zum ersten als er auß Syrien auff Damiata gereißt/ zum andern als er von der Statt Damiata widerumb zuruck nacher Italien kehrte/ hat sich also zimmen wollen/ daß diser wahre Nachfolger Christi auch die H. Oerther solte besuchen/ da der Christliche Glauben seinen Ursprung genommen/ vnnd gleichsamb die erst Possession für seine Geistliche Kinder nemen solte/selbige zu continuieren seynd bald nach deß H. Vatters Todt 5. seiner Brüder in Syrien gereißt/ welche nach den Sultan/ so/ laut vnserer Kronick/ von jhnen zu dem Christlichen Glauben bekehrt worden. lib. 1. cap. 58. der den H. Vatter Franciscum gesehen vnd gekennet/ angetroffen/der sie auch nit vbel empfangen vnd wegen jhres heyligen Wandel vnnd guten Exempels lieb vnd werth gehabt. Von selbiger Zeit an haben die mindere Brüder deß obgedachten H. Vatters/ beständig vnder den UnChristlichen Völckern gelebt/ vnnd das heylige Lande bewohnt.

1. Cor. 1.

Von

Bilgerfahrt.

Von der Catholischen Nation.

Die erste Nation in der Statt Ierusalem/ seynd die mindere Brüder deß Seraphischen Vatters S. Francisci de Observantia genannt/ welche ein feines Closter/ vnnd an selbigem ein schöne Kirchen/ darinnen sie Tag vnd Nacht die gewohnliche Catholische Exercitia vnverhindert verrichten. Deß oben/ bekennen/ beschützen vnd verthädigen/ den wahren vnverfälschten Glauben/ welchen Christus der HErr erstlich in diser Statt gelehret/ vnnd hernach seinen Aposteln durch die gantze Welt zuverkündigen/ befohlen dise Religiosen hat der Sohn GOttes bestellt/ als Wächter auff den Mauren Ierusalem, GOtt ewiglich zuloben/ disen hat Christus sein Vatterland zubewohnen anvertrawt vnd seine MajorDomus gesetzt/weilen der Seraphische Vatter Franciscus, Christo seinem Herren/ in der Geburt/ Leben vnd Todt sich beflissen nachzufolgen/ sein H. Regul auff die Evangelische Armuth gegründet/ vnd darmit aller Eygenthumbligkeit abgesage: Dahero dise Patres sich wie auch die Bilger/ allein auß frommer Christen Allmusen erhalten/ vnd allbereit 358. oder wie andere wöllen 398. Jahr in stäter Verfolgung/ grösser Lebens-Gefahr vnder den grawsamen abgesagten Feinden vnsers Christlichen Glaubens bewahrt vnd erhalten haben. Neben disem haben sie Jährlich ein grosse Contribution abzustatten/ vnd mit andern Præsenten der Türcken Grausambkeit zu milteren/ vnd deren favor vnd Gnad zugewünnen/ es werden dise Patres, wie gleichfahls alle/ so auß der Christenheit dahin kommen/ Frangi geheissen/ Ursachen/ weilen sie nicht vnder deß Türcken Gewalt noch Contribution, gleichsamb frey/ oder franco, wie die Italianer reden/ sein solten/ werden aber vil höher als dessen Vnderthanen angelegt/ vnd geplagt/ allermassen keiner ohne schweren Auflag oder Contribution vnder jhnen zuwandlen oder zu handlen gelitten wird/ halten beneben disen Vnderschyd/ daß die Christen nach jhrem Belieben/ dero Vnderthanen aber nach den Köpffen angelegt werden/ sie seyen gleich jung oder alt/ vernünfftig oder vnvernünfftig/ müssen sie für einen Kopff Jährlich einen Reichs-Thaler bezahlen.

Isa. 6.

Von

Von der Griechischen Nation.

Die andere Nation seynd die Griechen/ welche in grosser Anzahl Ierusalem bewohnen/ haben daselbsten ein grosses Closter/ zu welchem der Patriarch von Ierusalem wohnet/ dises hab ich in Gesellschafft P. Ioannis Capistrani eines Polacken visitiert vnd gesehen/ was gestalten er von seinen Calloiern bedient wird/ der hat vns auff dem Boden sitzend Audientz geben/ vnd darnach ein gewiß Tranck zutrincken anerbotten. Es seynd dise Völcker mit vnderschidlichen Irrsaalen behafft/ so vilmahlen mit der Römischen Catholischen Kirchen vniert vnd vereiniget worden/ zum öfftern mahl abgefallen/ dahero sie/ sambt dem wahren Glauben/ auch jhr Macht/ Stärcke/ Reichthumb/ Weißheit vnd Adel verlohren/ dargegen vnder das schwere Joch der Türcken gefallen. Dann wie bekannt/ haben die Griechen vil Jahr ein grossen Theyl der Welt regiert/ nun ligen sie vnder dem Türckischen Dienstbarkeit vnd seynd derselben Sclaven worden/ allermassen daß sie auch vber jhre eygene Kinder keinen Gewalt/ dann solche der Türckische Kayser nach seinem Belieben hinnimbt/ in dem Türckischen Irrthumb vnd Kriegs-Sachen vnderweisen laßt/ vnnd in begebenden occasionen wider die Christen gebrauchen thut: Werden darumb Ianizari geheissen/ als welche jhrer Elteren Stammen vnd Nammen nit wissen/ anderst nit als mit den Waffen sich ernehren/ weßwegen denselben deß Türckischen Kaysers Leibquardi verctrawt wird. Die Ursach so grosser Straff ist GOtt allein bekannt/ gewiß ist/ was der H. Apostel Paulus von den Cretern oder Candianeren schreibt/ so auch von andern Griechen gesagt werden. Es hat einer auß jhnen gesagt/ spricht Paulus, ad Tit. 1. Die Creter seynd allweg Lugner gewesen/ böse Thier vnd faule Bäuch/ welcher vnder disen Völckern gewandert/ kan mit Paulo sagen. Hoc Testimonium verum est. Dise Zeugnuß ist wahr.

Von den Armeniern.

Die Armenier wohnen auch zu Ierusalem, vnd besitzen daselbsten drey Clöster/ jhr Bischoff wohnt zu S. Iacob dem mehrer/ welchen ich mit obbesagtem P. Ioanne Capistranno besucht/ der vns das Closter vnd Kirchen so sehr groß mit Gemählen vnd

Amp-

Bilgerfahrt.

Amplen geziere hat weisen lassen. Dise Völcker wohnen zwischen den Bergen Taurum vnd Caucasum, besitzen ein grosses Land/ welches dem Türcken vnderworffen/ haben vor allen Orientalischen Nationen ein geschlachte guete Natur/ seynd trew einfeltig vnd fromb/ werden deßwegen von den Türcken mehr als andere geliebt/ gebrauchen sich auch derselben Diensten/ weilen sie nit so falsch vnd verschlagen wie die Griechen. Das vbelst ist an jhnen/ daß sie mit etlichen Jrthumben Nestorij deß Ketzers behafft/ vnangesehen vil deroselben die Catholische Religion profitieren oder bekennen/ so von den Vätteren Ordinis S. Augustini vnd S. Dominici, welche in Armenia etliche Missionen haben/ bekehrt werden/ wie dann vnlengst Cyriacus Ertz-Bischoff von Diarbech auff Rom/ Jhr Heyligkeit Innocentio X. professionem fidei zuleisten verreist/ vnd nach Zurucktunfft in Armeniam sein gantz Ertz-Bistumb dem Päbstlichen Stuel vnderthänig gemacht. Es haben die Armenier ein besondere Reverentz vnd Andacht gegen den H.H. Orthen/ dann sie vermeinen/ daß zu Erlangung der Seeligkeit/ die Besuchung der Statt Ierusalem vnd Verehrung der H. Orth/ in welchen Christus vnser Seeligmacher für vns gelitten/ hoch vonnöthen/ kommen der Vrsachen durch das gantze Jahr/ insonderheit zu Osterlicher Zeit in grosser Anzahl dahin/ das also wenig von Manns- vnd Weibs-Persohnen bey jhnen zufinden/ welche nicht dise Bilgerfahrt verricht vnd jhr Andacht abgelegt.

Von den Nestorianern.

Die vierte Nation seynd die Nestorianer/ so jhren Nammen vnd Jrrthumb von Nestorio dem Ketzer haben/ welcher vnder anderen gelehrt/ das MARIA tein Mutter GOttes solle genennt werden/ verstopffen daher jhre Ohren/ wann sie hören MARIAM ein Mutter GOttes nennen. Dergleichen Nestorianer werden vil in Chaldæa vnd Babylonia gefunden/ haben Patriarchen vnd Bischöff/ welche nicht durch Erwöhlung/ sonder per resignationem das ist Vbergebung einer dem anderen sein Würde/ oder anbefohlnes Ambt/ erhaben werden/ vermeinende/ darmit die beständige succession, sambt dem Geistlichen Gewalt/ zubehaubten.

P 3   Von

Von den Goffiereren.

Die Gophei haben auch ihr Wohnung zu Ierusalem/ werden neben dem Tauff beschnitten/ haben gewisse Zeichen in dem Angesicht/ welche ihnen in der Kindheit/ als ein Christliche Erkandtnuß eingebrandt werden/ dise Völcker besitzen einen grossen Theyl in Chaldæa, deren vil in Grand Cairo vnd selbiger Gegendt gefunden/ vnd an ihrem Zeichen erkandt werden.

Von den Abissinern oder Æthiopern.

Die Abissiner oder Æthiopier, so vnder dem Priester Ioanne Æthiopiam besitzen/ haben gleichfahls ihr Wohnung in Ierusalem, die H. Orth zuverehren/ dise werden auch neben dem Tauff beschnitten/ nit zwar als ein nothwendiges Mittel zur Seeligkeit/ sonder zur Gedächtnuß vnnd Reverentz der Beschneydung Christi deß HErren. Führen beneben nach dem Exempel deß H. Ioannis Baptistæ ein strenges Leben/ besonder zur Fastenzeit/ dern sie durch das Jahr fünff haben/ welche sie allein mit Wasser vnnd Brodt zubringen/ tragen breite lederne Gürtel vmb die Länden/ seynd von Natur braun vnd lange Menschen. Diser Priester Ioannes wird wegen seines grossen Reichs/ so er besitzt/ vnder die mächtigisten Potentaten der Welt gezehlt/ gebraucht sich dises Tituls. Ioannes Presbyter Kayser deß oberen vnnd grössern Reichs Æthiopia, ein Herr der mehreren Reichen der Welt/ König zu Goia, Caphares, Fatigar, Angota, Baru, Baguamadri, Baliguanza, Adæa, Vangua, Gaiama, da der Fluß Nilus entspringt/ Ambea, Vaguei, Trigemahon, Sabaim, das Vatterland der Königin Saba, Barnagassi ein Saul deß Glaubens auß dem Stammen Juda, ein Sohn Davids, ein Sohn Salomonis, ein Sohn der Saul Sion, auß dem Geschlecht Jacob/ ein Sohn der Hand Mariæ, ein Sohn Mahu nach dem Fleisch/ ein Sohn der H. Aposteln Petri vnd Pauli nach der Gnad/ ein Herr biß in Nubiam so sich in Egypten erstreckt ič. Von disem Reich vnnd Religion findet der Leser ein mehrers bey vnderschidlichen Auctorn.

Titul deß Priester Ioannis.

Bilgerfahrt.

Von den Jacobitern.

ES werden in Syria vil Christen gefunden/ welche von Iacobo Antiocheno jhren Namen vnnd Jrrthumb haben/ so gewest ein Nachfolger Dioscoridis vnd Nestorij, dise Nation wohnet auch in der H. Statt Ierusalem auß Andacht zu den H. Orthen/ haben selbige in hohem Werth.

Von den Georgianern.

DIe Georgianer seynd auch Christen/ so jhren Nammen von dem H. Ritter Georgio/ beruhmen sich dessen Glauben zu haben/ wie dann auch das Land/ so sie bewohnen/ Georgia genannt wird/ in der Religion stimmen sie mit den Griechen vnd Armeniern vberein/ auß Andacht gegen den H. Orthen/ wohnen etliche auß denselben zu Ierusalem vnd wahrfahrten in grosser Anzahl dahin.

Von den Maroniten.

AVß der Kirchen-Historia ist bekandt/ das in Orient von der H. Apostlen Zeit an vil Jrrthumben auß Anstifftung deß Sathans von vnderschidlichen Ketzern/ die alte wahre Christlich Catholische Apostolische Lehr zubemächtigen/ eingeführt vnd angenommen worden/ welche mittlerweil gleich dem Krebs so weit vmbgefressen/ das auch die Occidentalische Kirchen/ von disem Gifft bemaiglet worden. Weil vnd aber Christus der HErr biß zu End der Welt seiner Kirchen beyzustehen versprochen/ haben biß daro die Porten der Höllen dieselbe nicht vberawältigen könden/ allermassen in Orient die Maroniten vnd in Occident die Catholische/ den wahren vnverfälschten Christlichen Glauben jederzeit behalten/ gelehrt/ geprediget vnd beschützt/ wie dann dise Maroniten sich rühmen vnd sagen/ daß sie von Maronio, so ein Jünger der H. Apostlen soll gewesen sein/ den Christlichen Catholischen Glauben empfangen/ vnd niemahl verändert/ noch verlassen haben/ erkennen deßwegen vor allen Orientalischen Christen den Römischen Pabst/ als einen wahren Statthalter Christi/ vnnd Nachfolger deß H. Petri, von welchem jhr Patriarch confirmiert vnnd appro-

Newe Jerosolomytanische

approbiert wird. Vnd obgleichwohl jhr Ritus dem Lateinischen etwas vngleich/ kommen sie doch in den Haupt Puncten mit vns Catholischen vberein/also das (wie ich zu Sidon, Beruti, Jerusalem vnd anderstwo gesehen) sie auff der Catholischen Altären mit selbiger Hostien vnd Paramentis, in Arabischer Sprach Meß lesen/ wie dann hin wider die Catholischen auch jhre Kirchen vnnd Paramenten gebrauchen. Diser Maroniten werden in Cypren, Syrien, vnnd Phœnicia vil gefunden/ besitzen gantze Dörffer/ sonderlich auff dem Berg Libano vnd Antelibano, allda wie man vns gesagt/ vber 20000. wonhafft/ welche vnverhindert der Türcken/ das Geist: vnd Weltlich regieren vnd handthaben. Ihr Patriarch hat sein Wohnung auff dem Berg Libano in dem Closter S. Maria' de Canobim genannt/ in welchem vor Zeiten die H. Junckfraw Marina, als ein Religios vnder andern München/ GOtt mit grosser Heyligkeit gedient/wie dann noch auff disen Tag bey jhnen das Clösterliche Leben beyderley Geschlechts streng gehalten vnnd hochgeacht wird/ also das keiner zum Patriarch oder Bischoff mag erwöhlt werden/ er sey dann ein Religios gewesen. Eben der Ursachen kommen vnd wandern dise Völcker auß Andacht auff Jerusalem, haben daselbsten inn: vnd ausser der Kirchen gewisse Wohnungen/ ohnfehr von S. Salvator, ist ein Frawen Closter den Maroniten zuständig/ mehrers von diser Nation findet der günstige Leser bey Bartholdo Nihusio, fol. 3.

Neben disen obgezehlten Christen/ kommen vnd wandern all andere Nationen vnd Völcker/ so Christum vnsern Erlöser vnd Seeligmacher erkennen/ in die Statt Jerusalem, als da seynd die Indianer, Persianer, Affricaner, Arabier/ Peruaner, Moscovviter, Russen/ Lituaner sambt vilen anderen welche ohngeacht der Gefahr vnnd Kostens mit grosser Mühe dahin reysen/ dergleichen H. Orth betretten zuhaben sich erfrewende/ als welche das Christliche Gemüth in dem Glauben zubestätigen ein besondere Krafft vnd Würckung haben/ wie solches der fromme Tobias längst vorgesagt/ sprechend: Mit einem schönen Liecht wird Jerusalem leuchten/ vnd alle End der Welt werden dich verehren/ deinen Herren in dir anbetten vnd selbiges Landt zur Heyligung haben.

Tob. 14

Von den Juden.

N der Statt Jerusalem wohnen auch die Juden in grosser Anzahl/ so auß allen Orthen der Welt/ den Messiam (welchen jhre Vorfahren vor 1628. Jahren daselbsten gecreutziget)

Bilgerfahrt.

stiger) juerwart/ vnd nuempfahen dahin kommen/ zugleich aber wie diese GOtt-vergessene Menschen anders nichts könden/ als siegen vnnd betriegen/ gebrauchen sie auch diß jhr Handtwerck zu Ierusalem, ohnangesehen sie von jhren Mit-Brüdern erhalten werden/ welche Jährlich vil tausendt Gulden zu deren Underhalt dahin schicken/ damit sie vnverhindert jhrem Teuffels-Dienst abwarten/ vnd für all andere zubetten Gelegenheit hetten.

Es seynd dise GOttes vnd aller Welt Feind dergestalt von den Türcken verackt/ vnd verhaßt/ daß so ein Jud begehrt ein Türck zuwerden (welches in selbigen Landen vil vnd offt beschicht) kan solches ehender nicht beschehen/ er seye dann zuvor ein Christ worden/ diß alles vngeacht/ bleiben sie doch in jhrer Boßheit hartnäckig verstockt/ vnnd wollen nicht erkennen/ wen sie durchstochen vnd gecreutziget haben/ welches sie an jenem Tag zu jhrer ewigen confusion vnd Verdambnuß sehen werden.

Es pflegen etliche der Juden so vermöglich/ Testaments-Weiß zu hinderlassen/ jhre Todten-Cörper auß der Christenheit nacher Ierusalem zuführen/ in dem Thal Iosaphat zubegraben/ daselbsten von dem gerechten Richter ewiglich verdambt zuwerden.

Den andern Tag/ als ich zu Ierusalem ankommen/ ist ein Teutscher Jud sambt zweyen Teutschen Weiberen zu mir in das Closter S. Salvator kommen/ zubefragen/ was es für ein Beschaffenheit Kriegs halber in dem Teutschland hette/ darauff begehrte ich zuwissen/ was jhres Thuens in diser H. Statt wäre/ sprachen sie: Als General Torsten-Sohn Prin in Mähren belägerte/ vnd sie sambt vilen anderen von den jhrigen in eüsserister Lebens-Gefahr sich befunden/ hätten sie GOTT verlobt/ wofern er jhnen auß diser Gefahr wurde helffen/ zur Danckbarkeit in die H. Statt zuziehen/ vnd daselbsten in seinem Dienst jhr Leben zuverschliessen. Weiter fragte ich/ was traffic oder Mittell sie sich zuerhalten hetten/ andtworteten sie/ es gebührte sich in so heyliger Statt nit/ wäre auch nie erlaubt/ einem anderen/ als dem Gesatz vnd Gebett abzuwarten/ wurden zu disem End von jhren Mit-Brüderen erhalten/ welche jährlich auß allen Orthen der Welt/ ein Steür vnnd Almusen jhnen vberschicken/ wie dann eben in selbigem Schiff/ darinnen ich zuruckgefahren/ auß dem Teutschland 5000. Cronen ankommen vnd jhnen eingeliffert worden. In diser Statt Ierusalem wie gleichfahls in der gantzen Türckey/ haben die Juden vil Sinagogen vnd mehr Freyheiten/

Q   als

als bey vns Christen/ weil sie die besten Zöll vnd Mauth/ die Gelt erkauffen/ grosse Kauff-Mannschafft treiben/ besser betriegen vnd vberforteln/ auch mehr Reichthumb haben/ als die Türcken.

Von den Türcken/ so Ierusalem
bewohnen.

NEben oberzehlten Nationen oder Völckern seynd die Türcken vnd Mohren die mehreren vnd stärckesten in der Statt Ierusalem/ welche/ sambt dem gantzen H. Landt von einem Kayserlichen Stattbalter Bassa genännt/ regiert vnd beherrscht werden: Neben disem ist ein Mufti, welcher sovil als bey vns die Bischöff/ verhanden/ deme das Geistliche recht vbergeben/ hat auch Gewalt/ die jenige zustraffen/ welche jhr Gesatz vbertretten/ die Eheleuth zuverkuplen vnd zuscheyden/ ist schuldig den Alcoran auszulegen/ welches er auff den Cantzeln/ mit einem Schwerdt in der Hand verrichtet/ sprechend: Das jhr Gesatz nit mit disputieren oder Worten/ sonder mit dem Schwerdt zu verfechten were. Ihre Sermones oder Predig beschliessen sie allezeit mit disen Worten: Pugnate cum his, qui Trinitatem profitentur, pugnate cum hominibus, usque dum Mahometani fiant. Streittet mit allen/ so die Dreyfaltigkeit bekennen/ streittet mit den Menschen biß sie vnsers Machomets Gesatz annemmen. Haben zu disem End zu Ierusalem vil Moscheen vnd neben selbigen hohe Thürn/ auff welchen jhre Geistliche viermahl: als zu Mitternacht/ Morgens vnnd Abendts an statt der Glocken/ das Volck mit grossem Geschrey zum Gebett beruffen/ jenige aber so auff der Reyß/ oder sonst verhindert/ verrichten damahl jhr Gebett auff der Straß vnd in Häusern/ legen zu disem End jhr Fazolet auff den Boden/ wenden jhr Angesicht gegen Mittag/ weilen la Mecha deß Mahomets-Grab/ gegen Mittag ligt/ waschen vor Betrettung der Moschea die Glider der fünff Sinnen/ solche zureinigen/ fallen alsdann mit erhebten Augen gegen Himmel zu Boden/ küssen denselben zum offtermahl dise Wort sprechend: Alla haickbar, Gott ist warhafftig. Leila haisla, la Mahomet rasur alla, Gott einiger Gott vnd Mahomet ein grosser Prophet Gottes. Ihre Moscheen, seynd gleich der Vncatholischen Kirchen/ darinnen anders nichts/ als ein außgehölter Sitz in der Maur/ ob selbigem jhr Glaubens Bekandtnuß/ vnd gleich darneben ein Cantzel/ werden beneben mit vilen Amplen gezieret/ der Boden mit geflochtem Stom oder Teppichen belegt/ werden

ohne

Pilgerfahrt.

ohne Schuch betretten/ dahero auch keinem erlaubt/ in denselben außzuspeyen/ noch mit einiger Sünd oder Unsauberkeit zubetretten/ dieselbige zuwaschen werden vor allen Moscheen Brünnen oder Wasserreich auffgericht/ zu welchen sie vor Eingang derselben/ gleich wie die Schwein zur Tränck daher lauffen/ die Glider mit welchen sie gesündiget/ zuwaschen/ vermeinend: Daß sie durch dise Waschung/ nit weniger als wir Christen durch den Tauff oder Beicht/ gereiniget wurden/ in Ansehung dessen scheuchen sie sich nit in so abscheuliche Sünd vnd Laster zustürken/ als welche nach ihrer falschen Meynung/ durch so geringes Mittel gereiniget werden könden. Es seynd etliche der Meynung vnd sagen/ daß die Türcken dise Waschung auß dem ersten Isaiæ deß Propheten gezogen/ welcher sagt: Waschet euch/ reiniget euch: In Meynung solche Reinigkeit mit eüsserlichem abwaschen zuerlangen/ ohne Beobachtung was darauff folgt: Thuet ewere böse Gedancken von meinen Augen/ laßt ab Vbels zuthuen/ lernet guets thuen/ ɿc. Isaiæ 1. *Isaiæ 1.*

Das aber dise H. Statt Ierusalem den Christen benommen vnnd den Türcken so lange Zeit zubesitzen vbergeben worden/ haben wir mehr Vrsach zubedauren als zu verwundern/in Ansehung/ daß die ewige Weißheit Christus IESUS solches mit disen außführlichen Worten selbsten vorgesagt spreckendt: Et Ierusalem calcabitur à gentibus, donec implentur tempora nationum: Vnd Ierusalem wird zertretten werden von den Heyden/ biß daß erfült wird die Zeit der Heyden.

Weilen nun dise Zeit noch nit erfült vnd wir dieselbe mit sündigen mehrers verlängeren/ ist zubesorgen/ es werde diser grausamme Tyrann nit allein das Heylige Land behaubten/ sonder noch andere Reich an sich ziehen/ wofern wir mit Besserung vnsers Lebens den gerechten Zorn GOttes von vns nit abwenden/ massen er albereit in Sibenbürgen den Anfang gemacht vnd seine Reich noch täglich zuerweitern betrohet/ welche der Allmächtige GOTT wolle abhalten/ vnd der gantzen Christenheit/ die Einigkeit deß Glaubens vnd beständigen Friden gnädiglich verleyhen/ auff daß wir dem Erb-Feind widerstehn mögen vnd die Christenheit erweitert werde. Darumb ermahnt vns der H. Apostel Paulus vnd sagt: Schawe O Christen-Mensch die Güte vnd den Ernst GOttes: Den Ernst an denen die gefallen seynd/ die Güte aber an dir/ so fern du in der Güte bleibst/ sonst wirstu auch abgehawen werden ɿc. Eben in selbigem Capitel sagt er weiter: Blindheit ist Israel widerfahren/ so lang biß die Völle der Heyden eingangen ist/ vnnd also das gantz Israel seelig *Paul. ad Rom. 11.*

werde/ wie geschriben stehet: Es wird kommen auß Sion der Erlöser vnd wird abwenden das Vngöttlich Weesen von Iacob, daß ist von seyner H. Kirchen: Komme O HErr vnd bleibe nit mehr auß/ tröste vnd erfrewe/ die in dich Glauben vnd dein Barmhertzigkeit erwarten.

Von der Rayß nacher Bethlehem.

Nach der Statt Ierusalem solle billich Bethlehem das vornembste vnd heyligste Orth gehalten werden/ welches der H. Matthæus, auß dem Propheten Michæa mit disen Worten bezeüge: Und du Bethlehem Landt Juda, bist nit die geringste vnder den Fürsten Juda, von dir soll herkomen der Fürst/ der mein Volck Israel beherrsche wird.

Bethlehem ligt von Ierusalem anderthalb Teutsche Meil an einem Berg/ dahin wir eines Tags nach der Vesper mit einem guten Comitat verreißt/ seynd zu der Fisch- oder Bethlehem, Porten die Statt hinauß gangen/ auff der lincken das Schloß Pisanum ligen lassen/ welches der König David solle bewohnt haben/ von dannen er auch Bersabea ersehen/ so ausser der Statt in einem Wasser-Teich sich gewaschen. In disem Schloß ist noch der Thurn/ von welchem in den Liedern Salomonis gemelt: Turris David, quæ ædificata est cum propugnaculis, mille clypei pendent ex ea. In dem fürvber gehen/ haben wir einen tieffen Graben/ die Porten mit Stucken vnd Wächtern verwahrt gesehen/ als aber Herr Obrister Waldon auff einem Esel vorbey geritten/ vnnd ihn ein Türck ersehen/ hat er selbigem mit einem Streich vber den Rucken/ machen absitzen/ weilen sie nicht gestatten/ daß die Christen für ihrer Obrigkeit Pallast reiten sollen/ sonder auß respect absitzen/ vnd zu Fuß vorbey gehen. Nach deme wir zur Statt hinauß kommen/ abwerts gangen/ haben wir das Schloß Pisanum zur lincken vnnd das Teich Bersabeæ zur rechten gehabt. Diser Teich ist mit Quaderstucken eingefaßt/ vmbher an allen Orthen seynd Stafflen/ darauff man hinunder steigen kan/ hat vngefahr in die länge 300. vnd in die breite 90. Schritt/ vnd weilen er dißmahl ohne Wasser/ haben die Camel darinn geweidet: Von dannen seynd wir etwas hinauff gestigen/ vnd haben zur lincken einen verfallenen Pallast gesehen/ darinnen die hohen Priester vnnd ältesten deß Volcks/ den ersten Rath/ wie sie Christum ergreiffen vnd tödten möchten/ gehalten/ wird daher das Hauß deß bösen Raths ge-

genannt. Vorbas sihet man ein zerfallen Hauß/ welches deß H. Simeonis geweßt/ so voll deß H. Geists in den Tempel kommen/ JESUM in seine Armb genommen/ GOTT lobend: Das Nunc dimittis servum tuum Domine gesungen/ vnd gleich darauff der Mutter JESU, jhres geliebten Sohns Leyden vorgesagt/ sprechend: Tuam ipsius animam pertransibit gladius &c. Als wir ein halbe Meil gereißt/ seynd wir zu dem Terebinth-Baum kom̃en/ welcher/ da MARIA die Mutter JESU mit jhrem allerliebsten Kinde fürüber gangen/ sich geneigt/ vnd darunder offt geruhet/ weilen daselbsten ohngefehr der halbe Weeg. Disen Terebinth-Baum hat ein Türck vor wenig Jahren auß Boßheit vmbgehawen/ dann selbige Nacht drey Kinder gestorben/ ist dahero ein anderer nechst darbey gepflantzet worden/ darunder wir auch geruhet/ vnd nach gewonnem Ablaß dem Brunn der Weysen zu gangen/ so nechst an der Straß/ wirdt daher der Brunn der 3. Weysen geheissen/ weilen jhnen daselbst der Stern/ welcher sich/ als sie zum Herodes gangen/ verlohren/ widerumb erschienen/ darab sie dañ ein grosse Frewd gehabt/ vnd jhren Weeg fortgesetzt. Von dannen seynd wir auff einen Bühel kommen/ vnd haben beyde Stätt Jerusalem vnd Bethlehem gesehen/ etwas vorbas/ stehet auff der lincken Seyten ein Griechisch Closter S. Eliæ genannt/ mit sehr hohen Mauren vmbfaßt/ vor welchem vier grosse Hund/ als Wächter/ dises Closter hüeten vnd beschützen/ sobald sie vns ersehen/ seynd sie daher geloffen/ als ob sie vns wolten anfallen/ welches auch beschehen were/ wann nit die PP. Franciscani sie gekennt/ vnd mit Vorwerffung deß Brodes abgehalten. Es sagten vns dise Patres, daß dieselbige Hund ein besondere Lieb zu jhnen hetten/ seyen auch offtermahls von selben beschützt worden/ wann sie etwann auff diser Strassen von den Türcken oder Mohren angefallen/ vnd betrangt wurden/ lauffen auch mehrmahlen sie zubeschützen mit jhnen auff Bethlehem/ wie dann zween mit vns biß dahin geloffen/ so wir schwärlich haben können zuruck treiben.

Auff der rechten Seyten nechst an dem Weeg/ ist der Felß darauff der H. Prophet Elias geruhet/ darinn sein Leibs-Formb außtrucklich als in einem weichen Wachs eingetruckt/ wunderbahrlicher Weiß gesehen wirdt/ die Zeichen seines Haupts/ Seyten/ Händ/ Füß vnd Klayder seynd albereit sovil hundert Jahr verblieben/ also ob sie erst newlich weren eingetruckt worden/ so ohne Göttliches Wunder nicht beschehen kundte/ besonder daß selbiger Felsen vnder offnem Himmel. Ich habe mich sambt anderen/ auß Andacht auch darein gelegt/ in Betrachtung das

Q 3 Elias

Luc. 2.

Elias der H. Prophet daselbsten geruhet/ vnd von dem Engel mit disen Worten ermahnt worden. Surge, comede & bibe, grandis enim tibi restat via.

3.Reg.19.

Zur rechten auff einem Bühel/ haben wir ein zerstört Hauß/ welches deß Propheten Habacuc soll gewesen sein/ gesehen/ welcher/ als er auff selbigem Feld den Schnittern zuessen bracht/von dem Engel bey dem Haar genommen/ in Babiloniam, den H. Propheten Daniel in der Löwgruben zuspeisen getragen worden. Ein Viertel Meil Vorwertz/ stehet das Hauß Jacob noch gantz/ darinnen Rachel den Beniamin gebohren. Nit weit von dannen an der Strassen stehet derselben Rachel Grab/ auß einem gantzen Stein in die vier Egg außgehawen/ daruber ein Gewölb/ welches auff 4. Säulen stehet/ verbleibt daher gantz/ weil die Türcken dasselbe auch verehren vnd besuchen.

Habacuc 14.

Gen. 35.

Nach deme wir etwann ein Musqueten Schutz von der gemeinen Strassen gegen Bethlehem kommen/haben wir die Cistern David angetroffen/ von welcher zutrincken den David gelust/ als er gesprochen: O si quis mihi daret potum aquæ, de Cisterna, quæ est in Bethlehem juxta portam. Auß disem ist abzunemmen/ daß die Statt Bethlehem sich biß an dise Cistern erstreckt habe/weil selbe Cistern nechst an der Porten gewesen/ welche diser Zeit/ ein Viertel Stund entlegen. Nach deme wir auß diser Cistern getruncken/seynd wir samentlich auff die Knye gefallen/vnd haben die H. Statt Bethlehem, so wir gleich vorüber nechst vor vnsern Augen gehabt/ zum andern mahl begrüßt/ die erste Salutation haben wir nach gemeinem Brauch auff halben Weeg/ so bald wir die H. Statt Bethlehem ersehen/ verricht/ vnd mit Sprechung deß Te Deum laudamus sambt dem Evangelio: Exijt edictum à Cæsare Augusto &c. abgelegt.

2.Reg.23.

Von Bethlehem der Heyligen Statt vnd wie die Krippen Christi IESU beschaffen.

ES hat die Statt Bethlehem vor allen anderen Orthen deß H. Lands ein sonderbahres Privilegium vnnd Gnad/ das Menschliche Hertz mit innerlichem Trost zuerfrewen/ wie dann ein jeder/ so daselbsten gewesen/ wird können bezeugen/ vnnd mit Jacob bekennen/ sprechend: Vere Dominus est in loco isto, non est hic aliud,

Gen. 28.

Bilgerfahrt. 127

liud, nisi Domus Dei, & porta cœli &c. Warhafftig ist der HErr an disem Orth/ es ist hie nichts anders/ als ein Hauß GOttes vnnd Thor deß Himmels: Vnd so einer solches solte widersprechen/ würde jhn sein selbst innerliche Anmuthung solches zubekennen vberweisen/ vnd diß allweilen der eingebohrne Sohn GOttes daselbsten von MARIA der reinisten Junckfraw. j als ein kleines schwaches Kindlein hat wollen gebohren werden/ seinem Leyden vnd vnserem Heyl den Anfang machen/ darumb vermeint der H. Vatter Hieronymus nutzlicher zusein/ selbige H. Orth mit stillschweigen zuverehren/ als zubeschreiben. Quo sermone (sagt erstgedachter Heylige) quâ voce tibi Salvatoris speluncam exponam & illud Præsepe, in quo Infantulus vagit, silentio magis, quàm infimô sermone honorandum est. Diß ohnangesehen kan ich nicht vnderlassen/ was ich mit Augen gesehen kürtzlich allher zusetzen.

Bethlehem, vor Zeiten Ephrata geheissen/ zum Vnderschid deß Bethlehem in Gallilæa, ligt in Judæa, zwölff Teutsche Meil von Nazareth, von dannen der H. Joseph mit MARIA seiner vertrawten Gesponß/ den Zinß zubezahlen kommen/ darumb daß er von dem Hauß vnd Geschlecht David ware/ müßte er ein gewiß Gelt/ darauff deß Kaysers Bildtnuß vnd ohngefahr zehen Pfenning galt/ auff sein Haupt legen/ sich der Römer Vnderthanen bekennen vnd einschreiben lassen: weilen er aber in der Statt kein Herberg fande/ hat er ausserhalb nechst an der Porten/ vnder einer steinenen Wande/ so einem Stahl gleich 2 ½. Schuch lang/ vnd 11. breit den Einkehr genommen/ daselbsten ist zu Mitternacht der Heyland der Welt/ von MARIA der ewigen Junckfrawen gebohren/ vnd auff der Seyten in die Krippen gelegt worden/ vber welchen Orth hernach ein ansehnliche schöne grosse Kirchen/ so noch verhanden/ erbawt worden/ daselbsten befindet sich vnder dem Chor/ dise H. Krippen/ zu welcher man beederseyts durch ein Stiegen von 12. Stafflen kommen kan/ wie hernach weiter solle gesagt werden. Dise Statt Bethlehem ware vor Zeiten/ wie auß der Gelegenheit zusehen/ ein grosse/ ja Königliche Statt/ in welcher David vnd andere König gebohren vnnd regiert haben. Nun ist selbige dergestalten ruiniert vnd zugericht/ daß sie ohne Mauren vnd Porten/ mehr einem Dorff/ als einer Statt zuvergleichen/ darinnen ohngefahr 60. oder 80. schlechte alte Häuser vnd in selbigen bey 200. Innwohner verhanden/ welche/ außgenommen wenig Christen/ alle Mohren seynd/ von welchen die Patres, so daselbsten wohnen/ grosse Vnruhe vnd nit weniger Gedult erdulden müssen. Als wir

Bethlehem.

zu der Statt genahet/ durch einen gewölbten hohen Bogen in den Vorhoff kommen/ haben wir daselbsten drey Santones nackend auff dem Boden sitzend gefunden/ welche wegen eines Türckischen Feste sich versamblet/ selbige gantze Nacht mit grossem Geschrey zugebracht/ seynd also der Kirchen zugangen/ welche zwo grosse hohe Porten/ deren eine vermaurt/ die andere eines halben Manns hoch offen/ dardurch weder Pferdt noch Camel hinein könden/ vnd thun diß die Christen darumb/ damit den Türcken vnd Mohren die Gelegenheit jhre Pferde vnd Camel (welche es sonsten ohne respect thun) einzustellen verwehrt werde.

Da wir nun in die Kirchen getretten vnd die H. Krippen beschlossen gefunden/ haben wir dieselbe ausserhalb verehrt/ vnnd seynd nach vollendtem vnserm Gebett dem Closter zugangen/ welches zur lincken deß Eingangs der Kirchen stehet/ so erstlich von dem H. Hieronymo vnnd seinen Religiosen/ jetzt aber von den minderen Brüdern bewohnt wirdt/ welche vns freundlich empfangen/ in die Capell der H. Catharinæ geführt/ daselbsten nach vollendter Complet ein Procession angestellt/ welcher wir mit angezündeten weissen Wachs-Kertzen/ zween vnd zween nachgefolgt/ vnd erstlich bey dem Altar/ da die vnschuldige Kinder begraben ligen/ ein Station gehalten/ den Hymnum, Salvete flores Martyrum sambt etlichen Orationibus gesprochen/ nach solchem seynd wir in etlichen Schritten zu dem Altar deß H. Iosephi, dahin er sich zu Zeit der Geburt MARIÆ begeben/ kommen/ gleichsfahls mit gewöhnlichen Cæremonien verehrt vnnd dem Altar S. Eusebij (so Abbt in disem Closter gewesen) zugangen/ daselbsten ist der H. Abbt vnd ohnfehr von jhme die H. Paula, sambt jhrer Tochter Eustochium begraben worden/ welche von Rom/ die H. Krippen Christi IESU zuverehren auff Bethlehem kommen/ ein halb Meil von dannen ein schön vnd grosses Closter erbawen/ in welchem sie sambt vilen anderen vnder der Direction deß H. Hieronymi GOTT gedient vnd heyliglich gestorben/ deren Grab vnd neben selbigem ein Altar, in obgemelter Procession wir auch verehrt. Von dannen kombt man durch selbigen Weeg vnder der Erden zu dem Grab/ vnnd in

Die Cellen deß H. Hieronymi.

die Cellen deß H. Hieronymi/ darinn er die Bibel vndoffentzsche vnnd andere Bücher beschriben. Von diser Cellen/ welche wegen jhrer Dunckele einer Gefängnuß nit vngleich/ hat der H. Mann vnder der Erden in die Krippen gehen können/ sein Andacht zuverrichten/ welcher Zugang von den Griechen vermacht worden/ nachdeme sie den minderen Brüdern vor wenigen Jahren dises H. Orth der Krippen abgenommen/ vnd

Bilgerfahrt.

mit Gelt vnder jhren Gewalt gebracht. In diser Cell ist ein Altar zu Ehren S. Hieronymi/ auff deme ich den anderen Tag/ mit grossem trost Meß gelesen.

Nach Besuchung diser H. Gräber/ welche siben Jahr vnnd sovil Quadragenen Ablaß haben/ seynd wir der H. Krippen zugangen/ welche wie gesagt vnder dem Chor der oberen Kirchen ligt/ aber nach Gewonheit vor Eingang dises allerheyligsten Orths die Schuch abgezogen/ vnd seynd mit grossen Frewden vnd Trost/ vor dem Orth/ da Christus IESUS von MARIA der Junckfrawen gebohren/ nidergefallen/ daselbe gekuszt/ vnd mit möglichster Reverenz geehrt/ welches als ein Sternen mit köstlichen Steinen erhaben/ vnd mit diser Vberschrifft gezierht. Hîc de Virgine MARIA, Christus nasci dignatus est: Allhie hat Christus IESUS von der Innckfrawen MARIA wollen gebohren werden. Vber den Altar an der Wand hanget ein Altar-Tafel darinn die Geburt des HErren abgemahlt/ vnd gar schön abgebildet wird.

Diser Orth oder Capel ist gewölbt/ mit Iaspis vnd weissem Marmel/ ohne Fenster/ eingefaßt/ auch etliche Amplen von vnderschidlichen Nationen dahin gestifft worden/ anff der rechten 6. Elen weit von dem Altar/ ist die Krippen an der Wand gestanden/ darinn der Heyland der Welt/ nach seiner Geburt/ in Windelin eingewicklet/ gelegt worden. Ohngefehr drey Elen gegen vber stehet ein Altar/ da die drey Weisen/ nidergefallen/ daß Kindlin angebetten/ Gold Weirauch vnd Myhrren auffgeopffert. Zu vnderst diser H. Capellen hat man vns ein kleines Brünnlin gezeigt/ welches so lang die gebenedeyte Junckfraw/ sambt dem lieben Kindlin in dem Hüttlin gewohnt zum Dienst deroselben/ Miraculosisch Wasser gegeben.

In deme wir vnserer Andacht abgewartet (wie dann keiner daselbsten sich ersättigen kan) seynd zwen Türcken ohne jhr Babutzen oder Schuch dahin kommen/ welche als ob sie Christen mit Kuissen das H. Orth verehrt/ so in vnns neben der Verwunderung auch ein mehrere Andacht verursacht/ ja wie vns gesagt worden/ kommen die Türcken in grosser Anzahl dises allerheyligste Orth zuverehren wol wissend/ das Christus von MARIA der allerseligsten Junckfrawen daselbst gebohren worden: Die vorernante Kirchen/ welche von der andächtigen Kayserin Helena vber das H. Orth der Geburt Christi erbawt worden/ ist mit Bley bedeckt/ hat fünff Gewölb so von 52 Seülen vndersetzt/ inn-

R wen-

Die Krippen Christi IESU.

wendig mit eingelegter Arbeit vnd köstlichen Steinen, von Mosaischer Arbeit gezierht/ so Alters halben an vilen Orthen abreißt.

Es schreibt Anthonius de Castilio in seinem Buech fol. 199. als Saladinus Bassa in Grand Cairo dise Kirchen wolte zerstören/ vnd selbige schöne Seülen/ ein Moschea darauß zu machen/ abzuheben befohlen/ seye vnversehens ein fewrige Schlangen/ auß einer derselben Seülen herfürgekrochen/ vnd habe alle anwesende sambt den Arbeiteren vmbgebracht: Zur Zeügnuß sihet man noch diser Schlangen hinderlassene Formb in dem harten Stein/ dahero biß dato keiner mehr diser Kirchen einigen Schaden zuzufüegen sich vnderstanden.

S. Epiph. in pend. lib. 1. S. Bern. ser. de Civit.

Es ist der H. Epiphanius vnnd mit jhme der H. Bernardus der Maynung/ daß Kindlein IESUS seye in dem Hürtlein zu Bethlehem beschnitten worden/ weilen in dem Evangelio anders nichts gemeldet wird: Als das nach acht Tagen/ das Kindlein beschnitten worden: die Wort Epiphanii lauten also: Christus natus est in Bethlehem circumcisus in spelunca, oblatus in Ierusalem. S. Bernardus: Virgo Christum genuit, lactavit & die Octavo circumcidit. Neben diser Haupt-Kirchen stehet zur lincken das Closter der minderen Brüder wie obgehört/ vnd entzwischen die Kirchen der H. Junckfrawen vnd Martyrin Catharinæ, darinn obgemelte Patres jhren gewohnlichen GOttes-Dienst verrichter/ nechst bey dem Eingang ist ein Sob-Brunnen mit herrlichem gesundem Wasser. In jetzt angedeutter Kirchen/ hat Christus dise H. Junckfraw jhme auff nachfolgende Weiß vermählet: Als die H. Junckfraw noch ein Heydin/ vil von der Christlichen Religion vnd den H. Orthen gehört/ ist sie auß Begierd/ selbige zubesuchen/ auff Bethlehem gereißt/ in diser Kirchen MARIAM die Mutter GOttes mit jhrem geliebten Kindt auff der Schoß gesehen/ in deme sich aber Catharina etwas besser hinzugenahet/ hörte sie wie MARIA jhr liebes Kinde, IESUM gebetten/ er solte jhme dise so schöne vnd adeliche Junckfraw zu seiner Gesponß erwöhlen/ welcher daß Kindlein geandtwortet/ das solches ohne vorhergehenden Tauff nicht köndte beschehen/ sobald Catharina dises gehört/ hat sie sich von Stund an zu dem Iordan begeben/ vnd ist daselbsten getaufft/ auß einer Heydin ein Christin worden: Als sie hernach wider in die Kirchen kommen/ vnd vorgehendes Gesicht gesehen/ hat das liebe Kindlein durch Fürbitt MARIÆ seiner werthen Mutter jhme dise Junckfraw in Beysein der H. Engel/ mit einem Ring zu einer Gespons vermählet/

Bekehrung der H. Jungfrawen Catharinæ.

vnd

Pilgerfahrt.

vnd nach erlangter Marter-Kron von den Englen auff den Berg Sinai getragen vnd begraben lassen/ daher ist in selbiger Kirchen eben der Ablaß zuerlangen/ welcher auff dem Berg Sinai erlangt werden kan/ dahin diser Zeit wegen grosser Gefahr schwärlich zureysen.

Von dem alten Closter deß H. Hieronymi ist noch sovil verhanden/ daß die minderen Brüder genugsame Wohnung haben/ deren 8. oder 10. daselbsten zuwohnen/ von dem P. Guardian zu Ierusalem dahin verordnet vnd mit Lebens-Mittlen versehen werden.

Zur rechtē nechst an der Kirchen/ haben die Griechische Religiosen auch jhr Wohnung/ welche sambt dem Garten mit einer grossen Maur vmgeben: Dise haben vor wenig Zeit den PP. Franciscanis, daß H. Orth der Krippen/ oder besser zureden die Capell nativitatis Domini vnnd H. Berg Calvariæ zu Ierusalem abgenommen vnnd vnder jhren Gewalt gebracht/ hoffen auch die Catholische Religion gäntzlichen auß dem H. Land zuvertreiben/ welches sie vermittelst deß Gelts vnnd jhrer bösen practic bey den Türcken vnabläßlich sollicitieren/ als welche der Catholischen/ gleich wie die Calvinisten abgesagte Feind/ anderst nichts suchen/ als selbige bey den Türcken verhaßt zumachen.

Von andern Heyligen Orthen der Gegend Bethlehem.

NAch Besuchung der obbesagten H. Orthen vnnd verrichtem Gottes-Dienst/ haben wir bey den PP. Franciscanis, das Mittag-Mahl eingenommen/ vnd seynd auß dem Convent dem Vich-Thurn/ welcher ein halbe Meil von Bethlehem in einem fruchtbaren Thal gelegen/ zugangen/ daselbst hat der Patriarch Iacob wie auch die Hirten als jhnen die Engel die Geburt Christi vnsers HErrn mit grosser Frewd verkündiget: Dem Vich gehüetet/ zu dessen Gedächtnuß die H. Helena ein Kirchen daselbsten erbawen lassen darvon anders nichts als ein grosser Steinhauffen verhanden.

Da wir etwas vorbas kommen/ haben wir ettliche schwartze Arabier so daß Vich gehüetet/ angetroffen/ welche vmb das Fewr gesessen vnnd auff der Aschen Brodt gebachen.

Von dannen haben wir auff die lincke Hand geschlagen vnd ein zerstörtes Häußlin angetroffen/ in welchem der Engel GOttes/ deß H. Ioseph im Schlaff ermahnt/ das er mit dem Kindlin IESU vnd seiner

Muetter in Egypten fliehen solle. Zur rechten sihet man das zerfallene Closter in welchem die H. Paula, sambt jhrer Tochter Eustochium vnd vilen anderen H. Junckfrawen GOtt gedienet, hernach seynd wir in das Dorff der Hirten kom̃en, darinnen ein frischer vnd guter Schöpff-Brunnen auß welchem die Mutter GOttes offt pflegte Wasser zuschöpffen, wird von den Türcken der H. Brunn genannt, vnd wegen grosser Krafft vnd Würckung hochgeacht.

Das Closter der H. Paulæ.

Man hat auß gewisser tradition, das als auff ein Zeit MARIA die Mutter GOttes daselbsten fürrber gangen, vnd kein Geschirr gehabt Wasser zuschöpffen, habe sich daß Wasser so hoch auffgelassen, daß sie es habe können erreichen vnd trincken, hernach seye er widerumb gefallen vnd biß auff dise Zeit reich am Wasser verbliben.

Von disem Brunnen seynd wir widerumb gegen Bethlehem gangen, vnd nit weit von der Kirchen zur lincken in ein Höle vnder der Erden kom̃en, so einen schwerlichen Zugang, innwendig ist sie etwas breit vnd zimblich lang, darinnen die allerseligste Junckfraw MARIA mit jhrem liebsten Kindlein IESU verborgen gelegen, als der H. Ioseph sich mit nothwendigen Mitlen, in Egypten zuraysen verfasst gemacht. In disem Orth hat MARIA jhr Junckfräwliche Milch an den harten Felsen gesprützt, welcher gantz weiß vnd weich, auff den heutigen Tag bey Christen vnd Türcken in allerhand Anligen grosse Miracula thut, besonders aber bekombt dise Erden wol den Weiberen, so jhr Milch verlohren, ein wenig eingenommen, bekommen alsobald vberflässig Milch, wie solches an der Erden so ich mit mir herauß getragen offt an Menschen vnd Vich bewehrt worden.

Unser lieben Frawen Milch.

Als wir auff den Abendt widerumb in das Closter kommen, vnnd die Krippen offen gefunden (welches deß Tags dreymal, namblich, Morgens, Mittags vnnd Abendes auffgethon wird, dahin ein jeder sein Andacht zuverrichten gehn kan) haben wir dises allerheyligste Orth widerumb visitiert, vnd seynd nach verrichtem Gebett der Kirchen zugangen, auff der Höhe man den Berg Engaddi vnnd das Thal Hebron ersehen kan.

Hebron. Num. 13.

Hebron ist von Adam erbawt vn̄ die erste Statt gewesen, von welcher Num. 13. julesen, daß sie siben Jahr vor Tanim erbawt worden, alldort solle Noë gewohnt haben, vnnd die Patriarchen Abraham Isaac vnd Iacob begraben ligen, deren Gräber von den Türcken besucht vnnd verehrt werden.

Ein

Ein halbe Meil von der Statt Hebron fange das Thal Mambre *das Thal*
an/ in welchem der Patriarch Abraham drey Engel gesehen/ vnd einen *Mambre*
angebetten.

Campus Damascenus darinn Adam erschaffen/ strecke sich gegen *Alhie ist*
Nidergang der Sonnen/ daselbst weiset man den Orth/ da Cain seinen *Adam er-*
Bruder Abel erschlagen/ die Erd selbiger Enden ist rot/ laßt sich als Wax *schaffen*
Arbeiten. *vnd Abel*
von Cain
Ein Meil von Bethlehem hat Salomon den versperrten Garten *vmbge-*
gehabt/ vnd neben demselben den gezeichneten Brunnen/ welchen er in die *bracht.*
Statt Ierusalem durch verborgne Canäl führen lassen. Zu diser Zeit
ist alles sambt dem Teich Hesebon verwildet vnd verwüest. An jetzt er- *Hortus*
zelte Orth haben wir wegen vnsicherheit der Arabier nicht raysen können/ *conclusus.*
welche domahlen wider den Bassa zu Ierusalem erzürnt/ alles vnsicher *Fons*
gemacht/ die Gegend aber selber Orthen haben wir gesehen/ vnd ge- *signatus.*
merckt/ daß dise Land sehr fruchtbar/ beneben aber wegen der Arabier
gar vnsicher/ welche offtermahlen den Türcken/ so der Patriarchen
Gräber vil besuchen/ grosser Schaden zufüegen/ nach eingenommem
Nacht-Mahl haben wir vns zu Ruehe begeben/ vmb Mitternacht aber
mit den PP. Franciscanis auffgestanden/ die Mette gesungen vnd nach sel-
biger Meß gelesen/ darauff die Rayß vber das Jüdische Gebürg fol-
gender Gestalt vorgenommen.

Die Rayß vber das Jüdisch Gebürg vnd wie
die Wüeste Ioannis Paptistæ
beschaffen.

Zu diser Rayß haben wir vns mit 2. Türcken vnd 2. Ara-
bier vor mehrere Sicherheit wegen versehen/ vnnd seynd zwo
Stund vor Tag/ mit vnserem Comitat darunder etliche PP. Fran-
ciscaner gewesen/ auffgebrochen auß dem Closter neben Bethlehem
vorüber vnd nach einer viertehel Meil zu dem Dorff Bethagil so von den
Maronitern bewohnt ankommen/ in selbiger Gegend hat der Engel
deß HErren 185000. Assirier erschlagen/ wie zulesen Isaiæ 37. vnd 4. *Isaiæ 37.*
Reg. 19. *vnnd 4.*
Reg. 19.
In disem Orth kan auff den heutigen Tag keiner so beschnitten/ biß in
den dritten Tag das Leben erhalten/ sonder muß sterben/ so fern er nit
von dannen weicht/ wie solches jhrer vil erfahren/ vnd vns für die War-
heit

heit erzehlt: Als wir dahin gelangt/ seynd vnsere Türcken vnd Arabier als beschnittne disen Orth abgewichen/ diß Vbel zuverhüten/ ein Meil vmbgangen/ vnd alsdann widerumb zu vns kommen/ dergleichen Gefahr haben die Beschnittene in einem Junckfrawen Closter der Maroniten/ auff dem Berg Libano, welches zweiffels ohne auß sonderbahren Gnaden GOttes deß Allmächtigen beschicht/ damit diser Junckfrawen Keuschheit von der Unzucht der Türcken vnnd Heyden nit geschwächt werde.

Nach anderthalb Stunden/ seynd wir in ein enges aber lustiges fruchtbares Thal kommen/ welches mit vilen Weinstöcken angefüllt/ so damahlen voll schöner Goldgelber Trauben gehangen/ welche einer Elen lang vnd so lieblich vñ süß gewesen/ daß wir vns ab selbigen nicht sättigen kondten/ haben daher einen gutten Theil abgeschnitten/ mit vns geführt vñ selben Tag genossen: In disem Thal haben die Außspeher selben grossen Wein-Trauben gefunden/ den Kindern Israel zugetragen vnd bezeiigt das dasselbe Landt warhofftig mit Honig vnd Milch fliesse/ wird Exodi 13. torrens botri geheissen/ 1⁂.

Ex. 13.

Es ist meines erachtens die Fruchtbarkeit deß gelobten Landes noch auff dise Zeit mehr vbernatürlich/ als natürlich/ dann ohnangesehen daßselbe vbel gebawt/ vneben/ einen sandigen vnnd steinigten Boden/ auch wenig Holtz vnd Wasser hat/ ist doch solches mit Brodt / Frücht vnnd Feder/ Wilpert angefüllt/ das niemahl einigen Mangel erschinen/ welches dem Segen GOttes billich solle zugemessen werden/ dann er solches dem Propheten Moysi mit disen Worten versprochen Deut. 11. Terra ad quam ingredieris possidendam, non est sicut terra Ægypti de qua existi, vbi jacto semine in hortorum more aquæ dicuntur irriguæ; sed montuosa est & campestris de cælo expectans pluvias, quam Dominus tuus invisit, & oculi illius in ea sunt, à principio anni, usque ad finem eius. Das Land da du hinkombst einzunemmen/ ist nicht wie Egypten Land/ darvon ihr außgezogen seyt/ da du deinen Saamen seyest/ vnd wässerest es wie ein Kraut-Garten/ sonder es hat Berg vnd Thal/ die den Regen von Himmel erwarten/ welches Land der HErr dein GOtt allezeit ansihet/ vnd die Augen deß HErrn seynd immerdar darinnen/ von Anfang deß Jahrs biß ans End.

Sicelech.
2. Reg. 1.

Auß disem Thal seynd wir in Sicelech kommen/ welche Statt der König Achis dem David eingeben wie zusehen 1. Reg. 27. daselbsten hat

Pilgerfahrt.　　　　　　　　　　135

hat David den Todt deß König Sauls mit Schmertzen empfangen vnnd den Botschaffter laſſen vmbbringen.

　Hernach ſeynd wir in die Wueſte Gazal gelangt/ vnd haben ein Waſſer gleich einem Brunnen angetroffen/ in welchem der H. Philippus den Mohren der Königin Candacis (nach deme er bekent/ das Chriſtus warer GOTT ſeye) getaufft. Nechſt bey diſem Brunnen ſtehn ettliche Hauß-Mauren/ darauß abzunemmen/ das ein Kirch oder Cloſter daſelbſt geſtanden ſeye. *Gaza. Act. 8.*

　Nach deme wir vns mit diſem Waſſer erkuelt/ haben wir zu der rechten geſchlagen/ vnd ſeynd auffwerts durch einen böſen beſchwerlichen Weeg innerhalb drey Stunden in die Wueſte deß H. Ioannis Baptiſtæ kommen/ von welcher die Catholiſche Kirch ſingt/ Antra deſerti teneris ſub annis &c. In diſer Wueſten an einem Berg ligt ein natürliche Höle/ ſiben Schrit lang vnd drey breit/ welche der H. Ioannes bewohnt/ hat einen ſehr gefährlichen Zugang/ engen Einſchlupff/ vnd neben ſelbigem ein hohes præcipitium in ein wildes Thal: Innerhalb der Höle iſt ein rundes Loch durch die Felſen gegen dem Thal da daß Liecht hinein falt. Nechſt bey ſelbigem hat der H. Ioannes auff dem harten Stein ſein Ruhſtat gehabt/ bey der Thür der Hölen/ flieſt ein kleines Brünnlin auß dem Felſen/ welches der H. Vorlauffer Chriſti/ innerhalb mit einem Geſchirrlin hat können erreichen vnd trincken. Zu diſes H. Gedächtnuß haben wir vns daſelbſten nidergeſetzt/ vnd ſambt dem Waſſer etliche Kreuter ſo ich geſamblet/ genoſſen/ ab welchen wir alle einen ſonderbahren Troſt empfangen/ in Bedenckung daß diſer allerheyligſte vnder den Menſchen/ ſelbige Speiß vnd Waſſer gebraucht. In deme wir alſo bey ſamen geſeſſen/ ſeynd vnderhalb an dem Thal etliche Arabier für paſſiert/ ſo ſie vns erſehen weren wir in Lebens-Gefahr gerathen/ welche zweiffels ohne der H. Ioannes durch ſein Fürbitt abgewendet. Oberhalb hat die H. Kayſerin Helena ein Kirchen vnd gegen dem Thal ein Wandt/ auß gedachenen Steinen erbawen laſſen/ darvon anders nichts als zerfallene Mauren verhanden/ in ſelber Gegendt waren vil Cazeben, das iſt Ioannis Brodt/ oder ſiliquæ dulces, bey vns Bockshörnlin genannt/ welche der H. Ioannes neben dem wilden Honig in diſer Wüſten genoſſen. *die Wüſte deß H. Io. Bapt.*

　Nach Verehrung obgedachter Orthen/ ſeynd wir zwo groſſe Meil durch das Jüdiſch Gebürg/ eben ſelbigen Weeg welchen MARIA die Mutter GOttes zu ihrer Baaſen Eliſabeth gebraucht/ gangen vnd haben erſtlich das Hauß Zachariæ, da Eliſabeth Mariam empfangen/ *Der Weeg vber das Jüdiſch Gebürg. Das Hauß Zachariæ.*

ange-

Allhie ist das Magnificat von MARIA gesprochen worden.

angetroffen/ welches ein halb Viertel Stund ob der Statt Juda, auff einem Bühel gelegen/ daselbsten haben wir gesehen den Orth vnd Platz da MARIA das Magnificat gesprochen: Zu dessen Gedächtnuß haben wir einhellig auch das Magnificat gesungen. Uber disen Orth hat Helena die H. Kayserin zwo schöne Kirchen/ eine ob der andern vnd ein Frawen Closter erbawen lassen von welchem auch die Mauren vnd an selbigen etlich verderbte Gemähl verhanden vnd gesehen werden. Underhalb dises Hauß nechst an der Straß vor der Statt Juda ist ein Bronnen/ auß welchem MARIA die Junckfraw Wasser geschöpffet/ vnd deß H. Ioannis Windlein gewaschen/ als sie bey ihrer Baasen Elisabeth gewohnt: Wir alle haben auß Andacht auß selbigem getruncken/ vnd seynd als dann in die Statt Juda dem Hauß da Ioannes gebohren/ zugangen. In der Statt Juda seynd kaum 10. Häuser/ scheint

Statt Juda.

doch auß der Gelegenheit daß sie groß gewesen. In gemelter Statt stehet zur lincken die Kirch deß H. Ioannis, vnd darinnen auff der Seyten ein Capel da diser Vorläuffer gebohren worden/ noch fast gantz vnd wol erbawen/ außgenommen ein Wand auff der rechten Seyten/ so anfangt zusincken/ zu deren reparation Don Ambrosius ein Malteser Ritter so auch in vnserer Gesellschafft/ den PP. Franciscanis ein stuck Gelt hinderlassen/ damit diß H. Orth nicht wie andere zuhauffen fiele/ vnd das Fest deß H. Ioannes Baptistæ, nach Gewohnheit Jährlich daselbst gehalten wurde. Es sagt vns diser Cavalier daß er verhoff/ das H. Land solte bald in der Christen Gewalt kommen/ were auch solches außzusehen/ vnnd die Beschaffenheit desselben zuersehen/ von seinen Ordens-Brüderen dahin geschickt worden. GOTT gebe disem H. Werck einen glücklichen Fortgang vnd bessers End.

In gemeltem Orth haben vns die Mohren hart gehalten/ in dem sie vber den gewohnlichen Tribut gefordert/ so vnser Dollmetsch nit bezahlen wolte/ seynd gleich wie die Schwein zusammen geloffen/ mit grossem Geschrey vns angefallen/ weilen sie aber kein andere Wehr als Pfeil vnd Messer/ eines Armbs lang/ haben sie vnsere zween Türcken so Fewr Rohr gehabt/ geförcht/ vnd nach deme sie ein Stund lang gejangt/ vns entlassen seynd also nit ohne Gefahr disen wilden Leuthen entrunnen/ durch einen rauhen Weeg noch anderthalb Meil in das Closter zum H. Creutz/ so nechst an dem Weeg zur lincken mit hohen Mauren vmbgeben/ ankommen/ vnd daselbst das Loch/ in welchem der Baum gestanden/ so zu dem Creutz Christi gebraucht worden/ in der Kirchen hinder

dem

Bilgerfahrt.

dem Altar gesehen/ denselben Platz halten die Catholische vnd Orientalische oder Morgen-Ländische Völcker in grossen Ehren/ wird von den Georgianer Mönchen bewohnt/ darinn ihr Bischoff seinen Sitz vnd Wohnung hat.

Von dannen seynd wir einen sehr hohen vnd rauchen Berg gereißt/ vnd ein Meil von Ierusalem den Berg Gion gesehen/ auff welchem Salomon zum König gesalbet worden. Daselbst seynd noch vnderschidliche alte Gebäw/ welche vorgemelter Salomon auffgericht/ als wir nun gegen der Statt Ierusalem genahet/ hat vns die Nacht vberfallen vnd wenig gefehlt/ wir weren außgespert/ vnd widerumb in Lebens-Gefahr gerathen/ seynd also ein halbe Stund in die Nacht müed vnd mathin das Convent kommen/ wol empfangen vnnd mit Speiß vnd Tranck erquickt worden. • Berg Gion.

3. Reg. 1.

Von den ritterlichen Orden/ welche zu Ierusalem eingesetzt/ vnnd jhren Anfang genommen.

DIer ritterliche Orden seynd in der Statt Ierusalem eingesetzt vnd hernach durch die gantze Christenheit außgebreitet worden.

Von den Rittern deß H. Grabs Christi deß HERREN.

DIse Ritter seynd keine Ordens-Leuth/ weilen sie ohne Versambtung: den dreyen Gelübden nie vnderworffen/ so eygentlich den Ordens-Leuthen zustehet: Sonder ist vilmehr ein Ritterschafft/ welche/ wie man darfür haltet/ von Godefrido vnnd Balduino den Anfang genommen/ so nach Eroberung der Statt Ierusalem Anno 1099. vor dem H. Grab/ wegen jhrer glorwürdigen Thaten sambt vilen andern dapferen Helden zu Rittern deß H. Grabs geschlagen worden/ wie dann noch auff dise Zeit dergleichen von R. P. Guardiano daselbst mit gewissen Cæremonien erwöhlt vnnd gemacht werden/ welchen/ neben deme sie Catholisch vnnd eines Adelichen Geschlechtes/ dise 5. Puncten vorgehalten werden.

Erstlich solle der Ritter deß H. Grabs/ wo müglich/ alle Tag ein H. Meß anhören.

S   Zum

Zum andern solle er zu Beschützung deß Christlichen Glaubens in einem allgemeinen Krieg wider die Ungläubigen sich Persöhnlich gebrauchen lassen/ oder so er Leibshalber diß nicht vermag/ einen anderen tauglichen darstellen vnd selbigem gnugsame Mittel an die Hand geben.

Zum dritten solle er die Catholische Kirch: derselben Geistliche Vorgesetzte vnd Diener vor aller Beschwernuß/ Unbild vnd Schmach sovil jhme möglich beschützen vnd handthaben.

Zum Vierdten solle er unrechtmässige Krieg/ Gewinn/ Streit/ wie auch vnehrbahre Gesellschafft meyden vnd fliehen.

Zum fünfften soll der Ritter deß H. Grabs aller Orthen Frid vnd Einigkeit pflantzen/ vnd befürdern/ Wittwen vnnd Weisen beschützen/ vor fluchen/ schweren/ Trunckenheit/ Unzucht/ falschem Ayde sich hüten/ vor GOtt vnd den Menschen ein erbar Christliches Leben vnd Wandel führen vnd sich also verhalten/ damit durch jhne GOtt geehrt/ der Nebent-Mensch erbawt vnd Er diser Ehr würdig geacht werde. Zu Bestättigung diser Ritterschafft wirdt Ihnen ein solches Creutz an den Hals zum Zeichen der fünff Wunden Christi Ein Schwerdt an die Seyte zu Beschützung deß Christ lichen Glaubens/ vnnd ein guldene Sporen zum Zeichen der Ritterschafft/ vor gethaner Beicht vnd Empfahung deß heyligen Sacraments deß Altars von dem R. P. Guardiano in dem Grab IESU Christi angelegt vnd mitgetheylt.

Von dem ritterlichen Orden S. Ioannis Ierosolimitani, so Malteser-Ritter genannt werden.

Diser ritterliche Orden hat seinen Anfang Anno 1106. von einem Adelichen Ritter/ mit namen Giraldus genommen/ welcher zu Zeiten Godefridi de Boulion nach Ierusalem kommen/ vnd daselbsten ein Hospital zur Herberg der Bilger bawen lassen/ daher sie Hospitaler S. Ioannis Ierosolimitani genennt werden/ als aber derselbigen Fleiß vnd Lieb gegen den krancken Bilgern in der Christenheit außgebreitet/ haben sie an adelichen Persohnen vnnd zeitlichen Gut dergestalten zugenommen/ daß sie ein zimbliches Kriegs-Heer zugericht/ mit welchem sie die Strassen deß H. Landes, vor den An-

Bilgerfahrt.

ſtuffen der Türcken vnd Arabiern ſicher gemacht. Zu ſelber Zeit iſt jhnen die Inſul Rhodus vom König Godefrido vbergeben worden/ obwol andere wellen ſie habens den Türcken nach 4. Jähriger Belägerung abgenommen/ daſelbſten ſie erſtlich ein Hoſpital zum Dienſt der krancken Bilgern/ hernach die Statt wider den Anlauff deß Erb-Feindes/ befeſtiget/ vnd als ein Vormaur der Chriſtenheit geſetzt/ biß ſie endtlich Anno 1522. nach dreyer Monat harter Belägerung vertriben vnd in die Inſul Malta kommen: Als aber diſe Inſul von Carolo dem 5. Römiſchen Kayſer jhnen verehrt worden/ haben ſie ſelbige befeſtiget/ zur Reſidenz jhres Großmeiſters verordnet vnd den Namen Maltheſer Ritter bekommen/   *Rhodus.*   *Malta.*

    Der erſte Großmeiſter diſes Ordens iſt geweſt/ Raimundus de Podio, welcher auß der Regel S. Auguſtini gewiſſe Puncten zuſamen geſchriben vnd zuhalten/ hinderlaſſen. So hernach von Honorio 2. confirmiert vnd bekräfftiget worden: Den Habit aber oder Mantel ſambt einem achteggetten weiſſen Creutz/ haben ſie von Eugenio dem 3. zur Gedächtnuß der acht Seeligkeiten empfangen.

    Es hat diſer Orden 8. Zungen/ oder vnderſchidliche Sprachen/ deren ein jede beſondere fortin oder Veſtungen/ zubeſchützen anvertrawt. Das Ordens-Creutz/ wird jhnen ehe vnd zuvor nit gegeben/ ſie haben dann neben dem Adelichen Geſchlecht ſiben Caravana oder Zug wider den Erb-Feind gethan/ vnd ſich ritterlich/ nach verſprochner Gehorſamb Trew vnd Keuſcheit/ gehalten/ darauff ſie zu Ritter geſchlagen/ vnnd auff die Comenthureyen/ mit diſem Beding befürdert daß ſie zu allen Zeiten auff begehren jhres Großmeiſters/ wider den Erb-Feind zu ſtreitten bereit vnd willig ſich ein finden laſſen.

    Die groſſe Nutzbarkeit vnd herrliche Thaten diſes ritterlichen Ordens/ ſeund durch die gantze Chriſtenheit berüehmbt/ ſollen derowegen billich von allen geehrt vnnd gelebt werden/ als welche mit Darſetzung jhres Leibs/ Lebens/ Guets vnd Bluts den groſſen Gewalt deß Erb-Feinds hinderhalten/ ſeine Anſchläg verhindern vnd die Chriſtenheit vor dero Infechtung vnd Tyranney abhalten vnnd ritterlich beſchützn deßwegen ſie mehr als andere Chriſtliche Fürſten ꝛc. von den Türcken geförcht werden/ ja ſogar in Anhörung jhres Namens erzittern/ wol wiſſendt/ das alle Gedancken diſer Ritter dahin gericht/ damit ſie den Erb-Feind verfolgen/ ſeine Macht ſchwechen/ ſeine Schiff vnd Galleern vbergewältigen/ vnd jhre böſe Anſchläg zuſchanden machen/ allermaſſen

S 2   ſie

ſie alle Jahr herꝛliche Beütẽn dem Türcken abnemmen/ vnd mit glorwüꝛ-
digen Victorien auff Malta ſeglen: Der liebe GOTT wolle ſie zu Troſt
ſeiner Kirchen noch weiter benediciren vnd ſegnen.

Von den Tempel-Herꝛen.

Diſer Orden iſt zu Zeiten Gelaſij deß andern Anno
1119. oder 1118. von Hugone Payennenſi vnd Gaufredo
von S. Ademaro geſtifftet zu Guettem vnd Sicherheit der Bil-
ger eingeſetzt worden/ welchen Balduinus der König nechſt bey dem H.
Grab Chriſti innerhalb deß Tempels zu wohnen vergünnt/ dahero ſie
Templarij das iſt Tempel-Herꝛen geheiſſen worden. In dem Conci-
lio zu Trecis iſt jhnen ein Regul vnd Habit von S. Bernardo gegeben
vnd vorgeſchriben worden/ welchen Eugenius der dritte ein rotes Creutz
gegeben/ ſo hernach Honorius der 2. confirmiert. Diſe Ritter habẽ
Pflichte jhres Ordens die H. Orth 200. Jahr vor den Vngläubigẽ
ritterlich beſchützt/ vnd den Bilgern groſſe Lieb erwiſen/ ſeynd der Urſa-
chen in guete æſtimation vnd groſſe Reichtumb kommen/ ſo jhnen her-
nach/ zum Verderben ein Urſach geweſen/ maſſen diſer Orden auß An-
ſtifftung etwelcher Miß-Günneren von Clemente 5. abgeſchafft/ vnnd
jhre Güetter anderen Geiſt: vnd Weltlichen geben worden.

Von dem Teutſchen Orden.

Als Kayſer Fridericus der andere auß Antrib Pabſts
Gregorij deß 8. ein groſſe Armee Teutſcher Völcker in Syriam
geführt/ Ieruſalem Belägert vnd eingenommen/ haben etlich
adeliche Teutſche Ritter/ vnder denen Henricus Walpotus der vornemb-
ſte vnd erſte Großmeiſter geweſen/ auß Andacht zu der Mutter GOttes
MARIA vnd Liebe gegen dem Nebend-Menſchen diſen ritterlichen
Orden mit Erbawung eines Hoſpitals zu Ieruſalem den Anfang ge-
macht/ in welchem ſie mit groſſem fleiß vnd Liebe den Bilgern gedienet/
vnd daher Hoſpitaler S. MARIÆ oder Mariani geheiſſen worden/
welchen Celeſtinus 3. vnder der Regel S. Auguſtini ein weiſſen Mantel/
ſambt einem ſchwartzen Creutz vnd vmb ſelbiges einen Roſen-Krantz zu-
tragen vergündet. Nach deme aber die Statt Ieruſalem widerumb ver-
lohren/ vnd ſie ſambt den Chriſten vertriben/ haben ſie ſich in die Statt
Ptolo-

Pilgerfahrt.

Ptolomaida retcriert vnd daselbsten den Saracenern ein Zeit lang grossen Abbruch vnd Widerstandt gethan/ biß sie entlich von dannen auch vertriben/ in das Teutschland kommen/ daselbsten sie vil herrliche Sig/ bevor wider die Preussen vnd Massauen erlangt/ welche sie nach vierzig Jährigem Krieg/ vnder dem dapffern Ritter Hermanno Salzæ vberwunden vnd zur Christlichen Religion gebracht/ dardurch diser ritterliche Orden an Land vnd Leuth zugenommen/ vnd so mächtig worden/ daß sie allein vil Jahr die Christliche Catholische Religion wider die Vngläubigen verfochten/ auch allen Potentaten wider die Feind deß Glaubens getrewen Beystandt geleist/ biß entlich Albertus damahl Großmeister die Catholische Religion verlassen/ an seinem Orden Vntrew/ Pflicht vnnd Ayd hindangesetzt/ zum Lutherthumb gefallen vnd zumahl das gantze Land von dem Orden vnnd Catholischen Glauben abzogen/ Trewlos sich desselben bemächtiget/ dardurch dann diser Orden mercklichen Schaden gelitten die Mittel verlohren/ mit voriger Macht jhre Feind zubekriegen vnnd die Christliche Catholische Religion zubeschützen. Das jenige aber so jhnen verbliben/ ist in vnderschidliche Balleyen außgetheylt/ darüber der Großmeister die Land-Commenthur bestellt/ von welchem hernach den anderen nach Probierung jhres adelichen Geschlechts das Ordens-Creutz sambt der Profession geben wird/ pflicht deren sie/ gleich den Maltheser Rittern zu Gehorsamb Trew vnd Keuschheit/ auch die Christliche Religion zubeschützen sich verbinden vñ geloben.

Hernach wird den jenigen so sich durch ritterliche Thaten verdient gemacht/ die Commenden anvertrawt vnd vber geben. Für jhre Officia sprechen sie gewisse Vatter vnser/ seynd auch schuldig auff sonderbahre Fest-Tag/ bevor vnser lieben Frawen/ mit vorgehender Fasten zu beichten vnd zu communicieren. Neben deme wird disen Rittern auch die Lieb gegen den armen recommendiert. Massen solche bey jhnen gegen den bedürfftigen gar reichlich gespürt/ vnd mit grossem Trost der Armen geübt wirdt. Diser Orden hat zu Zeiten Alexandri deß dritten vmb das Jahr 1229. seinen Anfang genommen/ welchen hernach Celestinus der dritte confirmiert vnd bestättiget.

S 3   Von

Newe Jerosolomytanische

Von vnserer Abrayß von Ierusalem vnd wie wir zu Ioppe ankommen

Als vns Bericht eingelangt/ das ein Schiff zu Ioppe auff Ptolomaida zufahren/ Segel fertig/ vnd wir die H. Stätt vnnd Orth nach Gewohnheit visitiert vnd verehrt/ haben wir vns/ selbiger Gelegenheit zubedienen/ auffgemacht zuvor aber selbigen Morgen per viam dolorosam in die Capell vnser lieben Frawen auff dem Berg Calvariæ, gangen/ Meß zulesen/ hernach bey PP. Franciscanis erstlich das Mittag-Mahl vnd darauff in der Kirchen von R. P. Guardiano die Benediction empfangen/ welcher vns ein Attestation vnserer Rayß mitgetheilt/ fründtlich vmbfangen/ vnd sambt seinen Patribus zu der Porten des Closters beglaitet/ denen wir nach demütiger Dancksagung valediciert, vnd seynd beederseyts mit weinenden Augen von einander geschiden/ sie auß Mit-Leyden bevorstehenden Gefahr/ wir aber auß innerlicher affection der erwisenen Liebe vnd Guetthaten.

Als dann seynd wir in Beglaitung etlicher PP. dem H. Grab zugangen/ vor demselben auff vnsere Knye gefallen/ dem lieben GOTT vmb empfangene Gnad and Guetthat Gedanckt/ trewlich vmb weittere Bewahrung vnd Beystande vnserer gefährlichen vnd weiten Rayß: Auch demüetig gebetten vns zu Land vnd Wasser gnedigklich beyzustehen vnd widerumb in die Christenheit zuführen. Entlich haben wir mit Sprechung fünff Pater vnd Ave den Ablaß gewoñ:/ das allerheyligste Orth gekußt/ vnd seynd mit Vergi ssung der Zäheren schwerlich vnd mit grossem Sand von dannen der Porten Damasco, daselbsten die Caravana oder Gesellschafft zuerwarten/ gangen/: Als sie versamblet/ haben wir Christen (dergleichen auch andere Nationes gethan) vns zusamen gesellet/ vnd der andern nichts angenommen.

In diser vnserer Gesellschafft waren 3. Patres 2. Conversen Religionis S. P. Francisci de Observantia. R. P. Ioannes Commissarius terræ sanctæ, Pater Ambrosius Guardian zu Bethlehem beyde Spannier. P. Ioannes Capistranus ein Polack/ F. Antonius auch ein Spannier. F. Lucas von Meyland: Neben disen ist gewest/ Herr Obrister Antonius Waldon ein Engelländer. Don Ambrosius ein Malteser Ritter auß Portugall/ auch haben sich etlich Polacken vnd Reüssen zu vns geschlagen. Die Griechen vnd Armenier sambt andern

ihres

Bilgerfahrt.

jhres Glaubens haben sich auch zusamen gemacht. Gleichfahls haben sich die Juden Türcken/ Mohren zu jhres gleichen gesellet: Dise raysten mit vns auff Ioppe von dannen seynd etliche in Egypten/ andere in Syriam, jhre Gescheffte zuverrichten gefahren/ als wir gegen Abendt auffgebrochen/ haben wir in einer viertel Stund das Grab Samuelis deß Propheten in der höhe gesehen: Nach deme wir ein grosse Meil vber den Berg gangen/ vnnd auff die höhe kommen/ hab ich mich zum öfftern vmblehrt/ die H. Statt so offt mir möglich nit ohne schmertzen angesehen/ entlich haben wir sambtlich mit gebognen Knyen vnd Vergiessung der Zäher derselben valedicirt; Domahl were mir ringer gewesen zusterben/ als dise H. Statt vnd Heyl aller Gläubigen zuverlassen. Etwas vorwerts ligt der Flecken Emaus auff der rechten/ so von den Arabiern verderbt/ hat kaum zehen Häuslin/ daselbsten sihet man ein zerfallene Kirchen/ welches der Orth da Christus in Brechung deß Brodts nach seiner Vrständ erkandt vnnd die zween Jünger erleücht worden.

Nach deme wir etwas abwerts ein Meil weegs gangen/ seynd wir in das Thal Terebinthi so zimlich eng/ aber lang/ kommen/ vnnd den Orth da David den Goliat erlegt gesehen. In deme haben wir die Kirchen S. Ieremiæ ertrett/ daselbsten etlich schwartze Weiber mit roten Corallen vmb den Halß vnd Händ angetroffen/ welche vber vns geschrowen vnd ... das vnsere Camel vnd Esel solten ... werden/ welches ... nicht verwehren möchten.

Als wir zu der ... wohnung Iobs kommen/ hat sich die Sonn anfangen zu ne... ... wir mehr auff die Gefahr als die vmbligenden O... ... ... suchen Weeg in grosser Stille vnnd geschwinde durch p... ... Nach vberwundenem hohen Gebürg Judæa seynd wir auff ein schönes ebenes Feld kommen/ so mit Baum-Wollen angefüllt/ domahlen Zeitig vnd eingesamblet worden. Von diser Ebene sihet man von einer Meil Rama, welches deß H. Iosephi Vatterland/ so den HErrn begraben/ solle gewesen sein/ wirdt von etlichen Arimathia geheissen: Als wir daselbsten ankommen/ vnd in dem Hauß Nicodemi, so den PP. Franciscanern zuständig vnsern Einkehr genommen/ haben die Türcken selbe Nacht/ mit tantzen/ springen vnnd grossem Geschrey ein Fest celebrirt/ welches vns hinweck zureysen verhindert/ weillen wir besorgten von den Türcken vberfallen zuwerden/ wie dann solches offt beschi-

das Grab Samuelis

Emaus.

das Thal Terebinthi.

das Hauß Iob.

Rama.

das Hauß Nicodemi

Newe Jerosolomytanische

beschehen vnd daher ein gefährlicher Paß für die Bilger/ massen ich selb-
sten erfahren/ wie hernach folgt.

Als wir deß andern Tags abzureysen willens vnd alles versamblet/ hat vnser Führer ein Griech mit Namen Jure, das ist Geórg/ ein Anschlag gehabt/ mich hindersteilig zumachen/ vnd der Vrsachen zu arrestieren/als hette ich den Cavara oder Zoll nicht abgelegt/da doch derselbe jhn zu Ierusalem von dem P. Procuratore bezahlt worden/ so er nach der Griechen Brauch gelaugnet/in dem ich keinen Zeugen gehabt/hat er mir den Arrest angelegt/vnd die gantze Compagnia zum Auffbruch ermahnet/ mich darauff in Italianischer Sprach furios angefallen/vn̄ hoch geschworen/ ich müsse von dannen nit weichen/biß er bezahlt seye: Disem Betrug vn̄ Arglist zubegegnen/ hab ich mich mit P. Ioanne Capistrano Polono, was zuthun/ berathen/ vnd das beste zuseyn befunden/ dem P. Procuratori vnd P. Guardiano zu Ierusalem den Verlauff zuzubeschreiben/ welches ich gethan/ vnd die Brieff einem Mohren/ so fisch dahin getragen/ vbergeben: Als solches der arglistige Mensch gesehen/ hat er auß Sorg sein Falschheit möchte an Tag kommen/ mich sambt andern passieren lassen vnd weiter nichts gefordert/ ist entlich mit durmischem Angesicht vnnd bösen Worten darvon gezogen/ weilen jhme sein Anschlag nicht abgangen/ welcher dahin angesehen/ mich den Türcken zuvertauffen/ wie dann der schöne Gesell dergleichen mit anderen practiciert haben solle.

Iud. 15.

Auff diser Straß seynd wir durch das Feldt gereißt/ in welchem Samson den Philisteern/ vermittelst der Füchsen die Erndte angezündt/ daselbsten haben wir etliche Camelion angetroffen vnd gefangen/ welche den Heydoxen nit vngleich/ haben einen langsamen Gang runde scharpfe Augen/ mit dem einen sihet es vbersich mit dem andern vndersich/ dises Thier hat kein Maul lebt allein von dem Lufft/ welchen es durch ein kleines Löchlein ob dem Kopff fasset/ an anderen Ohrten ist es beschlossen/ nimbt auch alle Farben an sich/ wann sie vor seinen Augen gesetzt werden/ als weiß/ grün/ Himmelblaw/schwartz rc. (roth vnd gelb außgenommen) vnd diß in einem Vatter vnser lang/ welches ich offt gesehen vnd probiert.

Als wir auff Ioppe kommen vnd daselbsten vnder den alten zerfallenen Gewölbern (weilen für die Christliche Bilger kein andere Gelegenheit) die Herberg genommen/ ist also bald ein Vngestimme entstanden/ welche vns drey Tag hinderhalten/ den vierdten seynd wir in ein Tür-
ckisches

Bilgerfahrt.

disches Schiff Caramusan genannt/ gestiegen/ nach deme wir dem lieben GOtt vnd erwisene Gnad/ das H. Landt zusehen trewlich gedanckt/ vnd zuvor mit Küssung der Erden vnd Empfahung deß H. Ablaß das Valete genommen/ vns abermahlen dem vngestimmen Meer vertrawt/ in dem Nammen GOTTES vom Port ab: auff Syriam gefahren. Innerhalb 4. Stunden seynd wir in die Gegend kommen/ da Jonas der Prophet auß dem Schiff geworffen vnnd von dem Wallfisch verschluckt worden.

Es befanden sich in vnserem Schiff etliche wol bewaffnete Janitzarrn/ welche dem rebellischen Bassa von Aleppo, Succurs-weiß zugeschickt worden/ so mit deß Türckischen Kaysers ersten Visier tödtliche Feindschafft gehabt/ vnnd wider selbigen mit einer Armee außgezogen/ vnd mit gutem progress vnd grossem Anhang ohnfehr von Constantinopel ankommen/ vnnd seinem Feind vnder die Augen gestanden/ hatt sich ein anderer Bassa listiger Weiß zu jhme geschlagen vnd versprochen/ sambt jhme vorgemelten Visier zuverfolgen/ welcher sich dessen erfrewt/ vnnd selbigem seinen Anschlag vertrawt/ bald darauff hat diser seinen Vortel ersehen/ dem Bassa nächtlicher Weil den Kopff abgeschlagen/ nacher Constantinopel getragen/ vnnd darmit disem Krieg ein End gemacht.

In diser vnserer Reyß/ haben wir biß auff Ptolomaida zween Tag vnd sovil Nächte zugebracht/ vnnd seynd den dritten Tag gegen Abent für den Berg Carmelo geseglet/ vnd bald darauff zu Ptolomaida eingeloffen/ auff das Landt gestiegen/ vnd die Reyß auff Nazaret für vns genommen.

Von vnserer Ankunfft zu Ptolomaida, vnd der Reyß nach Nazaret.

Ptolomais oder Ptolomaida, so diser Zeit sant Ioan de Acro genannt/ ligt in Phœnicia nechst an dem Meer/ anderthalb Meil von dem Berg Carmelo vnd viertdhalb von Nazaret. Was das für ein berümbte vnd veste Statt gewesen/ kan von den alten Gebäwen/ so darnider ligen/ abgenommen werden/ alda hab ich gesehen/ daß die Christliche Kauff-Leuth in jhren Wohnungen/ auß Miß-Trawen/ von den Türcken eingespert werden. In disem Port haben wir fünff Christliche Kauff-Manns-Schiff angetroffen/ darab wir ein besonsondere Frewd gehabt/ nit anderst als wann etwann zween Lands-Leuth in frembden Landen ein ander antreffen/ von denen wir auch den Stand der Christenheit vnd deß Meers Sicherheit erkundiget. Nach deme wir daselbsten ein Tag außgeruhet/ haben wir auff Gelegenheit gesehen/ auff Nazareth zureysen/ weilen wir wegen Vnsicherheit von Ierusalem nit haben könden per terram, dahin kommen.

Nazareth ligt in Gallilæa auff einer Höhe/ drey Tag von Ierusalem vnnd zwo Meil von dem Berg Thabor: Allda ist das ewig Wort durch Krafft deß H. Geists/ Anno 5199. nach Erschaffung der Welt/ den 25. Mertzen/ wie Evodius bey Nicephoro bezeugt/ in dem Junckfräwlichen Leib MARIÆ Mensch worden/ vnnd weilen Christus zu Nazareth erzogen/ vnd die mehre Zeit mit MARIA vnd Ioseph daselbsten zugebracht/ hat man jhne Nazareum geheissen/ wie solches der H. Matthæus, auß dem Propheten bezeugt: Quoniam Nazareus vocabitur.

Math. 2.

Dise Statt Nazareth ist sehr ruiniert vnd wegen Vnsicherheit der Arabier wenig bewohnt/ massen die PP. Franciscaner daselbsten in stäter Gefahr deß Lebens vnd zum öffteren mahl vertriben werden: Auff das aber ein so H. Orth/ nit in gäntzlichen Abgang gerriethe/ haben jhr Heyligkeit Alexander VII. den minderen Brüderen befohlen/ solches nit zuverlassen/ sonder mit gewöhnlichem Christlichem GOtts-Dienst zuverehren. Zu welchem endthöchstgedachte jhr Päbstliche Heyligkeit selbigen Patribus ein jährliches Allmusen zuverschicken verordnet.

Nun ist hieben vorderist zuwissen/ daß die Junckfraw MARIA, die Mutter deß HErren/ wie Hieronymus Angelita bey Horatio Tursellino bezeugt/ zu Nazareth zwo besondere Wohnungen gehabt/ die eine: jhren Hauß-Geschäfften/ die andere dem Gebett vnnd Betrachtungen/ (welchem sie mehr als der Arbeit obgelegen) abzuwarten/ dahero etliche vermeinen: Es habe sich MARIA die Junckfraw/ als der Engel deß HErren jhro die Menschwerdung verkündet/ in dem Orth der Betrachtung befunden/ so ein Hölen/ darinnen ein Altar auffgerichtet/ in welcher die H. Kayserin Helena zur Gedächtnus disses Geheymbnuß zwo Säulen setzen lassen/ so oberhalb den Felsen berühren: Die eine: da die Junckfraw MARIA, das ewige Wort empfangen/ vnd in jhren Junckfräwlichem heyligen Leib Fleisch worden/ so 10. Spang in der Höhe/ vnd 12. in der runde hat.

Die

Die andere: da der Engel sie grüssend/ gestanden/ welche Säulen ohngefahr 3. Schuch voneinander.

Wunderbarlich ist daselbst zusehen/ daß die Saul/ da MARIA die ewige Junckfraw/ Christum empfangen/ ein halben Manns hoch von dem Boden an dem Felsen hanget/ welches/ wie man vns gesagt/ sich also zugetragen: Als die Türcken gesehen/ was massen die Christen vnablässlich vor diser Saul ihr Gebett verrichten/ haben sie vermeint/ es were ein Schatz allda verborgen/ deßwegen die Saul vndergraben/ vnd die Fundament hinweck genommen/ welches die Christliche Bilger auß Andacht nach vnd nach hinweck getragen/ also daß dise Saul wie gemelt/ ein halben Manns hoch von dem Boden Miraculosisch ohne Fundament in dem Lufft hange/ zu welcher nit allein die Christen/ sonder so gar die Türcken ein besondere vnd solche Andacht haben/ daß sie von sehr entlegnen Landen/ in allerhand schweren Kranckheiten vnnd Anligen selbige zuberühren dahin kommen/ vnnd ohnfelsbahr die erwünschte Gesundheit erlangen.

Ja was noch mehr/ so haben dise Vngläubige Menschen einen solchen vesten Glauben/ bey diser Saul die Gesundheit zuerlangen/ daß/ so sie befragt werden/ ob sie in Berührung derselbigen/ jhres Anligens abkommen/ zu antworden pflegen/ Warumb solte ich nit gesund sein worden/ in deme ich die heylige Saul MARIÆ berührt/ darvon keiner niemahlen ohne erlangte Gnad gewichen.

Neben obbesagtem Orth/ ist das H. Hauß Loreta gestanden/ welches Helena Constantini deß Kaysers Mutter/ wie Nicephorus lib. 8. cap. 30. bezeugt/ vmb das Jahr 300. nach der gnadenreichen Geburt JESU Christi/ in die Formb eines Kirchleins ziehren/ vnd darüber ein sehr grosse vnnd herzliche Kirchen erbawen lassen/ so von den Türcken zerstört/ die kleinere aber/ ist von dannen erhebt/ vnd von den Englen in Europam/ wie hernach volgt getragen worden.

Als vmb das Jahr Christi 1291. die Türcken aller Orthen obhand genommen/ das H. Land vberfallen/ eingenommen/ nach jhrer Tyrannischen Weiß die Christen verjagt/ vnnd die Heylige Orth verwüst: Hat GOTT dem Allmächtigen gefallen/ ein so heyliges Orth von disen wilden Völckern zunemmen/ vnnd seine Glaubigen damit zutrösten vnd zuerfrewen. Ist also dises allerheyligste Hauß Anno 1291. den 9 Maij zu Zeiten Pabst Nicolai deß 4. durch die H. Engel von der Grund-Mauren in einer Nacht erhebt/ vnnd auß Gallilæa bey 500.

Teutscher Meil vber Waſſer vnd Land in Europam in das Königreich Dalmatiam getragen/ vnd zwiſchen beeden Statt Terſant vnnd Flumen mit Engliſchem Geſang nidergelaſſen/ vnnd daſelbſten drey Jahr vnd fünff Monat verbliben/ auch mit groſſem Zulauff verehrt worden: Als aber damahlen zween Brüder als Grund-Herren das geopfferte Gelt der Kirchen vnrecht entzogen/ vnd noch vngerechter mit ein ander getheylet/ in Zanck gerathen/ vnnd in ſelbigem einander auff das Leben gangen/ iſt ſolch heylig Hauß Anno 1294 den 10. Chriſtmonat/ als Bonifacius der 8. diß Nammens zu der Päbſtlichen Würde erhaben/ die Chriſtliche Kirch zu regieren angefangen/ zum andern mahl erhebt/ vber das Adriatiſch Meer in Italiam in einen ſehr vngehewren Wald/ in der Anconitaniſchen Marck ohnfehr von der Statt Recanati getragen vnd geſetzt worden. Nun hat ſich damahlen ſambt der Andacht auch ein groſſe Mörderey dahin gezogen/ alſo das vil Bilger den Todt gefunden/ wo ſie das Leben vnnd Gnad geſucht: Deßwegen das Kirchlein zum dritten mahl von den Englen erhebt/ vnd auff die offene Lande-Straß/ in die Landſchafft Piceno mit Engliſcher Melodey nidergelaſſen/ vnnd der gantzen Welt zugenieſſen geſetzt worden/ allwo es bereits vber die 300. Jahr beſtändig verbliben/ vnd wegen groſſen Gnaden vnd Miraculen/ als einem ſolchen Orth gebührt von der gantzen Chriſtenheit geehrt worden/ maſſen ich ſolches Anno 1660. auch beſucht/ vnd daſelbſt mit groſſem meinem Troſt daß Opffer der H. Meß dem lieben GOTT auffgeopffert. Den Nammen Loreta hat diſes H. Hauß/ allweilen ſolches auff das Gut einer andächtigen Frawen ſo Loreta geheiſſen/ geſetzt worden/ behalten.

Nach deme diſes H. Hauß von Nazareth hinweck getragen: iſt auff vorige Fundamente ein anders gleicher Formb Gröſſe vnnd Weite erbawt worden/ welche daſelbſten zuſehen/ verehrt: vnd von den minderen Brüdern S. P. Franciſci bedienet wird/ ſo nechſt darbey in einem gar ſchlechten Cloſter ihr Wohnung haben/ vnnd den Bilgern alle Lieb erweiſen. Underhalb der Statt Nazareth iſt ein andere Kirchen/ dem H. Ertz-Engel Gabriel zu Ehren erbawt/ ſo die Griechen bewohnen/ darvon ohnfehr ein Bronnen/ auß welchem wie andächtig zuglauben Chriſtus offt getruncken/ vnd ſolch Waſſer ſeiner werthen Mutter zugetragen/ wird daher hoch geachtet vnd verehrt.

Es were vil von der Fruchtbarkeit/ Stätten vnd Flecken deß Galileiſchen Landes zuſchreiben/ weilen aber faſt alles zerſtört/ vnd wegen

Un-

Pilgerfahrt. 149

Unsicherheit der Arabier nicht ohne grosse Gefahr könden besucht werden/ will ich allein von etlichen Orthen/ so in H. Schrifft berümbt/ was weniges anziehen vnd mein Rayß fortsetzen.

Nach Nazareth soll billich der Berg Thabor, als das vornemste Orth in Gallilæa geacht werden/ welcher sehr hoch/ wunderbarlicher Weiß in die Ründe zierlich vnd schön auffgeführt/ vnden herumb ist er mit Aschen-farben Felsen vmbgeben/ hernach folget ein schöne Ordnung grüener Stauden/ als ob jhme von vnden biß auff die Spitz ein grüener Krantz auffgesetzt were/ auff der Höhe ist ein zimblich grosse Kirchen/ vnd neben selbiger drey Tabernacula von Helena der vilgedachten edlen Kayserin/ da Christus erklärt worden/ erbawt gewessen/ von disem Berg vbersihet man das gantze Land/ sambt dem Tiberianischen Meer so auch Stagnum Genezareth, der See Genezareth genambset wird/ hat süeß Wasser vnnd vil Visch/ diser See ist gleich einer ligenden Harpffen/ solle 3. Teutsche Meil lang vnd eine breit sein. Ohnfehr von disem See ligt die Statt Corozaim dern offt mit Bethsaida in dem Evangelio gedacht wird/ daselbsten hat die H. Kayserin Helena nechst bey dem Hauß Petri ein herrliche Kirchen erbawen lassen/ so jetziger Zeit sambt den zwo Städten/ ausser wenig Häuser verwüest vnnd zerstört darnider ligen. *Berg Thabor. Gallileisch Meer. Statt Corozaim. das hauß Petri.*

Jenseyts deß See sihet man die Wildtnuß oder wüesten darinn Christus mit 7. Brodt vnd 2. Visch 4000. Mann gesätiget. *Marci 8.*

Die Statt Cepher, von dern in dem Büechlin Tobiæ Meldung geschicht/ ligt sambt dem Schloß Macharonta auff der Höhe/ von den Griechen Sebasten genant/ sagen auch daß daselbsten dem H. Ioanni Baptistæ sein Haupt abgeschlagen worden seye. *Cepher Tob. 1. Sebasten*

Der Orth da Christus der HErr die 8. Seeligkeiten geprediget/ vnd alle Krancken/ so von Judæa, Ierusalem, Tyro vnd Sidon, zu jhme kommen/ gehenlet/ ist ein schönes Feld/ nechst darbey der Berg/ auff welchem Christus vnser Erlöser zubetten offt gestigen/ in selbigem Land oder Gegendt ligen Bethulia Naason, Naim, Nephtalim, auff der Höhe fast zerstört vnd wenig bewohnt.

Cana Gallilæa wie auch Capharnaum, ligen gleich den andern Stätten zu Boden/ verderbt vnd verwüestet vnd dißwegen Unsicherheit der Arabier/ welche sich mit jhrem Vich in Gallilæa auffhalten/ weilen daselbsten guete Wayd vnd frisches Wasser zufinden/ dann ob sie gleich das Erdreich nie bawen/ so trägts doch vil herrliche Früchten *Cana Gallilæa*

T 3 vnd

vnd Kreutter/ darvon sie vnd ihr Vich leben/ vnd sich erhalten können.
Nach deme wir widerumb zu Ptolomaida ankommen/ haben wir vns
vmb Gelegenheit beworben/ in Syriam zuschiffen/ dann durch das
Land zurayßen weder Sicherheit noch Gelegenheit verhanden gewesen.

Von der Weitte vnnd Grösse deß Landts.

Ehe vnd zuvor ich mich auß dem H. Land begibe/ hat mich
für gut angesehen/von der Weitte vnd Grösse desselben/was we-
niges anzuzeigen. Zehen Vnderschidliche Namen gibt die H.
Schrifft disem Landt: Erstlich wird es geheissen/ das Land Canaa.
Zum anderen das Land Israel. Zum dritten das Land Juda. Zum
vierdten das versprochne Land. Zum fünfften das gelobte Landt. Zum
sechsten das Land deß HErren. Zum sibenden Palestina. Zum ach-
ten Ruhe deß HErren. Zum neundten das heylige Land. Zum ze-
henden das Land/welches mit Honig vnd Milch fliesset. All dises Lob vnd
Preiß kombt daher/ allweilen der eingebohrne Sohn GOttes in
selbigem als wahrer Mensch von MARIA der reinen Junckfrawen
gebohren/ gelitten/ gestorben/ begraben/ aufferstanden/ gehn Himmel
gefahren/ auch versprochen noch einmahl in dasselbe zukommen/zurichten
die Lebendigen vnd die Todten: In summa alles was die Patriarchen
vnd Propheten Weiß gesagt/ist inselbigem Land erfüllet worden. Da-
hero sagen die Auctores, daß in selbigem Land kein Schuch breit/ so nicht
von H. Menschen betretten vnd bewohnt/ massen der Heyligste aller Hey-
ligen/ darinn gewandlet vnd gesehen worden.

Dises H. Landt hat zween vnderschidliche terminos oder Grätzen/
deren der eine sich von dem Fluß Nilo, biß an den grossen Fluß Ephra-
tes erstreckt/ wie zulesen/ à Fluvio Ægypti, usque ad fluvium Euphra-
tem, in welchen Gräntzen grosse Reich vnd Länder eingeschlossen: Als
daist Egypten, Phœnicia, Mesopotania, Gaza, Palestina, Gallilæa,
Samaria, Idumea, Selesyria, Syria, Damascus sambt andern mehr
welche lato modo, das ist weitläufftig/ das H. Landt können genant
werden/ weilen selbiges entweders von den Patriarchen vnd Propheten
oder aber dem Außerwöhlten Volck bewohnt vnd durchwandert worden.
So wir aber stricto modo oder eygentlich daß H. Land betrachten/ wird
selbiges In die Gräntzen angeschlossen/ welche die zwölff Geschlächter Is-
rael

Exod. 23.
Gen. 15.
Josue 1.

Pilgerfahrt.   151

rael/ nach deme sie auß Egypten erlöst worden/ bezogen vnnd bewohnt haben. Ab introitu Emath usque ad rivum Ægypti. Oder à Dan usque Bersabee, in welchen Gräntzen allein Judæa, Gallilæa, Samaria vnd Palestina eingeschlossen/ se in die länge 36. vnnd in die Breite 12. Teutsche Meilen in sich begreiffen. Unnd weilen Christus vnser Heyland selbige als Mensch betretten/ vnd den mehren Theil mit predigen/ ꝛc. durch wandert/ werden sie eygentlich das H. Land genannt/ vnd billich von allen Völckern geehrt. Judæa ligt zwischen Palestina, Samaria vnd Idumæa, ist mehr dann andere Land Bergächtig vnnd steinig/ hat wenig eben Feldt/ ausser dem Iordan kein Fluß auch Mangel an Wasser: Von Oel/ Früchten vnnd Wein-Reben aber ist Judæa reich/ allermassen alle Bühel vnd Berg voller Wein-Gärten/ mit vnderbawten Mawren/ als Schaw-Plätz gezieht/ auch vberflüssig an Feder/ Wildpert/ Fleisch/ Hüner vnd Eyern/ so gar vmb ein ringes Gelt erkaufft werden/ massen P. Procurator Antonius von Castilion meldet/ daß er vmb ein Reichsthaler 30. Rebhüner gekaufft. Deßgleichen seynd all andere Wahren/ bevor essende Speisen/ in disem Land wolveil/ das Geldt aber theur/ dahero die Türcken darvor halten/ das solches bey vns Christen ohne Mangel verhanden seye. Samaria die Landt- **Samaria.**
schafft hat vil Berg/ ist aber mit schönen Wein-Bergen fruchtbahren Thälern vnnd Gärten gezieht/ dahero zimblich bewohnt/ weilen nit vil Mühe vnd Arbeit an pflugen vnnd säen anzuwenden. Siachar ist die **Siachar.**
vornembste Statt Samariæ/ ligt zwischen zween Bergen Garizim vnnd Hebal, daselbst wird kein Jud gefunden/ wegen der grossen Feindschafft/ so die Samaricaner wider sie haben. Gallilæa ist sehr frucht- **Gallilæa.**
bar an Korn vnd andern/ hat vil schöne Ebene/ welche die Berg scheyden. Palestina ist ein schönes edles vnd fruchtbahres Land/ hat wenig Berg **Palestina**
aber vil schöne Felder/ so sich an das Mittägige Meer strecken. Gaza **Gaza.**
ist die Haupt-Statt/ welche wol bewohnt/ vnnd von einem Bassa guberniert wird.

Dise angezogene Landtschafften werden/ zumahl das H. Land geheissen/ welches wie wir Deut. 11. lesen/ von GOTT dem Allmächti- **Deut. 11.**
gen besonder gesegnet/ dergestalten das ob wol GOTT der HErr in all seinen Verheissungen gerecht/ so kan man doch solche nirgendts klärlicher als eben in disem Land sehen vnd gespüren/ welches noch auff dise Zeite mit aller Fruchtbarkeit vnd Uberfluß an Güter so GOtt der Allmächtig dem Israelitischen Volck versprochen/ gesegnet vnd angefüllet ist.

Was

Was Gestalten wir von Ptolomaida abgereist/ vnnd zu Tripoli ankommen.

ZV Ptolomaida haben wir ein Türckische Caramusan so auff Sydon zufahren/ Segel fertig/ angetroffen/ in das Schiff gestiegen/ von Land gefahren/ vnd mit gutem Wind nechst an die Statt Tyrus gelangt/ gleich darauff ist ein starcker Gegenwind/ levante oder Ost-Wind genannt/ entstanden/ welcher vns vmb etwas zuruck gegeworffen/ haben daher ohnfehr von dem Land vnderhalb der Statt Tyrus die Ancker gehefft/ besseren Wind zuerwarten/ vnder dessen seynd vnsere Schiff-Leuth zufischen auff das Land gestiegen/ welche die Arabische Rauber bald ersehen/ in grosser Eyl zu Pferde an das Gestad kommen/ in Meynung selbe zuergreiffen vnnd zuberauben/ welches aber GOTT lob nit beschehen/ seynd also nach Mitternacht mit einem erwünschtem Wind erfrewet/ der vns in das hohe Meer geführt vnnd glücklich gefolget.

Tyrus.   Tyrus laßt sich ansehen/ als were sie rund/ mit dem Meer/ der Statt Lindaw nit vngleich/ vmbgeben/ vor Zeiten war dise Statt 700. Schritt von dem Land gelegen/ als aber Alexander magnus, selbe bestritten/ hat er sovil Stein in das Meer worffen lassen/ daß sie nun auff einer Seyten an das Land stosset/ wie Iosephus antiquit. lib. 11. c. 8. bezeuget. Folgenden Tag gegen Abends/ seynd wir in das Port zu Sidon eingelauffen/ nechst bey dem Castel die Ancker gehefft/ den Tag zuerwarten/ als er nun angebrochen vnd das Schiff visitiert worden/ bin ich zu vnsern Vättern Capucinern gegangen/ daselbsten Meß zulesen/ welche in deß Frantzösischen Consulis Hauß gar ein feine vnd bequeme Capel haben/ darinn sie ihre gewöhnliche exercitia verrichten/ doch ohne Leuthung der Glocken/ dann die Türcken solche nit gestatten/ besorchtendt/ es möchte vermittelst derselben ein allgemeiner Auffstandt/ wider sie erweckt werden/ wie wir lesen/ das in Sicilia vnnd anderen Orthen beschehen/ gebrauchen daher an Statt derselben hölßine Tafelen oder Retschen/ in weiß vnd Maß/ wie man bey vns am Charfreytag zugebrauchen pflegt.

In diser Statt Sydon haben die Christliche Kauff-Leuth deren vil seynd/ mehr Privilegia vnd Freyheiten/ als anderer Orthen/ dahero

dann

Bilgerfahrt.

dann auch die PP. de Observantia vnnd die PP. Societatis IESU daselbsten ihre besondere Wohnungen/ in welchen sie nächtlicher Weil/ (gleich wie bey vns die Juden) beysamen eingespert werden.

Als ich mich zu Sydon befande/ hat ein newer Bassa auff folgende Weiß seinen Eintritt gehalten: Die gantze Statt ware in armis selbigen zue empfahen/ welche mit grossem Geschrey alle Gassen angefüllet: Vorher lauffen die Janitzaren ohne Ordnung/ hernach folgte der Aguar mit einem beladenem Pferdt Wasser/ so mit Blumen/ vnd grünen Aesten geziert. Disem folgten die Pfeil-Schützen/ mit ihrem Köcher auff dem Rucken: Darauff die Spai das seynd Reuter/ deren Pferdt mit Tygerfähl bedeckt/ vnder welchen der Bassa auff einem hohen wolgezierten Pferdt seinem Pallast zugeritten: Gleich auff ihne ist der Caddi mit zween Hammel gefolgt/ welche er vor dem Bassa als einem grossen Herren gemetzget vnd ihme geopffert/ hernach hat das Fest mit schiessen vnd grossem Geschrey angefangen/ vnd selbe Nacht durch gewehret.

In disem Orth habe ich einen Barbierer mit Namen Felix von Perusa auß Italien/ angetroffen/ welcher mir erzehlet/ was Gestalten er von den Türcken gefangen/ zu Rhodis bey einem Türckischen Barbierer 6. Jahr als ein Sclau in schwerer Dienstbarkeit zugebracht/ hernach seye er einem Cursari auff das Meer verkaufft worden/ vnd drey Jahr mit ihme herumbgefahren/ als er endlich auff Sydon kommen/ vnd erfahren/ daß daselbsten vil Christliche Kauff-Herrenwaren/ hab er selbige vmb ein Suet Geldt für sein Erledigung gebetten/ welche sich seiner erbarmet/ vnd so sehr sein Patron ihne vmb ein gebürenden Preiß wurde folgen lassen/ solches herzuschiessen sich erboten: Als sie aber vernommen/ daß er vmb 400. Real angeschlagen/ haben sie sich dessen beschwert/ vnd vmb dessen Erledigung nichts weiters tractieren wollen/ welches disem guten Felix einen anderen Anschlag vorzunemmen Vrsach geben/ machte sich derohalben kranck vnnd zoge ihme selbsten mit corasif ein Blater/ zeigt solche vor/ als ob es die Pest were/ seinem Patronen/ welcher auß Forcht/ sein Schiff möchte darmit inficiert werden/ bald mit ihme handlen/ Vnd obgemelten Felix den Christlichen Kauff-leuthen gegen 50. fl. folgen lassen/ darauff diser gute Mensch/ auß den Ketten geschlagen/ Von seiner schweren Dienstbarkeit erlöst: Auff freyen Fuß gestelt/ vnd mir solches sambt andern vberstandenen Vblen erzellet.

Von Sydon bin ich mit Frantzösischen Kauff-Herren auff Beruti gefahren/ daselbsten vnsere Patres in Erbawung ihrer Wohnung beschäfftischäfftiger angetroffen/ welche mich gleich in ihr Kirchen/ die sie mit den Maroniten gemein haben/ geführt/ allda ich gesehen daß dise Völcker ihren Gotts-Dienst ständlingen/ mit grosser Andacht verrichten/ welche alters halb nit stehen könden/ haben Krucken sich zuvnderststeüren dann keinem erlaubt/ in der Kirchen nidersuzitzen: Nach eingenommnem Nacht-Essen/ haben die Patres mich widerumb in das Schiff begleittet/ vnd als die Kauff-Herren ihre Geschäfft auch verricht/ seynd wir nach Mitternacht vom Port gesegelt/ von einem starcken Wind dergestalten angefochten/ daß der mehrertheyl deß Schiffs an dem Leben verzweifflet den Vndergang erwartet/ welcher auch erfolgt/ wo nit ein Frantzösischer Kauff-Mann das Schiff zu regieren/ an den Timon gestanden/ vnnd das Schiff von dem Land/ auff das hohe Meer geführt/ welches die verschrockene Türcken mehrmahl mit ihrem Vndergang vnderlassen/ als sich aber der Wind vmb etwas gelegt vnd wir die Gegend Tripoli ersehen/ haben wir vns beflissen dern zuzufahren/ inzwischen haben wir siben Türckische Saichen/ so von dannen gesegelt vnd in Egypten zufahren willens/ angetroffen/ welche auß Forcht der Malteser (so in disem Meer jährlich gute Beuthen machen) ein Convoi bey sich gehabt/ dise begehrten von vns zuwissen/ ob das Meer zu passieren von den Malteseren sicher were/ welche wir aber zuversicheren nit gewußt/ weilen dieselbe vnlängst bey Sydon ein Schiff hingenommen.

Tripoli.   Zu Tripoli seynd wir zu Mittag-Zeit eingeloffen/ auff das Land gestigen/ vnd der Statt/ so ein halbe Stund von dem Port entlegen/ zugangen/daselbsten hab ich bey meinen Vättern Capucinern Herberg genommen/ zehen Tag außgeruehet/ vnd Gelegenheit gehabt/ die Statt wie auch den Berg Libano, so drey Meil darvon gelegen/ zusehen. In diser Statt hat mir neben den schönen wolerbawten Häusern sonderlich das häuffige Wasser gefallen/ welches von dem Berg Libano fast in alle Häuser geleitet wirt/ wie ich dann solches in eines Türckischen Sphai Pallast 3. Zimmer hoch herfürquellen gesehen. Daselbsten haben die PP. Iesuiter ein schön grosses Hauß/ in welchem auch die Patres Carmeliter, so auff dem Berg Libano zu Winters Zeit vmb den Zinß ihre Wohnung haben/ domahlen war ein Convers mit Namen Frater Raimondus ein Frantzoß allein in disem Hauß welcher den PP. Carmeliteren vnd Capucineren zur Meß gedient vnnd die Hostien gebachen/ dahin zu Zeiten die anderen PP. Missionarij S.I. so in selbigen Landen wohnen ihr Zuflucht haben/ vnd zu wohnen pflegen/

maß

Bilgerfahrt.

maſſen ich zu Sydon R. P. Nicolaum jhren Præfect angetroffen/ der mich deß Standts der Chriſtenheit/ beſonders aber der Venetianer vnd Victoria vnd progres halber befragt.

Zu Tripoli bin ich mit P. Alexio Capuccino auſſer der Statt in ein Cloſter/ darinnen gleich wie bey vns die Religioſen, vil Türckiſche Geiſtliche Teruiſi genant/ beyſamen wohnen/ gangen/ vnd hab daſelb-ſten/ weilen es Freytag (ſo bey den Türcken ſovil als bey vns Chriſten der Sontag) geſehen/ jhre exercitia folgender Weiß verrichten. Gegen Mittag iſt einer derſelben Türcken auff den Thurn/ welcher hoch vnd rund/ geſtigen/ vnd zu drey vnderſchidlichen mahlen an ſtatt der Glogen das Volck zum Gebett beruffen/ darauff ſelbige Teruiſi herauß zu einem Bronnen/ ſo vor ſelbtger Moſchea ware/ kommen/ einer nach dem andern die Glider der 5. Sinnen von den Füſſen biß zu dem Haupt gewaſchen/ beſondere Kleider angezogen vnd hernach in die Moſchea gangen/ welche auch rundt mit Gättern vmbgeben/ damit man ohne Betrettung derſelben von auſſen jhre exercitia ſehen könde. Nach deme ſie alle verſamblet vnd jhr Gebett verricht/ iſt einer auff die Tantzel geſeſſen/ vnd hat auß einem Buch ein halb Viertel Stundt in Arabiſcher Sprach den Alcoran außgelegt/ darauff jhren vier, ſo etwas erhöcht geſeſſen/ mit beſonderen Inſtrumenten auffgeſpilt/ die anderen einen Ring formiert/ vnd ſeynd in ſelbigem mit auffgehabnen Händen vnd Augen ſo lang die Spil-Leuth auffgemacht/ gleich einem Topff ſich vmbwendendt/ geloffen/ biß ſie gantz ermüedet/ vnd ſchwitzendt zu Boden gefallen/ darüber die Spil-Leuth auffgehört zu ſpilen/ ſie aber ſeynd ſo lang alldorten/ als ob ſie verzuckt/ gelegen/ biß die Spil-Leuth widerumb auffgeſpilt/ als dann haben ſie ſich wider auff die Füß gemacht/ vnd vorigen Tantz zum 3. mahl geübt/ darvon ſie dem anſehen nach tolle Köpff bekommen/ entlich hat ein Alter ſo jhr Obrigkeit geweſen/ auch was geprumlet vnd dem Spil ein endt gemacht. Solch exercitium, wie mir obgemelter Pater geſagt/ veben ſie Montag vnd Freytag/ darzu vil Volck Manns vnd Weibs-Perſohnen kommen/ vermeinende/ wann ſie alſo zu Boden ligen/ ſie ſich bey Machomet verzuckt/ befinden/ dahero pflegen die Weiber zuſchreyen/ vnd ſich ſelbigen zubefehlen/ wie ich dann domahlen ſolches geſehen vnd mit groſſer Verwunderung gehört.

In diſem Port iſt vnderdeſſen ein Kauff-Manns-Schiff S. Catharina genant/ nach Venetia abzufahren ankommen/ als ich ſolches erfah-

erfahren/ habe ich den Capitán mit Namen Columb einen Frantzosen gebetten/ ob er mich wolte darein nemmen vnnd in Candia außsetzen/ welcher dessen zufriden/ mich in das Schiff zubegeben ermahnet/ dann er Vorhabens selbe Nacht abzufahren/ habe mich also sambt Fratre Bartholomæo einem Observanten auß Sicilia auff den Abendt in das Schiff begeben/ vnnd deß Capitáns erwartet/ als er sambt andern Kauff-Herren ankommen/ vnd das Valere mit schiessen vnnd zechen gemacht/ hat er seines Versprechens vergessen/ mir gesagt/ sein vorhaben were nit in Candia sonder nach Venetia, vnd so mir diß nit gefalle/ könde ich nach meinem Belieben ein andere Gelegenheit suchen/ bin also den andern Tag auß dem Schiff der Statt zugangen/ bessere Gelegenheit zuerwarten. Dises Schiff (wie ich hernach in Cypren vnnd zu Venedig erfahren) ist von einer grossen Vngestimme in dem Golfo nechst bey der Insul Augusta an ein Felsen gejagt vnd zu Trämmern gangen/ hat also der liebe GOTT mich abermahl von dem Vndergang gnädiglich bewahrt/ deme seye Lob Ehr vnd Danck in alle Ewigkeit.

S. Hieron super Zach.
Osee 14.

Von dem Berg Libano vnd dessen Fruchtbarkeit sagt der H. Hieron. super Zach. Proph. Nihil libano in terra promissionis excelsius est. Und der Prophet Osee: Libanus fertilissimus & virens. Der Berg Libanus ist zum fruchtbarsten vnd grün. Deme ist gewißlich also/ sentemahlen daselbsten die beste Wein/ Früchten vnd Medicinalische Kräutter zufinden/ massen Galenus auff disem Berg den meisten theil derselben g funden. Es seyn auch etliche Ceder-Bäum/ welche von drey Männern zum aller kaum könden vmbklafftiert werden. Olibanum, sonsten Wierauch/ ist sehr vil daselbsten vber alles aber ist diser Berg an heuffigem Wasser vnd guten Wayden reich/ wie dann daselbsten Schaff gefunden werden/ deren Schwaiff in 30.40. ja mehr Pfund wägen/ dergleichen Schaff durch gantz Syriam zufinden/ deren ich vil gesehen.

Diser Berg Libanus wird von den Maroniten bewohnt/ so gut Catholisch: das Geist: vnd Weltlich Regiment führen/ gestatten auch den Türcken keinen Zugang/ noch einige Gerechtigkeit vber sie zuherrschen.

Allhie kan ich nit vnderlassen/ was weniges von der Türcken Barmhertzigkeit zumelden/ welche ich an disem Orth verspürt. Es hat sich zugetragen/ daß zu Tripoli ein Christlicher Kauff-Mann gestorben/ zu dessen Bestattung die PP. alle mit gangen: In demo aber der

Chri-

Chriſten Begräbnuß ein Stund von der Statt entlegen/ iſt vnderdeſſen ein Türck an die Thür vnſerer Wohnung kommen/ ſtarck geklopfft/ vnd hinein begehrt/ deme ich auffgemacht/ welcher mich auff Türckiſch gegrüßt/ vnd als er verſtanden daß die Patres nit zu Hauß/ hat er mich zu jhme auff den Boden machen niderſitzen/ darauff er ein Fazolet voller Trauben geſpreyt/ ein Beer nach dem andern abgeſtraufft/ Waſſer darüber gegoſſen/ vnnd mir zu eſſen dargereicht. Dergleichen Gutthat/ habe ich ein andermahl auff dem Meer von den Türcken empfangen.

Zu Tripoli wie mir vnſere Patres geſagt/ hat ohnlängſt ein Baſſa in ſeinem Teſtament ein groſſe Heyde den Camelen zu gutem hinderlaſſen. Ja ſo gar pflegen etliche deroſelben durch alle Gaſſen den Hunden täglich das Brodt vorzuwerffen/ vermeinende/ mit ſolchem Almuſen GOtt ein groſſes Wolgefallen zuthun.

Von meiner Abrais auß Syria in Cypren.

NAch deme es mir/ wie vorgehört/ mit dem Frantzöſiſchen Schiff Captän geſahlt/ hab ich nach 3. Tagen ein Griechiſches Schiff angetroffen/ vnd bin mit etlichen Frantzoſen vnd einem Venetianiſchen Kauff-Mann Ioann Baptiſta Conti genannt/ ſo der Arabiſchen/ Türckiſchen vnnd Griechiſchen Sprach wol erfahren/ von Grand Cairo kommend/ auß Tripoli nach Cypren abgefahren/ nach dreyen Tagen nit ohne groſſe Gefahr den 10. Novembris Anno 1656. angelangt/ zu Larnica bey meinen PP. Capuccinern den Einkehr genommen/ vnd durch den Winter daſelbſten verbliben/ weilen kein Gelegenheit/ mein Reyß weiter fortzuſetzen/ obhanden geweſen. Von dieſem ſchönen vnnd fruchtbaren Königreich Cypren haben ihrer vil weitläufftig geſchriben/ will alſo was wenigs melden/ was ich vnderwehrender Zeit darinn geſehen.

Dies Reich iſt gleich wie andere/ wegen Türckiſcher Tyranney in groſſen Abgang kommen/ alſo das (Famaguſta vnnd Nicoſia außgenommen/) wenig berümbte Stätt in ſelbigem zufinden. Papho Limiſo, vnnd Larnica werden zimblicher maſſen von Chriſtlichen Kauff-Leuthen frequentiert/ vmb das ſie an dem Meer gelegen/ welche vil der beſten vnd köſtlichſten Wein vnd Baum-Wollen daſelbſten einladen vnd in die Chriſtenheit führen. Die Baum-Wollen betreffenfende/ so sie einmahl gesetzet/ bringe sie 12. Jahr nach einander/ ohn alles Zuthuen oder Arbeit/ ihr Frucht/ nimbt doch von Jahr zu Jahr ab/ biß das im vierten Jahr ein newe Saat beschicht.

In diser Insul gibt es vil Saltz/ welches von der Hitz der Sonnen auß dem Meer-Wasser gekocht vnd von dannen abgeführt wird. Item man findt in selbigen Bergen allerhandt Farben/ wie auch den Amiantstein den man gleich der Wollen/ spinnen vnd weben kan/ welche Materi in dem Fewr kein Schaden leidt/ sonder nit anderst als die Leinwat/ von dem waschen gereiniget wird. Der gleichen Amiant hab ich etlich Pfundt mit mir herauß gebracht/ vnd wunderbarliche Proben/ darmit gesehen. Eines Tags bin ich mit P. Ioseph Maria Capuciner de Bourges von Larnica auff Nicosia gereißt/ vnsere Patres Capuciner allda heimzusuchen/ welche in selbiger Statt ein freye Kirchen S. Iacobo dediciert vnnd neben selbiger ein bequemme Wohnung haben.

Nicosia.

Nicosia die Haupt-Statt in Cypren/ ist ein zierliche schöne grosse Statt/ mit einem guten Wahl vmbgeben/ in welcher vil Kirchen vnd Clöster darnider ligen/ die Haupt-Kirchen S. Sophia genant/ darinn S. Barnabas der Apostel begraben/ ist noch schön vnnd gantz/ welche die Türcken für ein Moschea brauchen. In diser Statt habe ich vor etlichen Häusern auff offentlichen Gassen erhöchte Türckische Gräber vnd bey selben brennende Amplen gesehen/ wie dann die Türcken pflegen die Begräbnussen nechst an den gemeinen Strassen zu machen/ die für vber Reysende ihres Todts zuerinnern/ in welche sie ihre Todten auff das Gesichte: vnd nit wie wir Christen auff den Ruggen pflegen in das Grab zu legen/sagende: weilen wir alle in dem Fleisch müssen aufferstehen/ das alsbann Machomet werde kommen/ sie bey ihrem Schoff/ den sie hinderwerts an dem Kopff tragen/ auffzuheben. Nach 8. Tagen seynd wir wider zuruck auff Larnica/ so siben Meil von Nicosia. gereyßt/ vnd als wir deß Weegs verfählt/ hat vns ein Türck so vns zu Pferdt begegnet/denselben gewisen/ vnd ein gute Weil mit vns gereyßt.

das Grab deß H. Apostels Barnabæ.

Auff diser Strass haben wir sehr vil Feld vnd W.-Hüner angetroffen/ auch fast alle Felder voll Schaaff vnnd Geissen gesehen/ welche/ als ob sie wildt/ ohne Hirten herumb lauffen. Nechst bey Larnica an dem Meer hat man vns in einer alten Griechischen Kirchen/ das Grab deß H. Lazari gezeigt/ welcher daselbsten Bischoff vnd zum andern mahl

das Grab deß Heyl. Lazari.

solle

Bilgerfahrt.

solle gestorben vnd begraben worden sein. Verwunderlich ist es/ was für gute vnnd herrliche Früchten dise Insul herfür bringt: die Dachtel-Feigen/ Pomerantzen/ Citronen/ wie auch das Kraut vnnd Wurtzel seynd vber alle massen wolgeschmackt: Der Zucker wachßt daselbsten gut vnd vil/ das beste ist in selbiger Insul/ daß wegen grosser Hitz der Lufft vngesund/ vnd wenig süß Wasser zufinden/ auß Mangel dessen vil Land nit kan bewohnt werden/ stehn auch wegen der Pest vil Dörffer außgestorben/ vnd gantz öd. Zu Winters Zeit werden die pecafigi, das seynd kleine Vögel/ in grosser Anzahl gefangen/ in Essig gebeitzt/ Jährlich vil hundert Faß in die Schiff geladen/ vnnd nach der Christenheit geführt.

Mastix, Weyrauch vnnd Myhrren/ werden in Cypren vil vnnd gut gefunden: In Summa es geth disem Reich nichts anders ab/ als der Christlich Catholische Glaub/ welcher so sehr die Christliche Fürsten vnnd Potentaten einig/ leichtlich köndte eingeführt werden/ in massen ich von Herren Ianssen Duuellaer von Antorfft/ so daselbsten 25. Jahr der Holländischen Nation Consul gewesen/ gehört/ daß dises Reich Cypren mit 6000. guter Soldaten köndte vbergwältiget vnnd eingenommen werden/ in Ansehung der mehrer theyl Innwohner Christliche Griechen/ vnd ausser Famagusta vnd Nicosia kein Vestung/ die sich grossem Gewalt könde widersetzen.

In gemelter Insul zwo Meil von Larnica auff einem hohen Berg/ ligt ein Closter zum H. Creutz genant/ in welchem das Creutz deß gerechten Schächers verwahrt vñ verehrt wird/ zu deme die Griechen in all jhrem Anligen vnd Nöthen jhr Zuflucht suchen/ vnd grosse Hilff verspüren. An Palmen: vnd Dattelbäumen ist dise Insul sehr reich/ von dannen Jährlich grosse Käst abgeführt werden. Es hat selbiger Baum auch dise Qualität vnd Eygenschafft/ daß er vor dem 60. oder 70. Jahr kein Fruchte herfür bringt/ ja so gar kan man von disem Baum kein einige Frucht haben/ es werde dann das Weiblein/ so vmb etwas niderer/ von dem Schatten deß Männleins berührt/ ohne disen Schatten bleibt der Baum vnfruchtbar/ dahero dann ein einiger Baum Mannliches Geschlechts 10. 12. oder sovil er mit seinem Schatten berühren kan/ fruchtbar machen thut. Dise Frucht ist frisch vnd gethert/ gut vnnd gesund. Auß den Blättern welche ein oder auch zwey Classter lang/ flechten die Calegeri allerhand kunstliche Gesäß/ Creutz vnd dergleichen.

Von

Von Apfel/ Byren/ Kirsen/ Erbier vnd andern bey vns gemeinen Früchten findet man allvort keine andere/ als was dahin geführt wird/ daher dergleichen Frucht bey jhnen hoch vnd werth geacht vnnd gekaufft werden/ recht sagt der Poët: Non omnis fert omnia tellus &c. India mittit ebur, &c.

Von den Reichen vnd Landen deß Türckischen Kaysers.

JN wehrender Zeit als ich in Cypren gewesen/ habe ich von glaubwürdigen Christlichen Kauff-leuthen erfahren daß der Türckische Kayser hierunder verzeichnete Reich beherrsche deßwegen sich folgenden Titels berühme vnd gebrauche.

Sultan Mustafa König vnd Sohn deß Türckischen Kaysers/ ein Streiter deß Gottes der Griechen in Babilonia vnd Ierusalem, Bassa der Jordaner Jdumeer vnd Damascier, ein Freünd Gottes/ deß grossen vnd kleinen Egypten König/ ein hoch erleuchter Fürst der Alexandrier vnnd Armenier/ vnnd aller deren so in der Welt vnd Jrrdischen Paradeyß leben/ deß Machomets Sohn vnd Hüter seiner Statt/ ein Verwalter deß Jrrdischen Paradeyß vnnd Regent deß H. Grabs Machomets, ein König aller Königen/ ein Fürst vber alle Fürsten/ Herr vber alle Herren/ so in der Welt von Auffgang der Sonnen biß zu Nidergang.

Ein Krieger der Götter/ hoch erhaben/ vber alle so in der Welt wohnen/ ein Herr vnnd Hüter deß gecreutzigten GOttes Grab/ ein Gott der Einigkeit/ ein Herr der Gesundheit/ ein Engel deß Paradeyß/ ein dapfferer Verfolger der gantzen Christenheit/ die Hoffnung vnd Trost der Heyden/ ein Herr vnd Erb der Welt/ ein Recher vnnd verthätiger seines Gesatzes vnd Erb-Feinde der Christen.

Dise so grosse Haffart vnd Macht/ hat der Christen Vneinigkeit vnd Ehrgeitz verursacht/ welche leider noch auff den hütigen Tag deß Türcken Reich täglich mehren vnd erhalten/ dann so die Christen einig vnd mehr die Ehr GOttes als jhr eygen interesse wurden beobachten/ were diser vnChristliche Tyrann vorlengst wo nit gar vertriben/ auff das wenigest gedemütiget worden. Dessen Dominium so fast zugenommen/ daß derselbe Kayser alle Potentaten der Welt/ in der Stärcke Macht vnnd Reichthumb weit übertrifft/ dann von Anno 1300. biß zu

diser.

Bilgerfahrt. 161

diser Zeit/ hat das Ottomannische Hauß 3. Imperia ohn die andere Reich vnd Länder besessen. 1. Constantinopolitanum 2. Adrinopolitanum 3. Trabisondanum. Neben disen 3. besitzt der Türck nachfolgende Königreich.

Namen deß Türckischen Kaysers Königreich

Pontus, Cappadocia, Bittinia, Asia minor, Lidia, Caria, Licia, Paflagonia, Galatia, Silitia, Panfilia, Sandarona, Aladoula, Armenia minor; & maxima pars maioris Armeniæ, Albustan, Dierbech, Mesopotania, Horeb, Zeb, Salmana, Amonitum, Ierusalem, Bassan, Amoreum, Echeum, Cananeum, Fereceum, Iebuseum, Hay, Iericho, Esebon, Bethel, Hebron, Herimuth, Achis, Eglon, Gazar, Bubir, Gader, Erma, Adulan, Hered, Lepna, Maceda, Tassura, Offer, Affech, Saron, Madon, Assor, Semeron, Achsph, Tenac, Mageda, Cade, Lacor, Carmelo, Dor Galgab, Thersa, Samaria, Palestina, Soria, Licaonia, Gettulia.

Zu disen werden nochgezelt 72. Reich in Adinobezech neben dem mehreren Theyl deß Arabischen Reichs. Alle Reich in Omerita, Sabaita, Taribaelto, Zibit, Aden Fartach Dui. Weiter beherschet auch diser Tyrann etliche Reich gegen dem Persianischen Meer/ sambt dem mehrern Theyl der Reichen Assiria, Georgia, Tartaria gantz Egypten sambt Affrica. Vber daß/ die Reich in Macedonia, Bulgaria, Bossnia, Gottia Bisarabia Focide, Boettia, Leucadia, arcanania, Samotracia, Ettolia, Albania, Peonia, Lerta, Morea, Arcadia, Ellide, Achaia, Romania, Taspalia Illiria, vnd den meisten Theyl Dalmatiæ, noch grössern aber Vngariæ Transiluariæ nebendem schönen vnnd fruchtbaren Königreich Cypren

X

Die

Die Hertzogthumb so der Türckische Kayser besitzet/ seynd dise

Theman, Omar, Siefir, Chenez, Chore, Gatham, Amasech, Nathan, Cara, Ceina, Mecha, Ieus, Hielon, Iottan, Sobal, Scheon, Aman, Dission, Dilser Dissan, Thama, Aluba, Ethet, Olibana, Erra, Tinon, Mussar, Mabdiel, Hiran, Seruia, Ruscia, Bulgaria, Athennaxo, Sparta-Sio, Lacedemonia, S. Saba, Cernonicebo Edon, Orei.

Suldanatus ist ein Margraffschafft deren hie verzeichnete Land vnderworffen.

Ammani, Gezan, Thada, Saxa, Nabathai, Masarsi, Mazua, Zamaquin, Affincia, Syria, Chiio, Chiogiaeli, Magnesia, Tuga, Amasia, Gianich, Caraisser Samsum, Trabilunda, Tripoli in Barbaria, Grand Cairo neben denen in Affrica.

Dises seynd deß Türckischen Kaysers Fürstenthumb.

Mvsitra, Vallachia, Moldauia, Carobagdano, Mettelixo, Nixia, Stalimine, sonsten Lemno welches die Venetianer als ich bey der Armaden war Anno 1656. eingenommen/ so aber folgendes Jahr wider verlohren worden.

Herrschafften deß Türcken

Die Herrschafft Cuissa, Chio, Ragusi, Nxrenza, Daruzo Vallona, Nanputria, Negropontum, S. Maura vnnd die Insul Rhodis werden auch von dem Türcken beherrschet.

Bilgerfahrt.

Alle obgemelte Reich/ Hertzog vnd Fürstenthumb/ neben andern mehr/ besitzt der Türck/ im Friden/ mit grösstem Nachteil der Christen/ welche jhme doch so sehr die Christliche Fürsten vnd Potentaten in dem Friden vnd Glauben vereiniget gar leichtlich könden abgenommen werden/ in Ansehung der Türckische Kayser bey weitem nit mehr vorigen Respect vnd Gehorsamb bey seinen Vnderthonen hat/ als die vndereinander gantz zertrent/ mit burgerlichen Meuttereyen vnd Auffruchren/ einander zuverderben suchen: Neben deme seynd seine Land meistens Verderbt/ vnd vmbewohnt: Die Vnderthonen Rebellisch/ die vorgesetzten Tyrannisch/ einer dem andern Auffsetzig vnnd Mißgünstig: Seine Vestungen seynd vbell versehen vnd schlecht proviantiert. In summa die gantze Türckey hat an Volck Reichthumb vnd allem dermassen abgenommen/ daß es das Ansehen/ als ob GOTT der Allmächtig deselben bald ein ende machen wolle. Vber das seynd die Türcken in solchem schrecken/ das so bald sie allein von den Maltesern oder Venetianern hören reden/ gleichsamb zittern/ vermeindt/ dise zwey Status oder Herrschafften seyen die Allermächtigisten in der Christenheit/ Ursachen/ daß sie von jhnen/ sonst von keinem anderen belestiget werden. Auch ist zubedencken das durch die gantze Türckey/ der mehrertheyl Christen welche anders nichts bitten vnd erwarten/ als einen allgemeinen Auffstande der Christen/ sich sambt jhnen wider disen Blut-Hund vmrechen/ vnd von seiner vnmenschlichen Tyranney zuentziehen/ deßwegen kan diser Blutdurstige Hundt seinen Neyd vnnd Haß/ wider vns Christen nit mehr wie vor disem außgiessen/ ja er hat zuschaffen seine Land vnd Leuth zubehalten. Es ist auch gewiß vnd nit zu zweifflen/ daß die Sünd der Christen dise grosse Straff verdient: Vnsere Sünd haben selbe grosse Reich verlohren/ vnsere Sünd allein erhalten selbe noch auff den heutigen Tag. Lasset vns derohalben/ mit Besserung deß Lebens die wol verdiente Straff von vns abwenden/ GOTT dem Allmächtigen in die Armb fallen sein Barmhertzigkeit anrueffen vnd mit wahrer Bueß sein Gnad vnnd Huld zuerlangen vns befleissen/ damit wir in der Liebe Christi zunemmen/ allem widrigen Gewalt begegnen/ vnd in dessen H. Lehr vnd Glauben vereiniget/ mögen erhalten werden.

Wie vnd auff was Weiß dem Erb-Feind zubegegnen.

Je Weiß disem erschröcklichen Tyrannen vnd allgemeinen Erb-Feind aller Christen zubegegnen/ vnd dessen Hochmut zustürtzen/ müßte man vor allem ein ernstliche Resolution die Ehr GOttes zubefürderen/ vnd die Christenheit zuerweiteren haben vnd machen. Nach disem solten alle Christliche König/ Fürsten vnd Potentaten einen allgemeinen vertrewlichen vnd beständigen Friden beschliessen vnd jurata fide halten/ vnderdessen alle particular prætensiones beiseitz setzen ein General Amnistiam vnd suspensionem armorum proclamieren/ zu solchem End auch gewisse conditions pacta vnd bellica lura vorschlagen / auch erwegen/ was jedes Reich/ Stand vnd Land zu solchem Werck præstieren vnd leisten köndte: Darauff wie die Völcker zuversamblen vnd zuerhalten/ beratschlagen/ vnd der nothwendigen Provision der Schiffen. Stucken vnd Munition nit vergessen. Neben deme wurde hoch vonnöthen sein die gemeine vnd grössere Sünden vnnd Laster als nemblich Hoffart in Kleidern: Das vberflüssige Essen vnnd Trincken: Das vbbige fleischliche Leben: Das Fluechen schweren vnd GOttslästeren ernstlich zuverbieten/ vnnd die vbertretter abzustraffen. Entlich solten die Geistliche vnnd mit ihnen das allgemeine Christliche Volck mit den Niniviteren/ Machabeern/ vnd der frommen Iudit, in fasten/ betten/ Casteyung deß Leibs zu GOTT dem Allmächtigen/ mit demuetigem berewtem Hertzen schreyen/ mit Empfahung der H. Sacramenten den Zorn GOttes abzuwenden: Dessen Hilff vnd Gnad zuerwerben vnablässlich bitten vnd betten/ der wurde zweyffels ohne vermitelst seiner grundtlosen Barmbhertzigkeit/ vns seinen vätterlichen Segen mitzutheylen nit ermanglen/ sonder neben erwünschter Benediction seinen H. Engel senden/ welcher gleich wie Senacherib den Erb-Feind vertilgen vnd die seinige mit erwünschter Victoria vnd progress trösten vnd erfrewen.

Solch groß heylig/ vnnd nutzbarliches Werck aber zu glücklichem End vnd effect zubringen/ weren vier vnderschidliche Armeen vonnöthen vnd genuegsamb/ deren zwo zuland vnd sovil zuwasser auff folgende Weiß köndten zusamen gebracht werden.

Wann namblich das H. Römische Reich sambt den Vngarischen Stän-

Bilgerfahrt.

Ständen mit einer Armee zu Pferde vnd Fuß durch Vngarn die Türckey anfallen wurde. Die andere Armada köndte von dem Königreich Polen/ Schweden vnnd andern Nordischen Völckern zusammen gebracht/ durch Reüssen gegen dem schwartzen Meer den Erb-Feind angreiffen. Hispannien vnd Franckreich/ köndten mit zwo Schiff-Armeen durch das Mittäggige Meer streichen/ Syriam, Palestinam vnnd Egypten bekriegen. Engelland/ Holland vnd dern Consöderierten wurde obligen/ mit Schiffen die Seyten Africæ, innerhalb deß Soreto di Gibralterra zubestreitten vnd die Barbarische Völcker zu hinderhalten. Ihr Päbstliche Heyligkeit sambt den Italiänischen Fürsten vnd Ständen/ köndten die Gegend Dalmatiæ sambt dem Golfo in gwarsame nemmen.

Die Herren Venetianer aber solten den Außfall bey den Dardanellen vnd das Archipelagus wol beobachten/ selbige Land vnd Insulen infestiern.

Nebem disem allem hette man sich der Herren Malteser Rittern trefflich zugetrösten/ als welche neben guter Erfahrnuß deß Meers/ auch das cauragi vnd Hertz/ damit sie deß Erb-Feindts Anschläg bestens wüssen zubegegnen/ vnd sein Hoffart zu demütigen/ allermassen sie dises Hundts progress, vermittelst ihrer glorwürdigen vnd heroyschen Thaten biß daro hinderhalten. Dise wurden gar nit ermanglen (so ohne das ein beständig offen Aug auff den Erb-Feind haben) mit ihren Schiffen vnd Galleern alles in Forche zusetzen vnd vnsicher zumachen/ wie dann die Türcken allbereit zum öfftern erfahren. Auff solche vnd dergleichen Weiß wurde man mit der Hilff GOttes/ hoffentlich in wenig Jahren einen grossen progreß machen vnnd die gantze Türckey in confusion bringen/ welche ohne das sagen vnd bekennen/ daß ihr Reich nit mehr lang bestehen/ sondern nach ihrer selbst eygnen Meynung vnd Prophecey bald werde zu Grund gehen/ dessen auch der H. Ioannes in seiner heimblichen Offenbahrung Hoffnung gibt/ sprechend: Vnnd wann tausend Jahr vollendet seynd/ wird der Satan, das ist der Türck/ welcher gleich dem Satanas die H. Kirchen verfolgt/ los werden/ oder ein End nemmen. Und weilen allbereit dise tausend Jahr verflossen/ wollen wir hoffen/ der liebe GOtt werde dessen Reich bald ein End/ vnd dem Christlichen Glauben vnderthänig machen. *Apoc. 20.*

Die Völcker aber auff die Füß zubringen/ were auch ein Mittel: so namblich ein jede Pfarrey oder Kirchhöre einen Mann: die Stätt 2.

X 3   3. oder

3. oder auch mehr/ nach jedes Vermögen wurden außschiessen/ vnnd erhalten/ warzu Ihr Päbstliche Heyligkeit sambt dero vnderworffenen Geistlichen von H. Cardinälen/ Ertz-Bischoffen/ Bischoffen/ Prælaten vnd Klöster in gemein mit Gelt beyspringen: Die König/ Fürsten/ Hertzogen/ mit Stucken vnd zugehöriger Munition: Die Graffen/ Freyen/ Ritter vnd Adels-Persohnen mit Pferdten/ die Reichs vnnd Handels Stätt mit Proviant/ vnd die allgemeine Christenheit mit einer Gelt-Stewr concurrieren/ zustehen/ vnnd sovil möglich darstrecken wurden. Aber diß wurden ihrer vil zweiffels ohne nit ermanglen/ neben dem zeitlichen sich selbsten zu der Ehr GOttes/ vnd Nutzen der Christenheit zu offerirn vnd brauchen zulassen/ in Bedenckung das zu Beförderung der Ehr GOttes kein angenemmers: Der Christenheit kein nutzlichers: vnd zu Erlangung der Heyls kein tauglichers vnd ersprießlicher Mittel zufinden/ noch vorhanden/ in massen solches die Canon: P. Nicolai, & Leonis 4. mit disen Worten bekräfftigen: In certamine quod contra infideles geritur, quisquis moritur, cœleste regnum meretur. Lösche derohalben auß/ O HErr deß Fridens/ den Ehr-Geitz der Christen vnd gib ein Hunger der Gerechtigkeit. Zerstöre die Völcker welche Lust zu kriegen haben. Schütte deinen Grimm auff die Heyden/ die dich nit erkennen/ vnd auff die Königreich die deinen Nammen nit anruffen/ dann sie haben das Hauß Iacob verwüstet. Gedencke O HErr nit an vnser vorige Missethat/ laß bald dein Barmhertzigkeit vber vns kommen/ dann wir seynd sehr ellend. Hilff vns O GOtt vnsers Heyl vmb deines Naminens willen/ errette vns/ daß die Heyden nit sagen/ wo ist nun ewer GOtt? Laß vnder den Heyden vor vnsern Augen kundt werden/ die Raach deines Bluts deiner Knecht/ das vergossen ist. Laß für dich kommen O HErr das Seufftzen der Gefangnen nach deinem grossen Armb. Behalt das Volck vnnd Schaaff deiner Waid/ damit wir in allgemeinem Friden vnd ruhe deine Gebott halten/ dir fleissig dienen/ vnd dich ewiglich loben/ ehren vnnd preysen mögen/ Amen.

Ps. 67.

Ps. 78.

Von Machomets Geburt vnd Vrsprung

Vr Zeit nach der gnadenreichen Geburt Christi 606 oder wie andere als die Affricaner wollen/ 592. als Bonifacius der vierd-

Pilgerfahrt.

vierdte Pabst diß Nammens der Römischen Kirchen/ vnnd Focas dem Kayserthumb vorgestanden/ da ist daß verlohren Kindt der Türckisch Machomet gebohren vnd den 23. Aprilis, vom Vatter Abdala oder als andere sagen/ Abdimenech vnd der Mutter Geminna herkommen.

Der Vatter war vom Geschlechts ein Saracen, oder besser Agaren, weil sie eygentlich von Abrahams Magt der Agar, die den Ismael gebohren vnd nicht von der Sara, dannenhero sie sich auß Hochmut Saracenos nennen/ ihren Ursprung haben. Dessen Geburts-Tag eines so verfluchten Menschen/ begehn vnd halten die Türcken feyrlich/ herrlich vnd thun siben gantzer Tag/ an einander anders nichts/ als essen trincken kurtzweilen auch andern fleischlichen sündigen wercken obligen.

Vn lang nach dem er gebohren/ ist jhme sein Vatter vnd Mutter gestorben/ vnd er von seines Vatters Bruder/ Abdemutalla genannt/ im Land Arabia der Statt Saligna auffertzogen worden/ vnd hat daselbst die Abgötter auch als andere Araber angebettet: Als er aber zu seinen beständenen Tagen kommen/ hat er einer vornemmen/ Edlen Frawen Fürstmessigen Geschlechts/ die ein reiche Witwe Cadegam genannt/ gedient/ mit jhren Camelen vnd Eseln in Syriam vnnd andere anstossende Lande/ besonder in Carozaim mit Kauff-Manns-Gut gefahren/ derselben mancherley Specereyen/ wunderseltzame Satungen vnd Wahren/ darmit sie erfrewet/ vnd hierdurch jhme von Tag zu Tag holtet worden/ zugebracht/ auch mit Zauberey vnd anderen Künsten/ so wol gedient vnd auffgewartet/ daß er selbe mit solchem Dienst vnd Klugheit betragen vnd entlich zur Hauß-Frawen bekomen.

Man liset von jhm/ daß er von Jugent auff ein Kauff-Mann vnd zuvor ein Camelhirte gewesen/ auch weder schriben noch lesen konden/ aber vil mit Juden vnd Christen zuthun vnd auß dem alten vnd newen Testamente vil von jhnen gelernt habe.

Von dem Vorhaben vnd schandtlichen
sündigen leben Machomets

Als nnn Machomet die vorgemelte Fraw Cadegam mit List/ Zauberey vnd Teuffels-Künsten/ sambt jhrem Land-Haab vnnd Gütern also verstrickt daß er von jhrs für ein Obristen

Propheten vnd Botten GOttes gehalten worden/ vnd sich also gewaltig vnnd mächtig befunden/ hat er sein Gemüth mit dem Satan erhebt/ vnd noch getrachtet/ wie er nit nur den Fürsten/sonder den Königen gleich sein/ ja jhren Gewalt vnd Macht vbertreffen/ das gantze Königreich Arabien/ mit Recht oder Vnrecht/ billich oder vnbillich einbekommen möchte.

    Seythemohlen er aber domahl noch wenig Gönner/ vnnd das solch sein Vorhaben nicht so gering zuerhalten wol vermerckt/ hat er sich zuvor vmb etliche seines gleichen Gesellen beworben/ sich für ein Propheten vnd Apostel GOttes außgeben vnnd herfürgethon/ da jhm dann (weilen er/ wie gesagt/ vngelehrt) sein Meister der Teuffel/ der solchem Vorhaben zuhelffen/ mehr dann geneigt/ bald zu hilff kommen/ in allerey deß Glaubens vnnd andern Sachen zu seinem intent vnd Vorhaben etliche gelehrte Gesellen/ als zween falsche Ketzerische Christen vnd zween Juden/ die seiner als Instrumenta vnd Geschirr der Boßheit wol würdig/ welche jhme auch zu seinem Irthumb vnd Vorhaben/ Beystandt zuleisten/ willg vnnd mehr dann geneygt gewesen/ zugeben vnd verordnet. Der ein Christ/ ware der Sect nach ein Nestorianer/ abtrünniger Münch/ welche glauben vnd bestritten haben/ daß die H. Junckfraw MARIA, nicht GOTT sonder allein einen Menschen / Christum gebohren habe/ Sergius genannt/ der jhne im newen Testament erstlich vnderwisen. Man sagt daß diser Sergius, nach dem er auß dem Closter seines Verbrechens halber vertriben/ zu Machomet geflohen: seye er ein verfluchtes Instrument seines vorhabenden Wercks vnd Sect worden. Zu dem list man auch von einem Arrianischen Cleric vnd Leyen-Priester/ welcher hochgelehrt/ auch ein Ertz-Diacon zu Antiochia der Sect ein Arrianer gewesen: In dem er aber zu Rom sein intent, ein grosse dignitet oder Praelatur zuerlangen/ nit erhalten könden/seye er mit grossem Neyd/Vnwillen vnd Zorn wider alle Kirchen bewegt/ der gantzen Christenheit widrig/ zu Rom abgezogen/ gestracks von dannen sich in das Land Eusenna da vil Juden vnd Heyden vnder einander vermischt/ wohnheten/ zu Machomet begeben. Eben damahls ware Machomet mit Zauberey vnd Teuffels-Künsten beweißlich vmbgangen/ deren er sich zwar/ weils jhme mäniglich verwisen vnnd an allen Orthen vorgehalten worden/ hefftig entschuldiget/ derohalben mit Hilff/ Rath vnd Beystand obvermelter Buben sein Sect angefangen/ vnd gantzer Christenheit zum Vn-

Bilgerfahrt.

der gang volljogen. Als nun der vorgedachte Sergius/ damit er die Huld seiner Obern von denen er vertriben/ widerumb erlangen möchte/ dem Machomet/ daß er von der Abgötter Dienst abweichen/ vnnd ein Christ/ auff Nestorianischen Glauben werden solte/ eingerathen/ vnnd jhn mit allem Fleiß dahin angetriben/ auch endtlich vollbracht/ nnte er sich Nestorium vnd ware damahl sein Jünger der Machomet. Da diß die Juden (welche der Satan auch zu allen spilen braucht) verstanden/ das sovil Menschen auch Machomer selbsten/ erst angedeutetem Nestorianischen Mönchen nach folgeten vnd Christen wurden/ seynd sie mit Neyd vnd Haß bewege worden/ vnd haben zween Gelehrte vnd wolverkehrte Juden auß jhnen/ dern Namen Fudius vnd Cahalchar erwöhlet/ vnd mit disem Befelch zum Machomet abgefertiget/ daß sie jhne im alten Testament vnderweisen vnd lehren solten/ damit das Gesatz Machomets nit allein Christlich/ sonder von beeden Testamenten vermischt wurde/ ist also das Machomerische oder Türckische Gesatz oder Alcoran auß alt/ vn newem Testament dermassen vermischt vn gefärbt/ das etliche Warheiten mit vilen Falschheiten vermischt/ das Gifft vnder dem Honig/ die Lugen mit der Warheit gespickt/ vnd der ewig Todt vnder dem zeitlichen Wollust verborgen/ vorgetragen worden.

Da nun solches deß Machomets Gesatz gemacht/ hat er etliche Gesellen/ die jhme solches beschirmen hulffen/ hin vnnd wider außgesandt/ dern die vornembste Euboracan, Haly, Zaid, Thalha, Bibelcomen, Arubair, Homar, &c. gewesen. Mit solchen Waffen vnd Gesellen bewahrt/ ist er gar kün worden/ allem Volck vorgeben er seye ein Prophet von Gott zu jhrem Heyl sonderlich/ vnd aller mehrest darumb gesandt/ damit er die Gesatz der Juden vnd Christen/ welche zu schwer weren/ durch sein Gesatz mittern vnd temperiren solte: Auff das er auch in Außgebung seines Gesatz/ als auch Moyses gethan/ etliche Zeichen thete: Hat er das Volck auff einen bestimbten Tag zusamen berufen/ sein Gesatz mit Andacht vnnd Wunderzeichen anzuhören vnd anzunemmen. Zuvor aber hat er ein schnee-weisse Taub dahin gewehnet/ daß sie jhme auff sein Axel geflogen/ etliche Körnlin/ so er jhr zur Aaß/ in die Ohren gelegt/ herauß juessen. In deme er nun also vor allem Volck zureden angefangen/ sein erdicht Teufflisches Gesatz vortragen/ ist besagte Taub herzugeflogen vnd die eingelegte Körnlin auß seinen Ohren herauß genommen/ darauß das Volck abgenommen/ vnd vermeindt/ es were der H. Geist in sichbarlicher Gestalt einer

Tau-

Tauben welcher dem Machomet daß Gesatz eingebe vnd in die Ohren bliese. Zu dem hat er auch einen Bock dahin abgericht daß er die Speiß auß seiner Handt genommen/ diser Bock hat auch auff obgehörten Tag das verflucht Machometisch Gesatz in einem Buch geschriben zwischen seinen Hörnern gebunden/ dem Machomet vorgetragen/ so alles Volck mit grosser Verwunderung gesehen vnd geglaubt/ angedeutes Gesatz were ihme vrblitzlich von Himmel herab zukommen.

Zum dritten liesse er eben an selbigem Orth vor vnnd ehe er die convocation vorgenommen/ das Erdtrich außgraben/ guldin: Vnd silberne Geschirr/ auch allerhand Gattung von Kleynodien voller Honig vnd Milch heimblich einsetzen. Nach deme er nun offtermeltes Gesatz vorgetragen/ vnnd denen so es halten wurden/ grosse Reichthumben/ Wollust vnd großmächtige Vberflüssigkeit verheissen/ hat er zur Andeüt: vnd Bestätigung dessen/ als ob solches ein Göttliche Offenbahrung were/ an dem jetzigen Orth/ allda obgehörte Sachen verborgen lagen/ graben lassen/ selbe herfürgenommen vnnd mit grosser Verwunderung deß Volcks gezeigt vnd dahin beredt/ daß solches vom höchsten Himmel auff die Erden herab gefallen/ vnd Gott zu Volführung dises Wercks mit jhme selbsten geredt habe. Damit wir aber dises deß Machomets Gesatz mit Grund vnd Vernunfft verfluechen/ dem Abgrunde/ daher es gossen/ widerumb zusenden mögen/ wollen wir zuvor dessen summam kurtzlich außgezogen mercken vnd vorweisen.

Außzug vom Machometischen Gesatz.

Erstlich glauben die Türcken/ das ein einiger wahrer GOTT/ vnd Moyses sein erster/ Machomet der ander höchst vnd allergröste/ Christus aber der dritte Prophet seye/ vnd daß die Juden Moysis: Die Christen aber daß Evangelium, durch welches sie hetten mögen seelig werden/ versaumbt vnd zerbrochen/ der Vrsachen dann Machomet sein Gesatz/ als ein Erfüllung der Vollkommenheit/ biß ein anders komme/ von GOtt empfangen.

Den Heydnischen Persischen König Cosroam straffet Machomet daß er sich für ein GOTT anbetten lassen/ die Juden aber daß sie IESUM Christum von einer Juckfrawen gebohren zusein (welches doch ihre Propheten zuvor verkündet hetten) laugneten/ verach-

Bilgerfahrt.

er: Die Christen volgendts/ daß sie IESUM Christum für GOtt halten/ vnd daß sie der Junckfrawen Sohn Christum von den Juden gelitten zuhaben/ glauben/ verspötet er. In summa, alles was im newen vnd alten Testamente vortrefflich vnd beschwerlich zuhalten/ das verwürfft/ vnnd schmiehet Machomet, böse Begirdt/ Frewd vnnd Wolluſt aber/ darnach die Menschen von Natur trachten/ vnd als die Rappen auff ein Aaß vnvernünfftiglich zusteigen/ lobt vnd erlaubt er. Item es gebeüt Machomet einem jeden Türcken Tags viermahl: Erſtlich in Auffgang der Sonnen: Dann auff Mittag: Zum dritten zur Vesper-Zeit: Vierdtens zur Sonnen Nidergang zubetten/ im Gebett auch darff keiner einig Wort reden/ weniger lachen/ sonsten er vor meniglich zuschanden gemacht vnd geſtrafft wirdt.

Das Jüdisch Gesatz vermag/ daß man dreymahl der Christen aber sibenmahl betten solle/ damit nun Machomet erzeige daß er in allen Sachen neutral, vnd bey keiner Ordnung zuverbliben lustig were/ hat er viermahl den selbigen zubetten befohlen/ darauß abzunemmen, das alle neutrales, eygensinnige Köpff/ denen allein jhr Kolb/ vnd was man ordelicher Weiß anordnet/ mißfält/ also vom Geist der Finſternuß informiert seyen. Das wir aber sonderlich etlich Teütschen die siben Tag-Zeiten/ nit mit Andacht verrichten/ vnderlassen oder manich mahlen gar verlachen/ solches werden vns die Türcken am Jüngsten Tag/ weil sie in jhrem verfluechten Thuen embsiger sein vnd mit jhren Pfarrherren gar fleissig betten zuverweisen haben/ vor dem Gebett/ damit sie rein seyen/ gebietet das Gesatz/ daß sie jhre Händ vnd Armb/ Mundt vnd Naaß/ Ohren vnnd Augen das Haar vnnd Haupt/ zu letst auch die Fueß vnnd Scham waschen sollen/ darnach fangen sie erst an/ einen GOTT der jhme keinen gleich habe/ vnd der Machomet kenne/ zubitten. Alles Gebett aber der Türcken iſt dahin gericht vnd angesehen/ daß jhr Machomet die Christenheit wolle zerſtören/ vnd dero König/ Fürsten vnd Potentaten in Vnfriden setzen vnd erhalten/ wol wissende: Tafern sie einig/ er ihrem Gewalt nit widerſtehn/ sonder bald seine Reich verlieren würde: Den Weibern/ als welche nach jhrer Meynung/ nach disem kein ander Leben zuerlangen/ geſtatten die Türcken nit/ in jhre Moscheen einzugehen/ sonder müssen täglich auff jhren Gräbern die Todten beklagen vnnd beweinen. An disem Orth ist zu mercken/ wie nahe der H. Ioannes deß Machomets Gesatz angedeütet: Und ich sahe/ sagt Ioannes ein ander

Thier

Thier von der Erden auffsteigen/ das hette gleich einem Lamb zwey Hörner/ vnd redete wie der Tract.

Es ist vorgesagt/ welcher massen Machomet gebohren erzogen/ in Irrdischen bösen fleischlichen Begierden von Tag zu Tag zugenommen/ zu so hohem Thun/ Göttliche Ehr zuhaben/ gestiegen seye/ wie er auch gleich einem Lamb zwey Hörner/ das ist deß alten vnd newen Testaments declaration, temperament vnnd. leydelicher Außlegung von GOttes Offenbahrung herhaben vorgeben. Jedoch obwolen er ein demütig sanfftes Lamb angesehen werden will/ welches auß Mitleyden die schwere Burden deß Göttlichen Gesatzes zu mildern vorhabens: So rede er doch/ wie ein Tract/ dann er nit zu gutem deß Menschen/ sonder damit er sein vbermütig falsch intent vnd Vorhaben vollziehen möchte/ angesehen.

Von der Türcken Fasten.

Die Türcken fasten im Jahr nur einmahl/ aber doch ein gantzen Monat/ bey Tag/ zu Nacht aber essen vnnd trincken sie/ vnd treiben allerley Frewd/ Kurtzweil vnd Leibs-Wolluft. Am End der Fasten gehen sie zu den Gräbern/ tragen essen mit sich/ nach vollendtem Gebett/ essen sie vnd küssen einander/ sagend: Zu kombt dir ein gute Ostern.

Ach lieber GOTT/ wer hat jemahlen von Anfang der Welt/ so thörechte/ närrisch vnd spöttisch vom Fasten geredt/ was nütze es den gantzen Tag fasten/ die Nacht aber mit essen/ trincken/ Wolluft mit den Weibern/ vnd andern fleischlichen Wercken treiben/ die Zeit schandtlich mißbrauchen vnd verzehren: Dise Ding/ wahrlich/ schwächen den Leib oder dessen Laster darumben das fasten angesehen/ gar vnnd mit nichten nit/ sie werden auch die böse Begierden nicht mindern/ sonder vilmehr stärcken vnd vermehren: Weit/ weit hinweck mit solchem fasten/ fern fern/ sey von vns ein solche vnvernünfftige sündtliche Beschaffenheit.

Ja dahin ist das teufflisch vnd Türckisch fasten angesehen/ damit man hernacher desto lustiger/ begirlicher vnd fertiger/ fleischliche Werck/ Sünd vnnd Laster/ mit essen trincken vnnd Unzucht zuüben verfaßt wäre.

Von

Von der Türcken Wallfahrten.

Ein jeder Türck vnd Saracen soll einmahl wo möglich den Tempel zu Mecha heimbsuchen/ daselbst betten/ vn. o m. e einem Klaydt/ das von jhme selbsten genehet/ angethan/ vmb den Tempell herumb gehen/ Stein hindersich werffen/ den Teuffel damit zuversteinigen. Vnd weilen nit allen möglich theyls wegen Armuth/ theyls wegen Weite deß Weegs Dürre vnd Hitz dise Wallfahrt zuverrichten/ werden täglich auß deß Soldans Schatz-Kammer 1000. piastri neben etlichen Camelen für selbige verordnet/ von einem Spital zum andern zuführen: Dise Wahler (deren von vnderschidlichen Orthen 40. 50. ja 60000. zusammen kommen) werden von den Türcken hoch vnd werth gehalten/ also das einem solchen vor Gricht vnd Recht/ mehr als 5. 6. ja 10. andern geglaubt wird/ in Bedenckung/ welcher eines so heyligen vnd grossen Propheten Grab besucht vnd gesehen/ weder liegen noch betriegen tönde. Geneben ist zuwissen/ das in besagtem Tempell zu Mecha die zween Söhn Loth, Ammon vnd Moab, die er mit seinen Töchtern/ so er auß Truncknheit beschlaffen erzeugt/ in zween grossen Götzen Martem vnd Saturnum deren einer auß schwartzem der ander von weissem Stein gemacht/ mit blossem Leib vnd beschornem Haupt angebettet werden.

Das aber deß Machomets Grab/ wie man darfür halt/ daselbst auß Krafft deß Magnets angezogen/ in dem Lufft schwebe vnd erhalten werde/ ist der Warheit nit gemäß/ wie solches die/ so es gesehen/ bezeugen. Das beyneben etliche einfältige vermeinen/ die Sarch schwebe in den Lüfften/ geschicht/ dieweilen solche erhoben/ auff dünnen vnnd geschmeidigen Säulen in einem engen vnnd dunckeln Gewölb gesetzt/ von weitem scheint/ als schwebe selbige Sarch in den Lüfften/ der aber etwas näher hinzukombt/ wird gewahr/ das solche auff Säulen gesetzt/ vnd gar nicht in den Lüfften schwebe/ bey gemeltem Grab/ wird den Türcken ein Schinbein/ so von einem Risen sein solle/ gezeigt/ welches sie mit höchster Reverentz vnd Andacht/ als deß Machomets Heylthumb verehren vnd berühren. Ja was noch mehr/ werden etliche vnd deren nit wenig gefunden/ welche in Anschawung dises Beins/ jhnen selbsten die Augen außstechen/ sagende: Es seye nit vonnöthen was anders mehr anzusehen/ in dem sie ein so grosses Heylthumb zusehen/ würdig worden:

An-

Andere laſſen ſich mit glůenden Eyſen brennen: Andere tragen in dem lebendigen Fleiſch durchgeſtochene Meſſer: vnd diſe Teuffels Marty-rer werden bey den Türcken hoch vnd werth gehalten/ wie gleichfahls die ſenige/ ſo gantz nackend herumb ziehen/ vnd vil ſchandtliche Laſter begehen.

Wie Machomet die gantze Welt will Türckiſch haben.

MAchomet gebiehr/ das hinfüro immer vnd ewiglich ſei-ne Türcken alle mit einandern GOttes Freund ſein/ vnd andere Propheten vnd Lehrer/ ſo es mit ſeinem Geſatz nie haben vnnd halten/ berauben/ fahen/ ertödten vnd vmbringen/ ja in allweg verfolgen vnd außtilgen ſollen/ ſo lang vnd ſo offt/ biß ſie zu jhrem Glauben be-kehrt/ oder aber Schatzungen nach dem es jhnen aufferlegt/ bezahlen werden/ ſie die Türcken ſeynd mit ſolchem Neyd vnnd Haß wider Chri-ſtum vnd ſeine Glider behafft/ daß ſie den Chriſtlichen Nammen zuver-tilgen/ begirig/ vnd da ſie nur etwa Chriſten anſehen/ beſteckt zu ſein ver-meinen/ fahen von Stund an ſich alſo zuwaſchen vnd ſäuberen/ als wann die Chriſten vnreine Hund weren.

Es hat Machomet alles Fleiſch zu eſſen/ außgenommen das Schweine/ zugelaſſen/ was aber von jhme ſelbſt geſtorben/ ſollen ſie meyden.

Es iſt ein Spott/ doch aber ſolch erdicht vnd verlogem Geſatz wol zu inſerieren/ warumben er das ſchweyne Fleiſch zueſſen verbotten vnnd ſeinem verfluchten Alcoran einverleibt habe: Als er ein langes thor-ächtes mit vnzahlbahren geſchwinden Lugen durchſpicktes Geſpräch mit den Juden/ die jhme in allem Recht geben/ gehalten/ hat er das Schwein darumb/ daß es auß eines Camelthiers/ oder als andere wollen/ Elephan-ten Miſt/ nach der Sündflut herkommen ſey/ zu eſſen verbotten/ was Urſach aber die Chriſten vnd nit die Juden das Schweyne Fleiſch eſſen/ iſt nit Noth an diſem Orth zuvermelden.

Es gibt das Machometiſche Geſatz zu das ein jeder/ ſo deme vn-derworffen/ vier Hauß-Frawen/ ſie ſeyen jhme gleich verwandt oder nit/ ohn allen reſpect zu mahl haben/ darzu auch ein jede zuverlaſſen vnd einandere an jhr ſtatt zunemmen/ Macht vnd Gewalt haben ſolle/ jedoch das er die vierte Zahl nit vberſchreite: In Verlaſſung der Fra-wen ſoll es diſen Vnderſcheidt haben/ das ein jeder ſein Frawen wel-che vnder den vieren er will/ zum dritten mahl verlaſſen/ aber nit darüber

Bilgerfahrt.

vnd so offt auch widerumb annemmen möge. Andere aber erkauffte oder im Krieg vberkomne Weibs-Persohnen/ mag ein jeder sovil er vnderhalten vnnd ernehren mag/ haben/ dieselbe auch kauffen vnnd seines Gefallens widerumb verkauffen/ so offt vnd dick er will jedoch aber so eine oder mehr deren geschwängert/ soll er die also zuverkauffen/ kein fueg mehr haben/ sonder der Geburt erwarten. Dise Freyheit mehr Weiber zuhaben/ achten die Türcken diser Zeit mehr sovil als vor disem/ dieweilen bey selber aller Orthen die abschewliche Sodomitisch Sünd vberhandgenommen/ so mercklichen Abgang an der Mannschaff verursache.

Das Wein-trincken/ weilen der Wein ein Führung vnd Vrsach zu allem Vbel ist/ hat Machomet den Türcken verbotten. Daß aber solches beschehen/ ist es zu seinem Vorteil erdicht worden. Erstlich darumb/ weil ihr Landt hitzig/ gibt es consequenter auch hitzige starcke Wein/ den hitzigen Menschen aber ist das kühle Wasser besser vnd anmütiger zutrincken. Zum andern hat diser arge Schalck seiner Haut geförcht/ dann weil der Wein die Menschliche Sinn scherffet vnnd subtil machet/ hat er/ daß die seinige Nachsinniger vnnd witziger/ seiner Falschheit innen werden möchten/ geförcht/ besonder aber vnnd dieweil durch Füllerey vnd Trunckenheit vil Mördereyen vnnd Auffruhr wider die Obrigkeiten/ von denen sie mit Tyranney opprimiert vnd vndertruckt worden/ erwecke vnd angericht/ ist er auch daß er hierdurch vmbkommen vnd ertödet werden möchte/ in Sorgen gestanden/ welches ihme auch gewißlich/ da er den Wein zugelassen hette (weil die Türcken wann sie Wein truncken bald doll vnd vnbescheyden werden) erfolgt vnd begegnet were.

Es hetten die Türcken/ dafern sie dem Wein/ vnd Trunckenheit ergeben gewest/ niemahlen solchen progress gemacht/ weniger so lange Zeit sich manutenieren/ oder erhalten mögen/ dann weilen nach Zeugnuß deß weisen Manns die Füllerey den Verstand schwächt/ das Hertz Prov.20 forchtsamb macht/ vnd kein Heimligkeit verschweigt/ ist biß dato grosses Vnheyl auß der Füllerey erfolgt/ da jhrer vil wegen vnmessigen trinckens neben der Gesundheit/ Haab vnd Gut/ sambt dem Zeitlichen auch das ewige Leben verlohren: Es ist gar nit zu zweifflen/ wann die Teutsche Nation dises Laster thete abschaffen/ wurden sie vber alle andere mächtig: ihren Feinden erschröcklich: mehr Land vnd Leuth vnder jhren Gewalt setzen vnd villeicht gantz Europam beherrschen.

Vom

Vom ellenden Todt Machomets.

Nach deme nun vilgedachter Machomet der erstgeboren deß Teuffels/ mehrberührte Boßheit: Falsch: Betrug: vnnd List vollendet vnd zu Werck gericht/ ist jhme bald ein grosse Anzahl Volcks/ so muthwilliger Weiß betrogen sein wollen/ angehangen/ jedoch aber vnd zu letst/ ist jhme von einem seiner Feinden nach seinem wol-Verdienen vnd Verschulden mit Gifft vergeben worden. Man list noch ferner von jhm/ daß er siben gantzer Tag Sinnlos gewesen: Als er aber widerumb zu sich selbsten kommen/ seye ein Fürst vnder den seinigen Nammens Halai, ein Sohn Abythalib gar vber jhne erzürnet/ zu jhme komen/ jhme verwisen/ daß er seine Sinn also verlohren/ darauff er Scham-roth jederman abgeschafft/ vnnd niemand/ dann allein Halahabet, sein Vatters Bruders (Abdemutalla genannt) Sohn bey jhme haben wöllen: In dem aber die Kranckheit zugenommen/ seye er am Leib biß auff den mindesten Finger/ der jhme darzu auch krumb worden/ geschwollen vnnd am sibenden Tag hernach verschyden. Ist also von einem Montag den 12. deß ersten Monats der bey den Türcken Rabeth genannt in dem 63. Jahr seines Alters/ am 14. Tag nach deme er kranck worden/ zur Höllen abgefahren/ sein Paradeyß mit allen Höllischen Geistern zubesitzen. Vor seinem Tode hat er zehen Jahr geregieret/ vnd 23. Jahr/ für ein Prophet gehalten worden. Da er noch lebte/ hat er seinen Jüngern vnnd Befreundten (O Menschliche Vermessenheit) gebotten/ jhne nit bald zubegraben/ dann er am 3. Tag nach seinem Absterben gehn Himmel auffahren werde/ deßwegen sie nach seinem vnseeligen Todt nit nur 3. sonder 12. Tag gewartet/ob jhne jemand gehn Himel führen wolte/als sie aber nichts anders als einen grawsamen vnleydenlichen Gestanck erwartet/ haben sie jhn gar schlecht/ liederlich vnnd mit grossem Unwillen vnder die Erden vergraben/ also beede das Leben vnd Todt deß Machomets vnseelig beschlossen worden.

Ps. 18. Derohalben O fromme ehrliebende Christen/ laßt vns das rein vnd keusch Gesatz Christi/ das mit allen Tugenden/ Zired vnd Ehrsamkeit geschmuckt/ gantz heylig vns von GOtt gegeben lieb vnd befohlen sein. Das Gesatz GOttes ist rein vnd vnbefleckt/ bekehrt die Seelen zu GOtt das Testamente GOttes ist gläublich/ gibt Weißheit den kleinen/ das ist den demütigen. Der Türcken Gesatz aber ist teufflisch/
säwisch/

Bilgerfahrt.

sawisch/ viehisch vnd nie würdig/ daß es ein Gesäß sonder ein Colluvies aller Laster genannt werde/ welches ein jeder frommer Christ billich solle verfluchen/ vnd mit Leib/ Ehr/ Haab/ Gut vnd Blut helffen vertilgen/ Christo IESU vnd dessen Kirchen vnderthänig zumachen/ sich befleissen/ vnd den lieben GOTT vmb jhr Bekehrung vnablässlich anruffen vnd bitten.

Von meiner Abreys auß Cypren auff Venedig.

DEn 27. Ianuarij Anno 1657. hat ein grosser Sturm das Hamburger Schiff Neprunus genannt/ vbel beschädiget in Cypren/ nechst bey Limaso in das Porc geworffen/ welches den Schaden zu reparirn vnd zuerbessern 4. Tag daselbsten zugebracht/ dessen Herr Iansseus Duvellaer der Französischen vnd Hollendischen Nation Consul oder Burgermeister/ bald berichtet worden/ der mir dann solches gleichsfahls hat lassen anzeigen/ mit versprechen/ so fern ich mich in die Christenheit zufahren diser Gelegenheit bediene: Er mich dem Capitän Namens Martin Halst von Hamburg bester massen recommendieren wolte/ so er auch gethon/ darauff ich mich/ auß Mangel anderer Gelegenheit/ sambt vier Christlichen Kauffleuthen/ 2. Griechen vnd 2. Türcken den 29. Ianuarij vmb Mitternacht zu Larnica auffgemacht/ vnd bin mit gedachter Compagnia den 31. eiusdem zu Limaso auff den Abende angelangt/ vnderwegs haben wir mehr nit als ein armbseliges Stätelin angetroffen/ darinn etliche Griechen vnd Türcken gewohnt/ so vns keine Lebens-Mitel zugeben vermöcht/ all andere Dörffer vnd Flecken haben wir/ wegen grosser Tyranney/ Mangel deß Wassers vnd stätter Pestilentz/ verlassen vnd öd gesehen. Ein halb Meil ausser Limaso/ seynd wir vber ein langes schönes vnd grosses Feldt/ passiert so vor deme mit Zucker angefüllet/ welchen vor wenig Jahren ein Bassa seinem Nachfolger zum Schaden abbrennen vnnd verderben lassen/ deren Possen dann bey den Türcken auß Neyd vil geübt werden.

Limaso ist vor disem ein berümbtes Meer-Port gewesen/ wirdt diser Zeit mehr von den Türcken vnd Egiptern als Christen bezogen. Nechst an dem Meer stehet ein Castell/ die Statt aber hat gleich wie Larnica weder Thor noch Mauren aber vil-grosse Häuser vnd Moscheen.

Z   Den

Newe Jerosolomytanische

Den 3. Februarij Abendts bin ich sambt dem Capitän in das Schiff gestiegen/ vnd zu Mitternacht mit Grægo levante nach Erhebung der Ancker/ in dem Namen GOTtes vom Port abgesegelt vnd folgenden Tags so weit kommen/ daß wir Cypren auß den Augen verlohren/ anders nichts als den blawen Himmel vnd grüne Wasser gesehen: Als aber das gute Wetter vnd Wind den 3. Februarij gegen Abendt nachgelassen/ ist darauff ein grausamer Sturm-Wind erfolgt/ vnd so vnbeständig Wetter eingefallen/ daß vnser Capitän verzweysflet mit dem Leben zuentrunnen/ die Hoffnung verlohren/ dann wir beständig mit gröster Gefahr/ erstlich in das Egyptische: von dannen zuruck in das Syrische Meer geworffen/ vnd gejagt worden/ darob vnser Hauptman vertrüssig offtermahlen gesagt/ er hette die 30. Jahr so er zu Meer gefahren/ niemahlen so lang wehrendes vnbeständig Wetter gehabt/ wolte auch so er glücklich nach Hauß kommen solte/ sich nit mehr auff das Meer begeben/ nennende die seelig/ so ein Stuck Brodt vnd kalten Trunck Wasser auff dem Landt hetten/ darbey ruhig vnnd sicher schlaaffen köndten.

Von diser Vngestümme hat sich das Schiff vnderhalb auffgethon vnd ist das Wasser so häuffig hineingeflossen/ das solches zuschöpffen/ zween Männer vnauffhörlich Tag vnnd Nacht arbeiten müssen/ darvon etliche vnserer Bootz-Knechten an dem Schorbock erkrancket/ derohalben begehrt/ der Schiff-Capitan solte ein Port suchen/ jhr Leben zuerhalten/ weil kein anzeigen besseren Wind zuerlangen verhanden. Der gute Capitan förchte/ es möchte vnder dem Bootz-Gesindlin ein Rebellion entstehen/ in dem sie ohne diß nit allerdings mit jhme zufriden gewesen/ batt mich/ ich solte selbe zur Gedult ermahnen/ vnd sehen/ daß sie nit schwirig oder rebellisch wurden/ so ich nach bestem vermögen gethon/ vnd jederzeit guter effect erfolgt. Neben disem haten wir Kundschaffte/ daß die Tripolinische vnnd Alaccerische Meer-Rauber außgeloffen/ albereit grossen/ Schaden gethon/ denen zuentfliehen/ wir jederzeit das hohe Meer gesucht/ wolwissendt/ das selbe sich mehrtheyl deß Landes vnd Inslen behulffen.

Nach deme wir in Forcht vnnd Hoffnung 23. Tag zugebracht/ seynd wir den 26. Februarij neben Corfu vorbey in den Golffo eingeloffen/ vnd daselbsten so stilles Wetter gefunden/ daß wir innerhalb 2. Tag vnd 2. Nacht/ nit wol fünff Meil gemacht/ darauff sich abermahls ein grausamer Sturm erhebt/ vnd ist ein solch dunckel Regen-Wetter

eur-

Bilgerfahrt.

angefallen/ daß wir vnvermerckter Weiß wegen deß dicken Nebels nechst an die Jnsul Augusta geloffen/ vnd da wir die Segel nit also bald gewendet/ were das Schiff ohnfelbar gestrandet/ oder gar zu Schetteren gangen.

Den 1. Mertzen hat vns der Wind gegen Apulia, ohnfehr von dem Berg S. Angeli gejagt/ daselbsten haben wir v[n]sern zwey Schiff gesehen/ so wegen Ungestümme dahin sich zu salviern begeben/ die Ancker gehefft/ vnd weilen vns vnbekandt/ ob dise Freund oder Feind weren/ hat der Schiff-Copitän rahtsamer geachtet/ vnser Straaß fortzusetzen/ als das Schiff in Gefahr zubegeben/ seynd also in stäter Gefahr/ jetzt gegen Albania bald gegen Jtalien getriben worden/ vnd haben vns keines guten Windes erfrewen können/ biß wir entlich den 9. Mertzen mit gröster Mühe vnd höchster Frewd auß sonderlicher Hilff vnnd Beystand/ GOttes/ nach 37 Tagen/ so wir auß Cypren gesegelt/ kein Land berührt in das Port zu Malamocko eingelassen/ die Ancker gelegt vnnd vnd nach 40. tägiger contumatia,/ in die Statt Venetia eingelassen/ vnd daselbsten dem lieben GOtt vmb empfangene Hilff vnd Beystande gedanckt.

Alhie soll ich nit verschweigen/ was grosser Lieb vnd Trew mir obgedachter Capitan Herr Martin Holst selbe gantze Zeit erwisen/ welcher ohngeacht er nit der Catholischen Religion/ hat er doch ein Christliches Ja Vätterliches Hertz gegen mir gehabt/ vnd in dem Werck erzeigt/ wie er dann neben aller Freundtligkeit/ mich bey seiner Tafel gespeißt/ vnnd in seinem Zimmer losiert/ der Allmächtige GOTT wolle dissen sambt andern meinen Guthätern reicher Belohner sein/ nach seinem Wort alles träwlich vergelten vnd mit der ewigen Frewd belohnen.

Christus derohalben welcher zumahl GOtt vnd Mensch/ das wahre Liecht/ der Schein der Glory/ der Glantz der ewigen Sonnen/ ein Spiegel ohne Mackel vnd die Bildtnuß Göttlicher Güte/ welcher von seinem ewigem Vatter zum Heyl der Menschen auff dise Welt gesandt/ vnd darinn vnser Heyl zu würcken verordnet worden/ welchem der Vatter vnd der H. Geist Zeugnuß gegeben / daß er seye der geliebte Sohn GOttes durch dessen Gnad Hilff vnd Beystandt/ ich die Fuß-Stapffen seiner H. Füssen gesehen/ vnd allda jhne angebetten/ welcher gewest/ mein Führer/ auff der Straß/ mein Schatten in der Hitz/ mein Schirm in dem Regen/ mein Erquickung in Schwachhet / mein Beschützer in Gefahr/ mein Trost in Widerwärtigkeit / mein Heyl in Kranckheit / mein Frewd vnd Zuversicht in aller Gefahr vnnd Nöthen. Diser hat mich,

mich geführt über Waſſer vnd Land durch Fewer vnd Schwerdt/ durch Gläubig: vnd Vngläubige/ durch Türcken vnnd Heyden/ durch Freund vnnd Feind/ allermaſſen ich in meinem H. Ordens-Habit ohne Berührung einiges Gelts/ meiner H. Regel vnnd Profeſſion gemäß/ in guter Leibs-Geſundheit vnd nothwendiger Nahrung/ jederzeit Vätterlich erhalten vnd ernehrt worden.

Habe auch die reiche Benedic̄tion, meynem Seraphiſchen H. Vatter Franciſco beſchehen reichlich geſpürt/ vnd warhafftig erfahren/ das welche nach dem Rath deß Herren das Zeitliche verlaſſen/ alles beſitzen vnd von obenherab erhalten werden/ ſeytemahl vil König begehrt zuſehen/ was ich geſehen vnd habens nit geſehen/ dahero kan ich billich mit dem H. Propheten David auffſchreyen vnd ſprechen: Ich erfrewe mich deren Dingen/ ſo mir geſagt ſeynd/ meine Füß ſtunden in den Vorhöſen Ieruſalem &c. Darumb ſage ich meinem HErren vnnd GOtt mit der frommen Judit Lob vnd Danck/ deſſen H. Engel mich dahin geführt/ in deme ich daſelbſten ware/ vnd von dannen gereyſt/ mich nie verlaſſen/ dann er iſt gütig/ vnd ſein Erbärmd weret ewiglich. Ihme derohalben mit dem Vatter vnd H. Geiſt in einer Subſtanz vnd Weſenheit/ ewigen/ gleichen/ einigen/ lebenden vnd regierenden GOTT ſeye ewiges Lob/ Ehr/ Preyß vnd Danck von Ewigkeit zu Ewigkeit.

Ps. 121.

Judit 13.

Hiemit thue ich mein einfältige Beſchreibung diſer meiner Bilgerfahrt in GOttes Naimen beſchlieſſen/ vnd darneben den gutwilligen Chriſtlichen Leſer demütig bitten/ ſo was wunderlich oder ihme vnbekandtes darinnen begriffen/ nit mit den vnerfahrnen ſo niemahlen vnder jhrem Tach herfür kommen zu tadlen/ ſonder gedencken/ das GOtt in allen ſeinen Wercken wunderbahrlich. So aber ſeinem Begehren nit allerdings genug beſchehen/ alles im beſten außzudeuten/ in Betrachtung wie das diſe Sachen nit den fürwitzigen/ ſonder den Einfältigen/ ſo eines guten Willens zu Lieb vnd Troſt kürtzlich beſchriben worden/ auch nit wenig vbergangen vnd kürtze halber verſchwigen bliben/ dann die Heimligkeiten gut zuverſchweigen/ die Werck GOttes aber zu offenbahren vnd zu loben iſt ehrlich/ welche ich mit dem Königlichen Propheten David hab wöllen erheben vnd zu Anfang vnd End meiner Frewd ſetzen/ auff das ich Ieruſalem ſo droben frey vnd vnſer Mutter iſt/ nit vergeſſe/ biß ich daſelbſten ſambt allen Außerwöhlten GOtt/ den Allmächtigen loben/ ehren vnnd preyſen möge/ Amen.

Tob. 12.

Ps. 136.

Gal. 4.

Etli-

Etliche Observationes oder Kennzeichen der Winden.

OB gleichwol der Vrsprung so viler vnderschidlichen Winden eygentlich nit bewußt/ wegen das solche auß den verborgnen Schätzen GOtt deß Allmächtigen herfürbrechen. So hat man dannoch 32. derselben gute Wissenschafft/ auß welchen sonderlich dise 16. hernach folgende Wind zur navigation observiert/ vnd gebraucht werden/ vnderwelchen

Ps. 134.

Die
- Ost-Winde/ von Natur warm vnd trucken.
- West-Winde/ kalt vnd trucken.
- Mittag Winde/ warm vnd feucht.
- Nord-Winde/ kalt vnd trucken.

Die Mittel-Wind aber seynd vermischt/ vnd seynd hernach folgende.

Außtheylung der 12. fürnembsten Winden.

Die 3. Morgen oder Ost-Winde.
- Ost Nord-Ost
- Ost
- Ost Süd Ost

blasen von
- der Seiten der Mittnacht.
- Auffgang grad.
- der Seiten deß Mittags.

Die drey Abendt oder Westwinde.
- Ost Sud West
- West
- West Nordwind

blaset von
- der Seiten deß Mittags
- Nidergang grad.
- der Seiten Mitternacht.

Die

Newe Jerosolomytanische

Die 3. Mitos oder Süd-Winde.	Süd Süd Ost / Süd / Süd/Südwest	wähet von	der Seyten deß Auffgangs. / Mittaggrad. / der Seyten deß Abendts
Die 3. Mitternacht oder Nord winde.	Nord/Nord Ost / Nord / Nord Nord west	wähet von	der Seite deß Aufgangs / Mitternacht grad. / der Seyten deß Abents
Die vier viertel Winde.	Süd Ost / Süd West / Nord Ost / Nord West	blaset zwischen	Auffgang vnnd Mittag. / Mittag vnd Abend. / Mitnacht vnd Morgen. / Mitternacht vnd Abend.

Auß den Buchstaben dises vndersetzten Sternens oder Bussulo könden die Wind erkennt werden.

✠ Levante. Ost P. Ponente. West.
O. Mezzogiorno. Süd. T. Tramontana. Nord.
S. Siroco. Süd Ost. G. Greco. Nord Ost.
L. Lebeche. Süd West. M. Maes-tro. Nordwest.

Gewiß

Bilgerfahrt.

Gewisse Kenn-Zeichen deß künfftigen Wet-
ters oder Windes.

| Wann zu Auffgang. | Der grosse Hundt-Stern klar
Der grosse Hunds stern rothlecht
Das 7. Gestirn hell
Das 7. Gestirn dunckel
Der Mon bey Jupiter und Venus
Der Mon bey Saturno und Mars | bedeu-
tet. | Gesundheit.
Kranckheit.
Gut Wind
und Wetter.
Ungewitter.
Schiff-Bruch.
glückliche Zeit. |

Sum Egori Josephi Antonii Blandius hold in Cantone jugi Egeriensis

COPIA

Zweyer

Befelch-Schreiben

deß Groß-Türckischen
Kaysers/

Zur
Beförderung der Seraphischen Religion
S. FRANCISCI der PP Capucciner/ daß sie
durch sein gantzes Reich/ die heylige Catholische Religion vnnd Glauben pflantzen vnnd außbreiten sollen.

Erstlich auß der Türckischen in die Frantzösische
Sprach/ vnd dann in die Italianische auß diser aber
in Unsere Teutsche trewlich
versetzt.

Sambt zweyer Send-Schreiben.

Deß Ehrwürdigen Patris Pacifici della Scala
Prediger gemelten Capucciner-
Ordens.

Getruckt zu Costantz am Bodensee/ in der
Fürstlichen Bischöfflichen Truckerey/ bey
Johann Gentz/ ANNO
M. DC. LXIV.

Imprimatur

Fr. Paulus Maria Ritius Commissarius sancti Officii Mediolani.

Fr. Albertus Bariola pro Illustrissimo & Reverendissimo Domino Cardinali Archiepiscopo.

Visa pro Excellentissimo Senatu.

Secretarius Saccus.

Von den Missionen deß Franciscaner-Ordens.

COPIA

Eines Sendt-Schreibens/ welches von dem Ehrwürdigen Vatter Pacifico della Scala, Predigern Capuciner-Ordens vnd vorgesetzten Obristen der Abgesandten Capuciner in Persien vñ Armenien an den Vatter Guardian der Capuciner zu Livorno.

Wolehrwürdiger Vatter/ ꝛc.

JN dem Nammen IESV Christi: Gleich wie Ewer Ehrwürd mir ein sonderbahren angenemmen Dienst erwisen/ in Vbersendung meines Paquets nach Rom: Also bitte ich hiemit/ dasselbige auff dißmahl nit weniger zuthun: In dem ersten Schreiben hab ich der grossen Widerwärtigkeit vnd Trübsaal/ so wir in Fundierung vnserer Wohnung zu Aleppo erlitten vnnd vberstanden/ Meldung gethan. Nun aber berichte ich für dißmahl gute Zeitung/ welche ich hiemit theyls der H. Congregation de propaganda fide, theyls vnsers Ordens General Procurator zu wissen mache.

Es hat vnserm glorwürdigen Herrn Christo gefallen/ achthalb Monat vnsere Gedult zuversuchen vnnd vnser gutes Vornemmen anzusehen/ in dem wir lieber vnder Schwerdt vnd Prüglen der Türcken zusterben/ vns vorgenommen/ als das wir vnsern Gehorsamb vnvollkommen sein lassen wolten. Jetz albereit von Ostern biß anhero geniessen wir deß Fridens. Von

dem

dem Groß-Türcken/ hab ich zween kräfftige Kayserliche Befelch erlangt/ den einen für die Fundierung vnserer Wohnung alhie in besagter Statt Aleppo den andern ein General-Befelch/ welcher vber die maßen schön vnd kräfftig/ dergleichen in solchen Fählen niemahlen außgebracht worden/ Krafft dessen zu gelassen/ den Geistlichen Patribus Capuccinern/ daß sie hin vnd wider wandlen/ sich niderlassen/ auffhalten/ predigen vnd Cathechisiern dörffen/ durch alle Provintzen/ Stätt/ Flecken vnd Märckt deß gantzen Ottomannischen Reichs/ oder wo jemand von den Christen anzutreffen. Ob nun wol zu Außfertigung solcher Befelch sonsten grosse Gelt Summa abgefordert worden/ so hat doch der grosse Vezier vnd andere Hoffs-Beambten/ nach deme sie vnsere grosse Armut angesehen/ vnnd wie weit wir von Einnemmung/ Handlung vnnd Anrührung deß Gelts seyen/ alles ohn einigen Costen vnd Außgaab außfertigen lassen/ vnd seynd vber die maßen wol aufferbawt/ weil sie spüren vnd erkennen/ daz wir bloß vmb der Liebe GOttes/ vnnd reiner Begierd zu vnserm Herzen alles das verachten/ was gemeiniglich von jederman begehrt wird/vn welchem fast mänigklich nachstellet hierauß erfolget dahin/ weil wir so weit von allem eygnen Nutz abgesündert/ sie sicherlich darfür halten/ daß die reine Begirrlizkeit die Seelen zugewinnen vnnd kein andere geweße seye/ warumb wir alher gesandt worden. Ich vbersende der H. Congregation vnd vnsers Ordens Procurator ein Copey gemelter Befelch-Schreiben/ welche auß der Türckischen in die Frantzösische Sprach vbersetzt seynd/ vnnd ihr besser dann ich werdet wissen in die Italianische zubringen. E. Ehrw. mögen solche Sachen/ weilen ich sie zu disem End ausser deß Paquets offen gelassen/ durch einen guten Frantzosen abschreibn/ vnnd dann durch jemant in gut Italianisch/ zum Trost der Vätter vnnd Brüder ihrer Provintz vbersetzen lassen. Wie auch ein

Co-

deß Franciscaner-Ordens.

Copey enttweders deß Frantzösischen oder Italianischen in den Vberschlagen/ wie sie es am besten darfür werden halten/ vnnd also wol verpflichtiert/ alles vnserem wohl Ehrwürdigen Vatter Procurator zustellen. Innerhalb 14. Tagen bin ich vier anderer Vätter gewärtig/ damit wir den Besitz dises Hauses völlig nemmen/ alsdann werde ich auch andere Orth anzunemmen/ den Fuß in Persien vnd Armenien setzen/ jhr werdet mir angenemme Dienst erweisen/ wann jhr GOTT für vns arme Außgesandte anruffen werdet/ auff das wir ohn vnderlaß den Gehorsamb vnserer Obrigkeit ja vil mehr Ihrer Heyligkeit erfüllen mögen/ zu Ehr der heyligen Christlichen Kirchen vnnd vnsers Seraphischen Ordens. Geben zu Aleppo in Saria, den 11. Maij/ Anno 1627.

E. Ehrw. geneigtester Bruder in Christo.

F. Pacificus della Scala Prediger
Capuciner/ vorgesetzter der Abgesandten Capucinern in Persien
vnd Armenien.

Von den Missionen

Befelch deß Groß-Türcken für die Capucciner zu Aleppo, Cadi der Caden, ober alle Musellmannen, der Prophet deren, welche GOtt anbetten, ein Brunn der Wissenschafft, Erb der Propheten vnnd deß grösten Propheten, straffer vnd Züchtiger aller sämtlichen Völcker vmbgeben von den Engeln, dem Herren Caden zu Aleppo GOtt bewahre sie.

In Ansehung diser vnserer vollkommnen Befelch, solt ihr wissen, daß auß Franckreich vnd von dem Herrn Bottschaffte die Vätter Capuciner allhie angelangt, welche vns durch vnsern Bruder ein Memorial vberraicht, vnd vns damit zuvernemmen geben, daß sie sich fridlich in guter corresponitentz mit den Kauff-Leüthen ihrer Nation vertragen, welche sie in Aleppo wohnhafft finden, vnd dise dann auch wol mit ihnen zufriden seyen, allweil gemelte Patres ihrem Gesätz vnd Gerechtigkeit nichts zuwider handlen oder üben. Wann dann die Espeyen, Janitzscharen, Musellmannen, oder auch andere erfunden wurden, die disen Geistlichen was abnemmen wolten, oder ihnen in waserley Weiß oder Schein einige Vnbilligkeit beweisen, oder ihnen in ihren Kirchen, wann es auch immer were einige Verhindernuß zufüegen, oder ihnen in ihren Ceremonien, die nach ihrem Gesätz, Sitten vnnd Gebrauch seyen, verstören vnnd betrüben: Oder so jemand käme, der wider daß Türckische Gesätz vnnd Gerechtigkeit in ihr Gotts-Hauß eingehen wolte, zur Zeit

wann

deß Franciscaner-Ordens.

wann sie jhre Messen auffopferen oder jhr Gebett verrichten/ oder wann sie predigen/ vnd einige Auffruhr oder Verhindernuß verursachen/ daß sie solches nit füglich verrichten können.

So thun wir euch Kundt vnd zuwissen/ daß die Capucciner vmb disen Kayserlichen Befelch angehalten/ auff daß sie von allen Verhindernussen frey sein möchten: Damit dann vnser Capitulation oder Anordnung so wir in disem Befelch begriffen vnderschriben vnd mit vnserem Sigill bekräfftiget/ nichts zu wider verursacht werde: Als werdet jhr für obgemelte Patres dises alles gehorsamblich vollziehen. Vber dise Ordnung vnd Türckische Gerechtigkeit wollen wir auch hiemit/ daß jhnen den Capuccineren kein Widerwill/ kein Schmach/ kein Spott oder Vnfründtligkeit bewisen werde/ vnd ob sich dergleichen was zutragen solte/ sollen die Thäter von jhren Häupteren gebürende Straff darüber außstehen. Ist es ein Janitzschar/ so soll jhn sein Aga das ist sein Obervogt. Ists ein Espay/ so soll jhn auch sein Aga. Ists ein Mohr/ den soll sein Oberhaupt straffen/ zu Verhütung das niemandt/ disen Ordnungen vnd Befelch zuwider jhnen einige weitere Vnbilligkeit oder Schwach/ wider jhre Sitten vnnd Brauch erzeige. Gesetzt aber das etwann einer jhnen zuwider thun solte/ soll man seinen Nammen vnd Zustandt/ sambt Beschaffenheit deß Verbrechens auffzeichnen/ vnd jhn andern zum Exempel peinlich erfahren lassen.

Also werdet jhr drob halten/ das diser vnser Befelch außgeschriben vnd exequiert/ ja auff das blosse ansehen vnsers Kayserlichen Signets ein gehorsambliches Auffsehen gehabt werde. Zum Endt deß Monats Rageb.

Im Jahr 36. das ist den 12. Aprilis 16.

Kay-

Kayserlicher Befelch / deß Groß-Herren
Sultan Amurath.

Vr alle Capuciner / welche hin vnd her wandlen / vnnd sich wohnhafft niderlassen werden / in dem gantzen Reich deß großmächtigen Herren.

Den grössern Herren vnd Gubernatoren / den höhern vnder den grösten vnnd mächtigen / vnd ehrsamen so ihnen mit verbunden vnd Vasallen / den höhern vnnd mächtigsten Königen vnsers Reichs / Gott wolle sie erhalten.

Den Provintzen Natolien mit allen Bassen vnd Gubernatoren / Gott wolle sie schirmen. Den Principal Herren / mächtigsten Fürsten vnd Hohen / allen Sangiachen vnd Majoren: Gott wolle sie schützen. Allen ehrsamen Caden vnnd Richtern / welche seynd der Brunn aller Gute vnnd Wissenschafft vnd der Fürtrefflichkeit aller Gerichten so gehalten werden / yber die vnderworffene Länder der Fürtrefflichkeit. Wollen sich allezeit mehren.

Wann dises Königliche Schreiben an Orth vnd End ewerer Iurisdiction vnd Gerechtigkeit wird auffgewisen werden / sollet ihr wissen / das auß Franckreich Geistliche mit Nammen Capuciner ankommen seyen / welche durch vnsern Groß-Vezier ein Memorial vberreicht: daß sie zu Vollziehung deß Gotts-Dienst sicher durch vnsere Reich (welche Gott erhalten wolle) an alle Orth / wo vnd wann es ihnen gefallen wird / anfangen / kommen / hin vnd wider durch passieren dörffen. Auch daß sie vnder ewerem Gewalt vnnd Gerechtigkeit frey hin vnnd wider wandlen / die Stätt / Märckt vnd Flecken besuchen / vnd in denselben nach ihrer Bescheidenheit vnnd Willen nach ihrer Religion in ihren Kirchen mit predigen vnnd lesen / thun vnnd handlen möchten: ohn daß sie einigen Ezspay / Janitzschar / Ambt-

deß Franciscaner-Ordens.

Ambtmann oder Diener selbiger Orthen/ oder wer es immer seyn kan/ im wenigsten nicht verhindere/ noch jhnen einigen vngemach zufüge. Wann sie dann dises fürtreffliche Befelch-Schreiben/ durch vnsern Vezier auff jhr Anhalten versuchen lassen/ auch solches an vnser Majestät folgenden Inhalts gelangt: Wie daß sie einer Nation so mit vns fœdiert/ verbunden/ vnd vnder vnserm Schutz vnd Schirm sey/ auch daß sie eines Ordens in welchem sie auffrecht hereingehn vnd wandlen/ in vnd nach jhrem Gesatz/ warumb dann jhnen kein Persohn einigen Vberlast oder Verhindernuß zufügen wolle: Als haben wir disen Befelch ertheylt/ vnd auf Kayserl. Authoritet befohlen: daß der Orden vorgesagter Geistlichen an vnd in allen Orthen vnserer Gerechtigkeit vnd Gesatzes/ frey/ ruhig vnnd fridsamb nach jhrem Orden vnnd Vbungen daselbsten in allen GOtts-Häusern oder wo es jhnen auch gefallen wird/ ohn einige Verhindernuß von vnsern Obrigkeiten oder Justitien wohnen. Ferner wollen wir das jhnen auff jhren Reysen in jhrem Wandlen vnd Durchzügen vnserer Land/ Stätten/ Märckten vnd Flecken/ von vnsern Eßpayen/ Janitscharen oder wer sie seyn möchten/ auff keinerley Weiß/ wie es auch immer seyn köndte/ einige Betrang- oder Verhindernuß beschehe: Vnd gesetzt/ das einiger dergleichen Tätligkeiten vnd vben wolte/ so solt jhr euch widersetzen vnd solches verhindern. Wann dann diser vnser Befelch empfangen/ soll er auffs strengist ohn einige Widerspennigkeit oder Widerwillen in acht genommen werden/ damit keiner vbertrette/ sonder jedermäniglich sich jhme gleichförmig reguliere. All die jenigen aber so disem zugegen handlen wolten/ die werdet jhr auffs beste/ so jhr wisset abstraffen: das ist vnser Will vnd Meynung/ ein jedtwederer wolle sich darnach halten/ vnd vnser Kayserl. Marck in Ehren halten. Geben in vnser Statt Aleppo am 1. Tag deß Monats Schoban im Jahr 1036. das ist den 26. Aprilis 1627.

Abschrifft eines Schreibens/ an den Vatter Guardian der Capucciner zu Messina geschriben vom Ehrwürdigen Vatter Pacifico della Scala Vorstehern der Capuciner so von jhrem General in die Türckey vnd andere Reich/ jhre Verrichtungen abzulegen abgesandt.

Ich bitt Ew. Ehrw. wollen mir disen Dienst erweisen vnd diß Paquet sicher nacher Rom vnserem General Procuratorn zusenden/ in welchem Schreiben eingeschlossen/ so der H. Congregation zugehörig/ daran vnserer Commission vil gelegen. Wisset das GOTT mit seiner Göttlichen Gnad sehr vast allen Außgesandten Predigern beygestanden/ vnnd allhie in Morgenland habe ich von Göttlicher Güte nach langer Reyß die ich diser Orth vnnd End verricht/ nach deme ich zu Messina durch passiert glücklichen Anfang [ge]nug gehabt/ zu Constantinopel seynd vnserer Mitt-Gesellen vnd Brüdern vier verbliben vnd haben in derselben Statt allbereit das Convent auffgericht/ mit grosser Verwunderung nicht allein der Christen/ sonder auch der Türcken/ welche mit grosser Gutwilligkeit reichliches Allmusen darreichen. Zween andere Brüder haben sich in der Insul vnd Statt Chio auff dem hohen Meer gesetzt. Zween andere haben sich in der Statt Barudi vnd Sydon in Palestina vnd vnsere drey zu Aleppo in einer Statt vberauß grossen Gewerbs/ allda ein Durchpaß durch gantz Orient, nidergelassen.

Alle die wir nur an dise End kommen/ haben nichts anders vor vns als den Nutz vnd Frucht deß heyligen Glaubens vnnd den Gewinn der Seelen mit Göttlicher Hilff. Ob wir wol sieben oder acht Monat vil Widerwärtigkeit vnnd Verfolgung auß-

deß Franciscaner-Ordens.

auffgestanden/ haben wir doch mit Göttlichem Beystand vnnd Gedult alle Widerspenigkeit vberwunden/ darumb Gott lob vnd danck/ von deme alles Guts herkombt. Wir haben vom Groß-Türcken Befelch erlangt/ Krafft deren wir vns nit allein in diser Statt vnderlassen mögen/ vnnd nach Innhalt Christlicher Religion leben/ sonder auch weiter fortschreiten/ wohin es vns nur gefällig/ vnd in einem Kayserlichen Decret wird allen Capuccinern zugelassen/ zuleben/ zu wandlen/ zu wohnen in allen Ländern/ in allen Stätten/ Flecken vnnd Märckten seines gantzen Reichs: vnd allda Meß zulesen/ zu predigen/ zu tauffen/ die Christen auff allerley Weiß vnserem H. Gesatz gemäß zu vnderweisen/ ausser das vns kein Bassa noch Ambtmann kein Türck nach Soldat nicht ein Wort einreden dörfft/ das man vns auch in keinem Weeg/ weder auff den Strassen noch im durchwandern/ noch auch/ wo wir vns wonhafft auffhalten/ keine Bezahlung abforderen soll/ dergleichen Ding noch niemand biß dato vergunt seynd worden. Allhie erwarten wir innerhalb 14. Tagen noch zween vnserer Brüder auff das wir vns allhie in vnserem kleinen Häußlein setzen können/ vnnd dann werden wir weiter in Armenien vnd Persien den Seelen zuhelffen verreisen. Ew. Ehrwürd soll wissen/ das es einer vnvberwindtlichen Gedult vnd grossen Hilff von GOtt vonnöthen. Ich hab jhrer Heyligkeit einen von drey abtrünigen Ertz-Bischoffen vberschickt/ welche wir mit der Hilff deß Herzen Gott gewunnen/ vnd widerumb zur Einigkeit der Römischen Catholischen Kirchen gebracht.

Wir avisieren auch Ihr Heyligkeit vnd die H. Congregation von andern Dingen darab sie sonders erfrewet werden. Hab auß allem ein wenig Ewer Ehrwürd mit Gelegenheit dises Paquets wollen theylhafftig machen/ damit sie sich auch sambt allen vnsern Vättern zuerfrewen hab/ vnd Vrsach in

Bb 2   sol-

Von den Missionen
solchem Cristlichem Werck für vns zubitten. Wir haben nunmehr alle Orth in Orient/ wo man etwas Frucht schaffen kan/ verzeichnet/ an welche vnsere Brüder auß den Provintzen mögen anhero kommen. Auß vnserem Hauß zu Aleppo in Soria den 29. Tag Brachmonat im Jahr Christi 1627.

Ewer Wohlwürde demütigster
Diner im Herren F. Pacificus della
Scala Capucciner Prediger.

Sum-

deß Franciscaner-Ordens.

Summarischer
Bericht/

Deren Franciscaner Ordens Provintzen/ Custodien vnd Persohnen/ insonderheit aber vnderschidlichen Apostolischen Sendungen der Capuccinern zu Erweiterung deß Catholischen Glaubens inner vnd ausser Europam.
In Asia, Affrica, &c.

As Christus vnser allerliebreichester HErr vnd Heyland Ioann. c. 12. vorgesagt/ wann er werde seinen Königlichen Thron deß hochheyligen Creutzes bestigen/ vnnd von der Erden erhebt werden/ wölle er den Fürsten diser Welt/ so solche vngerechs vnnd Gewaltäthiger Weiß besessen/ vnd Tyrannisch beherzschet/ vertreiben/ verstossen/ vnnd in Abgrund der Höllen ewig abstraffen/ die Herzschafft aller Dingen an sich ziehen/ die Welt mit dem Glantz der Warheit erleuchten/ von allen Völckern/ Geschlächt vnd Ständen der Menschen zu Erkandnuß der Gerechtigkeit beruffen/ vnd in das ewig Leben einführen: hat er solches durch seine H.H. Apostel/ vnd vilfältige getrewe Diener vnd Arbeiter/ insonderheit aber auch seinen darzu fürnemblich außerwöhlten demütigen Knecht den Heyligen Franciscum von Assisio, vnd seinen Orden so kräfftig/ als glorwürdig in das Werck gestellt/ vnd auff heutigen Tag beständig vollzogen: Derowegen dann jhme Christo die heylige Kirch zu sonderbahrem Lob vnd Danck/ Francisco aber nit wenigem Ruhm vnd Ehr in den Canonischen Tag-Zeiten GOtt also pflegt anzuruffen: O GOTT der du dein Kirch durch die Verdienst deß seeligen Francisci mit newer Geburt vermehrest/ verleyhe vns zu Nachfolg dessen alles was jrdisch zuverachtent ten/ vnnd der Himmlischen Gütern jederzeit theylhafftig zu werden. Daß Franciscus zu so hohem Ambt der Bekehrung der Menschen seye außerwöhlt worden/ hat jhme Christus der HErr gleich zu Anfang seiner Beruffung zuverstehn geben/ in einem Gesicht eines sehr grossen vnd schöner Saals/ darinn vil schöner herrlicher Harnisch mit dem Zeichen deß heyligen Creutzes bezeichnet/ bey welchen vnser Heyland stehend jhme versprochen/ solche jhme vnd den seinigen ohnfehlbar zugeben/ wann Er das sighafft Fähnlein deß Creutzes wurde tragen/ vnnd jhme nachvolgen/ ein ander mahl auch/ als er mit liebreicher Stimm jhme drey mahl zugesprochen : Gehe Francisce erbawe mein Hauß/ welches zum Fahl geneigt ist, vnd also mit disem seinem außtrucklichen/ entlichen Willen vnd Begehren zuerkennen geben. Als der H. Franciscus sich auff ein Zeit mit den ersten seinen Gesellen berathschlagete/ ob es besser wäre zu jhrer Seelen Heyl in der Eynöde zuwohnen/ oder aber zu Erbawung deß Nächsten in Beywohnung der Menschen zuverbleiben? von welchem als er sich mit seinen gesielten Jüngern lang berathschlaget vnnd vnderredet/ vnd aber ein so wichtige Sach zuschliessen nit auff sich allein laden/ noch weniger jhme selbsten einzig vertrawen wöllen/ begehrt er durch Mittel deß Gebetts dessen von dem Herrzn Bericht zuwerden/ in welchem er durch den Schein deß Himlischen Liechts erleuchtet/ daß er von GOtt gesandt worden/ damit er sich befleissen solte jhme vil Seelen zugewinnen/ gleich wie sich der Teüffel bearbeite jhme solche zuentziehen/ vnd in den Abgrundt der Höllen zuführen/: Darauff sich dann entschlossen/ mit sambt seinen Brüderen vilen zu guttem bey der Welt/ vnd nit wegen eygenen Heyls allein in der Wildtnuß zuwohnen: machte sich derowegen bald fertig dem Göttlichen Willen vnd Befelch nachzukommen/ vnnd obwohl jhrer in der Anzahl nit mehr als 8. Persohnen waren/ nahme er doch einen auß siben zu jhme/ begehrte Erlaubnus von den anderen/ theylen sich Creutz-weiß auß/ ein jeder mit seinem Gesellen zween gegen Auffgang der Sonnen/ zween gegen Nidergang/ zween gegen Mittag/ vnd zween gegen Mitternacht/ der gantzen Welt den Friden zuverkünden/ vnd die Buß zu Verzeyhung der Sünden zupredigen.

In selbiger Zeit tyrannisierte der Gottlose Machomet vnnd beherrschete in Asia schon allbereit drey Königreich Arabiam, Syriam vnnd Ægypten, disem Tyrannen zoge der vnverschrockne/ behertzte Kriegs-Obriste Franciscus alsbald entgegen/ erstens mit einem einigen Gesellen/ nachmahlen aber mit 11. derselben/ welche er hin vnnd wider

des

der in vnderschidliche Orth vnder die Saracener außtheylte/ er aber mit einem Gesellen allein verfügte sich zu dem Sultano selbsten als dem Haubt der andern/ nit ohne sonderen Frucht/ wie die jenigen hiervon Meldung gethan/ welche deß Ordens-Geschichten vnderschidlich vnnd weitläuffig beschriben haben/ bey denen es auch mit mehreren zuersehen/ wie sehr diser Orden gefruchtet/ sowohl in Anzahl deren/ welche den Weltlichen vnd Jrdischen abgesaget/ vnd sich vnder disen Seraphischen Kriegs-Obristen/ wider den Teuffel/ das Fleisch/ vnnd die Welt zubekriegen/ begeben/ als auch andern Menschen/ welche sie auß dem vnerträglichen Joch/ vnd Dienstbarkeit deß Teuffels/vnnd der Sünd entlediget vnd Christo dem Herren gewunnen haben. Alhie soll ich vngemelt nit fürvber gehen lassen/ daß der H. Vatter Franciscus, gleich wie er das Fundament vnnd Grundveste seines Ordens gesetzt hat in einem Benedictiner Kirchlein Portiuncula, jetzt genannt S. MARIA der Englen zu Assisi, welches bißhero für das Haupt der Religion vor allen anderen geehret vnd gehalten wird/ also wolte er auch so hochwichtigem Werck der Bekehrung der Heyden den Anfang machen durch die Vorbereitung mit gar eyfferigem vnd innbrünstigem Gebett/ vnnd Buß-Werck biß in die 6. Wochen in dem Orth Sublacum, oder auff Italianisch Subiaco genannt/ da der H. Patriarch aller Occidentalischen Ordens-Persohnen Benedictus Geistlich zuleben/ vnd GOTT seinem Erschaffer zu dienen angefangen/ welches wie es von Natur nichts als ein lautere Andacht von sich gibt/ mit vbernatürlichen Zeichen/ vilfältig geheyliget worden/ vnder welchen dises sonderlich denckwürdig/ daß/ wie der new angehende Ritter GOttes Benedictus von dem bösen Feind mit vnreiner Anfächtung sehr geplagt wurde/ Er selbigen mit heroischem Gemüth dergestalten vberwunden/ das er sich mit blossem Leib so gar in brennenden Neßlen vnd spitzigen Dornstauden vmbgewelzt/ auff welche Dornstauden hernach der H. Franciscus als Er (wie obgemelt) daselbst den Geistlichen Ubungen oblage/ Rosen gezweyet/ welche annoch auff heutigen Tag mit sonderm Fleiß erhalten werden/ nit allein zu Lust der Augen/ sonder auch Heylmachung leiblicher Kranckheiten/ so fern die Rosen vnnd abgeschnittene Zwenglein/ gedörret/ pulverisiert vnnd mit Andacht genossen werden. Solches/ als es mir gewisen vnd angezeigt worden/ hab ich disen schlechten Vers darüber gemacht/ welchen ich beyden Heyligen zu Ehren dem günstigen Leser auch hab allhero setzen wöllen/ also lautend.

His

His spinis vicit Benedictus acumina carnis
Franciscus posuit casta trophæa rosas.
Disen hat hernach ein anderer also außgeführt.
Virgineum sepit florem Benedictus acutis
vepribus, & propry rore cruoris alit.
Hinc dumeta nouas tanto fæcunda liquore,
Franciscus manu culta tulêre rosas.
His spinis vicit Benedictus acumina carnis,
Franciscus posuit, casta trophæa rosas.
Falsa quidem roseo cecinere è germine vates,
sed latuit falso carmine, vera fides.
Scire cupis rosei flos exeat vnde pudoris,
sola rosas potuit gignere, puncta Venus.

Mag in das Teutsch also verendert werden.
Als Venus starck mit Pfeylen/ Schuß
vnd Benedicto bracht Verdruß.
Wirfft er sich in die Dörn in Eyl
vnd bricht zustucken alle Pfeyl.
Mit eygnem Blut sich defendiert
bald Venus all ihr Macht verliehrt.
Frewdig weltzt er sich vmb vnd vmb/
spricht: Venus hast nun Lust so tumb/
Also diß Rosenfarbe Blut/
dem Fleisch hat genommen allen Muth.
Entlich kombt da Franciscus ahn/
sicht zwar die Dörn/ doch nichts daran.
Will alßbald dise edle Pflantz
zieren mit schönem Rosenkrantz.
Auff sein Gefelch/ vnd Gottes Macht
haben die Dörn bald Rosen bracht/
Wer ritterlich mit Venus ringt.
dem gwiß die Zeit auch Rosen bringt.

Was für ein vnzahlbare Mänge nunmehr vber die 400. Jahr in disem Franciscaner-Orden dem Allmächtigen GOTT gedienet/ mag etlicher massen abgenommen werden/ auß dem was P. Vitalis Algeriza Cap: in arbore Epilogica totius Ordinis S. Francisci verzeichnet/ das im Jahr Christi 1625. (als das General-Capitul zu

Rom

deß Franciscaner-Ordens.

Rom gehalten worden/ volgende Anzahl deren Provinzen Custodien vnd Persohnen sich befunden.

Die Vätter Conventualen hatten 31. Provinzen, 7. Vicarien in hundert vnd acht Custodien abgetheylt/ 1509. Convent 30000. Brüder.

Die reformierten Conventualen 50. Convent.

Die Vätter der Regularischen Observanz 93. Provinzen 5. Custodien 84. Vicarien 127. Schul-Häuser/ in welchem die Jugendt bey den Indianeren in der Catholischen Lehr vnderwisen wirdt. 6. Collegia 2300. Convent hundert vnd drey vnd sechzig tausent vnnd neünhundert Brüder/ warunder auch die Discalceaten vnd Reformaten begriffen seynd.

Die Capucciner 42. Provinzen 1240. Convent sibenzehen tausent/ zwey hundert vnd 5. Brüder.

Die Brüder deß dritten Ordens 17. Provinzen. 327. Convent/ 3990. Brüder.

Die Clöster der Gott verlobten Junckfrawen S. Claræ Ordens der vmbefleckten Empfäncknuß vnd Verkündigung MARIÆ wie auch deren Capuccineren erstrecken sich vber die 3850. die Closter-Junckfrawen aber an der Zahl drey vnnd sibenzig tausent neünhundert/ ausser deren Schwöstern/ welche der dritten Regul/ der Büsserin genant/ einverleibt seynd deren man wegen Mänge kein Zahl verzeichnen kan.

Begreifft demnach der gantze Orden S. Francisci in sich vber die 781. Provinzen 31. Vicarien 6. Collegia 27. Schul-Häuser 9336. Clöster 283793. Closter-Persohnen. betreffend dise Schweizerische Proving welche obgedachtes Jahr 1525. mehrer Brüder nit hatte als 265. hat sich biß auff gegenwärtige Zeit also vermehret/ das dero vber die 700. sich in Anzahl befinden die Zahl der Provinzen, Clöster vnd Brüder ganzen Capucciner-Ordens ist im General-Capitul/ zu Rom gehalten Anno 1662. gewesen/ wie absonderlich getruckt hiebey zusehen. NB.   NB. Anhero volge

Aber ein schlechte Sach wäre es wann der Orden allein in vile der die CapiPersohnen gewachsen/ vnd in Tugendten hette abgenommen/ würde sich tels Tafel. auch die Kirchen vnser Liebe Mutter mehrers zuberrüben als zuerfrewen haben mit dem Propheten Isaia c. 9. sprechende: das Volck hastu zwar vermehret/ die Frewd aber nit grösser gemacht. Nit also/ sonder

Von den Missionen

es hat diser Orden bißhero jederzeit mit vortrefflichen Leüthen geleüchtet/ welche in der Kirchen sehr grossen Nutzen geschaffet/ also erzehlet obgedachter Vatter Vitalis daß der Orden S. Francisci canonicierter Heyligen habe 27. beatificierter 606. Martyrer 900. Beichtiger/ welche in Heyligkeit deß Lebens vnd durch Miracul berümbt/ 1630. Päbst 8. Cardinäl 57. Patriarchen 12. Ertz-Bischöff 128. Bischöff 590. item 270. Päbstliche vnnd Königliche abgesandte 4. Kayserin 20. König 20. Königin 55. Königliche Söhn vnd Töchteren 2. Ertz-Hertzog 1. Ertz-Hertzogin 7. Fürstinen 46. Hertzogin 25. Marggräffinen 32. Gräffinen 368. Fürstliche Söhn vnd Töchteren. Inquisitores oder Richter in Glaubens-Sachen ohne die ordinari zu Spoleto, Fuligni, Reate, Florenz, Venedig Ragusi in Istrien, Bosna vnd Dalmatien von dem Jahr Christi 1258. vier vnd achtzig hochgelehrter Männer welche von allerhand Künsten haben Bücher außgehen lassen/ 880. Pabst Clemens der 8. sagte/ wann er die jenige welche in dem minderen Orden mit Heyligkeit vnd Miraculen geleüchtet solte in die Zahl der Heyligen schreiben wurde deren kein End seyn.

Aber auch ist nicht daran gelegen daß ein Orden vil oder wenig habe der Edlen/ Hochweisen/ der auch gar canonizierter Heyligen/ sithemahl nit vil weisen nach dem Fleisch/ nit vil gewaltige nit vil edle/ sonder was Toreche ist vor der Welt/ das hat GOTT erwöhlet/ vnd die da als nichts seynd/ auff daß er zu nichten machte/ die etwas/ damit sich vor jhme kein Fleisch rühme 1. Cor. 1. deßgleichen stehet geschriben sagt der H. Antoninus Ertz-Bischoff zu Florenz p. 3. Hictor lic. 23. c. 14. weil GOTT ein Erforscher der Hertzen/ gleich wie jhme allein bekant ist die Zahl der Außerwöhlten zu der ewigen Seeligkeit/ also ist jhme allein bewußt der Verdiensten vnd Belohnungen aller Heyligen/ vnd welchem er solches offenbahret. Sovil aber vns (die wir in der Finsternuß versteckt) zugelassen/ ist zuvrtheylen von den Heyligen durch Muthmassung auß ihrem geführten Wandel/ achte ich niemand werde zweyfflen/ daß sehr vil Seelig seyen beyderley Geschlechts/ welche von der Kirchen weder canoniziert, nach auch genennt/ nit geringeren Verdienst vnd minder Glori haben/ als die welche an der Zahl der Heyligen verzeichnet worden. Seithemahl die Canonization nichts thue zu dem Verdienst/ oder wäsentlichen Belohnung der Seeligen/ gibt auch nit zuerkennen den Grund der Heyligkeit/ sonder allein zeitliche Verehrung vnd Glory/ damit dann man solche in gemeinem Gottes-

Dienst

deß Franciscaner-Ordens.

Dienst möge anrüffen/ vnd offentlich verehren/ welches sonsten nit zugelassen ꝛc. bißhero der H. Antoninus gleicher Meynung ist auch H. der Pabst Gregorius der grosse genannt/ mit den Miraculen: Die Prob der Heyligkeit/ schreibt er l. 20. Mor. c. 9. ist nit Miraculen thun/ sonder jedtwederen lieben wie sich selbst/ von GOTT halten was waar ist/ den Neben-Menschen bisser/ sich aber geringer schätzen ꝛc. dann daß die wahre Tugendt in der Liebe bestehe vnd nit in den Miraculen/ bezeügt die Warheit selbst/ sagende: In deme werden alle erkennen daß ihr meine Jünger seynd/ wann ihr die Liebe werden vnder einandern haben/ er sagt nit: In disem wird bekandt werden/ daß ihr meine Jünger seynd/ wann ihr werdet Wunderzeichen thun/ sonder wann ihr die Liebe werdet vnder einandern haben/ damit er heiter zuerkennen gebe/ das nit die Miraculen sonder allein die Liebe beweise/ die wahren Diener GOttes. Seynd demnach die Geistliche Orden diser Zeit gar nicht zuverachten/ wann schon sovil Wunderzeichen anjetzo nit geschehen/ als etwann vor Zeiten/ da es also Göttlicher Weißheit gefallen/ mit solchen den rechten Glauben zubewähren/ welche Nothwendigkeit zu diser Zeit nit ist.

Da nun deme also/ daß die Heyligkeit in der Liebe GOttes vnd vnsers Neben-Menschen bestehet/ senne auch durch diß insonderheit zuerkennen/ ist nach dem Spruch deß H. Ioan. 1. c. 4. welcher sagt das er GOTT liebe/ vnd hasset seinen Bruder/ der ist ein Lugner: Dann welcher seinen Bruder/ den er sihet (nit liebet) wie kan er GOTT lieben/ den er nit sihet: So haben wir auch von GOTT daß Gebott/ das wär GOTT liebe/ auch seinen Bruder liebe/ ist fehrners zuerkennen/ daß der Franciscaner-Orden nit so sehr blühe in Fruchtbarkeit der Mänge/ als glorwürdig lebe in dem Schutz deß allerhöchsten: dann so auß den Früchten zuerkennen die güte deß Baums/ die Liebe Gottes aber ein Königin vñ Gebährerin aller Tugenten/ dise Frucht vornemblich vnd im höchsten Grad erzeiget/ wann einer sein Seel für einen anderen dargibt: In deme deß H. Francisci getrewe Kinder so vilfältig in Bekehrung wie allein der Sündern zur Buß/ sonder auch sovil gantz wild vndvrmenschliche Völcker von abschewlicher Abgötterey vñ viehischen Leben/ zu Erkandtnuß wahren Glaubens vñ rechter Gottsforcht zubringen/ alle Mühe/ Fleiß/ ja ihr eygenes Leben angewendet/ daß dero Mutter die Franciscanische Religion sich mit recht vnd wahrem Grund gegen grossem theil der Welt der Worten deß H. Apostels vnd Lehrers gebrauchen kan Per Evangelium

C c 2

lium vos genui. 1. Cor. 4. ich hab euch durch das Evangelium gebohren: gibt also dergleichen reiche vnd hertzliche Frucht heiter vnd klar zuersehen/ daß diser von GOTT zu seiner sonderbahren Ehr vnd Glory der Kirch. vnd Heyl der Menschen gepflantzte Baum wol möge genannt werden/ arbor Vitæ, ein Baum deß Lebens/ ein Baum der so wol frisch im leben/ als fruchtbar im gebähren vnzahlbare Kinder GOttes herfürbringt.

Dises nun eygenthumlicher zuerweisen/ wöllen wir vns zufordest gebrauchen frembder Zeugnussen/ als welche wegen vnparteyligkeit minder in Zweifel gezogen werden/ vnd zwar erstlich deß fürtrefflichen Theologi Hieronymi Plati auß der hochberümbten Societet JESU de bono statu Religiosorum &c. welcher/ nach dem er außführlich erwisen/ den Nutzen/ welchen die Geistliche Ordens-Persohnen in der Kirchen GOttes geschafft haben/ schreibt er also in dem ander Buch/ dem 30. Capitul.

Nil præclarius aut gloriosius quam totius novi orbis Conversio, quæ quantacumque est Religiosorum, ipsi enim Primi Evangelium in oras illas intulerunt, ipsi fidem plantaverunt, ipsi deinde vigarunt, ijdemque adhuc excolere, & propagare non desistunt. Primos omnium, qui tantam hanc Provinciam aggressi sunt, Franciscanos fuisse, legimus, atque eosdem etiam in ijs Regionibus inveniendis, cum antea ne de nomine quidem auditæ essent, magnopere contulisse. Cùm enim Christophorus Columbus de ea navigatione instituenda apud Ferdinandum Hispaniæ Regem ageret, nec ei, ut in re tam novâ atque incerta multum fidei adhiberetur, Patres duo Franciscani valde eum iuvisse dicuntur: tum ipsum animando, tum etiam Regem impellendo, ut eam occasionem omnino tentaret, itaque cum impetratâ classe Columbus Mexicana Regna feliciter aperuisset, atque in Hispaniam tam lætæ rei Nuncius revertisset, statim aliquot eius familiæ Patres in ea loca navigarunt, Anno circiter à Christo nato 1493.) atque eodem penè tempore ad Orientalem Indiam Emmanuelis Lusitani Regis auspicijs à Vasco Gamma patefactam (Anno 1500. missi sunt Evangelij causa ex eadem familia viri octo tum doctrina, tum pietate præstantes, ab his initijs hic ordo per eas Regiones diffusus, multiplicatis brevi tempore domicilijs, tredecim, ut ipsi vocant,

cant, Provincias instituere: in quibus magnam Christianæ rei operam nauarunt & adhuc navant.

Ad eosdem labores paulo post, (id est Anno. Domini 1505.) navigavere etiam Dominicani, qui item multa præclare etiam gessere: Deinde Augustiani? postremo loco Societas JESU, quæ in orientalem Indiam Ioannis Lusitani Regis rogatu per S. Franciscum Xaverium introducta est Anno 1542. Zu Teutsch also:

Nichts fürtrefflichers noch herrliches als die Bekehrung der gantzen newen Welt/ welche/ wie groß sie immer ist/ soll billich jhr Bekehrung den Geistlichen Ordens-Persohnen zugemessen/ vnd eygentlich zugeschriben werden/ dann sie den Nammen Christi/ welcher zuvor vnbekannde/ vnd daselbst vnerhört/ erstens offentlich verkündet/ vnd denselbigen fortzusetzen/ zuerweitern/ vnd außzubreyten noch nicht ablassen/ die allererste so dises schwere Ambt auff sich genommen/ seynd gewesen/ wie wir lesen/ die Franciscaner, welche auch geholffen die Länder kundtbahr zumachen/ die zuvor vnbekandt waren/ dann als Christophorus Columbus von Anstellung diser Schiffarth bey Ferdinando dem König in Hispannien handlete/ vnd jhme in einer so newen vnd vngewissen Sach wenig Glauben geben wurde/ haben jhme zween Patres Franciscaner-Ordens/ wie man sagt/ grossen Beystand gethan/ theyls mit dapfferem zusprechen/ theyls auch den König darzu angetriben/ daß er dise Gelegenheit ein mahl für die Hand nemme. Als nun Columbus nach erlangter Armada die Königreich Mexicana glücklich erreichet/ erfunden/ vnd eröffnet/ auch mit einer so frölichen Bottschafft in Hispanien kommen/ seynd albald etliche Patres desselbigen Ordens in dise Oerther geschiffet/ vmb das Jahr Christi 2493. deßgleichen seynd mit hilff deß Lusitanischen Königs Emmanuelis bald hernach Anno 1500. in Indien gegen Nidergang/ welches von Vasco Gamma eröffnet/ auß gleichem Orden 8. Geistliche Patres das Evangelium zupredigen geschickt worden/ die in Lehr vnd Andacht fürtrefflich gewesen. Auff dise Weiß hat sich diser Orden durch diselbige Länder außgebretet/ vnd haben in kurtzer frist 13. Residenzen oder wie sie es nennen Provintzen angestellt/ in welchen sie grossen Fleiß angewendt den Christlichen Glauben zuerweiteren/ zu gleicher Arbeit seynd auch kommen die Dominicaner/ welche vil fürtreffliche Sachen daselbst verrichtet haben/ nachmahls die Augustiner vnd zu letst vnser Societet JESU welche auff deß Königs Ioannis in Lusitania Begehren in Indiam gegen Auffgang durch S. Fran-

S. Franciscum Xaverium ist eingebracht worden/ vmb das Jahr Christi 1541. Horatius Tursellinus auß obgedachter Societet JESU bezeugt l 3. c. 17. vnd sambt jhme Ribadeneira in Vita S. Francisci Xaverij das als obgedachter H. Franc Xav. zu Goa angelangt/ habe er deß Bischoff daselbsten Nammens Ioannes Albuquercius deß mindern Ordens S. Francisci besucht/ vnd nach empfangnem Seegen von jhme in Cochirum verreiset/ daselbsten er auch die mindern Brüder angetroffen/ bey selbigen Einkehr genommen/ vnnd freundtlich von jhnen empfangen worden/ dises vnnd noch vil mehres bezeugt obangezogner Tursellinus c. 2. 4. 5. & 10. Item l. 4. c. c. 7. P. Arturus à Monasterio Franciscanus Recollectus, welcher seines Ordens Sachen mehrers mit gröstem Fleiß vnd Arbeit nachgeschlagen/ in Martyrologio Franciscano die Augusti 31. in scholis ad vitam B. Martini Conf. erzehlt ein grosse Mänge gelehrter Männer so hiervon geschriben/ auß welchen er vnderschidliche Reysen dises Ordens-Brüder in die newe Welt anziehet/ in welcher sie sich als gantze Schwarm der Immen oder Beinen außgetheylt in die Königreich Mechioconium- Xaliscorum, Cibolam, Zacatecus, Gostecam, oder Pontium Chichimeras, Culiacanum, Jucatan, Peru, Panama- Tucuman, Juito, Popuianum, Guatemala, Nicaragna, Castaricum, Chile vnd andere weitläuffigste Landtschafften Indiæ vnnd Americæ in dem 10. §. bezeigt er/ daß diser Orden in selbigem biß auff die 22. Provintzen vnd vber die 500. Convent auffgerichtet/ mit vilen Schulen zu Vnderweisung der Indianischen Jugend/ welche sie aber hernach der Societet JESU, die sich dessen auß eygenem Beruff innsonderheit ahnnimbt/ verlassen/ damit sie desto besser der Verkündigung deß Evangelij, deß Worts GOTtes/ vnnd Außtheylung der H. Sacramenten kondten abwarten. ꝛc. Was grosse Frucht sie nun geschaffet/ mag auß deme guten theyl erkennet werden/ was da schreibt Laurentius Surius in suis Commentarijs Historicis. In dem Jahr vnsers Heylanders 1524. spricht er/ ist in die Statt Mexico kommen F. Martinus Valentinus (ein Franciscaner) mit zwölff Religiosen als Päbstlicher Gesandter von Carolo V. mit Apostolischem Gewalt dahin geschickt vnnd hat 22. Jahr in disen Landen der newen Welt Christi Evangelium verkündet mit sehr grossem Auff- vnd Annemmen deß Christlichen Glaubens/ welchen damahls der Teutsche/ vnnd guten theyl Europæer durch Beredung Martini Lutheri vnd anderer Secristen als Päbstisch verworffen. Daselbsten wurden vil tausent Menschen getaufft/ vnnd weilen selbige zuvor vil Weiber hatten/ deßwegen ein Zweifel entstuende/ welche sie auß allen zubehalten ſeye/ iſt in ſelbigem Jahr in der Statt Mexico ein anſehenliche Zuſammenkunfft gehalten worden/ welcher Martinus an ſtatt Päbſtlicher Heyligkeit vorgeſtanden/ in deren beſchloſſen worden/ daß die jenige/ welche den Chriſtlichen Glauben mit allen Römiſch-Catholiſchen Gebräuchen annemmen/ auß allen Weibern mögen behalten/ was ſie für eine wollen/ welche ſie nach Chriſtlichem Brauch heurathen ſollen/ alle abgöttiſche Bilder wurden auß den Kirchen geworffen/ das Creutz Chriſti/ vnd der allerheyligſten Junckfraw MARIAE-Bildenuß an ſtatt der vorigen in die Tempel geſtellet: Das allerheyligſte Sacrament deß Altars wurde dem Volck vorgehalten/ das Opffer der H. Meß von Martino vnd ſeinen 12. Geſellen celebriert/ das Evangelium auff Catholiſch rein vnnd andächtig verkündet/ dannenhero in wenig Jahren in ſelbigen Landtſchafften ſovil wurden getaufft/ das etliche 1700000. andere 400000. allein in dem Mexicaniſchen Reich getaufft worden bezeugt haben/ dann ein ſehr groſſe Mänge der Menſchen in ſelbigen Enden der newen Welt ſich befindet/ das in einer Inſul S. Dominici viß in die 500000. Menſchen ſich befinden/ diß vnnd noch mehrers Surius, welcher hernach bezeuget/ das in den Schrifften Kayſers Caroli zuleſen/ das ein einiger Prieſter habe 700000. Menſchen/ ein anderer 300000. ein anderer 100000. andere mehr/ andere minder getaufft.

Was die Capuciner eygentlich betrifft/ ergehet es ihnen in diſem fahl/ was den alten Teutſchen begegnet/ welche weil ſie ſich bemühet groſſe Sachen zuthun/ deß weltkündigen Außſchreibens aber nit geachtet/ die Händ zum ſtreitten/ vnd nit zum ſchreiben/ die Waffen/ nit die Feder gebraucht/ ſeynd ihre höldenthaten vnd tugentſamme Verrichtungen den Nachkömmlingen gantz verborgen gepliben/ wäre auch dero Gedächtnuß gantz abgeſtorben/ als wären ſie niemahlen geweſen/ wann nit die Außländiſchen Völcker/ welche offt mit eygenem gröſten Schaden der Teutſchen Großmütigkeit vnd Tugent erfahren/ dardurch Urſach genommen ſelbiger Gebräuch vnd Sitten zuerkündigen/ ſolche entlich auch ſchrifftlich hinderlaſſen hetten/ wie inſonderheit bey Tacito Plinio ſecundo, &c. zuerſehen. Nit vil beſſer ſolte es der erſten Capuccinereren ergangen ſein/ als welche noch dem Exempel Chriſti vnſers Erlöſers/ von deme Lucas Act. 1. daß JESUS habe angefangen zuwür-

zuwürcken vñ hernach zulehren:c. sich allein befleissen Gott jhre versproch-
ne Gelübd mit bestem Fleiß zuvolziehen eygnem/ vnd deß Neben-Men-
schen heyl abzuwarten/ deß Außschreibens kein Sorg gehabt/ als wel-
chen gnug wäre dem höchsten Richter alls bestens bekandt zuseyn:
wann nit frembde Scribenten deren Verrichtungen beobachtet/ vnd nach
Gelegenheit vnder andern jhren Geschichten verzeichnet hetten. Ar-
turus, welcher wie obvermelt Franciscaner-Ordens Geschichten mit
mehrerem Fleiß vnd Arbeit nachgeschlagen/ mit Anziehung neben anderen
Scribenten/ gibt den Capucineren dise herliche Gezeugnuß 12. sept. §. 8.
Sane invenio Capucinos à nascentis suæ Congregationis exordio In-
delium, tum occidentalium, tum orientalium Indorum totius
orbis Regionum Conversioni admodum deditos fuisse. Nam Tur-
carum, Persarumque latissimum Imperium pervagarunt, Cyprum,
Syriam, Palestinam, Ægyptum, Ætiopiam (ubi duo ex illis Mar-
tyrio sunt coronati) Iapponiam, Canadam, Brasiliamq, perlu-
strarunt: apud Tambinapatos, Insulæ Marigninæ in Brasilia
habitatores sedem fixerunt. Bayæ Urbi ædem extruxerunt ab Anno
1595. cernuntur in Cambaya: in Regno Mactavano: in Insula
sumata ad Regem achenensem in Regno Congano &c. Ich befinde
gänzlich/ sagt er/ daß die Capuciner von Anfang ihrer Versamblung
der vnglubigen Indianern so wol gegen Auffgang/ als Nidergang vnd
aller anderer Landtschafften der gantzen Welt sehr ergeben sey gewesen
allermassen sie nit allein die Türckische Persiantsche aller weitläufftigste
Reich durchwandlet: In Cypren, Syrien Palestina, Egypten, vnd
Morenland (allwo 2. von selbigen gemartert worden (Iapon, Cana-
dam vnnd Brasilien kommen/ sonder auch bey den Tampioampatos,
Innwohneren der Insul Marignion, in Brasilien ein beständige
Wohnung gemacht/ deßgleichen in der Statt Baya von Anno 1595. in
Combaya in dem Mantauamschen Königreich in der Insul Suma a
deß Achenensischen Königs/ in dem Königreich Congo bißhero P.
Arturus welcher fol. 36 §. 4. vnd folio 446 im Martyrologio Fran-
ciscano obangzoghe Missiones weitläufftig beschreibt/ vnd sagt daß die
PP. Capuciner auch in India Orientali vnd Occidentali das Evan-
gelium Christi verkündet/ vnd der Bekehrung der Vngläubigen fleis-
sig abgewartet. Die Auctores welche den Capucinerischen Missio-
nen insonderheit gedencken von P. Arturo anbemeltem Orth 12. sept.
§. 8. seynd vo 3. de: Iarricus 2. Part. Histor. Indiæ Orient. in Epist.
De-

deß Franciscaner-Ordens.

Dedicat. tom. l. 1 c. 28. & part. 3. l. 5. c. 42. & lib. 6. c 31. & 42. Severtius lib. 7. antimartyr. Hæreticor § 3. c 2 sec. 1. Franciscus de sales de amore Dei lib. 5. c. 9. spondan. sup ad Ann. 1613 Ivo Parif. in Cælic. successs. Pietatis. part. 3. c. 13. Bzou Tom. 17. annal. Eccl. ad Ann. 1471. §. 14. Vbi de Paulo 5. Papa. art. 25. Corbin. sup. pag. 157. anonym tract. de navigatione, ad calcem Hist. de Canarijs per Bethencourt. pag. 140. 141. & 191. & copiosus Ignatius Ioseph. in Historia abbavillæa l. 1, c. 58. auff disen anderst mir vnbekandten Scribenten weiset P. Arturus insonderheit den Leser auch auff den 23. Jan. §. 4. als welcher weitläufftig beschreibt wie in vilen Orthen der Vnglaubigen die Capucciner Wohnungen erbawen.

Was in einer oder anderer vorerzehlter Missionen denckwürdiges vorgangen/ wird man zulesen finden in der Capucciner Chronick welche in Teütscher Sprach albereit vnder der Preß ligt/ immittelst dem gutherzigen Leser/ welcher begirig der Beförderung der Ehr GOttes/ vnnd Außbreitung waren seeligmachenden Glauben sich ab der Vermehrung deß Heyls vnzahlbaren Mängen durch das biterste Leyden vnd Sterben vnsers Seeligmachers Christi IESU erlöset/ billich höchstens zuerfrewen hat/ will ich nur als zu einem Exempel ein vnd anderer Missionen-Verlauff hernach setzen/ wann ich vorderist den Ursprung vnd Auffkommen deren Missionen werde entdeckt haben/ auff welches ich allein summarischen Bericht wird hinzusetzen/ wann jedwedere deren Capuccinerischen jhren Anfang bekommen habe.

Von Anfang/ zunemmen/ Auctoren oder Vrheberen der Missionen in gemein

Er Missionen oder Glaubens Gesandtschafften ersten Ursprung/ Anfang/ Fortgang/ Zihl vnd Ende/ wie auch deren Nutz ja höchste Nothwendigkeit haben wir besser nitzuerlehrnen/ als von dem Vrheber selbsten/ der ewigen Weißheit welche all dise Beschaffenheit erstens mit lebendiger Stimm dem Israelitischen oder Jüdischen Volck/ zu welchem er ihsonderheit von seinem Vatter dem ewigen wahren GOTT gesandt/ geoffenbahret/ dann schrifftlich vns hernachfolgenden durch seinen Cantzlern vnd Geschicht-Schreibern den H. Mattræum an dem 20. Capitul in Gleichnuß

Dd eines

Von den Missionen

eines Hauß-Vatters hinderlassen: Simile est Regem Cælorum schreibet der H. Evangelist auß dem allerheyligsten Mund unsers erlösers homini Patrifamilias, qui exyt primo mane conducere operarios in Vineam suam, conventione autem facta cum operarys, misit eos in Vineam suam, & egressus circa horam tertiam, iterum autem exyt circa sextam & nonam horam, circa undecimam verò exyt, & invenit alios stantes & dicit illis: ite & vos in vineam meam.

Daß Himmelreich ist gleich einem Hauß-Vatter/ der am Morgen früe außgieng Arbeiter zudingen in seinen Weingarten/ unnd da er eins ward mit den Arbeiteren/ sandt er sie in seinen Weingarten/ und gieng auß umb die dritte Stund/ abermahl gieng er auß umb die sechste und und neundte Stund/ umb die eylffte Stund aber gienge er auß unnd sande andere und sprach zu jhnen: Gehet jhr auch in meinen Weingarten. Disen Evangelischen Text erzeigt und erkläret uns außführlich der grosse Kirchen-Lehrer unnd Statthalter Christi Gregorius Hom: 19. in Evang: Daß Reich GOttes wirdt gesagt daß es gleich seye einem Hauß-Vatter/ welcher hinaußgehe und Arbeiter dinge/ seinen Weingarten zubawen ?c. Wem kan und soll aber billicher unnd rechter die Gleichnus eines Hauß-Vatters zugeeygnet werden/ als eben unserem Erschaffer/ welcher die regieret/ so er erschaffen/ unnd seine Außerwöhlte/ also in diser Welt besitzet/ als wie ein Herr/ seine Undergebene Hauß-Genossen: Diser hat einen Weinberg/ nemblich die Kirch/ welche von dem Gerechten Abel an biß zu dem letztem Außerwöhlten der zu End der Welt wird gebohren werden/ sovil sie Heyligen bekommen/ sovil Schoß hat sie gleichsam herfürgebracht. Diser Hauß-Vatter derowegen seinen Weingarten zubawen dinget Arbeiter morgens früe/ zur dritten/ sechsten/ neundten unnd eylfften Stund/ weil er von Anfang der Welt biß zum End derselben sein gläubiges Volck zuunderweisen/ Prediger unnd Lehrer zusuchen unnd jhme zuzuschicken niemahlen underlassen/ der morgen aber diser Welt wärete von Adam biß zu dem Noë, die dritte Stund von dem Noë biß zum Abraham, die sechste vom Abraham biß auff Moysen, die neundte von Moysi biß zur Ankunfft Christi/ die eylffte aber würd von der Ankunfft Christi biß zum End der Welt wären. Dises sein außerwöhltes Volck derowegen zuunderweisen/ gleichsamb seinen Weingarten zupflantzen/ hat GOtt der HErr sich allezeit beflissen jhme seine Arbeiter zuzuschicken/ erstlich die Vätter und Patriarchen/ nachmahlen die Lehrer deß

Ge-

Gesatzes/ weiters die Propheten/ auff solche seinen eingebohrnen Sohn/ nach disem die Apostel vnd entlich die Prediger vnnd Verkünder deß Evangelij vnd Worts GOttes/ durch welche/ weil er seines Volcks Wandel vnd Leben verbessert/ hat er gleich als durch seine Werck-Leuth in der Pflantzung deß Weinbergs gearbeitet. Auß disem ist nun zuvernemmen vor das erste/ daß diser so herzliche Weingarten/ anderst nichts ist/ als die Kirch oder Versamblung jeniger Menschen/ welche der Himmlische Hauß-Vatter der ewige GOTT auß der vermaledeyten Schaar deren in Sünden gebohren vnd abgestorbnen Welt-Kindern beruffen/ zu Erkandtnuß ihres Heyls/ Besserung ihres Lebens/ Würckung Gottseeliger Früchten/ vnd entlicher Belohnung oder Niessung ewiger Seeligkeit. Es ware zwar diser Weingarten in höchster Heyligkeit gepflantzet/ versehen mit dem Baum deß Lebens/ blühend vnnd fruchtbar/ darab die allerhöchste Majestät GOttes höchstes Wolgefallen hette/ aber das ergste/ vnd schandtlichste Thier/ der laydige Sathan hat mit Einführung der Boßheit vnd Sünden selbigen dergestalten verwüstet/ das nichts abschewlichers/ nichts armseeligers ware/ als dessen von dem Himmelischen Weingärtner vorhin sowohl vnnd vollkomner Gesätzter pflantzen/ welche allzumahl als ein abgestorbener Weinsteck in dem ewigen höllischen Fewr solten brennen/ wann nit jeniger selbst/ so jhne erstens erbawet/ wider zu recht gebracht hette/ durch sonderbahre abgeordnete Missionarios oder Gesandten zuverkünden der Gnad/ der Versöhnung/ deß Fridens vnnd Heyls durch JESUM Christum, qui traditus est propter delicta nostra & resurrexit propter justificationem nostram Rom. 5. welcher allein von wegen vnseren Sünden vbergeben worden in den Todt/ vnnd widerumb aufferstanden wegen vnserer Gerechtfertigung/ wie der H. Apostel Paulus schreibt. Der erste Gesandte ware/ welcher zum ersten gepflantzet/ zum ersten verdorret/ vnd allein deß Verderbens ein Vrsach/ der erste aber auch wider zu Gnaden auffgenommen worden/ Adam, also bezeugt von jhme neben obangezognem H. Gregorio Salianus Annal. To. 1. Adamum crediderim pro sua in mortales omnes auctoritate in diebus istis Præconem fuisse Justitiæ, ut Cainitæ Dei vindictam formidarent. Ich glaube/ sagt er/ der Adam seye wegen seines Ansehens/ welches er bey den Menschen hette/ ein Verkünder gewesen der Gerechtigkeit/ auff das die jenige/ welche vom Cain herkommen vnd verrucht waren/ ein Forche trugen wegen der Rach vnd Straff GOttes. In diser Lehr der Gerechtigkeit/ das Gut zuwürcken/ vnd das böse zumeyden hat er auch seinen Sohn Seth vnderwisen/ vmb das 1000. Jahr/ welcher hernach sovil mit solcher Lehr vermögen/ daß er von mäniglich in grossem Werth gehalten/ vnd geliebt worde/ wie der H. Geist selbst von jhme redent/ sagt: Seth & Sem apud homines gloriam adepti sunt super omnem animam, in origine Adam. Seth vnd Sem haben mehr Glori/ Ruhm vnd Ehren den Menschen gehabt/ als andere so von dem Adam herkommen.

Umb die dritte Stund hat er außgeschickt (welches ware nach dem Sünd-Fluß vmb das 1800. Jahr) den guten frommen Noë wie Bolduc. l. 2. c. 1. sagt/ Quam opportune missus à Deo Patriarcha Noë in secunda mundi ætate, daß er vber die massen recht seye geschickt worden von GOtt in dem anderen Alter der Welt/ so er abnimbt, ab deme/ wie er auch weiter sagt/ das so lang Adam vnnd Seth gelebt/ haben sie durch Weißheit/ Auctoritet/ Exempel/ Lehr vnnd Ermahnung sovil vermögen/ daß jhre Nachkömbling recht vnd wol lebten/ so bald aber dise gestorben/ haben die Kinder/ welche vom Cain herkamen/ wider anfangen böses zuthun/ vnd diß so lang/ biß Gott sich vber sie erbahrmet/ vnd von oben herab gesehen/ wie David ps. 101. meldet: Deus de Cœlo in terram aspexit, als ob er einen suchte vnnd sagte: wenn soll ich schicken? oder wer will vns gehn? Die H. Geschrifft sagt: Noë vero invenit gratiam coram Domino. Das Noë dise Gnad vor dem HErren gefunden habe/ welches geschahe vmb das Jahr 1140. wie erfährt Bold. l. 2. c. 1. mit disen Worten: Et tunc videtur Noë Præconis Justitiæ officium exercere cœpisse: vnd alsdann hat Noë das Ambt eines Verkünders der Gerechtigkeit angefangen zu exerciern. In diser dritten Stund warde zumahl auch begriffen Sem (sonst Melchisedeck genannt) vmb das Jahr 2050. von welchem gemelter Bolduc. l. 2. c. 9. de Eccl. ante leg. Melchisedech suæ ætatis homines ab agresti victu & more ad vitam cultiorem traduxit, multas orbis Regiones accessit & singulos ad Justitiam, animique simplicitatem adhortatus est. Melchisedech hat zu seinen Zeiten die Menschen von den groben Sitten vnd Wandel zu einem bessern Leben gebracht/ in vil Landschafften der Welt sich begeben/ vnd mäniglich zu der Gerechtigkeit vnd einfalt ermahnt.

Umb die sechste Stund schickte GOtt den Abraham, als die Synagog gantz abgöttisch/ abergläubisch/ vnd von jhme abtrinnig worden/
nach

deß Franciscaner-Ordens.

nach disem den Isaac/ Jacob/ vnd Ioseph vmb deß Jahr 2350. von der Sändung dises fürtrefflichen letsteren Arbeiters ermelter sechsten Stund sagt David. pſ. 104. Misit ante eos Virum in servum venundatus est Ioseph. Er sandte einen Mann vor jhnen hin/ Ioseph ward zum Knecht verkaufft/ dahero S. Augustinus vber erstangezognen 104. pſal. also schreibt: Unde enim fieri posset, ut vir tantus veri Dei cultor in ægypto alendis tantum corporibus, & rebus tantum corporalibus gubernandis esset intentus, & quo eos meliores redderet, curam non gereret animarum? wie hette es sein oder geschehen mögen (sagt er) das ein solcher Mann rund eyfferer der Ehr GOttes in Egypten nur allein den Zeitlichen Sachen vnd die Menschen zuspeysen, obgelegen wäre/ vnnd jhme nit vil mehrers hette angelegen sein laßen die Sorg der Seelen wie er solche zu besserem Leben bringen möchte? Auß welchem heiter abzunemmen mit was Fleiß vnd Ernst er dises jhme anbefohlenes Werck/ vnd solche Mission verrichtet habe.

Zu der neündten Stund schickte GOTT den Moysen vnd seinen Bruder Aaron wie pſ. 104. zuersehen: Misit Moysen, servum suum, Aaron quem elegit ipsum: Er hat gesandt Moysen seinen Knecht/ Aaron den er erwöhlet hat/ vnnd vber dise beyde hin die Propheten Ionam zu den Niniviten vnder dem König Serdanapalo, Danielem in Babylonien vnd Persien/ Eliam, Iehu vnd Michæam zum Israelitischen Volck/ Isaiam, Ieremiam Oseam. Zum Jüdischen Volck/ Ezechielem zu den Chaldeern ıc. Dise/ anderer kürtze halber zugeschweigen/ schickte GOTT biß zu dem 4081. Jahr/ zu welcher Zeit auch der H. Ioannes Baptista gesandt worden/ wie Ioan. 1. geschriben Fuit homo missus à Deo: Es ward ein Mensch von GOTT gesandt der hieß Iohannes/ welcher der gantzen Welt Zeügnuß solte geben/ von dem Liecht/ daß sie an solches glauben vnd die Finsternuß verlassen solten.

Nach dem nun dise Stunden alle verflossen/ vnd mit guten Arbeittern alle zeit versehen worden/ die jhr anbefohlenes Werck trewlich verrichtet allein der Welt zugutem/ hat GOTT so gar vmb die eylffte Stund auch seinen eingebohrnen Sohn selbsten in disen Weingarten schicken wöllen/ wie außführlich beschriben S. Matt. c. 21. Homo erat Pater familias, qui plantavit vineam, & locavit eam agricolis &c. novissime autem misit Filium suum. Es ware ein Hauß-Vater der pflantzet einen Weingarten ıc. Darnach sandt er seinen Sohn,

dahe-

dahero der Apostel von vorigen Missionen redende auch sonderlich vnd vorauß diser gedenckt/ der Mission nemblich deß ewigen Sohns GOttes/ Hebr. 1. multifariam multisque modis olim Deus loquens Patribus suis in Prophetis novissime debus istis locutus est nobis in Filio; Nach dem vor Zeiten GOTT menigmahl vnd vilerley Weiß geredt hat zu den Vättern durch die Propheten/ hat er am letsten in disen Tägen zu vns geredt durch den Sohn ‍ꝛc. Das er nemblich auch selbsten solte Arbeiten gleich wie vorgehende alle/ im Fahl aber einer fragen solte von seiner Arbeit (was er gethan vnd verrichtet ‍ꝛc.) Wurde er die Antwort empfangen von dem H. Matt. 4. c. welcher erstgemelte Christi deß HErren Arbeit kurtz/ doch deutlich/ beschreibt mit disen Worten: cæpit IESUS prædicare & dicere: Pænitentiam agite appropinquavit in vos Regnum DEI daß er habe anfangen zu predigen vnd zusagen: Thut Buß/ dann dáß Himmelreich hat sich zu euch genahet: Zu welchem End er dann auch Jünger beruffen ein newe Kirchen anzustellen/ vnd der alten ein End zumachen/ welche durch Apostolische Lehr solte regiert vnd in selbiger fundiert werden/ auch täglich zunemmen/ vnd wachsen. In Ansehung dises Wercks/ hat er nach Erschaffung der Welt im 4084. von seiner Geburt aber im 32. Jahr solche zu seinen Gläubigen außgesandt/ welche vnder einem Haubt vereiniget vnd versamblet/ daß sie solten in disem Weingarten auch Arbeiten Matt. 10. Et convocatis duodecim Discipulis dedit illis potestatem &c. Hos duodecim Misit IESUS, præcipiens eis dicens: ite ad oues quæ perierunt domus Israël vnd er berufft zusammen seine zwölff Jünger vnd gab jhnen Gewalt ‍ꝛc. dise zwölff sendt IESUS vnd sprach: Gehet zu dem verlohrnen Schaffen deß Hauß Israël: Euntes autem prodicate, dicentes: Quia appropinquavit regnum Cœlorum gehet hin prediger vnd saget: Das Reich GOttes hat sich herzu genähet/ welche er nit nur allein geschickt sonder jhnen auch die Weiß/ wie sie sich in diser Arbeit zuverhalten/ vorgeschriben/ wie er dann noch weitters zu mehrerem Nutzen auch noch 72. andere Jünger/ insonderheit aber Paulum, Bernabam, Marcum, Lucam, vnd dergleichen mehr in der Evangelischen lehr vollkommene/ vnnd geübte Männer in alle 4. Theyl der Welt mit eben dem Beselch (so obangezogen) welchen er von seinem Himmelischen Vatter/ als ein Abgesandter hatte/ wie er auch außtruckenlich sagt/ Ioan. 2. sicut misit me Pater, sic ego mitto vos. Gleich wie mich mein Vatter gesandt hatt
also

also sende ich euch auch. Die Völcker nemblich zuvorderweisen/ vnnd den Christlichen Glauben zulehren/ dann gleich wie es vnmüglich ist ohne den waren/ Catholischen Römischen Glauben recht leben/ GOtt gefallen/ vnnd seelig werden/ also ist es vnmüglich zu eben disem Glauben zugelangen/ anderst/ als durch Außwerffung dises herrlichen Samens deß H. Evangelij/ vnnd vnverfälschten Worts GOttes/ welches eintzig vnd allein beschehen muß durch erfahrne von Christo zuvorderst vnd seinen ordenlichen Statthalter darzu beruffene/ außerwöhlte vnd abgesandte Verkünder desselbigen/ welche meistens Christo vnd seinen Aposteln in dem Leben/ Wandel/ vnd Lehr ähnlich/ vnd gleichförmig zu sein sich beflissen/ durch solches/ vermittelst der Gnad GOttes die Ungläubigen zu seiner/ deß wahren Evangelij, vnnd alleinseeligmachenden Glaubens Erkanndtnuß zubringen wie der Apostel Rom. 10. sagt: Omnis quicunque iuvocaverit nomen Domini saluus erit, quomodo ergo invocabunt eum in quem non crediderunt?. aut quomodo credent ei quem non audierunt? quomodo autem audient sine prædicante? quomodo vero prædicabunt nisi mittantur. Ein jedtlicher/ wer anrufft den Nammen deß HErren, der wird seelig werden/ wie sollen sie aber anruffen/ an den sie nit glauben?. wie sollen sie aber jhme glauben/ von dem sie nichtes gehört haben/ wie sollen sie aber hören ohne Prediger?. wie sollen sie aber predigen/ wo sie nit gesandt werden. Ist also auß bißhero gethanem Bericht zuerkennen nit allein der Vrsprung/ vnd Fortgang/ sonder auch der grosse Nutz/ Ja höchste Nothwendigkeit/ wann man anderst will angelangen zu warer Erkandtnuß GOttes ohne welche/ wie vns das Zihl vnd end ewiger Seeligkeit verborgen/ also auch die Mittel selbige zuerlangen/ als da seynd die HH. Sacramenta 2c. abgeschnitten. Ist demnach auch auß vorigem die Natur vnd Eygenschafft der Missionen also zubeschreiben: Ecclesiastica misio est legitima provisio-siue necessaria deputatio Idonei ministri novi Testamenti, ab eo qui Hierarchicam habet potestatem electi, vocati & canonicè ordinati, inque opus ministerij missi ad consummationem sanctorum, in ædificationem Corporis Christi, donec occurramus omnes credentes, & increduli in vnitatem fidei & agnitionis veri Dei. Die Mission von der Kirchen angestelt ist ein eygentliche Versehung vnd nothwendige Verordnung eines tauglichen Ministers deß newen Testaments/ welcher von dem jenigen der Hierarchischen Gewalt hat/ erwöhlt/ beruffen/ Canonischer Weiß verord-

Von den Missionen

verordnet vnd zu disem Ambt geschickt worden/ zu Vollendung der Heiligen Gottes: vnd Aufferbawung deß Leichnambs Christi/biß dahin das sowol die Glaubigen als Vnglaubigen zusammen gelangen zu der Vereinigung in den wahren Glauben vnnd Erkandtnuß dß allmächtigen GOttes. Allwo sonderlich zubeobachten/ das gesagt würde: eines tauglichen Ministers/ welcher darzu rechtmässiger Weiß erwöhlt/ ordiniert/ beruffen/ vnnd geschickt worden/ dann sonsten würde einem der sich in dergleichen wichtig Werck vnberuffen eintringen wolte/ widerfahren was dem Anania begegnet Jerem. 28. welcher sich für einen Abgesandten Propheten deß Herren außgeben/ vnd dem König Sedechia in Juda fälschlich geweissaget/ auch in Beysein alles Volcks dem Jeremia einem rechtmässigen außerwöhlten Propheten GOttes zu Bekräfftigung seiner falschen Prophecey die Ketten von dem Halß genommen/ vnd zerbrochen/ zum Zeichen das auch also GOTT würde die Ketten deß Babylonischen Jochs zerrissen/ so doch falsch ware/ darumb geschähe das Wort GOttes zu Jeremia: Er solte ihn einen falschen Propheten vor allem Volck nennen/ vnnd das Widerspil weissagen/ zumahlen auch daß er selbiges Jahr noch würde des Todts sterben/ wie auch beschehen. Et dixit Jeremias Propheta ad Hananiam Prophetam: audi Hanania non misit te Dominus & tu confidere fecisti populum istum in mendacio. Idcircò hæc dicit Dominus ecce ego mittam te à facie terræ, hoc anno morieris: adversum enim Dominum locutus es, & mortuus est Hananias Propheta in anno illo mense septimo. Ierem. 28. vnd Jeremias der Prophet sprach zu Hanania dem Propheten: höre doch Hanania, der Herr hat dich nit gesandt/ vnnd du hast gemacht daß sich diß Volck auff Lugen verlassen hat/ darumb spricht der Herr also: sihe ich will dich von dem Erdboden hin schicken. Diß Jahr wirstu sterben/ weil du wider den HErren geredt hast/ vnd also starb Hananias der Prophet noch in selbigem Jahr/ im sibenden Monat. Nit besser ist ergangen Semeiæ Nehelamitæ von welchem in nachvolgendem 29. cap. Hæc dicit Dominus ad Semeian Nehelamiten: pro eo, quod prophetavit vobis Semeias, & ego non misi eum & fecit vos confidere in mendacio, idcircò hæc dicit Dominus: Ecce ego visitabo super Semeian Nehelamiten & super semen eius, & non erit ei vir sedens in medio populi huius, & non videbit bonum quod ego faciam populo meo ait Dominus, quia prævaricationem locutus est adversus Dominum. Also redet der

HEr

deß Franciscaner-Ordens.   215

HErr wider Semeian den Nehelaniter/ darumb daß euch Semeias geweissaget/ den ich doch nit gesandt hab/ vnd mache daß ihr euch auff Lügen verlassen habt/darumb sagt der Herr also: Sihe ich will Semeian den Nehelaniter sambt seinem Samen heimsuchen das im keiner der jhm zustehe vnder disem Volck bleibe/ vnd wird daß gut/ welches ich meinem Volck thun werde (spricht der Herr) mit sehen/ dann er hat fälschlich wider den Herren geredt. Ist also vonnöthen daß der Gesandte oder Missionarius ordenlich von GOTT zu solchem Ambt beruffen seye/ wie dann GOTT allein den Anfang von Adam gemacht/ solches biß zur Ankunfft Christi/ vnnd nach derselben continuiert/ in dem Christus keine auß dergleichen beruffen vnd gesandt hat. Nach dem er aber von diser Welt zu seinem Himmelischen Vatter auffgefahren hat er den H. Petrum zu einem Statthalter erkiesen/ der jhme gleichmässig nach dem Exempel Christi angelegen sein lassen in vnderschidliche Theil der Welt qualficierte Prediger vnd Außsäher deß H. Evangelij zusenden/ wie Baron. to. 1. annal. Cariol. in suo Brev. Chron. Bozius to. 1. annal. vnd andere rc.

Disem erstem Statthalter Christi haben seine ordenliche Successores gefolget vnd ebner massen dergleichen gethan.

Linus hat gesandt 15. Bischöff 10. Priester 8. Religiosen Baron to. 1.

Cletus hat verordnet 15. Religiosen. l. c.

Clemens hat geschickt sonderlich Dyonisium S. Pauli discipul. Rusticum, Eleutherium als Apostolische Männer in Galliam. vber dise noch 2. Diaconos, 10. Priester/ 15. Bischöff. l. c.

Anacletus hat destiniert zu vnderschidlichen Kirchen fromme Männer. 3. Diaconos, 5. Priester/ 6. Bischöff. Baron. to. 2.

Evaristus hat trewe Arbeiter außerlesen 2. Diaconos. 17. Priester. 15. Bischöff/ die er außgesandt l. cit.

Anderer zugeschweigen/ welche durch alle sæcula haben jederzeit als ordenliche Successores vnd Nachkömmling Petri vnd Statthalter Christi abgesandte Arbeiter in dem Weingarten deß HErren verordnet/ insonderheit aber hierzu gebraucht die Ordens-Leuth wie in eines jeden Ordens Annalibus vnd Chronicis nach der Weitläuffigkeit zu finden wird seyn/ darumb solche kürtze halber zuvmbgehen/ weise ich den Leser zu denselbigen. Jedoch will mich für gut ansehen auffs wenigst etwas zugedencken dessen/ so in disem Theyl Europæ als der Göttliche

E e   Sam-

Samen waren Glaubens erstlich durch die H.H. Apostel vnd Jünger Christi außgeworffen/ mehrer theyls wider versteckt in vilen Landschafften/ durch ??? vnd Boßheit deß Sathans gantz vnd gar sich verlohren/ auff ein newes von Göttlicher Barmhertzigkeit beruffen/ die Hand an die Arbeit gelegt/ nemblich S. Benedicti vnd seines H. Ordens/ als eines Patriarchen aller Religiosen in disen Occidentalischen Theylen/ welcher auch selbst in eygner Persohn/ schon gar frue vnd bey Zeit in der eylfften Stund sich hat brauchen lassen vnd die Abgötter Apollinem vnd Venerem zerbrochen/ die Anbetter derselbigen auß der Finsternuß deß Heydenthumbs zu dem Liecht deß Evangelij gebracht; dessen Exempel seine H.H. Jünger bewegt/ sich behänd auffmacht/ vñ gantz behertzt aller vnerschrocken/ dem Höllischen Feind den Todts-Kampff/ alle Jrrthumben außzuruten/ angebotten, dann durch den H. Orden S. Benedicti nemblich durch S. Remigium Bischoffen Clodovæus König in Franckreich sambt allem seinem Volck zu dem waren Glauben gebracht worden. Anno 350. die Schwaben durch Martinum von dem Arianischen Glauben abgewendt. Anno 540. hat Augustinus sambt 6. andern von Gregorio Magno geschickt/ Angliam bekehrt. Lambertus Episcopus Leodiensis vmb daß Jahr 622. einen grossen Theyl deß Teutschlandes. Willfridus Episcopus Eboracensis in Frieß- vnd Holland/ in Oesterreich vnd Saxen/ wie auch in der Jnsul Vetula genannt/ dessen Nochkömmling Willbrordus vnd Surbertus: diser in Saxen/ jenner in Frießland vnzahlbare Völcker bekehrt. Anno 717. hat S. Bonifacius einen solchen progreß in Teutschland gethan/ daß er biß auff jetzige Zeit der Teutschen Apostel genannt vnnd verehrt wird // nach dem er aber in mehrgemeltem Weingarten lang/ vil/ vnd trewlich gearbeitet/: hat er jhne entlich sogar mit seinen eygen Blut befeüchtiget vnd besprenge. Willehadus vnd Lugerus haben vil hundert in Francken/ Schweden/ Schotten/ Grotlanden. Anscharius mit 3. andern: denen gefolget. Stephanus mit Bekehrung vnzahlbarer gearbeitet. Gaudentius hat in Litaw/ Moscaw/ Polen. Bruno Hertzogs in Sachsen Sohn vmb daß 1025. Jahr den Ruthenis geprediget mit Frucht vnzahlbarer Seelen; ein anderer Bonifacius der Rüssen. Wicellinus der Wandalen König Otto der Pommeren Fürsten zum waren Liecht gebracht/ welche alle obberürte dises H. Ordens deß heyligen Patriarchen S. Bendicti. Vnd so einen dise Bekehrungen zu wenig geduncken/ welche S. Benedictus

in den

deß Franciscaner-Ordens.

in den Missionen durch seinen H. Orden in Asia, Africa, vnd Europa in dem Weingarten deß HErren fürgenommen/ so durchreyse er auch Americam, allda wird er vil Reich/ Stätt vnd Oerther finden/ welche jhr Bekehrung jhme S. Benedicto zuschreiben/ bey denen er vnder Alexandro VII. PP. An: 1495. der erste gewesen/ so jhnen in der finsteren Nacht nit allein die Morgenröthe gebracht/ sonder die Sonnen selbst/ welche jhme auß seinem heyligsten Angesicht scheinte/ durch welche er die so in der Finsternuß vnd Schatten deß Todts sassen erleuchtet/ vnnd den Weeg dergestalten gemacht/ daß jhne andere weil er sowol geöffnet/ hernach vnverhinderlich gantz leicht wandlen können/ dessen Zeugnuß Balduinus Ord. Min. part. 4. su. Chronic. wie sehr sie aber dise Arbeit jhnen angelegen seyn lassen/ erscheinet auß disem/ daß sie dergleichen dürre/ magere/ safft vnd krafftlose Erden mit jhrem eygnen Blut haben genätzet/ feucht vnd fruchtbar gemachet/ wurde also ein vberauß groß Buch diser vnd nochmeheren Länder Bekehrung weitläuffig außzuführen vonnöthen sein/ solle vns zu dessen/ vnd anderen (so ich mit schweigen vnangerürth lasse) ein mehr als gnugsame Prob vnd Zeügnuß seyn jhres so hohen eyffers gegen disem so löblichen Werck/ daß sie so gar zu Rom ein sonderbähres Collegium, in welche zu solcher Arbeit vnnachtäsig auffgezogen vnd vnderwisen werden/ welche hernach das vierte Gelübt thun/ vnd sich verbinden die Missionen zu den Vngläubigen vnd abtrinnigen von der Kirchen zuverrichten.

Aber zu vnserem eygentlichen Vorhaben wider zukeren/ seynd die Missiones niemählen vnderlassen verbliben/ zu vnseren Zeiten aber durch Greg. 15. als getrewen Hirten mit sonderm Fleiß erneüweret vnd nochmehrers bekrässtiget worden/ in Ansehung daß eines theyls daß Vntraut deß Vnglaubens in Europa sehr weit eingerissen/ anders theyls aber in vberigen Theylen der Welt sich jetzt über die massen reiche Ernd zu dem Schnit gantz zeitig/ darzu ein nit geringe Anzahl der Arbeiter höchst nothwendig/ ansehen lasset/ in deme nun höchstgedachter Pabst Gregorius 15. solches etwas weiters eröritteret/ vnd consideriert, auch die grosse Blindheit so der Völcker vnd Reichen zu Gemüth geführt/ haben sie auß Apostolischem Eyffer nicht ermanglen wöllen selbige auß der Finsternuß deß Irrthumbs zum Liecht der Warheit zubringen/ vnnd durch bequemme Mittel in den Schaaff-Stal Christi zuführen/ zu welchem End hat obgedachter trewe Hirt vnnd Statthalter Christi deß HErren auß Eingebung deß heyligen Geists vnnd eyfferige Anmah-

Ee 2   nung

nung seines Hoff-Predigers P. Hieronymi Narniensis/der Capuciner General Vicarien Anno 1622. den 14. Ianuarij seines Babstumbs in dem anderen Jahr die Congregation de Propaganda fide, daß ist Versemblung etlicher Cardinalen vnd Bischöffen eingesetzt/ vnnd zu disem End auffgericht/ damit sie mit Abschaffung der Kätzerey den waren allein seeligmachenden Catholischen Glauben einzupflantzen vnd zu befürderen allen Fleiß solten anwenden/ taugliche Evangelische Ministros vnd Prediger erkiesen/ selbige nach dem Exempel der H.H. Aposteln vnd Jüngeren Christi in alle Welt absenden/ zu dessen Befürderung ist zu Rom ein ansehenlich Collegium erbawt worden/ in welchem aller Nationen tauglich vnd qualificierte Persohnen angenommen/ aufferzogen/ vnd so wol in Sprachen/ als Studiis Theologicis vnderricht werden/ zu disem End ist auch ein eigne Truckerey auffgericht worden/ in welcher nit allein Meß-Bücher Breviaria &c. sonder auch allerhand Sprach-Bücher getruckt worden/ so hernach hin vnd wider nach Nothturfft verschickt/ vnd außgetheylt worden.

Disem H. Werck hat Urbanus der 8. grosse Hilff vnd Befürderung gethan mit schönen Privilegien/ dessen leiblicher Bruder P. Antonius Barbarinus, so auß der Capuciner Religion zu der Cardinals Würden erhoben/ angedeutte Congregation zum völligen Erben aller seiner hinderlassen Güttern/ so er in seiner Cardinal Stell erüberiget/ eingesetzt/ durch dessen lobwürdiges Exempel vil Geist- vnd Weltliche Herrn vnd Potentaten bewegt/ zu disem heyligen Werck/ solches desto besser zu prosequieren/ schöne Jährlich vnnd immerwärende ewige Einkommen vnnd Gestiffter zumachen/ durch welches täglich vilfältiger Nutz der Seelen geschaffet wird.

Die erste Session diser Congregation de propaganda fide ist Anno 1622. den ersten Julij gehalten worden/ in welcher man sich beratschlaget/ wie vnd auff was Weiß dises negotium oder Werck anzustellen/ vnd glücklich fortzupflantzen wäre. Bald darauff seynd dise Missiones vnderschidlichen Religionen anvertrawt/ vnd selbigen neben den Päbstlichen Bullen/ auch gewisse Reich vnd Länder der Vnglaubigen assigniert vnd ertheylt worden/ in welchen sie mit grossem Nutzen der armen Seelen/ vnd Eyffnung der Catholischen Religion jhr anvertrawt Apostolisches Ambt biß auff den heütigen Tag eyfferig verrichten/ vnnd fortsetzen. Das aber die Religion der Capuciner/ ohngeacht sie mehr als alle andere Religiosen der Welt vnd allem zeitlichen

abge-

abgesagt/ dem einsamen beschawlichen Leben abzuwarten/ erzogen/ nie ermanglet Krafft ihrer H. Regel den Vnglaubigen das Evangelium Christi JESU zuverkünden/ bezeugen dise Päbstliche Bullen vnnd Decreten/ welche diser H Religion von vnderschidlichen Päbsten vnd obangezogner Congregation ertheylt worden/ wie sie hieunden zufinden/ Krafft deren sie nach dem Exempel jhres Seraphischen Vatters Francisci (welcher auch andern beyzuspringen von GOTT ermahnt) jhnen eyfferig angelegen sein lassen die Vnglaubigen zubekehren/ wol wissend nach der Lehr deß H. Dionysij Ariopagitæ vnder den Göttlichen das allergöttlichste Werck zusein sambt Christo dem Sohn GOttes dem Heyl der armen Seelen obzuligen vnnd abzuwarten: Dises vmb sovil desto mehr/ weilen das erste Capitel jhrer heyligen Regel selbige das Evangelium zuhalten mit disen Worten verbindet/ sprechende: Die Regel vnd daß Leben der Mindern Brüder ist dise: haltend das Evangelium vnsers HErren JESU Christi rc. vnd in dem letzten Capitul versprechen seye Ihro Päbstlichen Heyligkeit die Gehorsame/ sich den Füssen der Catholischen Kirchen vnderwerffende. Wie aber/ zu was Zeit vnd Gelegenheit die Mindern Brüdern S. P. Francisci in Indiam vnd andere Reich der Vnglaubigen kommen/ ist hieroben genugsamb gesagt worden/ vnd solle ferners noch ein Kurtze Verzeichnuß der Päbstlichen Decreten/ wie sie in dem Römischen Archiv zufinden/ nach dem Alphabet gesetzt/ vnd wie solche Missiones von Jahr zu Jahr zugenommen/ vnd ertheylt worden/ kürtzlich angezeigt werden.

Kurtze Verzeichnuß etlicher Päbstlichen Decreten so den Vättern Capuccinern anvertrawt vnd vbergeben worden.

Æthiopia.

ANno 1637. den 22. septembris, hat die Congregation de Propaganda fide auff gut achten deß R.P. Generalis deren Vättern Capuccinern ein Decret gemacht vnd befohlen/ daß die PP. Capuciner vnder der Præfectur der Gehorsame RR. PP. Leonardi vnd Iosephi Capucin: Parisiorum in Æthiopiam das Evangelium zupredigen sich begeben können. Disem Decret ist Ioannes à Monte calerio Generalis FF. Capucciorum nach drey Jahren beygefallen/

Von den Missionen

etliche eyferige Patres dahin zusenden befohlen/ auß welchen zween wegen deß Catholischen Glaubens/ daselbsten gemartert worden/ wie ferner in disem Buch solle angezeigt werden.

Ægyptus

Anno 1630. den 7. Decembris, gabe Vrbanus der 8. ein schönes Apostolisches Breve an die Catholische Vorsteher in Ægypten jhnen befehlende/ den PP. Capuccinern Vnderschlauff zugeben/ die Catholische exercitia einzuführen vnd zuverrichten/ welches geschehen/ massen sie in Grand Cairo vnnd andern Oerthern hospitia auffgericht vnd noch bewohnen.

Andalucia.

Anno 1644. den 21. Iunij hat die Congregation de propaganda fide, Krafft eines Decrets dem P. Provinciali vnd PP. Definitoribus der Provintz Andaluciæ befohlen/ taugliche Patres in die Reich der Schwartzen das Evangelium Christi zu predigen zuverordnen/ welchen der Apostolicus Nuntius in Hispannien/ einen Patrem zu jhrem Præfect oder vorgesetzten zugeben/ solle Macht haben. Hat also R. P. Casparum de Sicilia darzu verordnet/ welcher den 14. Febr. Anno 1645. von der H. Congregation confirmiert vnd mit völligem Gewalt / sambt andern Gesellen dahin verraist/ disem Pater ist ein anders Decret von obgemelter Congregation sub dato 1. Martij eiusdem anni in das Reich Mogor vnd in die drey Arabische Reich zureysen zugeschickt worden.

Andro Insula.

In die Insul Andro seynd auff Begehren deß Bischoffs daselbsten die PP. Capucciner Anno 1638. den 20. Aprilis von der heyligen Congregation mit einem Decret dahin gesandt/ jhrem Beruff nach/ die Catholische Religion daselbsten weiter fort zupflantzen.

Anglia.

Abst. Paulus der 5. hat Anno 1608. den 29. Maij in Gegenwärtigkeit Emminentissimi D. Cardinalis Barbarini Vivæ vocis oraculo den Missionarijs der Vätter Capucciner in groß Britania, Engelland, Schottland vnd Irrland alle Privilegien oder Freyheiten/ der Benedictiner/ Franciscaner/ Dominicaner/ Jesuiter sambt anderen Religiosen vnd Alumnen zubrauchen vergunnet/ hat auch mit selbigen die Gebett der Regel betreffend vnd ohne deß Ordens-Habit zugehn dispensiert/ wie nit weniger anderer ihrer Nothwendigkeit Vorsehung gethan.

Bald hernach ist Pater Franciscus Hibernus nach Rom verreißt/ der H. Congregation die Nothwendigkeiten vnnd Mängel der Missionarien/ in Engelland fürgetragen/ welche H. Congregation, dem R. P. Generali Capuccinorum solchem Mangel zubegegnen/ vermittelst seines Decrets/ sub dato 2. Maij & 13. Junij Anno 1625. anbefohlen/ dises hat hernach Pabst Urbanus der 8. confirmiert/ mit Befelch ein Mission in disem Reich auffzurichten/ welches auch beschehen/ vnd darzu P. Ioann. Chrysostomus Andegavensis, vñ P. Fabius Versonensis abgeordnet worden: Dise 2. Patres haben erstlich bey dem Frantzösischen Oratori ihr Vnderschlauff gehabt/ nach deme aber die PP. Congregationis bey dem Orator deß 1630. Jahrs vertriben/ seynd auff Begehren der Königin in Engelland König Caroli I. Ehegemahel vnd Ludovici Königs in Franckreich Schwöster/ 8. PP. Capucciner an deren Statt nach Londen geschickt worden/ welchen obgemelte Königin ein feines Convent sambt einer Kirchen den GOtts-Dienst zuhalten/ erbawen lassen/ dessen sie sich biß der König Anno 1642. enthaubtet/ vnd die Königin vertriben worden/ bedient/ hernacher haben sie auch das Reich, raumen müssen.

Anglia nova seu Canada
vel Virginea.

Es hat die Congregation de propaganda fide in Beysein Ihr Päbstl. Heyl. den 22. Novembris Anno 1630. für gut angesehen/ mit R. P. Procuratori Capucinorum zu tractieren/ damit ein Mission vnder der Præfectur R. P. Iosephi Parisienſienſis Capuccini in das Reich Canada geſchickt wurde/ zu welchem Ende von obgemelter Congregation den 3. Febr. Anno 1631. ein Decret gemacht/ vnnd confirmiert worden/ welche Miſſion Anno 1632. nach deme die Strittigkeiten zwiſchen Franckreich vnd Engelland beygelegt worden/ ihren Fortgang gewunnen. Vber obgemelte Miſſion ſeynd zween Patres Præfecti/ namblich P. Leonardus vnnd Pater Ioſephus Pariſienſis geſetzt worden/ welche Gewalt gehabt/ die Miſſiones in new Franckreich einzuführen/ ſo auch beſchehen.

Anno 1633. den 24. Septembris iſt abermahlen ein Congregation vor Ihr Heyligkeit gehalten vnd in ſelbiger ein Miſſion ad ſeptemtrionalem Armeniam (welche die Frantzoſen innhaben) den Vättern Capuccinern angetragen worden: Eben diſe Congregation, hat zu Bekehrung der Vnglaubigen Anno 1650. den 21. Febr. den PP. Capuccinis Gewalt geben/ in new Engelland/ ſonſten Virginea, den Catholiſchen Glauben zupredigen/ vnnd Nutzen zuſchaffen Verwilligung gethan.

Aquitania.

Vrch den R. P. Procuratorem Curiæ hat die Congregation de propaganda fide, den PP. diſer Provintz Aquitaniæ ein Decret, welches den 4. Febr. Anno 1620. außgefertiget/ zugeſchickt/ in welchem weitläuffig die facultates der Miſſionarien/ ſo in das Reich Bearneum gezogen/ begriffen/ welche facultates auch andere gebrauchen könden/ ꝛc.

Barbaria.

Je H. Congregation, hat den 30. Ianuarij Anno 1638. vor Ihr Heyſ. die Miſſiones in die Barbarey zuſchicken (wegen das in ſelbigen Oerthern ſehr vil gefangene Chriſten) beſchloſſen/ vnd ſelbige gleichsfahls den Vättern Capuccinern mit diſem Vorbehalt anvertrawt/ damit ſie weder das Reich Tunis, Numidia, vnd Conſtantina (welche den PP. Auguſtinianis Diſcalciatis übergeben worden) betretten ſolten/ noch daſelbſten einige Miſſion vornemmen. Pater Alexander de Janua iſt Krafft eines Breve Urbani 8. welches in obangeregtem Jahr in dem April gegeben zum Præfect diſer Miſſion

Miſſion erwöhlt worden. Diſer Pater hat noch zwey andere Miſſiones vnder ſich gehabt/ alß nemblich Tripolis in Barbaria vnnd Algier Eben diſer Gewalt hat ſich auch in die Inſul Tarbacam zureyſen geſtreckt/ vnd iſt diſes Decret den 3. Febr. Anno 1640. von der H. Congregation außgefertiget worden.

Benin.

Benin iſt ein gewaltiges Reich in Affrica Occidentali, ſolches dem Chriſtlichen Joch vnderthänig zumachen/ ſeynd vnderſchidliche Congregationes gehalten vnnd den PP. der Provintz Caſtellæ Anno 1647. zu bekehren/ vbergeben worden/ welchen deß anderen Jahrs den 8 Junij auß Verordnung der H. Congregation die zwo Provintzen Valentia und Arragonia zu Gehilffen verordnet vnd iſt der P. Angelus de Valentia zum Præfect geſetzt worden/ wie zuſehen auß dem Päbſtlichen Schreiben/ ſo den 8. Junij Anno 48. gegeben worden iſt. Noch ſelbigen Jahrs hat die H. Congregation die Superiores ermahnt/ mehr Patres in diſes Reich zuſchicken/ deſſen das Breve ſub dato 20. Junij Anno 1648. Zeugnuß gibt.

Bohemia & Morauia.

Auff Anhalten deß Herren Cardinalen von Dietrichſtein hat die H. Congregation den 21. Febr. 1625. placidiert/ das obgemelter Herr Cardinal vnderſchidliche Geiſtliche haben dörffte/ die Pfarreyen in Mähren (darauß jüngſt die Catholiſche Miniſtri vertriben worden) zu verſehen/ vnnd ſolche zu Vnderweiſung ſelbiger Völcker zugebrauchen. Iſt alſo diſes Decret auß Befelch jhrer Heyl. an die Generales der PP. Auguſtiner/ Prediger/ Franciſcaner/ Obſervanten/ Carmeliter vnnd Capucciner ergangen/ in welchem ſie erſuche worden/ taugliche Patres zuerkleſen/ welche wie gemelt/ die vacierende Pfarreyen (deren bey 300. waren) verſehen ſolten/ iſt.

Gleichen Gewalt hat von Jhr Päbſtlichen Heyl. Anno 1626. den 4. Maij Jhr Hocheit Herr Cardinal von Hartach erlanget/ welcher etliche PP. Guardianos Capuc: auß der Böheimiſchen Provintz zu gutem ſeines Biſtumbs in vnderſchidlichen Oerthern eingeſetzt/ vnd mit jhrem Apoſtoliſchen Eyfer/ groſſen Nutz geſpürt/ zu ſelbiger Zeit iſt

Von den Missionen

ist P. Josephus Polonus mit 3. Gesellen in Sibenbürgen verreiset/ vnd daselbsten nit geringen Nutzen geschafft.

Pater Valerianus von Mayland ist sambt 7. anderen Gesellen Missionarius in Böheimb verordnet worden/ wie auch über das obere Teutschland laut deß Apostolischen Breve sub dato den 23. Martij Anno 1629. zu diser Zeit gehört R. P. Provinciali die Præfectur der Missionen seiner Provintz aygentlich zu. Auch ist P. Hyacinthus von Casal mit Päbstl. Brieffen in das Teutschland kommen / wie zusehen/ ex litteris 1. Junij 1626. datis.

Brasilia.

Iß ist die erste Mission gewesen/ welche Paulus V. dem R. P. Honorato von Paris Provincialen geben den 11. Septemb. Anno 1613. Diser Pater ist als Commissarius mit sambt P. Archangelo von Pembroc Anno 1614. den 28. Martij dahin verreiset vnd allda nicht kleinen Nutzen geschafft.

Britania & Guinea.

Cardinalis de Balneo, als Nuncius Apostolicus hat von der H. Congregation de propaganda fide Gewalt bekommen/ 14. Missionariōs für das new Britania zuerwöhlen/ welcher nach verfloßnem Jahr von der H. Congregation dißen Gewalt zu prolongieren durch schreiben den 6. Julij An. 1630. datiert/ begehrt. Disem hat die Congregation willfahrt/ vnd voriges Decret den 5. Augusti Anno 1610. widerumb confirmiert/ welches obgemelter Herr Cardinal den Vättern Capuccinern Britanischer Provintz übergeben/ dise Patres haben hernach sich in die Türcken begeben/ vnd etliche Custodias zu Damasco, Tripoli, Sydon, Beruti, Abbei, nach dem Berg Libano, vnd vnder den Drusianeren welche in Syria wohnen/ auffgericht. Eben dise Patres, seynd entlich in Æthiopia vnd Guinea kommen/ vnd haben selbsten die Catholische Religion gepflantzet/ vnd sehr geeüffnet.

Bur-

Burgundia.

MIt Gutachten vnd Bewilligung Vrbani VIII. hat die H. Congregation dem R. P. Generali Capuccinorum befohlen/ den P. Provincialem vnd Definitores zu ermahnen/ etliche Missiones in selbiger Provintz auffzurichten/ diser Befelch/ sambt nothwendigem Gewalt/ ist den 11. septemb. Anno 1625. außgefertiget worden/ obberührte Mission hat sich nach vnd nach an mehrere Orth außgebreytet/ welcher der P. Provincialis als Præfect/durch Apostolischen Gewalt/ sub dato den 30. Julij Anno 1635. vorgesetzt worden. Mehr ermelte Mission, hat Innocentius X. constitutione sua den 1. Julij 1648. von newem eingestellt/ vnnd den P. Ioan Baptistam von Dol zum Præfect erwöhlt.

Canada, vide Anglia nova Candia seu Creta.

IN disem Reich Candia ist vorlängsten ein Mission der Vätter Capucciner gewesen/ welche nach deme sie abgangen/ ist auff Begehren vnd Anhalten/ deß Ertz-Bischoffs daselbst von der H. Congregation ein andere begehrt/ vnd Anno 1627. den 5. Sept. concediert worden. Diser Ertz-Bischoff wolte/ das ein Convent solte auffgericht werden/welches R.P. Generalis nit für rathsamb gehalten/ nach deme aber der Türck dise Insul mit Kriegs-Macht überfallen/ seynd zu vnderschidlichen Zeiten 40. PP. Capucciner von vnderschidlichen Provintzen vnd Sprachen dahin gesandt worden/ welchen Anno 1654. das Closter der PP. Cruciferorum / nach deme sie dasselbe verlassen/ von den Venetianeren eingehändiget worden/ von disen vnd anderen Oertheren wird anderstwo mehr zufinden sein:

Cefalonia, vide Zacynthus.
Carolovilla seu Carolopolis.

VFf Anhalten vnd Begehren deß Hertzogs von Nivers so hernach Mantuanischer Fürst worden/ hat die H. Congregation Anno 1627. den 26. Martij jhren consens gegeben/ ein

Mission der PP. Capuccinorum dahin zuschicken/ welche auch in das Werck gesetzt worden/ vnd guten Fortgang gewonnen.

Colonia.

Wegen der Missionen Iuliæ, Cliviæ, sambt den anstossenden Provintzen/ welche vnder den Fürsten von Newenburg gehörig/ hat die H. Congregation Anno 1628. den 12. Decembris beschlossen/ erstlich ein Breve an obgemelten Fürsten außzufertigen/ in welchem von Jhr Heylt. der Eyfer dises Fürsten gelobt/ vnd auch gebetten wird/ die Catholische Religion in seinen Landen zubeschützen vnd zupflantzen. Zum andern hat offtermelte H. Congregation schrifftlich versprochen/ alle mögliche Hilff vnnd Beystand zu leysten. Drittens hat sie P. Gregorium Hybernum Cap: sambt etlichen mit Apostolischen Gewalt-Brieffen dahin gesandt.

Auß inständigem Begehren der Ertz-Bruderschafft deß H. Creutzes zu Cölln/ hat die H. Congregration coram SS. den 19. Julij 1633. dem General Procuratorn befohlen/ ein Mission an den vnderen Rheinstrom auffzurichten/ welche dem P. Provincial Cöllnischer Provintz zu regieren solle obligen.

Congo.

Uff Anhalten deß Königs in Congo, bey Jhro Päbstl. Heyligkeit Paulo V. die Vätter Capucciner dahin zuschicken/ hat M. R. P. Generalis Clemens à noto, sambt dem General Capitell auß Befelch Jhr Heyligkeit R. P. Ludovicum Cæsar Augustanum, sambt 6. Gesellen/ Anno 1618. den 3. Julij abgesandt/ welche Jhr Heyligk. mit 2. Brevibus Apostolicis daris 1620. & 1621. dem König recommendiert. Anno 1640. den 25. Januarij, hat die Congregation von newem Jhr Heyl. ersucht/ obgedachte Mission zubedencken/ welche dann R. P. Bonaventuram de Alessano, als Præfect mit völligem Gewalt vnnd Apostolischem Breve, wie obvermelt/ dahin gesandt/ vnnd dem König ebenmässig recommen-diert.

Dise Mission hat Vrbanus 8. vñ nach jhme Innocentius X. Anno 1650. vast geöffnet/ vnd jhnen sehr angelegen seyn lassen/ wie dann von diser Mission hernach P. Franciscus Romanus ein Buch geschrieben/
in wel-

in welchem zusehen/ was gestalt der Catholische/ Glaub zugenommen/ vnd wie das Reich beschaffen/ welches in teutsch solle beygesetzt werden.

Cinga.

Nach deme nun Congo in dem Catholischen Glauben wol vnderwisen vnd bestättiget/ seynd etliche Patres Capucciner auß Congo in Cinga wunderbarlicher Weiß kommen/ wie zusehen auß der Relation so Ihr Päbstl. Heyl. Alexandro VII. vberschickt/ vnd auch hieben solle gesetzt werden.

Dalmatia

PAter Hieronymus von Sebenico Cap. ist Anno 1605. den 15. Octobris von der Congregation mit sambt anderen PP. in Dalmatiam gesandt worden/ dessen Gewalt zusehen auß den Apostolischen Brieffen Cardinalis Galli, vnnd Cardinalis Saulis, welche sie von Ihr Heyl. erworben/ vnnd den 19. Septembris Anno 1607. den PP. Cap. vbergeben worden.

Nach disem seynd vil andere Patres gefolgt/ welche in wehrendem Türckischen Krieg/ die Mission vnder den Soldaten/ trewlich vnd mit grossem Nutz verrichtet.

Flandria & Holandia.

VRbanus VIII. hat Krafft eines Apostolischen Breve Anno 1625. den 11. Novemb. R. P. Iuvenalem Provincialem auß Flanderen in Holland vñ Zeeland geschickt/ diser P. hat Licenz von obgemelter Heyligkeit gehabt/ weltliche Klaider auch das Gelt zuhaben/ vnd zubrauchen/ den 20. Novembris ist jhme vergunt seinen gewalt 9. anderen Patribus zu communiciern. Nach disem seynd sie den 5. Novembris Anno 1627. in Geldriam & Frisiam kommen/ haben mit Erlaubnuß der H. Congregation im Holländischen Gebiett vnderschidliche Missiones gehabt/ welche Mission Anno 1643. von M. R. P. Innocentio Generali, mit Bewilligung der H. Congregation vnd der PP. Definitorum abgestelt worden.

Granata Insula

Vff Anhalten deß P. Francisci Pampelonensis Cap. hat die H. Congregation den 20 Iulij Anno 1649. bewilliget/ ein Mission in die Insul Granatam ohn sehr von Benin zuschicken/ diser Befelch sambt dem Gewalt seynd in obgedachtem Jahr den 21. Aug. expediert worden.

Græcia, vide Orientalis Missio
Guinea.

Vß inständigem Begehren deß R. P. Provincialis Britanischer Provinz/ hat die H. Congregation den 14. Iulij Anno 1634. mit R. P. Procuratore zu tractieren befohlen/ ein Mission in das alte Guineam so in Affrica ligt/ zusenden/ weilen in selbigen Orthen ein vast geringes Volck/ doch ohne Glauben/ wohnen: Als solches dem R. P. Antonio von Mutina Generalen der Capucciner gefallen/ seynd Anno 1635. den 4. Martij dem P. Angelo Nanensen Cap. die Apostolische Brieff vnd Gewalt von der Congregation mit disem Vorbehalt eingehändiget worden/ das selbige Mission von dem Provincial solte regiert werden. Diser Mission ist hernach die Insul Martiny in America, welche die PP. Societatis ingehabt/ ein verleibt worden.

Helvetia.

Als der H. Evangelist Matthæus c. 13. von dem Sanfftkörnlin schreibt daß es seye das kleinest vnder allen Saamen/ wann es aber erwachst seye es das gröste vnder den Kölen vnd werde zu einem Baum; mag nit vnbillich auch gesagt werden von der Schweitzerischen Capucciner-Provinz welche von einer sehr geringen Mission in kurzer Zeit also gewachsen/ daß sie worden eine vnder den grösten Provinzen deß ganzen Capucciner-Ordens/ den Anfang hat gemacht der Erz-Bischoff zu Mayland vnd Cardinal Carolus Borromæus mit hilff zweyer sehr fürtrefflicher Männer Herren Walther von Roll von Vry vnnd Herren Johann Melchior Lussy von Vnderwalden/ beeden gewesten Ehren-Gesandten in Nammen gantzer Catholischer Eydgnoschafft auff daß H. Concilium zu Trydent diße samentlich wie sie mit gröstem Hertzleyd ansahen so hertzliche Landtschafft vnnd löbliche mit Eyd verbundene gemeine Regierung durch den Vnglauben zertrennt in gegenwärtiger Gefahr zeitlich- vnd ewigen Vndergangs/ solche wo nit zu völliger Widerbringung ersten Wolstandes/ doch vor weiterem Verderben zubewahren/ haben sie zugleich als das best vund tauglichste Mittel ergriffen/ die Capucciner in daß Schweitzerland einzuführen: Haben derowegen inständig bey Päbstlicher Heyligkeit Gregorio 13. solche begehrt/ welcher/ weilen damahls eben deß Ordens General Capitul zu Rom in dem Jahr Christi 1581. gehalten wurde/ ohne weitern Verzug deß Ordens vorgesetzten anbefohlen etwelche Brüder in die Eydgnoschafft abzusenden/ deme nachzukommen/ alß bald P. Franciscus von Bormio mit P. Francisco à Valle turris einem Priester F. Baptista von Lawis vnnd F. Sebastiano von Vry beeden Clericis sambt einem Leyenbruder F. Fortunato von Mayland gebürtig in das Schweitzerland zugehn abgeordnet worden/ dise kleine Gesandtschafft/ wie sie zu ihrem Vorhaben sonderbahre Gnad vnd Vorsehung deß Allerhöchstens verspühret/ als haben sie nit weniger Widerstand/ vnd allerhand Beschwärligkeiten außzustehn gehabt. Ihr Fundament vnd Grund veste haben sie geleget in einer kleinen Capell zu Allerheyligen genannt/ welche als sie erstens bezogen auff den ersten Tag Julij obgedachten 1581. Jahrs/ haben sie gleich darauff folgende Mitnacht mit gewohnlichem gesang der H.H. Tag-Zeiten vnd Betrachungen daß Fest der Heimsuchung oder aller glorwürdigsten Junckfraw vnd Mutter GOttes MARIÆ zuehren angefangen. Was für denckwürdige auch wunderbahrliche Ding sich damahlen verloffen ist in deren Capucciner Chronick zulesen in dem Jahr Christi 1581. von disem kleinen Oerthlin dann vnd so geringer Anzahl der Brüder hat sich diser Orden also vermehrt/ daß er nit allein alle Catholische sonderbahre Oether der Eydgnoschafft/ sonder nochmehrere ausser derselben in dem Elsaß/ Breyßgäw/ Schwabenland etc. angefüllt/ das nunmehr/ wie andermahl gemelt worden/ die Anzahl der Religiosen dises Ordens sich vber die 700. deren Conventen aber 59. belauffen thut/ deren drey allein seynd/ welche wegen schwärlicher Vnderhaltung den nammen einer Mission behalten/ ohngeacht auch selbige mit guter Anzahl deren Prediger vnd Beicht-Vättern/ wie auch anderer Religiosen zu Verrichtung anderer Geschäfft

Von den Missionen

versehen werden/ solche seynd Chur in den Plünkten/ Weyl die Statt in Wittenberg gelegen/ vnd Ort in dem Eydgnössischen Orth Schweytz. Neben disen hat dise Provintz auch andere Missionen gehabt/ welche theils anderen vberlassen/ theyls wegen Vbergab denen Vncatholischen Krafft gemachten gemeinen Fridens deß Teutschlandts zu Münster in Westphalen wider verlassen worden/ also ist das Land Wallis den Capucciner Savoischer Provintz vbergeben worden/ welche sithero etliche Clöster darinn erbawt hat/ die Mission zu Colmar in dem Elsaß haben die Innwohner daselbsten/ als selbige sich dem Schweden ergeben/ auffgehebt/ die zu Sturgart der Haubtstatt deß Hertzogthumbs Wirtenbergs/ vnd Pfortzheimb in Margraffschafft Durlach haben ihr End genommen/ mit völliger wider Einführung vncatholischer Herrschafft.

Mit was Fleiß/ Mühe vnd Frucht nun die Capucciner in disen Landen gearbeitet/ wird alles dem ewigen Richter vnd Belohner aller Verdiensten vberlassen/ deme auch allein die Ehr aller guten Verrichtungen zugehört/ wie deme auch der Außerwöhlte Apostel vnd Lehrer der Heyden/ welcher mehr als einig anderer in dem Weingarten GOttes gearbeitet vnd außgestanden/ in anderen sich nit hat rühmen dörffen als seiner Schwachheit/ sithemahlen weder der pflantzet noch befeuchtiget das wenigste ist vnnd vermag/ sonder allein GOTT/ der allem daß Wesen vnnd Zunemmen ertheylen thut/ sovil mehr weilen der Fruchte der Arbeit vnd predigens die Bekehrung der Sünder vnd Vnglaubigen/ Außreütung der Laster/ vnd Irrthumben nit sovil denen zuzuschreiben/ welche auch mit gröster Bemühung/ Arbeit/ vnd Gefahr sich in die weitentlegneste Landtschafften begeben/ als jenigen welche GOTT allein bekandt/ vor der Welt aber verborgen jhne in Demuth vnd Liebe anruffen/ damit er taugliche Arbeiter zu seiner Ernde verordne vnd vberschicke mit gröster Krafft vnd Würckung gleich wie Moyses als daß Israëlitische Volck mit den Amalecitern gestritten mehrers mit seinem Gebett allein/ als aller Waffen/ vnd Höldenmuth vermöcht/ daß wann er seine Händ im betten erhebte/ Israël obsigte/ wann er aber seine Händ niderließ/ Amalec oblage Exod. c. 17. andermahlen als gedachte Israëliter durch den Zorn GOttes allbereit solten abgestrafft werden/ vnd zugrund gehen/ sagt die H. Schrifft Sap. 18. c. das diser vnbeklägliche Mann Moyses sich habe hinzugethan zubitten für das Volck/ nahme herfür seines Ambts Schild vnd Gewehr/

deß Franciscaner-Ordens.

wehr/ nemblich das Gebett/ vnd durch reücheren wendete er für daß Gebett/ vnd stellete sich also dem Zorn GOttes entgegen/ vnd schuoffe also End der grossen Noth vnd Jamer ꝛc. Als haben sich dan die Arbeiter deß Herren keines wegs vbermütig zuerheben/ vnnd jhrem mühsamen Wercken einig zuzumessen die Bekehrung der Sünder vnd Vnglaubigen oder hierdurch versprochene Belohnung jhnē allein zuzueygnen/ seitemahl nach dem Außspruch deß H. König Davids 1. Reg. 3. wie der theyl der jenigen die im Streit gezogen seynd/ auch also sein solle der theyl der jenigen welche jhre Sachen verwahret hielten/ vnnd also der Raub gleich getheylt werde/ sovil mehr weilen gar wol geschehen kan/ das welche vermeinen grosse Werck gethan zuhaben/ jhnen der Spruch deß Propheten Isaiæ c. 18. etwann kan vorgeworffen werden/ Væ terræ cymbalo alarum quæ est trans flumina Æthiopiæ quæ mittit in mare legatos & in vasis papyri super aquas Wehe dem Land dem Flügel Cymbal/ jennsents den Wasseren deß Morenlandts/ welches seine Bottschafft auff den Wasseren hat ꝛc. welche wann sie gleichwol weit vber Meer vnd fehren Landen predigens halben sich begeben/ ohne Frucht vnnd Belohnung arbeiten/ cum in sapientiam carnalium papyri seu charta prædicationem ponant wie der H. Greg. Mag. schreibt 15. Mor. in c. 5. Iob. weilen sie mehres sich gebrauchen der Weißheit der Welt/ als deß Geists GOttes/ darumb an dem Tag der Belohnung vergebens werden schreyen/ Herr Herr haben wir nit in deinem Nammen geweissaget? haben wir nit in deinem Nammen Teüffel außgetriben; vnd haben wir nit in deinem Nammen vil krafftiger Tathen gethan?. da jhnen anders nichts wird zugeschryben werden/ als ich hab euch nit gekennt ꝛc. Matt. c. 7. ehtgegen andere zu grösstem jhrem Trost hören Sag lob du vnfruchtbare die du nit gebärest/ sing lob vnd erfrewe dich die du nit gebohren hast/ dann die verlassene hat mehr Kinder dann die den Mann hat Isa. c. 54. derentwegen dann vnser H. Vatter Franciscus damit er zumahlen jenige Brüder/ welche die Gnad von GOTT haben andere in dem Weeg deß Heyls zu vnderrichten/ in der Demuth erhielte/ andere aber entgegen welche solche Gaben nit haben auch jhres theils tathen mit würcken durch andächtiges Gebett/ führte er solche Ermahnung welche auch zu Nutz deren Nachkömmlingen schrifftlich ist hinderlassen worden/ vnnd zulesen in dem anderen Buch der Chronicken deß Minderen Ordens deß ersten Theyls folgenden Innhalts: Die Prediger so allein jhrer Kunst vnd Geschicklig-

Gg keit

teit vertrawen/ wann sie den Zulauff deß Volcks daß sie gern gehört werden/ vnd daß sich etliche ab jhren predigen zu Buß bekehren/ sehen/ werden sie von anderen Wercken wegen/ als ob sie jhrer wären in eytel Ehr auffgeblasen/ predigen also anderen zum Heyl/ vnd jhnen selbst zum Verderben/ vnd Verdammnus/ rühmen sich in deme/ in welchem sie nit mehr jhnen zuzueygnen haben/ als ein Posaunen/ welche allein durch deß Menschen Mund/ so den Athem darinn lasset/ den Klang vnd Hall gibt? dann was seynd dise anderst als Posaunen/ durch welche/ sie seyen/ gleich gut oder böß/ der Herr seinen Hall gibt? dannenhero die Bekehrungen der Seelen nit von jhnen/ sonder auß der Krafft der H. Lehr/ vnd der einfältigen zuhöreren/ obwolen solches von jhnen nit verstanden wird/ herflüssen. vnd dise Einfältigen seynd meine Ritter der runden Tafel/ welche sich verbergen in den Wüstenen/ vnd eynöden Orthen/ auff daß sie sich desto besser dem Gebett vnd Betrachtung ergeben/ jhre vnnd andere Sünden beweinen mögen. Vnd derohalben ist GOTT allein der/ welcher den Nutz/ den sie schaffen/ vnnd wievil Seelen durch jhre Verdienst behalten worden/ weist/ derowegen dise Stimm anzuhören verdienen: Ey du frommer vnnd getrewer Knecht/ darumb das du vber wenigem bist Getrew gewesen/ will ich dich setzen vber vil: Gehe ein in die Frewd deines Herren. Die ienige aber welche keine andere Gedancken/ als vil zuwissen- vnd anderen jhr Geschicklickeit mit predigen zuerzeigen/ ohne Fürweisung guten Exempels der Wercken gehabt/ werden vor dem Thron deß erschröcklichen Richters arm vnd alles guten beraubt stehen/ jhre Geschirr voller Scham vnd confusion haben vnnd den Herren zu jhnen sagend hören: Ihr andere habt euch bemühet/ vnd allein mit den Worten ewerer erlangten Geschicklickeit geprediget/ ich aber hab durch die Krafft der Verdienst meiner einfältigen die Seelen geheyliget/ derohalben werdet jhr mit dem Wind ewerer gesuchten Hoffart verbleiben/ vnd sie die Belohnung jhrer müheseligen Demuth empfahen/ als dann wird die Warheit/ die Krafft der einfältigen Demuth/ vnd Gebetts welches vnser Beruff ist/ erkannt vnnd glorificiert werden/ welcher dise auffgeblassene mit dem Lufft jhrer Geschicklickeit zuwider gewesen/ vil beredent dise Warheit zuverlassen/ vnd die jenigen/ so in derselben wandleten/ als die Blinden/ zuverfolgen/ die Irrung aber vnd Falschmeinung/ darinn sie gelebt/ die verkündet/ vnd mit welcher sie vil sambt jhnen in die tieffe Gruben der geistlichen Vnwissen-

deß Franciscaner-Ordens.

wissenheit vnd Blindheit geführt/ wird jhnen in schmertzen vnd confusion verendert/ vnd in die Finsternuß begraben werden! dann es stehet geschriben: Ich will vmbringen die Weißheit der Weisen/ vnnd den Verstand der Verständigen will ich verwerffen.

Es seye deme aber wie es wölle/ sollen darumb jenige/ welche zu so grossem Werck der Bekehrung der Menschen von GOtt sonderbahre Gnaden empfangen keines weegs ermanglen jhrem Beruff mit allem Fleiß nachzusetzen/ eines theyls damit sie nicht als Müßiggänger von dem Himmelischen Hauß-Vatter gestrafft vnd daß sie jhnen ertheylte Gaaben nit in den Wechsel gelegt vnd also den Gewinn verabsaumet/ abgebließt/ andern theyls in Hoffnung der grossen Belohnung/ welche sie darumben zugewarten haben/ insonderheit wann sie werden nachfolgen dem Exempel der jenigen von welchen der Psalmist/ ps. 125. Euntes ibant & flebant mittentes semina sua: Venientes autem venient cum exultatione portantes manipulos suos.

Hybernia.

Paulus V. hat Anno 1608. den 29. Maij in Beysehn deß Herren Cardinals Barbarini Protector Scotiæ & Vice-Protector Hyberniæ den PP. Capuccinis, welche als Missionarij in Irrlandt Schott- vnnd Engelland/ mündtlich alle Privilegia vnnd Gnaden auch künfftige/ so die PP. SS. Benedicti, Francisci, Dominici, Ignatij sambt andern Religiosen haben mitgetheylt vnd verlyhen/ hat auch was den Habit vnd Gelt belangt/ mit selbigen dispensiert. P. Stephanus Dolzchanus ist der erste Superior diser Mission gewesen/ welcher mit sambt P. Laurentio vngefahr vmb das 16. Jahr in das Reich kommen/ disem seynd hernach Anno 1617. P. Columbanus vnd P. Rupertus beyde Niderländer gefolgt. Clemens à noto General der PP. Capucciner hat sambt den PP. Definitoribus auff dem General-Capitel Anno 1618. den 2. Julij zu Eröffnung diser Mission ettliche Sachen verordnet/ auch was allbereit in andern Capitlen zu Befürderung diser Mission gemacht/ confirmiert/ bevorab das Closter Carlstatt betreffend. Obgemelte Mission ist noch einmahl Anno 1625. auff dem General Capitel vnd auch von der Congregation de propaganda fide in selbigem Jahr den 27. Junij confirmiert/ vnd P. Franciscus auß Irrland zum Præfect erkiest worden. Nach disem hat Anno 1632.

Von den Missionen

den 26. Januarij die Congregation P. Bernabam auß Jrrlandt erstlich Præfect vnnd das folgende Jahr Commissarium Generalem in Jrrland vnd Carlstatt mit guthcissen R. P. Generalis gesetzt/ disem Patri, hat Anno 1633. den 3. Junij Urbanus 8. mündtlich alle privilegia der Religion vnnd auch den anderen communiciert. Obermelte PP. ein Convent zu Carlstatt in Franckreich/ vnd ein Mission zu Sedan und zwey hospitia in Jrrland/ in welchen sie laut jhrer Regel vnd statuta leben/ andere aber werden von den vnCatholischen besessen. Innocentius X. sambt der Congregation, hat auff Anhalten dem Apostolischen Gesandten in Jrrland Anno 1650. den 25. Febr. den PP. Capuccinis Erlaubnuß geben/ in Jrrland Clöster auffzurichten/ so aber wegen der entstandenen Kriegen vnd Rebellion deß Kromwehls keinen Fortgang gewonnen/ massen damahlen alle Catholische auß dem Reich vertriben worden.

India Orientalis.

Zwo Missiones seynd under den Bischöffen Crysopolitano vnnd Sorat, welche den PP. Ephrem vnnd Zeno beyde von Turon gebürtig/ laut eines Decrets so von der Congregation den 25. Aprilis 1645. gemacht/ vbergeben worden.

India Occidentalis.

Anno 1646. den 3. Augusti hat die H. Congregation für gut angesehen 4. Patres Capuccinos mit Patre Francisco von Pampalon in Indiam zusenden/ welche dahin verreist/ das Evangelium zuverkünden.

Insulæ Maris ægæi.

Als Anno 1639. den 18. Aprilis in Gegenwart jhr Heyl. Congregation gehalten wurde/ ist M. R. P. Generalis Capucciner ersucht worden/ ein Custodiam in den Insulen deß Egewischen Meers auffzurichten/ darauff bald etliche Brüder gesandt worden/ welche nach Theaniam, Ziptantum, Sancterinum, Miletum, Paris vnd Nixiam verreist/ die Missiones zu exercieren.

Lotha-

Lotharingia.

ANno 1625. den 23. Maij hat die H. Congregation den PP. Provincialibus Capuccinorum so jenseyt deß Bergs Gewalt geben/ Missiones vnder den vnCatholischen auffzurichten/ weilen aber selbige Decret, allein für das Teutschland Franckreich vnd Niderland/ Sabolen vnd Valonen gestellt/ hat Reverendus P. Provincialis Capuccin: selbigen Gewalt/ durch R. P. Procuratorem auch begehrt/ welches er auch erhalten vnd den 20. Januarij Anno 1626. mit Bewilligung deß P. Generalis überschickt/ vnd zumahlen auch P. Provincialis Præfect erwöhlet worden.

Lugdunum.

ES wünschete der aller Christliche König Ludovicus der 13. das in seinem Reich die Ketzerey außgereuttet: vnd hergegen der wahre Catholische Glaub widerumb gepflantzet wurde/ zu welchem End er dann sein Hilff genugsamb verspüren lassen/ in deme er die PP. Capucciner zubeschützen vnd Underschlauff zugeben/ Königliche Patenten ertheylt/ Krafft deren sie etliche Missiones vnder der Præfectur P. Ierenei de Averlon auffgericht/ auch jhme sambt seinen Gesellen als Königliche Prediger zuhalten/ anbefohlen.

Urbanus der 8. hat dises Königs Eyfer jhme lassen gefallen/ solchen gelobt/ vnd dem Vice-Legaten zu Avignon ein Breve überschickt/ in welchem den PP. Capuccinis Gewalt zukommen/ zwey Missiones auffzurichten/ die eine für die Leonische Provintz zu Villa nova, die andere zu Alesti für die Provintz S. Ludovici weiter hat die Congregation den 25. Septemb. 1626. dem P. Archangelo von Leon Gewalt geben/ Missiones in dem Delphinat auffzurichten/ wie auch zu Monstrol vnd selbiger Gegend.

Auch hat Vice legatus zu Avignon Cardinal Ludovisius von der Congregation Schreiben empfangen/ sub dato den 25. Septemb. Anno 1626. obgemelte Mission durch die gantze Provintz außzubreyten/ welches mit grösster Seelen-Frucht geschehen vnd noch exerciert wird/ massen dise PP. 9. Missiones haben/ deren R. P. Provincialis vorgesetzter Præfect ist.

Meſoleina.

Vff Anhalten deß Päbſtlichen Legaten im Schwitzerland/ wie auch deß Biſchoffs von Chur/ ſambt dem Volck diſes Thals Meſoleina, hat die Congregation Anno 1635. den 19. Januarij diſe Miſſion auß groſſem Mangel der Prieſtern eingeſtellt/ vnnd als diſes R. P. Generalis placidiert/ iſt P. Marco von Soreſina vnder der Præfectur P. Provincialis Mediolanenſis diſe Miſſion zu pflantzen/ anbefohlen worden/ hat auch völlig Gewalt/ abſque ullo termino gehabt/ die Miſſion zu extendiern.

Moræa.

Moræa iſt ein gewaltiges Königreich dem Türckiſchen Kayſer vnderworffen/ dahin iſt mit Bewilligung M. R. P. Innocentij Generalis vnd der General Definition ein Miſſion vnder der Præfectur deß R. P. Provincialis Hydruntinæ Provinciæ angeſtellt worden/ wie zu ſehen/ auß dem Decret der Congregation de propaganda fide dat. ſub 20. ſept. Anno 1647.

Moſcovia.

Wegen deß Vertrags zwiſchen dem König in Franckreich und dem Groß-Fürſten der Moſcaw/ iſt den Catholiſchen Kauff-Leuthen Frantzöſiſcher faction zugelaſſen/ Catholiſche Prieſter ſelbiger Landen zuhaben/ weßwegen die Congregation den 24. Ian. 1633. dem P. Ioſepho von Pariß anbefohlen/ ſelbige anzuſtellen/ welches auch beſchehen.

Normandia.

Auß gewiſſer Relation iſt zuſehen/ das in Normandiam Anno 1632. 5. Ian. ein Miſſion der PP. Capucciner geweſen ſeye/ welche hernach auß Anhalten des P. Provincialis ſelbiger Provintz von der Congregation widerumb erlangt/ vnd auch wider die unCatholiſche an 5. vnderſchidlichen Orthen/ mit Bewilligung Jhr Heylt. eingeſetzt worden.

Niz-

deß Franciscaner-Ordens.

Nizza.

ES hatte der Bischoff von Nizza durch Schreiben umb die PP. Capuccini für sein Bißtumb innständig angehalten/ sich offerierend/ selbige auff sein Kosten zuerhalten/ welches der Congregation gefallen/ dem P. Procuratori befohlen ein Præfect/ sambt etlichen Patribus zu depütieren/ wie zusehen ex litteris S. Congregationis den 17. Ianuarij Anno 1639. datis.

Orientis Missiones.

ZV Zeiten Pabsts Sixti V. hat die Congregation inquisitionis den 22. Iunij Anno 1587. drey Pat: Capuciner nemblich P. Petro de Cruce, P. Ægidio de S. Maria vnd P. Dyonisio Romano erlaubt/ nach Constantinopel zuraysen vnd daselbst ein Mission auffzurichten/ welches auch geschehen zu grossem Nutz der Gläubigen vnd Ungläubigen/ massen gemelte PP. auff den heutigen Tag zu Constantinopel zwey hospiria besitzen/ rP.

Wegen Relation P. Pacifici von Paris vnd deß Zusprechens P. Hieronymi Narniensis so deß Pabsts Prediger gewesen/ haben die Herren Cardinäl de propag: fide, den 10. Ian. 1623. den vorgesetzten der PP. Capuccinern anbefohlen/ etliche taugliche Patres für die Mission in Türckey zuverordnen/ welche Anno 1625. den 10. Iunij. ihren Fortgang gewonnen. Uber dise Mission seynd von M. R. P. Ioanni à Noto General, P. Leonardus vnd P. Iosephus beede von Pariß Præfect vnd Rectores verordnet worden.

Nach empfangenem disem Gewalt/ haben die drey Provintzen Paris, Turon vnd Britania gleich nach ihrer Ankunfft von Rom laut deß Decrets etliche Patres erwöhlt/ vnd nach Constantinopel/ Syriam, Palestinam vnd Alepum gesandt/ allwo sie nit ohne grosse Gefahr vnnd Widerstand etliche Residenz auffgericht/ darmit nit allein/ in Türckey/ sonder auch in Persiam zukommen/ die Porten eröffnet/ massen dann auß Favor der Congregation, Hilff vnnd Beystand Ihr Königliche Majestät in Franckreich noch auff disen Tag in esse vnnd täglich sich mehren werden/ dergestalt das obgemelte drey Provintzen/ 22. Missiones vnder den Ungläubigen besitzen/ so in India, Affrica, Asia, Persia,

Syria.

Syria, Æthiopia, Græcia, America septemtrionali, Canada, Nova Francia, begriffen/ zu besserer Regierung vnd den Nothwendigkeiten abzuhelffen/ haben dise drey Provintzen/ die Reich vnd Länder vnder einander außgetheylt/ auff das jedwedere wisse/ die seinige zu providieren.

Die Parisisch Provintz hat Græciam sambt den Insulen Arcipelagi vnd ein theyl Asiæ zuversehen/ angenommen/ die PP. Britaniæ besitzen Syriam den Berg Libano Phoeniciam vnd Palestinam. Die Tureinische Provintz haben Persien, Egypten, Cipro, Assiriam, Indiam, Æthiopiam ein theyl Syria vnnd Sataliam. Die PP. Provinciales seynd eygentlich Præfecti vber die Missiones gesetzt/ erwöhlen so wol die Custodes Superiores als auch andere Brüder welche dahin zuschicken tauglich erkennt werden/ können solche auch nach Belieben in jhre eygne Provintzen berufen/ wie dann gemeinlich beschicht vnd biß daro gebrauche worden.

Palatinatus Superior.

Uff Anhalten vnd Begehren deß Chur-Fürsten in Bayeren hat die Congregation den 26. Iulij Anno 1627. beschlossen/ ein Mission in der obern Pfalt auffzurichten/ zu welchem Ende R. P. Provincialis der Tyrolischen Provintz P. Silverius mit Gewalt-Brieffen als Præfect verordnet worden/ vnd nacher Newmarck kommen/ dise Mission zu fundieren.

Parisina Missio.

Paulus 5. hat den 5. Septemb. Anno 1613. dem P. Honorato von Paris vnd selbiger Provintz Provincial Krafft eines Breve Gewalt geben/ Missiones in die Vngläubigen Länder auffzurichten welcher gleich hernach 4. PP. mit den Frantzösichen Schiffen selbige Länder zuerkundigen/ abgesandt/ auß welchem einer mit guten Zeitungen zuruck kommen/ berichtende/ wie das die Schiff glücklich in die Insul Mariniana in Brasilia ankommen/ volgenden Jahrs Anno 1614 den 28. Martij ist P. Archangelus Definitor Cap. Angelus mit etlichen PP. dahin verreyßt; hernach hat die Congregation in beysein Jhr Heyligkeit Pauli 5. den 1 Iulij Anno 1618. dem P. Leonardo ard Provincial völligen Gewalt auff 5. Jahr mitgetheylt/ welchen Gewalt hernach die Congregation Anno 1627. den 22. Febr. bestättiget/ vnd mit Bewilligung Jhr Heyligkeit gemehrt/ vnd obgemelten P. Leonardum zum Præfect vorgestellt/ diser hat Anno 1614. den 19. Julij 12. Missiones abgefertiget. Anno 1649. den 27. Septemb. ist P. Martialis Provincialis zu Pariß an statt deß Verstorbnen P. Pacifici in America zu Guadalupa als Præfect erwöhlt worden/ welcher seinem Ambt daselbsten vorgestanden.

Pedemonte Missiones.

Uff innständiges Begehren Caroli Emanuelis Hertzogen in Savoia vnd Fürsten in Piemondt seynd den 11. Maij Anno 1596. die PP. Mauritius Murcensis vnd andere Capuciner mit einem Decret vnd Apostolischem Gewalt in das Piemondt die vnCatholischen zubekehren/ geschickt worden/ diser P. ist hernach auß Befelch Clementis VIII. Anno 1601. nach Thonon vereißt/ wessen Gewalt vnd Frucht der Apostolische Legat/ mit sambt dem Hertzog vast befürderlich gewesen/ wie nit weniger der Ertz-Bischoff von Taurin.

Nach disem haben die Apostolische Legaten/ auß tragendem Befelch die PP. jederzeit beschützt vnd begnadiget biß entlich die Congregation de propaganda fide jhren Anfang genommen/ von welcher hernach gute Hilff ersprossen/ daß sie mercklichen zugenommen/ in vnderschidliche Thäler sich mit grossem Nutz außgebreitet/ vnd allbereit in 10. Missiones gewachsen/ wie zusehen/ ex Decreto 1623. dato.

Persia & America.

Uff Anhalten vnd Begehren der PP. Leonardi & Iosephi, hat die Congregation den 2. Novembris Anno 1627. Missiones in Persia, auffzurichten bewilliget/ welches auch beschehen/ massen sie noch Hispaan, Madraspada vnnd Toris besitzen/ diß ist ein schöne vnd sehr fruchtbahre Mission der Lufft aber für die Außländer nit fast gesund/ wird von den PP. Capuccinis der Tureinischen Provintz regiert.

Polonia.

ES hat Sigismundus König in Polen und mit jhme Maximilianus der Kayser/ innständig von der Congregation begehrt/ die Capucciner in Polen zuschicken/ dessen sich aber die PP. mit Vorwendung billicher Ursachen bedanckt/ ist dahero unnötig die Decreta alhier zusetzen.

Promontorij Missio.

IN Affrica ist ein gewaltiges Land welches sich in das Meer erstreckt/ vnd dahero Promontorium genamset wird: dahin die Congreg: für nothwendig erachtet ein Mission zusenden/ damit die Catholische/ welche auß Lusitania dahin kommen/ nit von den Hollenderen verführt wurden/ ist also wegen diser Mission mit dem P. Procuratore tractiert/ entlich aber den PP. de Observantia befohlen worden.

Anno 1635. den 23. Martij, hat die Congregat: vor Jhr Heylf. beschlossen/ ein Mission in der Jnsul S. Christophori in America auffzurichten/ vnd den PP. Capucineren in Normandia zu vbergeben wie zusehen auß dem Apostolischen Schreiben so Anno 1637. den 10. Decemb. geben worden/ in welchen auch das Promontorium viride begriffen: Es hat hernach Jhr Päbstl. Heylf. Urbanus VIII. disen Gewalt gemehrt/ vnd auff Anhalten deß P. Pauli Tripontini, auch in Tartariam sich erstreckt/ laut deß Breve welches Anno 1643. den 17. Sept. außgefertiget worden.

Provincia.

AUß Eyfer welchen Ludovicus 13. König in Franckreich die Catholische Religion zupflantzen gehabt/ hat er Krafft seiner Patenten sub dato 28. Iulij Anno 1625. befohlen zwey hospitia für die Capucciner auffzurichten/ auch begehrt/ daß sie in denen mit der Kätzerey inficierten Stätten vnd Dörfferen solten ohne Verhinderung predigen/ fahls aber sich jemandt selbigen wurde widersetzen/

setzen/ oder aber verhinderen/ wolte hochgedachter König das dergleichen als Rebellen sollen gestrafft werden.

Vber dises hat Vrbanus 8. ein Breve dem Vice-Legaten zu Avignon zu Erbawung diser zwey Conventen vbersendt/ dessen das zu Alesti der Proving Leon, daß zu Villa nova ober der Proving S. Ludovici zugeeygnet solte werden/ der Gewalts-Brieff ist Anno 1626. außgefertiget/ vnd dem P. Innocentio de Brestano Provinciali Provinciæ ad decennium vberliffert worden/ nach disem ist den 14. Aprilis Anno 1636. ein anders Decret auff 10. andere Jahr geben worden/ vnderdessen seynd 6. Missiones auffgericht/ vnd P. Anselmus de Brignolo Præfect ernambset worden.

Rhetia.

PAulus V. hat auff Anhalten deß hochlöblichen Bischoffs Filugij von Chur und Jhr Durchleucht Ertz-Hertzogen Leopoldi zu Oesterreich die PP. Capuciner vnder der Præfectur P. Ignatij von Bergamo den Catholischen welche selbiger Landen/ in grosser Gefahr den Glauben zuverlehren/ in Geistlichen Sachen zuhelffen/ vñ bey zu springen/ in Rhetiam oder Pündten geschicket/ nach deme hernach die Congregation von Herren Marggraffen de Balneo, Obristen vber die Besatzung zu Veldtlin/ die Nothwendigkeit/ sambt der Gefahr verstanden/ hat sie Anno 1624. den 22. Januarij beschlossen/ dem P. Procuratori dise Mission ernstlich zubefehlen/ darauff bald die PP. Capuciner in das ober und nider Engedin abgesandt worden.

Obgemelte Congregation hat auch den 24. Aug. Anno 1629. den P. Provincialem Maylandischer Provinz ersucht/ etliche PP. als Gesellen/ dem P. Ignatio zugeben/ damit er die Missiones füglicher kündte fortpflantzen.

Bald hernach haben Jhr Heyl. Anno 1625. dem P. General völligen Gewalt vberlassen/ den Missionarijs das Beicht hören der Weltlichen auffzulegen/ welches Ioan Maria à Noto General gethan. Eben damahlen hat Urbanus VIII. Krafft seiner Patenten obgemelten P. Ignatium sambt 10. Gesellen noch einmahl in Pündten zuraysen durch den P. Procuratorem Anno 1626. den 3. Martij ermahnen lassen: Als hernach der Congregation der Fleiß dises P. Ignatij zu Ohren kommen/ hat sie Jhr selbigen Eyfer wol lassen gefallen/ solchen sehr gelobt

Von den Missionen

gelobt/ vnd seinen Todt hoch bedauret/ wie zusehen ex litt. eiusdem S. Congregationis Anno 1632. datis

Nach disem ist P. Ireneus von Brixen den 17. Aug. mit noch grösserem Gewalt dahin geschickt worden/ welcher sich auch zu diser Zeit daselbst als Vice-Præfect befindt/ weilen die Præfectur dem P. Provincial übergeben/ in dessen Gewalt Dise Missiones zu gubernieren vnd die Visitationes vorzunemmen/ jederzeit bestanden.

Sabaudia.

Eh vnd zuvor die Savoische Provintz von der Leonischen abgetheylt/ hat der P. Provincial der Leonischen Provintz Krafft eines Decrets/ welches Anno 1599. den 1. Septemb. von der Congregation S. Officij gemacht worden/ von Ihr Päbstl. Heyl. Clemente VIII. bestättiget/ bekommen/ die Missiones in Wallis auffzurichten/ so er auch mit grosser Frucht durch P. Cherubin Mauriensem vnd andere PP. fort gepflantzet/ vnd biß nach Taunon/ wie zusehen auß einer weitläuffigen Relation P. Pauli à Cefena, welche er Ihr Heyl Pabst Paulo V. selbsten versöhnlich offeriert/ darauff hochgedachter Pabst Anno 1610. den 1. Julij gut vnd nothwendig erachtet/ selbige Provintz von den Leonischen abzusönderen vnnd ein newe Provintz auffzurichten/ welche hernach auß der Congregation inquisitionis Generalis, P. Hieronymus à Castro ferretro an statt deß P. Generalis Anno 1610. den 4. Julij exequiert vnd in das Werck gestellt hat.

Nach disem hat die Congregation S. Officij sambt der Congregation inquisitionis in Gegenwart Ihr Heyl. dem P. Dominico von Chambeni Commissarium P. Didacum Præfectum über dise Missiones bestellet/ beede mit grossen Gnaden vnd Gewalt begabet/ wie zusehen auß dem Decret welches Anno 1625. den 28. Augustum geben worden. Nach deme aber in Visitierung diser newen Provintz/ M. R. P. Generalis befunden/ wie daß die Convent nit nach dem Apostolischen: vnd vnseren Constitutionibus mit PP. vnd Brüdern besetzt/ hat er befohlen/ selbige zuverlassen/ dessen als die Congregation de propaganda fide bericht vnd betrachtet/ wie grossen Schaden den Missionarijs, durch dise Zerstörung zugefügt/ hat sie Krafft eines Decrets sub dato den 22. Aug. Anno 1628. dem P. Provincial befohlen/ von solcher execution

inzu-

deß Franciscaner-Ordens.

inzuhalten/ welches auch beschehen/ darauff ist bald P. Didacus zu einem bessern beruffen/ vnd P. Philibert Provincial in Savoy die Præfectur Anno 1639. den 17. Januarij aufferlegt worden.

Scotia.

ZV was Zeiten/ mit was Gelegenheit vnd Privilegys die Missiones der PP. Capuc. in Schottland angefangen/ ist oben bey Engelland angezeigt/ vnd dahero anders nit bey zusetzen/ als was in dem Römischen Brieff von P. Archangelo Scoto zufinden.

Es hat jetz gedachter Pater erfahren/ was Christus seinen Jüngern vorgesagt/ sprechend: Si me persecuti sunt & vos persequentur. Haben sie mich verfolgt/ so werden sie eüch auch verfolgen/ sentemahlen je mehr Frucht vnd Nutzen er vnder seinen Land-Leuthen geschafft/ je grössere Verfolgung vnd Nachreden jhme von den bösen meuleren zugefügt worden.

Zu dessen iustification, Rechtfertigung vnd Vnschuld Reverendissimus Episcopus Torniellus schrifftliche attestation oder Zeügnuß geben wie dann auch vnderschidliche Catholische selbiger Landen bezeüget/ daß diser P. Archangelus mit seinem exemplarisch Leben/ fleiß eyfer vnd geschriebenen Büchern der vnCatholischen Falschheit vberwunden vnd dergestalten an Tag geben/ daß er allein mehr zu dem Catholischen Glauben bekehrt/ Fruchte vnnd Nutzen geschafft hat/ als alle andere Geistliche Missionarij. Nach dem der Congreg. dise attestation vnd iustification vorgelegt/ hat sie solche dem General Vicario der PP. Capuc. zugeschickt vnnd begehrt/ daß weilen obgemelter P. vngründtlich verklagt/ er solte ehest widerumb in Schottland zu seiner Mission geschickt werden/ wie dann solches auß dem Decret so die Congreg. de propaganda fide den 12. Aprilis Anno 1631. gemacht/ zusehen/ vnd fol. 50. n. 30. zufinden ist.

Sedani.

DIe Mission zu Sedan hat die Congregation Anno 1639. den 12. Septemb. auff die Brieff deß Bischoffs S. Donini vnnd Nuncy Galliarum dem P. Gregorio auß Jrland Capuc. anbefohlen/ vnd diß auff Anhalten deß Hertzogs von Bullion so kürtzlich zu dem Catholischen Glauben/ sambt vilen anderen von obgemeltem P. bekehrt worden/ daher der P. General den P. Ioseph von Morlain vnd P. Ivo von Nivers als Mithelffer zugegeben/ darauff hat die Congreg. dem P. Ioseph die Præfectur diser Mission den 3. Octob. An. 1645. anbefohlen/ welche hernach auß befelch obgedachter Congregation P. Lucas auch auß Irrland verwaltet; vnd weilers diße Mission auß Verordnung Ihr Päbstl. Heylk. vnd der Congreg. S. Officij den Vätteren Capuccinern auß Irrland vbergeben/ haben sich andere nit vil darumb angenommen/ aber alle mögliche Hilff ihme zuerzeigen nit ermanglet. P. Bernardinus auß Irrland ist Krafft eines Decrets von der H. Congregation so den 20. Novembris Anno 1651. datiert/ zum Commissario, vnnd Vice-Præfect selbiger Mission gesetzt worden.

Styria.

Es hat die H. Congregation für gut angesehen/ vnnd den 30. Ianuarij Anno 1630. beschlossen dem General Procuratori Gewalt zuberlassen damit die Prediger vnd jhre Gesellen/ welche R. P. Provincialis Cap. Steyrischer Provintz zupredigen außgeschickt/ der Weltlichen Beicht anhören dörffen welches auch beschehen/ insonderheit in Steyrmarck/ Kärndten vnnd den Thälern Tambrunegg/ über welche Mission der P. Provincialis von der Congregation den 30. Iunij Anno 1643. Præfect erklärt worden.

Tartaria Magna, seu Magnum Mogor.

Anno 1645. den 30. Iunij hat die Heylige Congregation motu proprio ein Mission in die groß Tartarey eingestellt/ vnnd selbige den Vättern Capuccineren der Normandischen Provintz anvertraut.

Tarbaca vide Barbaria
Tolosa vide Aquitania
Thynissa.

PAter Angelus de Coniglione ist mit einem Apostolischen Breve von Urbano dem VIII. Ihme gegeben/ erstlich nach Algier, unnd von dannen in andere Theyl Africæ, sonderlich in das Reich Thynissa zu Bekehrung selbiger Unglaubigen Völckern verreist.

Turonensis seu Britaniensis Missio.

PAulus der V. Pabst/ hat die Congregation S. Officij dem P. Raphael von Auxelian als Provincial/ wie auch seinen nachfolgenden Provincialen Gewalt geben/ Missiones in selbiger Provintz auffzurichten. Uti patet ex lit. Apost. cal. Junij Anno 1615. datis. Höchstgedachte Päbstliche Heyligkeit/ hat durch ein eignes Breve den 26. Aprilis Anno 1617. sambt der Congregation S. Officij völligen Gewalt geben/ ein Mission mit 6 PP. Capuc: in das Turonische Bistumb einzustellen/ welches Ludovicus 13. sambt etlichen Bischoffen innständig begehrt. Obgebenen Gewalt aber/ sambt noch grösseren/ hat hernach Gregorius 13. in Congregatione S. Officij den 13. Januarij Anno 1623. mit zwölff anderen Patribus Capuccinis gemehrt/ unnd die Büssende von allen Casibus zu absolvieren/ mitgetheylt/ und vergunt/ auch übergebachter Mission P. Iosephum von Paris als Præfect ernambset/ mit völligem Gewalt seine privilegia unnd Freyheyten/ auch andern zu communicieren/ massen dann selbige Mission hernach in gantz Orient, wie oben vermelt/ sich außgebreitet/ und in 25. Missiones erwachsen.

Transylvania.

DEr PP. Capucciner Mission in Sibenbürgen hat die H. Congregation Anno 1626. den 25. Septembris eingestelt/ uber selbige den P. Iosephum auß Polen zum Præfect gesetzt/ auch das Convent zu Zichiea anbefohlen/ welches die PP. de

Obser-

Obſervantia den 1. Octob. Anno 1626. von der Congregation durch den P. Provincialem für ſie begehrt/ iſt aber den PP. Capuccineren von obgemelter Congregation zugeſprochen vnd ſelbige zuverſorgen dem General Procuratori anbefohlen vnd vberlaſſen worden.

Tirolenſis.

Von diſer Miſſion iſt oben Meldung beſchehen/ vnd deß-wegen allhie anders nichts zumelden als von einem Decret welches die Kayſerin bey der H. Congregation außgewürckt/ vnd den 27. Octob. Anno 1630. außgefertiget worden/ in welchem alle habende Miſſiones beſtätiget dem P. Provincial zu regieren vnnd ſelbige zu profitieren vbergeben worden/ auch P. Angelo von Freyſing beſunderen Gewalt zukommen/ welchen er auch anderen 6. PP. ſo von der Definition jhme vorgeſchlagen/ mit zutheylen/ Macht haben ſolle.

Vallonia.

Diſe Provintz participiert vnnd genießt die Privilegia vnd Freyheiten/ die Miſſiones betreffend wie oben vermelt. Vber diß iſt jhren auff Begehren deß P. Provincialis ein Decret von der H. Congregation zukommen/ ein Miſſion in dem Eimburgiſchen Hertzogthumb/ ſo weit ſich ſolche Provintz erſtreckt/ an-zuſtellen/ wie zuſehen auß dem Schreiben/ ſo den 50. Iulij Anno 1636. geben laut welcher ſie auch in der Statt Huyen vnderkommen.

Ungaria.

Uff Begehren deß Biſchoffs von Veſpern/ hat die Con-gregation den 19. Novembris Anno 1640. die Miſſion in Vngarn dem P. Wilhelm ſpeluncati aufferlegt/ deß andern Jahrs hernach ſeynd noch mehr Gnaden vnd Privilegien dem P. Caſimiro auß Tyrol als Præfect mitgetheylt worden/ welcher den P. Franciſcum auß Schlöſien dahin geſendt/ weilen aber alldort nit vil Frucht zuſchaffen geweſen/ iſt diſe Miſſion der Congregation widerumb re-nunciert vnd heimbgeſchlagen worden.

Zacyn-

deß Franciscaner-Ordens.

Zacynthus.

Auß grossem Mangel der Geistlichen/ hat der Bischoff zu Zante von der Congregation ein Mission der PP. Capucinern begehrt/ welche den 26. Julij Anno 1627. placidiert/ und in diser Insul/ wie auch in Cessalonia ein guten Anfang gewonnen/ allermassen in selbiger Insul. P. Carolus da Cadoro sambt anderen PP. zu Zante ein Hospitium bezogen/ in der Kirchen deß H. Marci das Wort GOttes verkündt/ vnd daselbsten ein Altar zu Ehren deß seligen F. Felix Capucciner auffgericht. Dise Mission haben hernach die Patres theyls wegen der Griechen Halsstarrigkeit/ theyls auch weilen die PP. Observantes und Dominicani daselbsten wohnen/ verlassen und sich in andere Länder und Insulen begeben.

Nach empfangnen obberührten Päbstlichen Decreten/ haben die PP. Superiores Majores zu schleiniger execution vnnd Beförderung derselbigen/ solche vnderschidlichen Provintzen zuverwahlten assigniert, und neben Einpflantzung deß Christlichen Catholischen Glaubens/ biß auff dise Zeit mit ermangelt/ taugenliche Missionarios dahin abzusenden/ allermassen in dem jüngsten General Capitel/ so 1662. zu Rom gehalten/ dise nachfolgende Reich vnnd Länder von den Missionarijs würcklichen bewohnet/ erfunden/ verzeichnet worden.

Die Romanische Provintz.

Hat und besitzet in zweyen Reichen Congo und Synga, zwey Hospitia, das seynd Wohnungen.

Die Venetianische Provintz.

Hat das Reich Candiam, Dalmatiam, vnd die Schiff Armada, sambt einem Hospitio in der Statt Candia, vnd Tine zuversorgen.

Die Maylländische Provintz.

Besitzet in dem Mesolcinischen Thal 5. Hospitia.

Die Bressianische Provintz.

Hat 12. Hospitia in Rhetia vnd Bündten.

Dem wohlehrwürdigen P. Procurator Generali

ist ob die zwey Reich Georgia und Migreglia sambt ihren Hospitien zuversorgen.

Von den Missionen

Die Pariser Proving.

Hat vnd bewohnet in der Statt Constantinopel zwey Hospitia, nemblich Galata und Pera.

In klein Asien Smyrna und Cuciadassi.

In Moria, Neapoli de Romania, und Athen.

In Archipelago, 5. Hospitien Scio, Naxia, Syra, Mylo, und Andros.

In America, Canada, oder newe Franckreich. Dise PP. befinden sich auch in Engelland und Schottland.

Die Turonische Proving.

Hat unnd besitzet in underschidlichen Reichen nachverzeichnete Hospitien.

In		Sambt jhren Hospitien.
	Egypten. Groß Cayro.	
	Syria. Aleppo.	
	Klein Asien. Satalia.	
	Mesopotamia. Mausoll.	
	Caldea Bacdat.	
	Media. Tauris.	
	Kurdistan. Ormut.	
	Persia. Ispaan und Zulfa.	
	Meliapar. Madraspadan.	
	Cypro. Nicosia uñ Larnica	

Dise PP. bewohnen auch das Reich Æthiopia, unnd beyde alte Stätt.

Ninive.	Sambt jhren Hospitien.
Ecbatanis.	

Die Britanische Proving.

Haben und bewohnen in Palestina, Damascum und Sydon.

In Syria und Phœnicia.

Tripolis, und Beruti.

In Brasilia, Pernambuco.

Die Normandische Proving.

Bewohnet Tartariam, und die Insul S. Christophori.

In Affrica S. Marco.

Die

deß Franciscaner-Ordens.

Die Aragonische Provintz.
Befindet sich in dem Reich Berim, sambt jhren Hospitien.

Die Schweitzerische Provintz.
Ist sambt allen jhren Clöstern/ von Jhro Heyligkeit Alexandro VII. für ein allgemeine Mission erklärt/ und mit dero Privilegijs unnd Freyheiten begnadiget worden.

Die Flanderische Provintz.
Hat under jhrer Verwaltung/ Holland/ sambt der Niderländischen Provintz.

Die Patres Hyberniæ.
Haben zwey Clöster in Jrrland/ und 2. Hospitien.

Sedan und Carleville.

Jse oberzehlte Bullas, Decreta und Brevia sambt noch vilen anderen/ haben die PP. Capuciner zu underschidlichen Zeiten von dem Apostolischen Stul/ welchem sie unmittelbahr underworffen/ empfangen/ Krafft deren sie sich in alle Welt/ das Evangelium Christi zuverkünden/ außgebreitet/ auch mit jhrem Eyfer und Evangelischer Armut mänigklich zu erkennen geben/ was massen sie ohn einiges Zeitliches interesse, anders nichts als was JESU Christi ist/ suchen auch die mit seinem theuren Blut erkauffte Seelen jhme zugewinnen/ mit allem Fleiß obligen. Und ob gleichwol dise Religion von dem Himmelischen Hauß-Vatter zu der letzten Stund in den Evangelischen Weingarten beruffen worden/ haben sie dannoch mit dessen Beyhilff/ nit weniger als andere gearbeitet und vil Länder und Völcker Christo gewunnen/ dessen sich/ neben den H. Englen/ auch die H. Catholische Kirch zuerfrewen/ und dem lieben GOtt zudancken/ als welcher/ was thorzecht ist von der Welt/ erwöhlet/ damit er die Weysen zu schanden mache/ auff das sich vor jhme kein Fleisch rühme/ sondern mit Demut/ sein Gnad und Hilff zuerwerben befleisse/ und sorgfältig wäre.

Was aber für grossen Seelen-Trost und Frucht hierauß entsprossen/ und wie vil und mancherley Gefahr/ Schmach/ Kummer/ Hunger und Vnbild selbige fromme Religiosen eingenommen/ und noch täglich überstehen/ kan nicht leichtlich beschriben werden/ daher solches dem lieben GOtt zubefehlen/ welcher jeglichen nach seinen Wercken wird belohnen/ deme sey Lob/ Ehr/ Preyß und Danck von Ewigkeit zu Ewigkeit/ Amen.

Kurtzer Bericht durch was Mittel erstens der Catholische Glauben in das Königreich Chinam gepflantzet/ und eingeführt worden.

Under allen Missionen solle billich die Chinesische die fürnembste geachtet werden/ theyls wegen besonderer Geschicklichkeit der Innwohneren/ Theyls auch wegen deß schweren Zugangs in dasselbige grosse vnd berühmbte Königreich. P. Nicolaus Trigantius S.I. beschreibt l. 2. c. 1. mit was grossem Fleiß der H. Franciscus Xaverius sich beflissen in selbiges Reich die Catholische Religion einzuführen/ seye aber vnverrichter Sach eines gar seligen Todes verschiden. Iarricus auch der Societet IESU in thesauro rerum Indicarum c. 21. beschreibt den ersten Eingang der Geistlichen in das Königreich China außführlich vnd gibt in solchem die Ehr den Capucineren/ daß sie die ersten sollen seyn/ welche darinn vesten Fuß/ oder beständige Wohnung erhalten/ deme obwohlen P. Arcturus in mehrgemeltem Martyrologio Franciscanorum ad diem 2. Apr. §. 7. von B. Petro Alpharo widersprochen sagende: die ersten Religiosen so dahin gelangt vnd einkommen/ seyen einer anderen Franciscaner Versamblung gewesen/ Discalceati oder Reformati genannt/ welches ich zubestreitten ohnnöthig halte/ weilen aber die Geschich an jhr selbst sehr denckwürdig/ zu grösserer Ehr GOttes/ruhm gantzen Franciscaner Ordens/ vnnd Antrib anderer zu dergleichen Arbeit/ meinem Vorhaben gemäß/ auch dem begirigen Leser nicht vnannemblich/ meines erachtens/ zuvernemmen/ wann er in gemeinen Schrifften/ welche diser Zeit von der Bekehrung der Chineser an Tag kommen/ wie solche jhren ersten Anfang gewonnen/ als will ich dessen Beschreibung allhero setzen wie selbige bey obgedachtem Authore vnd Stell eygentlich zufinden ist.

Wie

deß Franciscaner-Ordens.

Wie vnderschidliche Geistliche Ordens-Leuth sich erstens bearbeitet den Catholischen Glauben in das groß vnd hochberümbte Königreich China einzuführen/ auß R. P. Iarrici Societ. IESV Thesauro rerum Indic. c. 21.

En vnmässigen Begirzligkeiten deren Kauff- vnd Handels-Leuthen in Samblung deß Gelts vnnd Silbers/ weichet das wenigste nit der Eyfer Göttlicher Glory/ und deß Heyls der Menschen/ mit welchem vil vnd vnderschidliche Geistliche Ordens-Persohnen sich eüsserist bemühet ihre Geistliche Wahren in Chinam einzuführen/ vnd selbige Völcker zu waren seligmachenden Glauben zubringen. Den ersten Angriff hat gethan. S. Franciscus Xaverius; demnach aber die Zeit noch nit verhanden ware/ in welcher auß Göttlicher Verordnung (vileicht auß Hindernuß selbiger Innwohner Sünden) daß Liecht deß Glaubens vnd Heyls erscheinen solte/ hat diser seine grosse Begirden nie mögen in das Werck bringen oder jemandt finden/ von welchem er ohnvermerckt möchte in Chinam geführt werden/ ist also gleichsamb in der Porten selbigen Königreichs an solchem Vorhaben todts verschiden. Nach ihme haben sich dessen auch vnderschidliche Ordens-Persohnen vnderstanden/ insonderheit auß dem Orden deß H. Augustini Martinus Heradius von Pampelona der Haubstatt Navarræ gebürtig Provincial in den Philippensischen Insulen/ in welche die PP. Augustiniani die erste daß Liecht deß Glaubens eingebracht vnd vber 100000. Seelen Christo dem Herren gebohren/ diser nit wenig in Heyligkeit als lehr hochberühmter Mann eysserete das Heyl der Chineser also sehr/ daß er Tag vnd Nacht sich bearbeitete selbige Sprach zu lehrnen/ suchte mit allem Fleiß d'nen Chineser Kauff-Leuthen welche in die Philippiner Insul ihre Handlungen hatten/ als ein Leibeygner verkaufft zu werden/ vnd also in Chinam einzutringen/ hat aber darzu niemahlen gelangen können dessen Gesell ware F. Hieronymus Marinus von Mexico in new Hispanien gebürtig/ ein gelehrter vnd andächtiger Mann was für Arbeit/ Mühe vnd Fleiß dise zween gottselige Männer angewendt erzehlet Iarricus weitläuffiger.

Nach etlichen Jahren nemblich Anno 1575. seynd auch die PP. Fran-

Von den Missionen

Franciscaner in Chinam ankommen vnd haben daselbsten zuwohnen vnd daß Evangelium Christi zuverkünden sich vnderwunden/ die ersten waren P. Petrus de Alfera sambt drey Gesellen so man Capucciner nennet; welche eben die Regul so die andere Franciscaner gebrauchen/ tragen beynebens einen reücheren Habit/ oder Ordens-Klayd. Als obgemelter Pater mit 14. Gesellen den 2. Iulij Anno 1578. auß Hispania zu Manilla angelangt/ vnnd als Custos den anderen vorgesetzt. Den PP. Augustineren (so biß zur selbigen Zeit allein das Evangelium in den Philippinischen Insulen verkündt/ vnd der Bekehrung selbiger Völcker angelegen (Hilff vnd Beystand zuleysten; diser derohalben welchem die Ehr GOttes/ vnd Zunemmung der Christlichen Religion sehr angelegen ware/ hat sich entschlossen/ ein Mission oder Gesandtschafft/ in Chinam anzustellen/ wegen daß jhme zu Ohren kommen/ was masen P. Martinus Heradius vor disem einen Versuch gethan/ zu solchem jhn sonderbahr ein Chineser/ Nammens Bonrius, so von dem Franciscanern zum Glauben bekehrt vnd getaufft worden/ angetriben/ hat deßwegen bey Francisco Sandio der Philippiner vorgesetzen Oberkeit vmb Erlaubnuß in Chinam zureysen angehalten/ welcher solche von Tag zu Tag zuertheylen auffgeschoben/ theyls auß Sorg es möchte darauß wenig Frucht erfolgen/ theyls auch wegen/ daß er besorgte es wurde der jüngst zwischen jhnen vnd den Sineseren auffgerichte Friden vnd Freündtschafft dardurch gestürzt werden/ weilen aber der gute P. Alfarius so langen Auffschub nit köndte gedulden/ vnnd zumahlen besorgte dise sein vorgenommene Reyß hinderstellig gemacht zu werden/ hat sich sambt 3. Gesellen vnnd so vilen Spannischen Soldaten ohne deß Potestats Vorwissen/ auff den Weeg gemacht/ einen Chinesischen Jüngling zu einem Dollmetschen vnd 4. Philippineser mitgenommen/ sich in ein mitelmässiges Kauff-Mann-Schiff begeben darinnen nit einer welcher der Schiffart rechte Wissenschafft gehabt/ dessen ohnangesehen seynd sie endtlich mit GOttes Hilff in Sina angelangt/ vnd haben nicht ohn dessen besondere Gnad vnd Wolthat dasselbige Reich/ wie hernach volgt/ angetretten.

Es ware die Einfahrt zu disem Reich neben der Enge deß Meers mit einer Schiff-Armee besetzt/ durch welche sie vnvermerckt gefahren/ ja so gar haben sie wahr genommen/ wie das alle Schiff/ so das jhrige auch von weitem ersehen/ sie abgewichen/ vnd die Flucht genommen/ welches anderwerts nit/ als von der starcken Hand GOttes hat können herrüh-

deß Franciscaner-Ordens.

herrühren/ so der seinen niemahl vergisset/ sonder unnachläßlich für sie Sorg tragt/ und dieselbe bewahret/ mit dessen Hilff und Beystand seynd sie ohnvermerckt in das Port der Statt Canton eingeloffen/ außgestigen/ der Statt zugangen/ und ohne beobachten einiges Menschen für das Richthauß kommen/ welches als die Innwohner entlich wahrgenommen/ seynd sie Hauffen-weiß zugeloffen/ sie wegen deß unbekandten Ordens-Klayd umbgeben/ unnd gar eben beschawet/ verwunderlich aber waren dise PP. den Wächtern/ wegen das ihnen unbewußt/ wasgestalten sie durch ihr Hut in die Statt kommen wären/ haben doch dessen kein Klag wider sie geführt/ beforchtende sie möchten wegen schlechter Huet gestrafft werden/ sonder allein gebotten sich so lang zugedulden biß sie den Vorstehern ihrer Ankunfft halber Bericht gethan hetten/ darauff ist bald ein Chineser/so der Lusitanier Sprach erfahren/ wegen das man sie für Lusitanier angesehen/ hinzugetretten/ welcher sie ihres Thuens und Lassens befragt/ deme sie auch geantwortet/ waßmassen sie mehr auß Göttlich- als Menschlicher Anordnung dahin kommen/ nach disem ist bald ein anderer/ so 3. Jahr zu Macao bey den Lusitaniern gewohnet/ herzukommen/ welchem sie gleichmässig ihr wunderbarliche Ankunfft/ welche auß sonderbahrer Schickung GOttes beschehen/ angezeigt/ hat sie gefragt/ wie sie durch die Schiff-Armee passiert/ unnd ob sie daselbst kein Hindernuß gefunden? deme sie geantwortet/ daß weder Schiff noch einige Verhindernuß ihnen niemahlen zuwider gewesen/ dessen er sich hoch verwundert/ mit Meldung sie solten sich widerumb zu Schiff begeben/ underdessen wolte er den vorgesetzen der Statt ihr Ankunfft anzeigen/welches als es beschehen/ ist bald der Mandarinus, so das Port zuverwaren hatte/ sambt einem Diener mit einer gemahlten Taflen/ auff welcher die Erlaubnuß (ohne welche niemandts auß dem Schiff zusteigen vergonnet wird) verzeichnet stuende/ in daß Schiff kommen/ selbigen daß Land zubetretten erlaubt und mit sich für ihren vorgesetzen geführt/ welcher ein so ernsthafftes Gesicht erzeigt/ daß sie sich alle nit wenig darab verwunderet unnd dises umb sovil mehr/ weil sie verständiget/ selbigen nur von dem geringeren Beambteten einen zuseyn/ so mit einem besonderen langen Rock angethan/ sitzend auff einem Sessell bey einem Disch/ welcher mit aller Noturfft zuschreiben versehen/ rings herumb stuend ein grosse Anzahl der Schergen mit langen Rohren und schwartzen ledernen Hauben/ welche mit Pfawen-Federn und gegossenen Pfeningen gezihrt gewesen/ so bald dise Geistliche

Von den Missionen

liche Bätter für dessen Angesicht kommen/ hat man sie machen niderknyen/ vnd besser hinzu rucken/ darauff seynd sie von einem Christlichen Chineser befragt worden/ von wannen sie gebürtig/ was jhr Begehren/ vnd Anbringen/ vnd durch das Mitel vnd Gelegenhei: sie dahin kommen wären? deme die geantwortet: Daß sie Castilianer auß Hispannia jhnen den Weeg deß Heyls vnd Erkändtnuß deß waren GOttes zuverkünden auß sonderbahrer Anleitung GOttes ohn einige Verhindernuß in diß Port/ so jhnen allen vnbekandt/ eingefahren wären/ dise vorgebrachte Reden hat der Dollmetsch dem Mandarino nit trewlich vorgetragen/ sonder mit Verschweigung daß sie den Christlichen Glauben zuverkünden dahin kommen/ allein gesagt: Daß sie Spanier/ vnd wunderbahrlicher weiß in daß Reich kommen/ wegen das er beförchtete/ so man sie von jhrem Jrrthumb abwendig machen wolte/ sie sambt jhme bald auß dem Reich geschafft vnnd verstossen möchten werden/ sagte derohalben sie wären dem Dienst GOttes sonderlich zugeeygnet/ lebten gar rauch vnd in gemein nach Gewohnheit der Chinesischen Völckeren: Weiters hat er gemelt was masen sie auß den Philippischen Insulen abgefahren/ einen Schiffbruch gelitten/ vnd vil Volck zugrund gangen/ sie wenig aber hetten sich auß sonderbahrer Schickung GOttes in daß kleiner Schiff begeben/ vnd wären Außleitung dessen ohne andere Hilff aller Gefahr entgangen/ in selbiges Port dessen Nammen jhnen allen vnbekandt/ angelangt.

Weiters wolte der Mandarinus (ist sovil als ein vorgesetzter Beambter) wissen/ durch was Weegweiser sie in Sinam kommen? deme sie geantwortet: Was masen sie in den Philipinischen Insulen einem Sclaven die Freyheit zuwegen gebracht/ der jhnen für einen Dollmetschen dienen solte den sie mitgenommen; es hat aber der Dollmetsch dise Red verkehrt/ vnd hergegen gesagt: Sie hetten ein Sinesisches Schiff/ das auff L.... gesäglet angetroffen/ so auff dem Meer zugrund gangen/ sie aber hetten mit genommen in die nechste salviert/ daselbst acht Jahr gedienet/ biß endtlich diß jhr Schiff Wasser zusuchen dahin kommen/ dessen sie sich bedienet/ vnd mit selbigem gleichsahls an diß vnbekandte Orth angelangt. Aber diß's fragte der Mandarinus was sie für Wahren mit gebracht? deme ward geantwortet/ daß sie nichts als zwo Ballen Bücher/ vnd Geistliche Paramenta hetten/ welche der Mandarinus zusehen selbst in das Schiff kommen/ vnnd weilen er in selbigem weder Wehr/ Waffen/ noch Reichthumben gefunden/ hat er

sein

deß Franciscaner-Ordens.

sein gehabte böse Meinung lassen fallen/ vnd bessers von selbigen gedacht/ beynebens verbotten ohne vorwissen sich nit auß dem Schiff zubegeben. Nach disem ist ein anderer Mandarinus grössers Gewalts ebenmässig in das Schiff kommen/ selbige durchsucht/ vnd weilen er nichts verdächtliches angetroffen noch gesehen/ hat er dessen sein Oberkeit berichtet/ welcher mit Fürweiß seiner Tafel Erlaubnuß geben die Statt zubetretten/ Krafft dessen seynd dise PP. mit ihrem Dollmetschen/ so in die Statt gangen/ fründlich empfangen vnd alles guts anerbotten worden/ bate sie benebens jhr intent vnd Meinung ehe vnd zuvor nit zu offenbahren/ vnnzt sie der Sprach vmb etwas erfahren/ die Sicherheit erlangt hetten. Vnderdessen richteten sie in dem Hauß deß obgemelten Dollmetschen ein Altar auff/ vnd lasse einer auß den Priestern auff den Tag deß H. Ioannis Baptistæ die H. Meß/ deren sie neben Empfahung H. Communion mit grosser Frewden vnnd innerlichem Trost beygewohnt/ wegen daß sie ____ niemahl so heyliges Opffer haben können verrichten. Eben ____ seynd dise gute PP. von einem anderen Magistrat ____ Standes befragt worden/ welche sich nach Berührung ____ hoch verwundert vnd mit Anerbietung aller Gnad ____ lassen haben.

Als diser Richter hernach von dem Dollmetschen verstanden wie das dise Religiosen den Krancken beyst____ vnd die Todten zubegraben dahin kommen/ hat er mit grosser ____ auff den Tisch geschlagen/ vnd die vmbstehenden als____ Dises seynd gewißlich fürtreffliche Lob- vnd Ehrwürdige Mä____ nichts wolte abschlagen/ sonder alles jhr Begeh____ ____ aber/ daß wir höherem Gewalt vnderw____ ____ Consens vnd Erlaubnuß nichts für____ ____ wegen sich obgemelter Richter sie dem Vice-König ____ thut zu recommendiren anerbotten/ wie er auch ____ seynd also dise Religiosen innerhalb 4. Tagen zu ____ angelangt/ vnd als der Vice-König dessen berichtet/ hat er einem Atamo (dessen Gewalt vnd Ambt die frembden zubesuchen) befohlen jhr Anbringen zuerfahren; vnderdessen haben die PP. zween vnd zween angefangen das Allmusen zusamblen/ dessen sich die Sineser hoch verwundert/ wegen das ey jhnen keine Armen/ auch dergleichen niemahlen gesehen worden/ reichten jhnen derowegen mit gutem/ geneygtem Willen das H. Allmusen dar/ nach deme aber der vorgesetzte dises in Erfahrung gebracht hat

hat er selbigen auß deß Königs Schatz täglich gnugsame Leben-Mittel verhafft/ es schickten auch jhnen die Portugesen von Macao das Allmusen/ entzwischen zeigte der Dollmetsch disen PP. an was massen der Aitanus befohlen/ sich widerumb zu den jhren zubegeben; in Anhörung dessen begehrten die PP. sie solten sich so lang gedulden/ biß jhnen ein Gelegenheit zuhanden kämme in die Philippinische Insulen zu schiffen/ wolten underdessen 3. oder 4. Monat umb Behausung gebetten haben/ hoffende mit jhrem guten Leben und Wandel besser bekandt zu werden/ damit jhnen in selbem Orth beständig zu wohnen vergonnt möchte werden/ haben dahero den Dollmetschen gebetten solches dem Richter fürzutragen/ von welchem sie beruffen vnnd befragt worden/ was Ursachen sie sich weiters wolten auffhalten? deme sie geantwortet/ Vatterländische Sprach zulehrnen/ damit sie hernach den Glauben JESU Christi könden predigen vnd sie vnderweisen/ diß jhr Anbringen hat der Dollmetsch verschwigen/ vnd allein gesagt jhr Meynung wäre die Sprach zulehrnen/ denen der Richter geantwortet/ wie er solches nit [...] darauff der Dollmetsch ohne der PP. Geheiß gesagt/ sie begehrten länger nit in disem Reich zuverbleiben als biß die Lusitanier/ deren man gewärtig wäre/ ankammen/ mit selbigen wolten sie als dann hinweck fahren/ der Richter begehrte zuwissen ob die Spannier vnd Lusitanier einerley Nation oder Volck wären? dem P. Alfarius geantwortet/ wie daß sie eines Glaubens/ aber vnderschidlichen Königen vnderworffen wären; dise Red gefalte dem Richter nit übel/ sagte er wolte sein Meynung dem Vice-König vberschreiben/ so er auch gethan/ welcher begehrt er solte jhme dise Religiosen mit allem jhrem zugehörigen zuschicken/ als diser Befelch den PP. angezeigt/ seynd sie sambt einem Mandafino zu Schiff gangen/ der sie mit aller Noturfft versehen/ innerhalb 4. Tagen bey 30. Meil durch einen widerigen Fluß dahin gebracht/ vnderwegen haben sie mit Büffel gesehen zu Acker fahren/ so mit einem eysenen Ring durch die Nasen geleytet werden.

Deß anderen Tags jhrer Ankunfft seynd sie für den Vice-König geführt/ vnd gantz fründlich von selbigem empfangen worden/ der sich auch ab jhrer Gegenwarth sehr belustiget/ insonderheit/ aber gefiele jhme ein schwartzer Iaspis, den sie in Verrichtung deß Gotts-Diensts brauchten welcher gleich einem hellen Spiegel geleüchtet/ deme sie auch etliche Bilder von besonderen gefärbten Federn anerbotten/ welche in Mexico gemachet

gemachet worden/ vor allem aber gefühlen ihme die vnderschidliche Bücher/ die sie auß Europa mit sich gebracht hetten.

In deme aber der König von dem Dollmetschen erfahren wie daß dise PP. länger nit als 3. oder 4. Monat in China zuverbleiben Vorhabens/ vnd allein die Ankunfft der Lusitaniern erwarteten/ hat er sie zu seinem Statthalter gewisen/ selbigem ihr endtliche Resolution vnd Vorhaben zu offenbahren/ deme eben das jenige/ was dem Vice-König/ zur Antwort worden/ welcher zu disem End den PP. neben der Sicherheit auch zumahl ein s. auß einzugeben/ anerbotten.

Der Dollmetsch aber sagte den PP. was massen ihnen der Statthalter zu ewigen Zeiten in China zu ●●●●●● Gewalt geben/ wegen daß er sie ihres guten Lebens vnd Wan●●●●●●●● sehr nutzlich zuseyn erkenne vnd da sie die Sprach ergriffen ●●●●● leichtlich zum Christlichen Glauben bekehren wurden/ ●● ●●●● ●●●●●●●ünschter Antwort erfrewten sich die PP. höchlich/ ver●●●●●●● ●●●●●●● Wunsch vnd Begehren abgeloffen zuseh●● ●●●●●●● ●●●●●●● dem Statthalter Vrlaub/ kehrten frö●●● ●●●●●●● ●●●●●●● danckten wegen so guten Anfangs den ●●●●●●● ●●●●●●● wegen zeigten sie erwelchen deß Statt●●●●●● ●●●●●●● alle ●●●●●●ufft zureichen gebetten/ vnnd als ●●●●●●● ●●●●●●● angelangt/ ihre Schreiben auffgewisen/ hat ●●●●●●● ●●●●●●● wegen guter expedition vnd erlang●●●●●●● ●●●●●●● Versprechen selbigen seines theyls alle● ●●●● ●●●●●●● ●●● erfolgen zulassen/ zu welchem End ●●●●●●● ●●●●●●● auß/ so halben theyl ruiniert/ eingeben/ ●●●● ●●●●●●● ●●● zu einem mit wissen nit solten in die ●●●●●●● ●●●●●●● ●●●●●● in Ansehung daß solches ihren ●●●●●●● ●●●●●●● wider/ welchen sie Krafft dises Gebotts ●●●●●●● ●●●●●●●en/ noch weniger ihrem Beruff abwarte●●●●●●● ●●●●●●● Dollmetschen Falschheit vnd Vnrew erke●●●●●●● ●●●●●●● niemahl recht berichteten noch ihre Meynung ●●●●●●● den Mandariner angezeigt/ dessen sie sich höchst bekü●●●●●●● ●●● Mittel gedacht/ mit Hilff eines anderen getreweren ●●●●●●● disen so grossen Fähler zuverbesseren/ vnd ihre Gedancken vnd Vorhaben den vorgesetzten zueröffnen/ damit sie zu ihrem intent gelangen möchten/ ●●●●● aber keiner der sich dessen wolte vnderfangen oder annemmen.

Von den Missionen

Als vnderdessen die vorgeschribene Zeit verflossen/ haben sie vnder einanderen Rath geschlagen/ was zuthun oder fürzunemmen wäre/ P. Alfarium vnd einen anderen Patrem hat für gut angesehen sich auff Machaum, so 20. Meil von der Statt Canton gelegen vnd den Lusitanieren zuständig/ zuverfügen/ von dannen nach erlehrneter Sinensischer Sprach widerumb zukehren vnd zu gebührender Zeit das Evangelium Christi zuerkünden/ die Soldaten vermeinten besser zu seyn wider in die Philippinischen Jnseln zusegeln/ befürchtende sie möchten in der Statt Machaum erkandt vn als Verräther gestrafft werden/denen auch die anderen Religiosen beygefallen/ mit Fürwand noch nit Zeit zu seyn das Evaggelium Christi in Reich China zuerkünden/ bey so vnderschidlichen Meinungen haben sie einen anderen Tag/ solches fürzunemmen/ samentlich beschlossen/ vnderdessen vermitelst deß H. eyferigen Gebetts den Willen Gottes erkennen/ vnd selbigem nachzukommen sich beflissen: als sie wider zusammen kommen ist ein jeder auff seiner ersten Meinung geblieben/ ist ein Pater vnder jhnen in der Statt Canton vmb solche Zeit wegen Erwöhlung der Mandarinen mit Gebetten vnd Gastereyen angestellt worden/ so jhnen allen verhinderlich gemacht/ nach solchem ist jedem frey gestanden wohin er sich wolle zuverreysen. P. Alfarius aber hat sich sambt seinem Mitbruder in die Statt Machaum begeben/ vnd daselbst außgestiegen von den Lusitaniern für seine PP. Capucinen auffgenommen/ welches das erste/so in selbigem Reich [...] mit Catholischen [...] bißhero [...] ut supra &c.

)(U)(✱)(S)✱
)(✱)I'A)✱
          (S)✱(E)✱
)H)✱
).)✱

Kurtze

deß Franciscaner-Ordens.

Kurtze Relation oder Bericht.

Von der Mission der Vätter Capuccinern in das Königreich Congo.

Von

P. F. Francisco Romano berühten heyll-
gen Ordens Apostol... Missionario
in Ita...

.... Don Al-
.... önig in
.... arziæ
.... abst
.... eben
.... elieben
.... atholischen
.... doch neben
andern löblichen con... ...solche)
Ministros, welche ohn... ht GOt-
tes und der Seelen H... n liessen/
in sein Reich gnädiglic... e Päbstl.
Heylk. Anno 1640. ei... ciner als
Apostolische Missionari... emelten Kö-
nig allergnädigst erthey... ongregation
de propaganda fide nachfolge... orden/ als P. Anto-
nius de Torella. P. Januarius d... ...cus de Roma, F.
Antonius de Lagagnano und F... ...Olmo beede Lai-
en-Brüder auß der Römischen Pr... ...ie P. Bonaventuram
de Alessano zum Præfect der Mission vorgesetzt: Seynd also mit
der H. Benediction und Krafft der Gehorsame auff Ligurno gereist/

Vor-

Von den Missionen

Vorhabens nach Lisabona in Portugal zufahren. Under dessen ist Zeitung erschallen/ der Hertzog de Briganza hette sich in Portugal für einen König auffgeworffen/ auch darfür angenommen worden. Dessen ungeacht seynd wir gantz unerschrocken in GOttes Nammen zu Schiff gangen/ in Hoffnung wo nit in Portugal wenigst in Angolam zusegeln. Da wir nun unverhofft zu Lisabona glücklich ankommen/ haben wir erstlich Ihr Königl. Manst unser Apostolisches Breve überreicht/ und durch ein Memorial (wie uns gerathen worden) Ihr Päbstl. Heylt. Will und Begehren angebracht/ mit bitt/ neben Ertheylung einer Paß-Porten uns Gelegenheit zuverschaffen/ in Angolam zuführen: Auff diß Begehren seynd sovil und mancherley Einwürff und Hindernussen aller ___ angewendet worden/ das wir/ ohnangesehen die Königin (so ___ Religion sehr wol gewogen) sambt unserem P. Præfect un___ inner zehen Monat so wir uns zu Lisabona in ___ Herren Hieronymi Battaglini auffgehalten/ zu unser___ nit gelangen mögen.

Inzwischen ___ solten die Holländer Angola ___ S. Paulo in Loando ___ geschlagen hab. n/ derohalben ___ Kriegs resolviert/ widerumb auch N ___ Gelegenheit/ zu Fortsetzung unserer ___ Zeit auch in Italia Krieg entstanden ___ stellig gemacht.

H ___ General Capitel gehalten und R ___ zum General Minister erwöhlt worden/ ___ an mit Ihro Päbstlichen Heylt. umb ___ und beschlossen/ bey Ihro Königl. M ___ und Schi___ arth anzuhalten/ so beschehen ___ ___ ist das Geschäfft F. Francisco de ___ der Arragonischen Provintz (welcher wegen ___ Weldt getrewen geleysten Kriegs-Diensten Ihr Mayst. ___ mendirt/ auch bey dem Adel wol angesehen) übergeben worden/ ___ sambt seinen Gesellen P. Michael de Sessa, mit uns ___ PP. von Rom auff Genua von dannen in Hispannien gereist. Als wir nun in dem September gemelten Jahrs zu Vinaros in Hispannien glücklich eingeloffen/ hat unser P. Præfect sambt dem P. Januario vnd F. Francisco seinen Weeg nach Madrit deß Franciscaner-Ordens. 261

Madrit genommen/ bey Ihr Königl. Mayst. jhr Commission abzulegen/ wir drey aber haben uns nach Sibilia begebenn/ daselbsten jhrer zuerwarten.

So bald nun die Catholische Mayst. Ihro Heyl. Willen und der PP. Begehren verstanden/ haben sie nit allein ein sonders Wolgefallen daran gehabt/ sondern alle Bfürderung (als dern von anderen die Fortpflantzung deß Catholischen Glaubens und Heyl der armen Seelen angelegen) gethan/ und befohlen/ alle nothwendige Hilff zu so heyligem Werck erfolgen zulassen/ auch unbegehrt/ tausent fl. die Sacristiam auffzurüsten/ verehren lassen.

Bey so guter expedition und Gelegenheit/ hat unser P. Præfect nothwendig erachtet/ noch mehr Patres mit zunemmen/ deßwegen zu Gewinnung der Zeit/ bey Herren Nuntio Apostolico darumben angehalten/ unnd gebetten/ auß habender Auchoritet jhme noch 6. andere Patres gnädiglich zuvergunnen/ damit sie in der Anzahl der zwölff Aposteln Christi deß Herren möchten außziehen und desto grösseren Frucht schaffen/ welcher dann uns P. Angelum de Valentia P. Ioseph de Antichera, P. Bonaventuram de Sardegna, P. Ioannem de S. Iacobo sam't F. Hieronymo de Puebla auch Brüder zugeordnet/ mit welchen sich P. Præfect in Geselschafft F. Francisci de Pamplona von Madrit nach Sibilia begeben/ alda auff Gelegenheit gesehen/ sein Reyß bäldest fortzusetzen. Aber je grösser die Werck GOttes/ je mehr sie Hinderung finden/ inmassen GOtt zugelassen/ daß ohneracht deß Königs Befelch vilfältige Hindernussen sich erhoben/ also das wir erst nach verflossenen 14. Monaten unser intentum erlangt/ und zu Schiff kommen könden.

Als nun der lang erwünschte Tag herbey geruckt/ das Schiff Segelfertig und wir daselbe zubesteigen/ dem Port zugangen/ hat sich neben den vornembsten Cavallieren ein grosse menge Volcks zu uns gesellet/ welche mit Anerpietung nothwendiger Provision uns auß grosser Andacht biß zu S. Luca unserem Closter begleytet/ daselbsten hat P. Angelus de Valentia in der Kirchen ein Geistliche und sehr eyferige sermon gethan/ nach dern R. P. Guardianus sambt gantzer familia uns processions-Weiß an das Vfer begleytet/ von deme wir knyend die Benediction begehrt/ der hat uns erstlich mit einer kurtzen sermon zu so Heyligem GOtt angenemmen und der Seelen Heyl ersprießlichem Werck zu underfangen Vätterlich ermahnet/ und mit den

Wor-

Luc. 12. Worten Christi deß Herren/ Nolite timere pusillus grex &c. gestärcket und getröst/ die Benediction ertheylet/ brüderlich umbfangen/ und mit dem Kuß deß Fridens sambt allen anwesenden Brüdern entlassen. Ab welchem Werck der Liebe das gegenwärtige Volck wol erbawt/ innerlich bewegt und sehr grosses Mit-Leyden getragen/ dann sie für gewiß hielten/ wir hetten zumahl umb deß Catholischen Glaubens willen/ vil Schmach ja villeicht den Todt zugewarten/ weilen spargiert worden/ ob wäre der König in Congo von den Holländern verkehrt/ den Catholischen Glauben verlassen/ und dero Sect angenommen.

In deme wir nun das Schiff bestigen und jetzt abzufahren/ vermeint/ hat sich ein gar starcker gegen-Wind erzegt/ welcher uns 15. Tag zuruck gehalten/ so uns wegen grosser Begird fort zukommen/ wol sovil Jahr gedunckt. Underdessen haben wir täglich auff dem Lande in einer Kirchen mit betten/ fasten und Casteyung deß Leibs GOTT den Allmächtigen umb guten Wind gebetten/ welchen wir durch seine Güte erworben/ allermassen wir den 4. Februarij Anno 1645. von dem Land gefahren/ unserer Reiß mit singen das Te Deum laudamus und anderen Gebetten in Frölichkeit benedicierend den Anfang geben/ in deme wir aber mit sambt dem Abend auff das hohe Meer kommen/ ist unversehens ein grosser Sturm entstanden/ das wir besorgten in das Meer begraben zu werden.

In diser eussersten Gefahr haben wir mit Hertz und Mund zu GOtt umb Hilff und Beystand geruffen/ welcher uns auch durch die trewe Fürbitt seiner werthen Mutter und ewigen Jungfrawen MARIÆ gnädiglich angesehen/ den Wind gestillet/ und uns mit Sendung eines besseren getröst.

Als nun der Tag angebrochen und wir uns auß der augenscheinlichen Gefahr deß Todts erlediget befunden/ haben wir dem lieben GOtt trewlich gedanckt/ welcher unser Beständhafftigkeit und Gedult probiert/ und hernach auf der gantzen Reyß mit dergleichen Gefahr nit mehr belästiget/ seynd also mit gutem Wind in wenig Tagen in die Insul Canaria angelangt/ allda unser Schiff-Mann etliche nothdürfftige Sachen eingeladen/ underdessen haben wir uns bey dem Gubernator angemeldet/ welcher uns freundlich empfangen/ köstlich tractiert und gebetten/ unser H. Religion in selbiger Insul einzupflantzen/ weilen es aber in unserer Macht Krafft unserer obedientz nit bestanden/ haben wir uns gegen jhme entschuldiget/ mit demütiger Dancksagung licenz genom-

deß Franciscaner-Ordens.

genommen/ und unserem Schiff zugängen. Was auff besagter Herr Gubernator vier Camel/ mit Wein/ Hüner/ Eyer/ Früchten/ Zucker ꝛc. wol beladen/ uns præsentiert/ so wir aber/ umb das wir dessen nit vonnöthen/ (die Frücht außgenommen) mit gebührender Danckbarkeit wiederumb zuruck geschickt/ uns zu Schiff gemacht/ die Ancker gezogen/ die Segel außgespannt/ und seynd in wenig Tagen an die lineam æquinoctialem gelangt. Allda haben wir das Schiff fünff Grad gegen Mitnacht/ und sovil gegen Mittag gehalten/ welche uns den Weeg gegen Congo eröffnet und gute Hoffnung geben/ selbiges Reich zufinden.

Bey Erreichung erst angezogner Linien haben wir ein grosse Menge Fisch ob dem Wasser gesehen/ so wegen jhrer schöne und güte Dofato oder guldene Fisch geheissen werden/ seynd gar leicht mit dem Angel zu bekommen/ massen wir ein guten theyl gefangen. In selbiger Gegend haben wir auch fliegende Fisch angetroffen/ welche nit vil gröisser als die Häring/ und so lang fliegen können/ biß jhre Schwammen die sie für Flügel gebrauchen/ ertrucknet/ alsdann fallen sie in daß Wasser/ in dem sie von den Fischen/ und ob dem selben von den Vöglen mehr als andere verfolgt werden.

Under diser Æquinoctial-Lini seynd gemeinglich neben stillem Wasser/ grosse Hitzen/ oder aber vil Regen/ von dannen offtermahlen die Schiff in einer Monats frist nit passieren können/ so nit allein verdreißlich/ sonder auch gefährlich ist.

So bald wir nun mit grosser Mühe und Arbeit diser Linien entgangen/ hat uns der Süd-Wind angefochten/ unnd das Schiff gegen den Gräntzen Africæ getriben/ welches unser Schiff-Patron mit allem Fleiß sich auff die Seyten Americæ wendende/ abgewichen. Nach deme sich aber diser Wind gelegt und der Nord-Wind angestanden/ seynd wir auß sonderen Gnaden GOttes 23. grad hoch under die lineam æquinoctialem kommen/ daselbsten haben wir den eygentlichen Wind/ so gegen Congo blaset/ angetroffen/ und uns dessen bedienet.

Darauff unser Piloto oder Schiff-Mann sich ersehen/ wievil Meil wir albereit gemacht/ und gefunden/ daß wir bereits über 900. Spannische Meilen von Brasilien wären/ ohngezehlt deren von Sibilia in die Insul Canaria und von dannen nach Brasilia/ welche eben so hoch lauffen/ und ohngefahr noch bey 100. Meil zuschiffen hetten.

In wehrender diser Zeit/ da wir uns auff dem hohen Meer befunfunden/ ware das Wetter vnd Wind durch die Gnad GOttes so geschlacht vnd gut/ daß wir in vnserem Schiff gleichsamb täglich drey oder vier H. Messen celebrieren könden/ darunter die andern communicieret. Das Officium divinum oder Tag-Zeiten sagten wir zu Tag vnd Nacht Chor-weiß/ hilten auch die zwey gewohnliche Meditationes oder Bett-Stunden/ die Litany vnser lieben Frawen wurde alle Abende solenniter gesungen/ also das dises Schiff mehr einem wol regulierten Closter: als Schiff zuvergleichen. Vber das hielten wir zur Fasten Zeit täglich ein kurtze Predig/ welche bey dem Volck sovil gefruchtet/ das sie mit Empfahung der H. Sacramenten/ der Beicht vnd Communion sich fleissig eingestellt/ in der Marter-Wochen haben wir neben gewohnlichen Ceremonien den Passion geprediget/ vnd auff den Abende ein allgemeine disciplin anzestellt: An dem H. Ostertag haben alle ihr schuldige Beicht vnd Communion abgelegt/ daß Schiff mit Fahnen gezieret/ vnnd mit Lösung der Stucken sambt anderen Frewden diß so herrlich Fest celebriert.

In deme wir also 107. Tag von vnserer Abfahrt/ auff dem Meer zugebracht/ hat den 21. Maij die Hochwacht/ so ob dem Segel Baum gestanden/ etliche Spitzen der Bergen wahrgenommen/ angefangen mit lauter Stimm zuschreyen/ Terra, terra Land/ Landt dessen wir uns alle zum höchsten erfrewt/ in Ansehung wir von den Inßlen Canariæ anders nichts als Himmel vnd Wasser gesehen/ welches/ wie beschwärlich/ wissen allein die so es erfahren/ zu deme ist auch tröstlich das Land zusehen/ weilen es der Menschlichen Natur angenemmer/ vnd Sicherheit halber/ werther ist.

Deß ander Tags seynd wir mit Tramontana so nahend an das Land gestrichen/ das wir neben den Berg/ Bühel vnd Thäleren auch die ebene/ vnd auff selbiger schöne fruchtbare Bäum ersehen/ entlich an der Auffart Christi deß HErren/ so der 25. Maij ware/ das erwünschte Port erlangt/ vnd haben nechst an dem Fluß Zaire die Ancker geheffet/ GOTT vmb so grosse Wolthat zuloben/ das Te Deum laudamus gesungen. Groß ware damahlen/ ja vnaußsprechlich vnser Frewd/ das wir auß Gnaden deß höchsten GOtts aller Gefahr entgangen/ frisch vnd gesund das End vnserer langen vnd gefährlichen Schiffart erreicht. Gleich darauff hat vnser Capitän das Barcl oder kleiner Schifflin in das Wasser gesetzt/ vnd mit etlichen guten wol bewaffneten Schiff-Gesellen auff das Land gestigen/ die Beschaffenheit dessen

zuer-

deß Franciscaner-Ordens

zuerkündigen; nach deme sie nun zu Abendt widerumb zuruck in das Schiff kommen/ haben sie erzehlt/ sie hetten nach länger durch Sneissung der Wäld/ entlichen ein kleine von Stro gemachte Kirchen/ vnd in selbiger einen Altar: Voraussen aber ein grosses Creutz/ angetroffen dessen wir vns hoch erfrewet vnnd darauß abgenommen/ das dises Reich von dem Catholischen Glauben noch nit abgefallen/ wie vnns vorangedeuter massen in Europa gesagt worden.

Zugleich vnd aber wie GOTT der Allmächtig die Frewd diser Welt je weilen mit Traurigkeit vermengt/ hat seiner Götlichen Majestät gefallen/ auch dise vnsere Frewd mit grosser Traurigkeit zu temperiern; dann als wir deß andern Tags mit Auffgehung der Sonnen an das Land zusteigen Willens gewest/ haben wir vngefahr ein Hollendisches grosses Schiff mit vollem Segel auff vns zuzueylen ersehen/ welchem vnser Capitän in grösser Eyl die Stuck sambt aller nothwendiger Gegenwehr in Bereitschafft entgegen gestellt/ vnd ob wir gleichwol alle wegen länger vnd mühesceliger navigation schwach/ außgemerglet vnd matt/ hat doch ein jeder disem Feind deß Catholischen Glaubens/ sovil möglich zubegegnen nothwendige Wehr ergriffen; vnderdessen nahere sich das Holländische Schiff/ das wir einander ersehen möchten/ deßwegen sie vnns folgender Weiß zugesprochen. Che gente, was Volcks? denen vnser Capitän geantwortet: Gente del Mare. Volck deß Meers. Auff so kurtze verdunckelte Antwort/ wendeten die Hollender die Segel vnd begaben sich auff das hohe Meer zusehen ob vileicht ander Schiff zu vnser Hilff obhanden das wir das Schiff nit mehr sehen möchten/ darob wir vns hoch erfrewet/ in Meynung/ sie getrawten jhnen nit vns anzugreiffen/ hetten derowegen die Flucht genommen; bald hernach aber kehrte mehrermeltes Schiff widerumb: vnd seglete wol so schnell als ein Pfeyl auff das vnserige; wir alle ergriffen die Wehr vnnd stellete sich ein jeder an sein verordnet Orth dem Feind ein Schlacht zulifferen/ vnderdessen haben wir nit ermanglet die Güte GOttes vmb Hilff vnd Beystand wider vnsere Feind zu bitten/ der vns auch gnädiglich erhört vnd behütet hat. Als wir nun beederseyts auff ein Canon-Schuß zusamen kommen/ haben die Holländer die Ancker geheft/ das Batel oder kleinere Schifflein außgesetzt/ in welchem der Capitan sambt einem Factor auß Sogno zu vns gefahren vnd in Portugesischer Sprach gefragt/ was Volcks wir wären? von wannen wir kommen? was wir in disem Port zu negociern?

Ll 2   vnd

Von den Missionen

vnd ob wir von der Holländischen Compagnia Salvum conductum oder Paß-Porten hetten? deme vnser Capitän/ sich stellende/ als ob er ein anderer Officier deß Schiffs wäre/ geantwortet: Vnser Capitan wäre nit mehr in dem Schiff/ sonder auff das Land gestigen/ köndte jhme derowegen die Paß-Porten nit weisen/ so er aber begehrte zusehen/ solte er gleichwol in die Statt gehen/ der jhme gute satisfaction geben werde: belangend das übrige/ wären wir auß Europa, wegen eines gewissen vnd wichtigen Geschäffts/ den Graffen von Sogno betreffend/ allhero kommen ꝛc. Mit angehörter Andtworde/ ware der Holländer mit bestens zufriden/ wendete sein Schiff mit trutzigen Troh-Worten/ vnd als er wider zu den seinigen kommen/ liesse er alsbald ein rothe Flacken auffstrecken/ das Schiff nach Gewohnheit mit rothem Tuch Pavisata genannt/ umbhängen/ so ein Zeichen der Feindtschafft vnd angetragner Schlacht/ ist/ dargegen wir auch alles in gute Ordnung gesetzt/ vnd den Angriff erwartet: In deme sich aber der Holländer still gehalten/ haben wir den Capitan gebetten/ vns Capucciner bey dunckler Nacht auff das Land zusetzen/ hoffende/ diser Gefahr zu entgehn/ weilen aber diser Herr vnserer H. Religion mit grosser affection beygethan/ sprach er mit Vergiessung der Zäher: O liebe Vätter/ wie köndte ichs verantworten/ so ich euch solte entlassen/ vnd auff ein/ wegen deß Barbarischen vnnd wilden Völcks so vnsicher vnd gefährliches Landt setzen/ gewißlich ist mir an ewerem Wohlstand vnd leben mehr als an dem meinigen gelegen.

Eben diser Herr Capitan Ioan Bernardus Falconi von Genua sambt Herren Balthasar Lopes auß Portugal so ein erfahrner Pilota, haben sich in Sibilia anerbotten/ mehr auß Liebe vnd Andacht gegen dem H. Vatter Francisco vnd seiner H. Religion als eygnem Nutzen/ vns mit gressem ihrem Kosten/ in Congo zuführen/ wolten dahero nit zulassen/ uns wir der Gefahr der Holländer zuentgehen/ mit Verlassung deß Schiffs vns auff dem Land in ein grössere begeben solten/ selbige gantze Nacht stunden wir alle in der Wehr/ als aber der Tag angebrochen/ haben wir wahrgenommen/ daß der Holländische Capitän sambt dem Factor wolten auff das Land steigen/ den Grafen zu Sogno in dessen Jurisdiction wir vns befunden von vnserer Ankunfft zuberichten: Deme vorzu kommen/ hat vnser Herr Capitan sich mit etlichen wol armierten Soldaten/ sambt P. Januario vnd P. Bonaventura so etwas verkleydt/ in das Batel begeben/ vnnd weilen die Holländer wegen deß starcken Einfluß Zaire nit vermöchten das Land zuerzichen/ sonder

mehr

deß Franciscaner-Ordens.

mehr Volck abzuholen genöttiget wurden/ ist unserem Herzen Capitan Zeit und Weil worden/ selbigem vorzukommen und das Land zubeziehen.

Nach deme er nun solches erreicht/ hat er sich mit seinen Gefährten auff ein Höhe begeben/ von dannen er ein schöne Weitte/ und auff selbiger/ neben einer Kirchen/ etliche Häuser angetroffen/ in der Kirchen ob dem Altar in einem Gemähl unser lieben Frawen unbefleckte Empfänckuuß und deß H. Antonij de Padua Bildnuß ersehen ob welchem sie besondern Trost empfangen; und als sie mit Verrichtung jhres Gebetts GOtt gedanckt. Ist also bald ein grosse Mänge selbiger Völcker hinzugeloffen/ knyend mit grosser Demuth und Andacht den Segen begehrt/ und hernach mit Reichung der Hand die PP. freündtlich gegrüßt/ jhnen als Priester GOttes/ alle gebührende Ehr und respect erzeigt/ mit Anerbietung/ jhnen den Weeg zu dem Grafen jhrem Herzen zuweisen/ welcher ein Meil weegs von dem Meehr in einer Statt Pinda genannt/ sich befunden. Da sie nun allda mit grosser Mühe wegen deß tieffen Sandes allgelangt/ ist ein solche Mänge deß Volcks/ so von den PP. die Benediction begehrt/ zugeloffen/ daß sie schwärlich den Pallast erreichen möchten. Als aber der Graff dessen bericht/ hat er sie ohne Verzug lassen vorkommen/ mit grossen Frewden und Andacht umbfangen/ und begrüßt/ dardurch sie Gelegenheit erlangt/ deß Holländers procedur anzubringen/ ab welchem der Graff ein groß Mißgefallen erzeigt/ und befohlen/ den Holländer auff sein Anlangen also bald in Verhafft zunemmen/ underdessen hat der Graff seinen Vetter D. Michael de Castro mit vilem Volck wol versehen unser Schiff zubeschützen/ abgesandt/ und einen andern Herzen gleichfahls mit Völckern das Holländische Schiff zubesteigen/ verordnet. Darauff unser Herz Capitán neben underthäniger Dancksagung sein Abschid genommen/ und mit Hinderlassung der PP. widerumb zu uns in das Schiff kommen/ den Verlauff: und mit was grossen Ehren unnd Frewden sie empfangen worden/ erzehlet/ darab wir uns hertzlichen erfrewet/ und dem lieben GOtt der uns auß so grosser Gefahr/ Angst unnd Noth errettet/ Lob/ Ehr und Danck gesagt.

Deß andern Tags/ seynd vil der vornembsten/ mit kleinen von außgehölten Bäumen gemachten Schifflein/ Canoue genannt/ zu uns in das Schiff kommen/ Meß zuhören/ zu Mittags Zeit aber/ hat der Graf uns Capuciner auch in einem Canoue abholen und in die Statt Banza di Sogno führen lassen/ allwo uns das Volck mit grösten Ehren

Von den Missionen

ren und Frewden empfangen/ tuyend die Benediction begehrt/ vnd mit Darbietung der Hånd auff nachfolgende Weiß begrüßt. Ngangaza zambian pungu, das ist. Seyt gegrüßt Priester GOttes. Vnnd weilen ein jeder auß uns ein Crucifix an dem Hals/ hat diß Volck solche zuküssen begehrt. Als aber unser Ankunfft auch dem Grafen zu Ohren kommen/ ist er sambt seinem ganzen Hoff uns entgegen gangen/ einen nach dem anderen mit grosser affection umbfangen/ freündtlich gegrüßt vnd zu jhme zusitzen/ befohlen/ deme vnser P. Præfect mit Darbietung deß Päbstl. Breve vnser intention vnd Maynung kürzlich angezeigt. Auff dises nahme der Graff das Breve küssete solches mit grosser Reverenz/ legt es auff sein Haupt/ vnd begehrt/ man solte jhme solches ablesen/ vnd dessen Innhalt in sein Sprach übersetzen.

Nach vollendter diser Action wolte der Graff auch den Holländer mit vnserem Capitån vergleichen/ liesse also denselben zu disem End auß der Gefancknuß für jhne führen/ vnd jhme anzeigen er solte sein Klag in vnserer Gegenwarth vortragen/welcher erstlich vorgewent: Das niemandt ohne der HH. Holländer Vorwissen vnd passaporta in dise Orth solte schiffen. Hernach auch dem Graffen angedeütet/ daß er Krafft geschlossenen Fridens keine Geistliche/ besonder Capucciner/ welche seiner Ober-Herren abgesagte Feind wären/ in sein Land solte einlassen. Deme der Graff antwortlich bedeütet: Er hette in Einnemung der PP. Capuccinern den Friden nit gebrochen/ welcher vermöge/ daß er denjenigen welche wider die Holländer offentlich Krieg führten/ kein Vnderschlauff/ solte geben/ darunder dann die Geistlichen vnd Diener deß H. Evangelij als die anders nichts suchten/ als das Heyl der Seelen vnd zu disem End von jhro Heyligkeit auff sein bitliches Begehren/ seinen Vnderthanen das H. Evangelium zuverkünden/ vnnd selbe in dem wahren Catholischen Apostolischen Glauben zuerhalten/ abgesandt/ gar nit verstanden werden. Dahero solches dem Friden/ nach traffick oder Handlung keines wegs zuwider in bedencken/ er sambt seinen Vnderthanen der Catholischen Religion beygethan/ vnnd als dero gehorsame Kinder: vestiglichen darbey zuverbleiben/ jhnen vorgenommen hetten/ köndte derohalben ohne dergleichen Geistliche nit wol bestehen/ vil weniger seine Vnderthanen ohne dero Mithülff erhalten. Der Holländer wolte sich noch nit befridigen lassen/ betrohete den Grafen/ dafern er vns Capucciner in seinem Land gedulde: nichts anders als einen blutigen Krieg vnd ewige Feindschafft/ mit dem Herren Directo-

deß Franciscaner-Ordens.

rektoren zu Loanda zu verursachen. Deme der Graff geandtwortet/ er wäre entschlossen/ all sein Land vnd Leuth/ ja sein eygen Leben/ zur defension vnd Beschützung diser Vätter darzusetzen/ darauff Befelch ertheylt/ uns ein Wohnung in Pinda zuverschaffen/ auff das wir nahe bey dm Fluß Zaire vnd füglicher unsere Sachen möchten außladen. Als der Holländer mit grösstem seinem Mißfallen vermerckt/ das er nichts schaffen köndte/ bate er den Grafen/ jhne der Gefäncknuß zuentlassen/ dann er in dem Schiff vil zuthun/ wolte geloben/ weder den PP. Capuccinern nach dem Capitan einigen Vngeschmack zuerweisen/ darüber er ledig gelassen worden.

Diser aber hatte seinen Neyd länger nit können verbergen/ trohete alsbald widerumb/ vnser Schiff in Grund zurichten/ darab der Graff gantz erzürnt/ vnd befohlen/ man solle zun Wehr vnd Waffen greiffen/ darauff alsbald vil Volck zusammen geloffen/ mit welchem der Graff in Persohn dem Holländer nachgesetzt/ und als sie jhne erreicht/ hette er dem Holländer den Kopff abschlagen lassen/ so er sich nit gedemütiget vnd satisfaction zugeben versprochen/ hat jhne doch nachmahlen in den Kercker werffen lassen/ vnd so lang darin behalten/ biß vnser Schiff entladen vnd der Capitan befridiget worden/ welches sich 15. Tag verzogen.

Als vnderdessen der Capitan seinen Geschäfften obgelegen/ haben wir gleichfahls angefangen in dem Weingarten deß Herren zu arbeiten/ seynd derohalben in Vigilia Pentecostes, von Pinda in die Statt da der Graf wonhafft/ gangen/ daselbsten hat vnser P. Præsect in Gegenwart deß Grafen vnd vnzahlbaren Volcks in einer grossen Kirchen von Stroh gemacht/ nach Christlicher Ceremonia den Tauff gesegnet/ vnd gleich darauff sambt uns allen biß 2. Stund nach Mittag die Kinder angefangen zutauffen/ deren ein so grosser Zulauff/ das nit zubeschreiben/ vmb das innerhalb 4. Jahren kein Priester selbiger Landen gesehen worden (welche auch ohne Bezahlung einer Hennen/ oder Julij nit zutauffen pflegten) inzwischen ist unser Ankunfft im gantzen Land ruhbar worden/ und als sie gesehen/ das wir ohne Belohnung vnnd Außschlagung deß anerbottenen Geldes/ mit so schöner Catholischer Ceremonia daß sie zuvor nie gesehen/ taufften/ haben sie neben grösster Aufferbawligkeit ein besondere affection vnd Liebe vns erzeigt/ vnd in so grosser Anzahl ihre Kinder zugetragen/ das wir Tag vnnd Nacht zu tauffen gehabt.

Dise

Dise so grosse Geistl che Frewd/ hat vnsern R. P. Præfect vnd andere PP. bewegt/ Jhro Heyl. vnd die Congregation de propaganda fide neben Anrührung wiewol vnd werth wir von dem Grafen vnd allem Volck empfangen worden/ zuberichten/ vnd von dero ein grössere Anzahl Capucciner zubegehren/ welche sambt jhnen reiche Ernd in die Evangelische Scheuren thetten einsamblen/ ist also insgesambt beschlossen worden/ zu disem End den P. Michael de Sessa vnd F. Franciscum de Pamplona mit vnserem Herren Capitan nach Europa zuschicken.

Vnderdessen seynd wir täglich von Pinda in deß Graffen Statt so ein Meil wegs davon gelegen: Vnd nach administrierung der H. Sacramenten ohne einige refection durch den sandigen Weeg in grösser Hitz/ wider nach vnserer Wohnung gangen/ daselbsten seynd alle zumahlen in ein schweres hitziges Fieber gefallen/ welches innerhalb 5. Tag den P. Iosephum de Antichera hingenommen. Deme ein jeder vns/ theyls wegen Gefahr der Kranckheit/ theyls auch/ auch wegen deß schlechten Losaments vnd nothwendigen Mitlen bald nachzufolgen sich Christlich bereitet. Armbseelig war vnser Wohnung vnd so eng/ daß wir kaum in selbiger Platz hetten vnser Gebett zuverrichten/ der Boden mit wenig Stro belegt/ war vnser Ligerstatt/ dessen alles ohnangesehen/ hat vns der liebe GOTT mit geist: vnnd zeitlichem Trost erquicket/ das wir mit dem Königl. Propheten David recht vnd wol sagen könden: Der Herr ist nahe bey denen die eines betrübten Hertzens seynd vnd hilfft denen die demütig seynd von Hertzen. Seythemahlen er vns in vnserer grössten Noth mit zeitlicher Nahrung dergestalt vorgesehen/ daß wir daran kein einigen Mangel gehabt: Neben deme liesse uns der Graff täglich/ durch einen seiner Hoff-Herren visitieren ja er selbsten vnderliesse nit. uns jewetten Persöhnlich zubesuchen/ vnnd neben Anerbietung seines geneigten Willens zu trösten vnd hertzlich zu condolieren/ welche affection in uns allen die höchste Frewd erwecket/ in Bedenckung das ein so hoher und vortrefflicher Herr vnserer H. Religion so hertzlich beygethan/ und mit Worten/ Wercken und affect seinen geneigten Willen erzeigte.

Nach deme der gütige GOtt/ ab vnserer Gedult ein Genügen/ vnd jhme gefallen/ nach der Vätterlichen Heimbsuchung uns mit der erwünschten Gesundheit zuerfrewen/ hat vnser P. Præfect/ auff Mittel vnd Gelegenheit gedacht/ das Zeil vnd End vnserer Mission zuerlangen/ welches dahin angesehen/ dem König in Congo das Apostolische

Breve

deß Franciscaner-Ordens.

Breve zu præsentieren/ vnd vermittelst der Mission in dessen Reich die H. Catholische Religion einzupflantzen/ begehrte in disem Vorhaben dem Graffen gebürende licenz mit bitt jhnen nothwendige gefährten zuvergunnen/ ab welchem Begehren der Graff ein besonder Mißfallen erzeigt/ auch Weiß vnnd Weeg gesucht vnsern P. Præfect von seiner Vorhabenden Reyß abwendig zu machen/ mit Vorwand/ der König wäre ein grausamer Tyrann vnd abgesagter Feind der Catholischen Religion/ hetten auch anders nichts zuerwarten/ als neben erschröcklicher Marter den gewissen Todt/ der jhme dann schmertzlich vnd seinem gantzen Land sehr schädlich fallen würde dises alles vnd noch mehr sagte der Graff/ wegen der Feindschafft/ die sie zwischen einander trügen/ massen dann kurtz zuvor der Graff wider den König ein Schlacht erhalten/ vnd dessen erstgebohrnen Sohn/ neben reichen Beuthen erobert/ vnd gefangen. P. Præfect aber liesse sich ab deß Graffen Beredung gar nit schrecken/ sonder sprache: Eben das jenige were jhnen in Europa gesagt worden/ vnd hetten eben der Ursachen/ so weite vnd gefährliche Reyß angetretten/ weilen sie den Todt gar nit förchten/ sonder denselben wegen der Seelen Heyl für einen Gewinn hielten/ bate also den Graffen noch einständiger vmb Erlassung/ welcher theyls auß Liebe/ theyls auch weilen jhme vnser Arbeit schmertzlich vorfiele/ die nothwendige Vorsorg so lang er köndte/ auffgeschoben/ dessen vnser P. Præfect nit zufriden/ zeigte selbigem mit Evangelischer Freyhett an/ wo er nit wolte in Päbstliche Excommunication fallen/ solte er jhr Reyß nit weiter hinderstellig machen/ warauff er als ein gehorsamer Sohn der Römischen Catholischen Kirchen neben sicherem geleyde vns 12. Mann zugeben/ seynd also nach demütiger Dancksagung P. Præfect, ich/ P. Bonaventura de Sardegna vnd Bruder Hieronymus von Puebla an vnser lieben Frawen Himmelfahrts Tag von dem Graffen entlassen/ vnd als wir auch von vnsern lieben Vättern das valete genommen/ mit beederseyts nassen Augen/ abgeschiden.

In Antrettung diser Reyß haben wir sehr vil vnd grosse Beschwernussen befunden/ theyls wegen der Bergen vnd Thäleren/ theyls auch wegen vnderschidlichen Flüssen/ so wir passiern müssen/ sonderlich aber/ hat vns neben der grossen Hitz/ der rauche Weeg sehr matt vnd schwach gemacht/ welcher in etlichen Orthen so eng vnd mit Röhren angefüllet/ daß wir schwerlich durchschlagen köndten; neben deme seynd wir 6. Tag durch ein Wüste gereyßt/ da wir weder Menschen noch Herberg angetroffen: Zu Nacht vnder den Bäumen vnser Wohnung oder Ruhe genommen; als wir aber endtlich zu leüthen kommen/ haben wir mit Auffrichtung eines Altars daß Opffer der H. Meß gehalten/ welchem selbe Völcker mit höchster Reverentz vnd Andacht beygewohnt so vns vnzahlbar vil Kinder zulauffen/ hergetragen.

In deme wir nun 3. Tag-Reyß weit an die Statt S. Salvator zukommen/ vnd der König solches erfahren/ hat er einen der vornembsten seines Hoffs/ mit einem Schreiben an vnsern P. Præfect in Portugesischer Sprach entgegen gesandt/ darinnen er vermelt/ was maßen er mit sondern Freuden vor lengst vnser Ankunfft in sein Reich vernommen/ vnd vmb sovil mehr/ weilen sie von jhro Heyligkeit so liebe Schreiben mit brechten/ deren er sich vnwürdig schätze/ mit erpieten so liebe Vätter in eygner Persohn sambt seiner gantzen Hoffstatt zuempfangen/ deme vnser P. Præfect nechst hoher Danckfagung geantwortet: Es gebühre sich nit/ das jhro Majestät so armen Religiosen/ welche nach jhres Seraphischen Vatters Exempel vnd Lehr die Minderen diser Welt wären/ dergleichen Ehr beweisse/ sonder bäte jhro gefallen zulassen/ das sie nächtlicher Weil ohne einige Ehr möchten in die Statt gehn/ welches der König mit grösster Aufferbawligkeit bewilliget. Nach empfangenem Königl. Befelch haben wir vns der Statt/ welche auff einem hohen Berg von ferne gesehen wird/ zugenähet; in Besteigung dises Bergs haben wir vil Häuser vnd Palläst vornemmer Herren angetroffen. Als wir jetz an die Porten kommen vnd die Nacht angefangen/ seynd wir in grosser Stille der Kirchen S. Salvator so von den Portugesen erbawet worden/ zugangen/ von derselben auff vnsere Knye nidergefallen/ GOTT vmb so glückliche Ankunfft gedanckt/ das er vns noch so langer vnd gefährlicher Reyß das Zeil vnd End vnserer Mission machen erreichen. Nach verrichter vnserer Andacht/ hat vns vorgedachter Gleits-Mann in deß Königs Capellans Bewohnung geführt/ vnd daselbsten wol losiert. Underdessen ist dem König vnser Ankunff angezeigt worden/ welcher auß grosser Lieb vnd Begird vns zusehen/ deß andern Tags nit köndte erwarten/ sonder ist noch mit guter Huot in deß Capellans Hauß kommen/ in dem Eingang/ alß bald auff die Knye nidergefallen/ den P. Præfect vmbfangen/ mit Küssung der Händen vnd Habits ohne Sprechung einiges Worts/ ein geraume Zeit starck gehalten/ vnnd mit beederseyts Vergiessung der Zäher/ davon auch die anwesende innerlich bewegt worden/ hertzlich salutiert.

deß Franciscaner-Ordens.

luciert. Gleich hernach hat er vns andere mit ebenmässiger affection vnd Liebe vmbfangen/ geküßt vnd begrüßt.

Nach Vollendung diser schönen aufferbaulichen vnnd demütigen action vnd Ceremonia, mit beederseyts höchstem contento, hat sich der König nidergesetzt/ vnd gewölt/ das wir gleichsahls alle nechst zu jhme sitzen solten. Darauff fienge er an GOtt zudancken/ das er so liebe Gäst vnd Religiosen in seinem Reich zusehen vnnd zuempfahen würdig worden/ bedanckte sich vermittelst seines Capellans/ so grosser Vorsorg Ihrer Päbstl. Heylt. protestierende/ das jhme nichts liebers angenemmers vnd tröstlichers hette widerfahren noch begegnen könden/ wünschende/ mit dem alten frommen Simeon, in dem Friden entlassen zu werden. Nach abgelegten Königl. Complementen hat auch der P. Præfect vnser vnd zuvoderst Ihr Heylt. Willen vnd Begehren anbracht: Nemblich was massen Urbanus VIII. Römischer Obrister Bischoff vnd der allgemeinen Kirchen-Hirt/ sambt der H. Congregation auß besonderer affection Liebe vnd Vorsorg/ vns anwesende Mindere Brüder deß Seraphischen H. Vatters Francisci die Capuciner genannt zu Ihro Mayst. vnd dero Reich Wohlfahrt abgesandt/ Krafft dessen wir als gehorsame Kinder der H. Römischen Kirchen mit Hindansetzung aller Gefahr so weite vnd gefährliche Rayß vorgenommen/ anders nichts wünschende/ als das vorderist GOtt geehret/ vnd hernach das Heyl seiner Vndergebnen möchte befördert werden. Zu welchem Zeil vnd End wir vns/ sambt vnserer gantzen Seraphischen Religion seiner Majestät demütigst befehlen/ vnd pflicht vnserer vocation zu dienen anerbietten.

In Anhörung dessen erzeigte der König sonder Wolgefallen/ welcher nach zwey stündigem freundtlichem Gespräch/ jeden auß vns mit gebognen Knyen vmbfangen/ beurlaubet vnd entlassen/ warauß abzunemmen/ wie vngütlich diser fromme Catholische König in Europa vnd zu Sogno, verunglimpfet worden/ dessen er niemahlen gedacht/ ja vil mehr selbe in seinem Reich zupflanken gesinnet wäre.

Deß andern Tags so da ware der dritte Sontag Septembris Anno 1645. liesse der König vns zu offentlicher Audientz beruffen/ welche er in seiner Capellen nach angehörter H. Meß auff folgende Weiß gegeben. Der König ware von Golde/ Perlen vnnd Edelgestettnen auff das köstlichest angethan/ auff dem Haupt hatte er ein sehr schöne zierliche Cron/ sasse auff einem erhöchten Tron/ in einem mit rothem Sam-

Mm 2 met

mer vberzognen Seſſel/ der Boden ware mit einem geſtickten Taperbelegt/ vnd alles anders Königlich zugerüſt/ neben dem König ſtunde ſein Capellan/ ſo er als einen Dollmetſchen gebraucht/ vnd nechſt bey jhme die vornembſten ſeines Reichs. Drauſſen befanden ſich neben ſeiner Leibquardi andere Herren vnd Officiales in guter Ordnung/ durch welche wir für den König geführt worden/ der dann alsbald ſein Königliche Cron abgezogen/ den P. Præfect erſtlich mit gebognen Knyen ſalutiert, hernach vns andere drey/ als mich/ P. Bonaventuram vnnd F. Hieronymum mit innerlichem affect der Liebe empfangen und nechſt bey jhme machen ſitzen. Darauff P. Præfect das Breve vnderſchriben von Ihr Päbſtl. Heylk. dem König præſentiert/ welcher ſolches mit gebognen Knyen ſich gegen dem Altar wendende empfangen/ drey mahl gekühßt/ und mit gebührender Reverentz auß groſſer Liebe vnd Andacht auff ſein Haupt gelegt/ hernach daſelbe durch ſeinen Herren Capellan in der Congiſchen Sprach mit lauter Stimm ableſen laſſen/ alsdann auch ſelbſten geleſen/ ſagende: das jhme nichts liebers noch angenemmers wäre/ als dergleichen Gnaden von Ihr Päbſtl. Heylk. zuerhalten/ dero er ſich als ein gehorſamer Sohn zu ewigen Zeiten vnderwerffe.

Bald hernach hat der König vns beſondere Audientz geben/ welchem wir etliche Geiſtliche Sachen præſentiert, die er mit groſſer Andacht angenommen/ wolte auch nit geſtatten/ das jemandt mit vns ſolte reden/ biß er nach genügen befridiget/ alle ſeine Zweyſſel vnd Begehren abgelegt. Nach wenig Zeit hat man vns ein ſchöne groſſe Kirchen in der Statt/ welche der König kurtz darvon/ wegen vnderſchidlich erlangten Sigen/ erbawen/ vnd Sancta MARIA de Victoria nennen laſſen/ auch nechſt daran ein feine Bewohnung/ ſambt einem groſſen Garten/ biß zu Erbawung eines Cloſters/ eingeraumbt/ darinnen wir vermitelſt ſeines Dollmetſchen/ neben Verrichtung der gewohnlichen H. Aembteren/ mit ſo groſſem Zulauff angefangen zupredigen/ das weder die Kirchen noch Vorhoff das Volck faſſen mögen. Die Weiß aber durch ein Dollmetſchen zupredigen beſchicht alſo. Erſtlich wird derſelbe von dem Prediger wol vnderwiſen/ vnd die Vorhabende Predig in vnderſchidliche Puncten abgetheylt/ hernach wird die Meß anfangen/ nach geleſenem Evangelio ſetzet ſich der Prediger in einem Seſſel vnd negſt bey jhme der Dollmetſch/ darauff fangt der Prediger an den erſten Puncten in ſeiner Sprach außzuführen/ welchen der Dollmetſch

ſovil

deß Franciscaner-Ordens.

sovil möglich mit gleichen Worten vñ Verstand/in der Lands-Sprach widerholt vnd setzet sich als dann die andern Puncten auch anzuhören vnd außzulegen widerumb nider. Und ob gleichwol dem Dollmetschen nit wol möglich / mit deß Predigers Eyfer vnd Ernst die Materien vorzutragen/ so erfolgt doch auß sonderer Krafft deß H. Geists gute Frucht/ theyls auß Antrib deß Gewissens/ theyls wegen eyferiger action deß Predigers/ massen ihrer vill mit Abschaffung der unkeuschen Weibern sich zu dem Catholischen Glauben bekehrt.   Neben deme pflegen sie auch vermittelst deß Dollmetschen zubeichten / vnd zwar vill lieber als dem Beicht-Vatter selbst/ vermeinend dem Dollmetschen als einem Lands-Mann dero gebrächtligkeit besser/ als einem in so frnen Landen gebohrnen Beicht-Vatter bekandt zu seyn.

Und weilen die Congische Sprach sehr beschwerlich vnd vnbekandt/ auch nit so bald kan ergriffen werden/ pflegt man in der Portugesischen oder auch Castilianischen Sprach/ deren vil in der Statt S. Salvator, wie auch zu Sogno darvon Wissenschafft haben/ biß die Vatterländische erlehrnet wird/ zu predigen und alles anders mit jhnen zu handlen und zu tractieren.

In deme wir erzehlter massen in dem Weinberg deß HErren unvertrossen gearbeitet/ hat der König uns underschidliche Præsent oder Gaaben von Ochsen/ Küch/ Schaaff/ Geissen/ Säuw/ Hennen/ Huner/ Korn/ sambt 200. fl. selbigen Reichs Geldt/ so in kleinen Schnäglein/ die in einer besonderen Insul gefunden werden/ bestanden/ welche Schnägglein gleich dem Port S. Paul zu Loandra geformbt vnd gestaltet/ deren etliche klein / gleich dem Weitzen Körnlein/ andere grösser. Tausend der kleinern gelten sovil als ein baiocco, ist sovil als ein Kreutzer/ 10000. gelten ein Julio der ist 9. oder 10. Kreutzer/ werden dahero nit gezehlt/ sonder mit einem gewissen mit dem Königlichen Wappen gezeichneten Maß gemessen/ gegen disem Præsent/ hat der P. Præfect mit commendem Hertzen angezeigt/ das wir Capuccinir Krafft vnserer Regel vnd profession nit allein kein Geldt/ sonder auch nichts eygens noch überflüssiges besitzen könden/ als welche mit Suchung deß täglichen Allmusens/ sich zuernehren befleissen/ bedanckte sich beneben umb so grosse Lieb/ und bette Jhro Mayst. capax zumachen/ ab diser so vngewohnten Abschlag/ verwunderte sich diser Herr/ besorgende/ da er dise Gaaben wider solte zuruck bringen/ den König zu offendieren/ deme der P. Præfect zugesprochen/ sagende: Er solte alle Bedencken vnd Forcht hindansetzen/ der Allmächtige GOtt mit dem H. Vatter Francisco wurde sonder Zweifel seinen König begütigen/ und hierinnen erleuchten/ welches auch beschehen/ aller-massen derselbige sambt seinem gantzen Hoff ab diser Auffgaab höchstens erbawt/ die uns hinführo mit Raichung deß täglichen Allmusen so reichlich erhalten/ das wir solches zum öfftern mahl widerumb zuruck geschickt. In zwischen name die affection und Liebe deß Königs gegen uns täglich zu/ als die wir mit predigen/ Beicht-hören/ Underweisung der Christlichen Lehr in der Statt S. Salvator täglich grossen Nutzen schaffen/ nicht weniger Frucht haben die hinder-lassene PP. in der Statt Sogno erhalten/ welche durch Krafft und Beystand GOttes/ erstlich den Grafen/ hernach auch unzahlbar vil andere zu Besserung deß Lebens vermöcht/ durch deren Mittel und Hilff underschidliche Kirchen erbawet: iung und alte getaufft: das unzüchtige Fleischliche Leben verlassen/ unnd mit Abschaffung der unehlichen Weibern/ eine zur Kirchen geführt/ und mit Christlichen Ceremonien zusamen geben wurden. Zu Oesterlicher Zeit haben alle ihr schuldige Beicht und Communion abgelegt/ nach gehaltener sermon in der Fasten haben so wol junge als alte sich scharpff gegeißlet/ unnd vil andere Buß Werck verrichtet.

Underdessen ist Bericht einkommen/ das in dem Port S. Paul zu Loanda vier Genuesische Vätter Capuciner angelangt/ welche zu empfangen/ der König alsbald seinen Capellan sambt P. Bonaventuram nach Loanda abgesandt/ besorgende/ die Holländische Directores wurden selbige ohngeacht deß Vertrags/ wegen jhres angebohrnen Neydts/ wider die Religion nit passieren lassen/ welches auch beschehen/ dann so bald dise PP. auff das Land gestigen/ und von den Holländern ersehen worden/ haben sie solche nach Beraubung jhrer Kirchen-Zierh/ Kelch/ Meß-Gewandt/ Bücher rc. in die Gefängknuß geworffen/ unnd das Schiff/ darinnen sie kommen verarrestiert. Nach 4. Tagen haben die Holländer dise PP. in ein kleines vbel zugerichtes Schifflein gesetzt/ und selbige mit wenig provision oder Lebens Mittel auff Brasilien in die Statt Nfornabuch so 100. Meil von Loanda gelegen/ geschickt/ das selbsten seynd sie mit consens und Bewilligung der Vorgesetzten selbiger Statt von einem Frantzösischen Kauff-Herren Nammens Ludovicus Heyns auffgenommen/ und zwey Monat in seinem Hauß (allda sie täglich Meß gelesen) wol tractiert und gehalten worden biß man sie von dannen als Gefangene in die Insulen Canarias geführt. Underwegs ist we-

deß Franciscaner-Ordens.

ist wegen übel haltens vnd vilfältiger Armbseeligkeit P. Salvator von Genua gestorben/ die übrige drey/ nemblich P. Bonaventura de Toggia. P. Franciscus Maria de Ventimilia, vnnd F. Petrus de Dolceo ein Löwenbruder seynd entlich in den Insulen Canarien angelangt/ vnd daselbsten auff das Land gesetzt worden.

Nach deme dise PP. obgehörter massen zu Loanda abgefertiget worden/ ist Herr Capellan vnd P. Bonaventura auch dahin kommen/ vnd als sie vernommen/ wie übel sie gehalten/ vnnd noch ärger abgeschafft worden/ haben sie sich dessen bey dem Directoren in Nammen deß Königs beklagt/ mit Erinnerung/ das solches wider jhre auffgerichte Capitulationes vnd geschloßnen Friden wäre/ welcher vermög/ daß sie in Glaubens Sachen sich nit einmischen noch den Catholischen den Zugang in sein Reich verhindern solten/ disen Verweiß haben die Directores wenig geachtet/uñ sie mit kurtzen Worten abgewisen/sagend: daß sie dergleichen auch mit andern wolten vernemmen/ welche ohne Paß-Porten oder licenz jhrer Herren Principalen wurden dahin komen.

Zur selben Zeit hat man vns berichtet/ was massen das Schiff in welchem wir in Congo gesegelt/ vnd vnsere zwey PP. mit Königlichen Schreiben an jhro Heyligkeit zuruck gefahren/ von den Holländern/ nechst bey der Insul principe gefangen worden: So sich also zugetragen. Als dises Schiff im zuruck fahren nach Europa nechst an die Insul Principe kommen/ ist solches ohnfehr von dem Land durch einen starcken Wind auff ein Sand geworffen worden/ vnd weilen vnmöglich von bannen zukommen/ haben sie mit losung der Stucken von einem vorbey passierenden Englischen Schiff-Hilff begehrt/ welches auch bald verhanden gewesen vnd als der Engelländische Capitan die Gefahr deß Schiffs ersehen/ hat er jhnen gerathen/ sie solten die Stuck vnd alles was das Schiff beschwärte/ außladen/ damit dasselbe auß dem Sand erhoben/ sein Straß gebrauchen köndte/ offerierte vnd anerbotte jhnen vnder dessen/ solchen Last in sein Schiff zunemmen/ haben also mit rath vnd hilff der Engelländer sambt den Stucken alle jhre beste Wahren auß: vnd in das Engelländische Schiff geladen/ als solches geschehen hat der Engelländische Capitan die Segel auffgezogen/ ist trewloser Weiß darvon gefahren/ vnd hat neben der Beraubung/ das Schiff in der vorigen Gefahr gelassen. Bald hernach ist daselbsten ein Holländisches Schiff fürüber gesegelt/ vnd wahr genommen/ daß dises Schiff auffgefahren/ jhme selbsten nit helffen köndte/ auch vermerckt das lein

Gegen-

Gegenwöhr zubesorgen/ haben sie das Schiff mit feindtlicher Hand überfallen/ geplündert vnd neben dem Schiff alle gefangen genommen. Ehe vnd zuvor aber dises Vnglück erfolgt/ ist auß sonderer Schickung GOttes der P. Michael de Sessa vnd F. Franciscus de Pamplona vnderweegs zu Beförderung ihrer Reys in ein Engelländisches Schiff/ so sie angetroffen/ gestigen/ mit welchem sie auch glücklich in Engelland angelangt/ von dannen in Franckreich zugereyßt/ vnderweegs ist P. Michael de Sessa, seelig in GOtt entschlaffen. F. Franciscus aber hat sein Reyß fortgesetzt vnd ist Anno 1645. den 24. Junij zu Rom angelangt/ daselbsten hat er neben dem Königl. Credential auch andere Schreiben von dem P. Præfect der H. Congregation de propaganda fide vorgelegt/ in welchen der glückseelige Fortgang/ vnd Mangel Geistlicher Arbeiter sambt der bereits geschafften grossen Frucht begriffen/ bittend sie wolten jhnen belieben lassen mehrere Evangelische Arbeiter in so grosse vnnd reiffe End zusenden/ dessen die H. Congregation zufriden/ befahle dem P. General Procurator deß Ordens 12. taugliche vnd zu solchem Werck erfahrne Patres zuerkiesen/ welchem er auch nachkommen/ vnd zu disem End nachfolgende Patres vorgeschlagen vnd erwöhlet:

Patres:
- Dionysius de Piacenza.
- Ioann Maria de Pavia.
- Bonaventura de Corelia.
- Gabriel de Valenza.
- Antonius de Tervel.
- Franciscus de Veas.
- Iosephus de Nsornabuch.
- Franciscus de Celento.
- Hieronymus de Monte Sabino.
- Petrus de Ravenna.
- Seraphinus de Cortona.
- Antonius Maria de Monte Prandone.

Alle dise PP. seynd der H. Congregation vorgestellt/ von selbiger approbiert/ vnnd in Krafft der H. Gehorsambe als Apostolische Missionarij entlassen/ vnd R. P. Dionysius selbigen zu einem Præfect vorgesetzt worden.

Nach empfangenem nothwendigen Gewalt vnd Benediction seynd dise Patres insgesambt auff Cadix gereyßt/ daselbsten Franciscus

deß Franciscaner-Ordens.

us de Celento vnnd P. Petrus de Ravenna erkrancket/ die vbrigen aber haben Anno 1647. im October ihr Reyß vortgesetzt/ vnd seynd nacher Congo abgefahren.

Damit ich nun widerumb zu vnserer Million schreit/ ist zuwüssen/ das als deß Königs Capellan sambt P. Bonaventura zu Loanda sich befunden/ hat der König sich entschlossen/ zu Erledigung seines gefangnen Sohns/ den Graffen von Sogno mit einer Kriegs-Macht zu überfallen/ versamblete zu disem Ende ein grosse Macht. Als aber der Graff dessen berichtet hat er solcher zubegegnen/ sein Kriegs-Heer auch zusamen geführt. Da nun beede Armeen an dem Tag des H. Apostels Jacobi einander auff weiter Heyd angegriffen/ haben entlich deß Grafen/ so zwar an der Zahl geringer aber behertzter/ ihre Feind geschlagen vnd die Victori erhalten. Warüber der König sich resolviert/ in eygner Persohn wider disen Grafen seinen Underthanen außzuziehen/ und mit aller seiner Macht denselben zuverfolgen. Es ist in selbigem Reich der Brauch/ wann der König zu Feldt ziehet/ seynd alle in seinem Reich gesessene (die Weiber und gar junge außgenommen/) schuldig mit zu ziehen/ in dem beer achtete er darbey/ wann er mit so grosser Macht den Grafen wurde überziehen/ möchte er villeicht seinem Sohn das Leben nemmen/ entschlosse sich dahero/ denselben vermitelst der Holländer auß deß Grafen Gewalt zu entledigen/ befahle derohalben seinem zu Loanda wohnenden Capellan/ er solte die Herren Directores der Statt als Mediatores ersuchen/ seinen Sohn auß dem Arrest und Gefangenschafft zu erledigen/ dessen sie sich vnderfangen/ und alsobald ein gutes Schiff mit vilen Soldaten und allerhand nothwendigen Mitteln versehen/ sambt einem Capitan auff Sogno mit dem Grafen vmb Erledigung deß Königs Sohn zu tractieren/ gesandt/ als obgesagter Capitan mit seinem Schiff und Soldaten zu Sogno ankommen/ vnd für den Grafen geführt worden/ hat er selbigen mit volgenden trutzigen Worten angeredt/ ich will und begehre daß ihr Gräffl. Gn. mir den jungen Printzen/ deß Königs von Congo Sohn ohne Verzug überliferen/ selbigen dem König seinem Vatter zuzustellen/ wo das nicht beschiche/ werden die H. Directores der Statt Loanda solchen mit Gewalt auß eweren Handen nemen: Auff so trutziges Anbringen/ lachte der Graf heimblich/ und sprach/ Er wolte ihme bald ein Andtwort erfolgen lassen/ vnderdessen gabe er Befelch/ man solte ihme mit offnem Trommel-Streich alles Volck zur Wehr erwahrnen/ vñ als in kurtzer Zeit ein grosse Anzahl der besten Soldaten ver- samb-

samblet/ hat sich der Graff mit seinem gantzen Hoff auff einen offnen Platz begeben: sich daselbsten auff einen hohen Thron gesetzt/ und den Holländischen Capitan mit den seinigen lassen für sich führen/ darauff sein Kriegs-Heer ein halbe Stund machen mit einander scharmütziren/ und den Holländer also angeredet/ sprechend: Gehe hin/ wo du wilt/ und wüsse das ich einem Kauff-Mann vnd Ketzer niemahl werde deß Königs Sohn vertrawen. Der Holländer getrawte ihme nit zuantworten/ name den Abschid vnd kehrte sambt den seinigen wo her er kommen.

In deme aber der Graff betrachtete das er seinem König länger nit widerstehen möchte auch besorgte/ so er in Persohn wider ihne solte aussziehen/ er den Kürtzern ziehen dörffte/ hat er den König schrifftlich berichtet/ es habe sich nit gebühren wollen/ seinen Sohn einem Kauff-Mann so nit Catholischer Religion zuvertrawen/ mit bitt/ zween Vätter Capucciner dahin zusenden/ denen wolte er den Printzen gern abfolgen lassen/ vnd übergeben. Zu diser Resolution haben die PP. Capucciner zu Sogno den Grafen ermahnet vnd beredt/ allermassen auch die PP. in der Statt S. Salvator dem Grafen das beste geredt/ Verzeyhung vnd Gnad erlangt.

Vnderdessen hat sich begeben/ das als deß Königs Capellan mit P. Bonaventura gewüsser Geschäfften halber in deß Directoris Hauß zu Loanda kommen/ haben sie daselbsten in dem Saal zwey schöne Quader-Stuck/ eins vnser lieben Frawen vnbefleckte Empfänckñuß/ das ander B. Felix Capucciner gesehen/ welche den obgedachten Guenesischen PP. so ihnen ein Gräffin zu Lisabona verehrt/ sambt anderen Sachen abgenommmen worden/ in Betrachtung aber das disen Bildern der Orthen wenig ja gar kein Ehr geschahe hat P. Bonaventura auff Mitel gedacht/ solche zubekommen/ vnd auß deß Holländers Handen zuerledigen. In deme er aber vnlengst disen Directorn in einer offentlichen disputation höchstens erzürnet/ auch bekandt/ daß er vor anderen sehr karg vnd der Ursachen von dem gantz Bösel Sungo Sungo (heißt sovil als ein geitziger) genannt worden/ getrawete er nit/ mit mundlichem Begehren solche von ihme zuerhalten sonder mit vorgehendem Gebett/ solches durch Schreiben zuversuchen/ darauff hat gemelte P. den Directorem mit einem Brieff vmb solche Bilder ersuche vnd gebetten/ welcher solche wider alles verhoffen durch Hilff der glorwürdigen Junckfrawen MARIA wie zuglauben/ erlange/ mit ihme nach S. Salvator genommen/ vnd daselbsten mit grossen Frewden in die P. Capucciner Kirchen gesetzt vnd verordnet. Als

deß Franciscaner-Ordens.

Als der Herr Cap Uan sambt P. Bonaventura nach Verrichtung jhrer Geschäfften zu S. Salvator widerumb angelangt/ vnd dem König den Verlauff jhrer Commission vnd die procedur der Directoren mit den 4. Genuesischen Vätern referiert/ hat er so vngebürlicher Verfahrung vorzubiegen/ sich entschlossen 2. PP. Capucciner in Europa zusenden/ den einen mit dem Printzen von Vranien vmb ein allgemeine Paß-Porten für die PP. zu procurieren/ vnd den anderen Jhr Päbstl. Heyligkeit in seinem Nammen die Obedienz zu præstieren/ vnd sambt andern für die Mission nothwendigen Sachen auch vmb etliche Bischöff zu sollicitieren. Vnd als Jhr Mayst. dise jhre resolution dem P. Præfect eröffnet hat er erstens etwas bedencken gehabt/ zween PP. Missionarios bey so grossem Mangel zu entlassen/ weilen er aber anderseyts betrachtet/ wie nothwendig/ die anfangene Mission fort zusetzen ein Paß-Porten von dem Printzen von Vranien wäre/ hat er P. Angelum vnd mich F. Ioann Franciscum vorgeschlagen/ ehe zuvor aber wir vns auff die Rayß nacher Europa begeben begehrte der König/ daß wir auff Sogno reinseten vnd seinen Sohn zuerlösen vns bearbeiteten/ wegen daß er kein Hoffnung denselben durch andere Mitel zuerledigen. In zwischen man vnsere nothwendige Schreiben vnnd Befelch expedierte/ ist das Convent sambt der Schul die Jugent zuvnderwisen/ so von Gärten vnd Stro zusammen geflochten vnd mit Erden vberstrichen/ zu End gebracht das Tach ist mit Stro bedeckt/ welches Gebäw der König nit allein in Persohn auffgezeichnet/ sonder täglich mit Außmessung der Cellen/ Dormitorien vnd andern gemachen sich bemühet/ dessen sich neben vns auch seine Vnderthanen hoch verwundert/ ædificiert vnd wol erbawet haen.

Nach empfangenem Credential-Schreiben an Jhre Päbstliche Heyligk. Printzen von Vranien und an den Grafen von Sogno, haben wir/ nach mündtlicher Erklärung jhr Mayst. intention vnd Meynung vnser Abschyd genommen/ welche vns beede vmbfangen den Habit geküsset/ vnd befohlen uns biß nach Loanda zu begleyten. Entlich haben wir auch die Benediction von vnserem P. Præfect begehrt/ welcher mit weinenden Augen vns vmbfangende dieselbe ertheylet/ Krafft deren wir die Reyß angetretten vnd seynd den 6. Octobris Anno 1646. laut vnser H. Regel zu Fuß auffgebrochen/ und nach 17. Tagen zu Sogno mit grosser Mühe vnd Arbeit angelangt/ vnnd daselbsten von vnsern PP. freundtlich empfangen worden. Deß andern Tags haben wir bey dem

Grafen

Grafen Audientz gehabt/ unsere Credentiales vorgelegt/ vnnd angefangen vmb Erledigung deß Printzen zu tractieren. Nach deme vnser Anbringen den Hoff-Herren kundbar worden/ haben sie mit Vorwendung viler Ursachen dem Grafen mißrathen/ den Printzen zu end lassen/ sagend: Daß der König diß Mittel Krieg wider sie zu führen/ abgehalten wurde/ vngeacht aber diser vnd anderer Einwürffen/ vermöchten wir sambt den anderen PP. soviel/ daß der Graf den Printzen auff freyen Fuß gestellt/ vnd denselben/ uns/ seinem Herrn Vattern dem König heimbzubringen/ anvertrawt/ welchen wir nach höchster Dancksagung mit grossem Trost vnd Frewden sambt P. Ioanne de S. Iacobo in vnsere Gesellschafft genommen/ selben nach S. Salvator zuführen/ als wir nun ausser aller Gefahr in deß Königs Territorio uns befunden/ haben wir dem König den Printzen so mit seinen vornembsten Herren vns erwartet/ übergeben/ wir aber nach solchem unser Rayß ferner auff Loanda fortgesetzt/ vnd seynd daselbsten den 15. Decemb. angelangt. Was für Noth/ Kummer/ Hunger/ Hitz vnnd andere Vngelegenheiten wir auff diser Reyß erlitten/ ist nit wol zubeschreiben/ unser Speiß waren vngeschmaltzene Kräutter und Wurtzlen/ das Tranck trübes Wasser/ die Ligerstatt der harte Boden/ beneben haben wir an sehr gefährlichen Orthen wegen der Löwen und Tiger zu passieren gehabt/ die wir mit Fewr und grossem Geschrey hinderhalten vnnd vertriben. Mit disem allem ist auch neben grosser Gefahr grosser Nutz erfolgt/ sey:hemahlen aller Orthen da wir durch passiert/ vns in grosser Antzahl die junge Kinder zugetragen worden/ selbe zu tauffen/ haben auch wo möglich gewesen/ Meß gelesen vnd geprediget.

Eins/ solle ich allhie was mir begegnet/ nit verschweigen. Als ich in einer Nacht mit andern under einem Baum geruhet/ vnd deß andern Tags mich frühe auff den Weeg gemacht/ habe ich daselbsten mein Crucifix so ich gewohnt an dem Hals zutragen auß Vergessenheit ligen lassen/ vnnd solches nit vermerckt biß wir ein grosse Meil von demselben Orth waren/ schickte derohalben einen auß unserer Compagnia zuruck solches abzuholen/ als nun diser sich behend auff den Weeg gemacht/ ist mir zu Sinn kommen/ besser zu sein/ solches Crucifix selbsten zu suchen/ habe derohalben disem widerumb zuruck geruffen/ sagende: ich wolte solches selbsten verrichten/ als diß beschehen/ habe ich an demselben Orth über die 30. Kinder angetroffen/ welche zu Empfahung deß H. Tauffs dahin getragen worden/ ist also zweifels ohne dise Vergessenheit auß sonderer

deß Franciscaner-Ordens

derer disposition GOttes/ solchen armen Creaturen zum besten beschehen/ welche hierdurch den H. Tauff erlangt/ die sonsten villeicht ohne denselben gelebt vnd gestorben weren. Als wir hernach unser Reys GOTT lobend/ fortgesetzt/ seynd wir entlich zu Loanda angelangt/ vnd von den Herren Directoren freundtlich empfangen worden/ welche nach Anhörung vnsers Begehrens versprochen/ bey nechster Gelegenheit vns in Holland zubefürderen. Vnderdessen haben wir etlichen Catholischen die sich daselbsten befunden/ ausser der Statt an einem besondern Orth mit grossem Zulauff deß Volcks Meß gelesen/ geprediget/ getaufft vnd die heylige Sacramenta administriret.

Nach demie wir anderthalb Monat in der Statt Loanda zugebracht/ hat sich begeben/ daß die Herren Directores ein Schiff mit vilen Soldaten nach Brasilien abgefertiget/ dessen wir vns auch bedient/ ohnangesehen in selbigem wegen vile der Soldaten vnd Marinarn wenig Platz vnd zu so langer navigation schlechte provision gewesen. Weßwegen uns allen das Brodt vnnd Wasser eingezogen vnd täglich nit mehr als drey Becher Wasser jedem geben worden. Als wir zu Nfornabuch nach 40. Tagen angelangt/ auff das Land gestigen/ vnnd H. Ludovicus Heyns vnser Ankunfft erfahren/ ist er als ein anderer Abraham uns entgegen kommen/ umbfangen und mit grosser Liebe in sein Behausung auffgenommen/ und 50. gantzer Tag sehr köstlich tractiert/ daselbsten wir täglich Meß gelesen/ deren er sambt seinem gantzen HaußGesind fleissig beygewohnt/ und under andern erzehlt/ wie die 4. Genuesische PP. so übel gehalten und daß sie den P. Salvatorem von Genua so auff dem Meer seeliglich verschyden/ in das Meer begraben hetten. Requiescat in pace.

In deme underdessen drey gute Schiff nach Holland zugehen/ Segel fertig/ haben wir vns mit obgedachtem Ludovico so wegen seiner Geschäfft sich entschlossen/ mit vns zureysen/ in ein Schiff begebert/ vnd seynd mit gutem Wind von Brasilien gegen Nord gesegelt/ haben auch bald die Krafft der Æquinoctial-Linien verspürt/ vnd den Polum so wir verlohren gehabt/ widerumb gesehen.

Es seynd etliche der Meynung/ vnd sagen/ es habe diser vnser Polus innerhalb der Æquinoctial-Lini kein Krafft/ köndte auch die Bussula oder Sternen nach selbigem nit mehr dirigiert werden: Das aber deme nit also/ haben wir erfahren/ allermassen diser Sternen so Polus genannt/ und gegen Mitternacht sich befindet/ in alle Orth der Welt sein

influentz

influenz vnd Krafft hat. Ich stehe zwar nit in Abred/ daß der Polus jenseyt der Æquinoctial-Lini gesehen werde/ benebens aber ist gewiß/ das etliche Sternen sich sehen lassen/ so einem Creutz nit ungleich/ werden der Ursachen von den Meer-Fahrern il Crociero oder das Creutz geheissen.

Als wir dritthalb Monat auff dem Meer zugebracht/ vnd die provision angefangen abzunemmen/ hat man solche so genaw eingezogen/ vnd neben dem abgestandenen schmäckenden Wasser/ nach der Maß mehr nit auff ein Persohn als zwey untzen piscoten Brodt/ und etwas weniges Gemüß von Reis/ vnd Bonen außgetheylt.

In deme wir also in grosser Noth bald auff dise/ bald auff jene Seyten von den Winden getriben wurden/ hat sich ein Engelländisches/ in Brasilien seglendes/ mit allerhand provision wol versehenes Schiff genahet/ von welchem alle 3. Schiff sovil Lebens-Mittel gekaufft/ biß wir das Land erlangt.

Ps. 135.
Ps. 146.

Recht vnd wol sagt der Königliche Prophet David GOTT gebe allem Fleisch die Speiß/ dann sein Barmhertzigkeit währet ewiglich/ vnd an einem andern Orth der dem Vich Speiß gibt/ den jungen Rappen die ihn anruffen ꝛc. Dann so GOTT der Allmächtig dises Schiff nit zu vns gesandt/ wären wir alle sambt/ deren 250. Persohnen wegen das wir 180. Meil vom Lande waren/ vnfehlbar deß Hungers gestorben. Ja was noch mehrers zuverwundern hatten wir kein untzen Brodt/ als wir das Port erlangt.

In vnserem Schiff seynd 3. Persohnen vnderwegs gestorben/ die andern alle seynd glücklich zu Rotterdam ankommen/ von dannen wir in Gesellschafft deß obgedachten Herren Ludovici auff Aia allwo sich der Printz von Uranien befunden/ gangen/ vnd von einem Catholischen Kauff-Mann-Nammens Bartholomæus Gerandus Widen freundlich empfangen/ auffgenommen/ 52. Tag wol vnderhalten vnd tractiert worden. In dessen Hauß wir täglich Meß gelesen/ dern sowol die Haußgenossen als andere Catholische mit grosser Andacht vnnd Trost beygewohnt. Vnderdessen hat sich Herr Ludovicus Heyns nach Amsterdam begeben/ wir aber haben vmb Audientz angehalten/ welche vns den 11. Augusti in Weltlichen Klaydern vergunt worden.

Als wir nun mit Vorweisung der Credencialien vñ andern Schreiben von dem König auß Congo vnser Commission mündtlich abgelegt/ hat der Printz befohlen/ vnser Begehren schrifftlich zuverfassen/ welches mit

disem

deß Franciscaner-Ordens.

disem Innhalt beschehen: Dieweilen die Holländer in Angola den PP. Capuccinern ohne Paß-Porten keinen Zugang in das Königreich Congo gestatten wollen: Als bäten sie in Namen deß Königs solchen zubewilligen. Dises hat den Printzen nit vnbillich zusein bedunckt/ köndte doch solches ohne mit wissen der Compagnia nit vergonnen/ welche er deß anderen Tags zu disem Ende beruffen/ mit Vortragung vnsers Begehrens/ jhr Rath vnnd Meynungen darüber auffzunemmen. Als nun jhrer etliche eingewilliget/ ist einer auß selbigen auffgestanden/ sagende. So man den Capuccinern ein freyen Paß in das Königreich Congo solte bewilligen/ wurden sie bald jhr Päbstliche Lehr alldort einführen/ vnd darmit vil zu jhrem Glauben ziehen/ darumben sie dann GOTT wurde straffen. Hat also diser einige Mann auß Anstifftung deß Sathans sovil vermöcht/ daß sie einhällig den Paß abgeschlagen/ dessen der Printz nit wol zufriden/ daher gerathen/ deß andern Tags noch ein Versuch zuthun/ wolle vnderdessen seinerseyts alle Möglichkeit præstieren. Neben disem seynd vns auch intercedendo verhilfflich gewesen Herr Caspar Coignet de la Thuillarie Frantzösischer Ampassator in Holland/ nit weniger der Printz auß Portugal sambt seiner Gemählin/ besonder aber hat sich der Graff Mauritius (ohnangesehen er nit der Religion) vnser eyferig angenommen/ bey seiner Tafel gastiert/ und neben allem respect vnd Liebe/ jederzeit ein besondere affection gegen vns Capuccinern erzeigt. Als aber über allen angelegten Fleiß vnd Vorbitt nichts zuerhalten geweßt/ haben wir vns entschlossen unser Abschid zunemmen/ vnd nach Antorff zu raysen. Ehe vnd zuvor wir solches Werck stellig gemacht/ ist Zeitung einkommen/ die Portugesen hetten die Statt Nfornabuch berennt/ die Holländer hinauß geschlagen vnd sich bemächtiget/ auff dises haben wir der Holländer Paß-Porten wenig mehr geacht/ in Bedenckung daß sie mit Verlust diser Statt auch nothwendig Brasilien quittieren müßten/ vnd so Brasilien verlohren/ wurde jhnen das Port S. Paul zu Loanda zu anders nichts dienstlich sein/ als die schwartzen auff dem Land zu nemmen/ selbe zu den Zucker Mülinen zugebrauchen. Auß deme dann erscheinet/ wie vnrecht diser Consiliarius gesprochen/ daß er geredt: GOTT möchte sie straffen/ wann sie den Capuccinern den Zugang in Congo vergunnen wurden/ welche Straff zweiffels ohne über sie kommen/ vnd daß sie solches nit verwilliget haben/ bleibt also heiter vnd klar. Quod non sit consilium contra Dominum.

Von

Von Aia/ haben wir unser Reyß über Antorff auff Paris genommen/ daselbsten wir Schreiben von unserem wohlehrwürdigen P. General gefunden/ welcher uns nach Turon beschenden/ die Beschaffenheit der Missionen zuerfahren/ den wir zu Orleans angetroffen. Diser hat nach Anhörung der grossen Seelen Frucht sich sehr erfrewet/ uns mit seiner benediction entlassen und auff Rom zu Ihr Heyligkeit gewisen. Als wir zu Leon angelangt/ haben wir den Herren Cardinal Franciscum Barbarinum so nach Rom zu reysen vorhabens/ angetroffen/ welcher auß besonderer affection gegen unserer H. Religion begehrt/ mit ihme nach Rom zureysen/ seynd also sambt ihme zu Avignon zu Schiff gangen/ auff Marsilien zufahren/ von dannen auff Genua zusegeln. Und als wir endtlich zu Livorno ankommen/ haben wir unser Rayß per terram fortgesetzt/ und seynd nach anderhalb Jahren an dem Fest deß H. Patriarchen Joseph mit der Hilff GOttes glücklich unnd gesund zu Rom angelangt/ und dem lieben GOtt umb so grosse Gnad trewlich gedanckt.

Nit lang nach unserer Ankunfft haben wir die HH. Cardinäl der H. Congregation de propaganda fide visitiert/ denselben deß glücklichen Fortgangs der Congischen Mission bericht geben und umb absonderliche Audientz bey Ihr Heyl. angehalten auch erlangt/ in welcher wir erstlichen die Ursach unserer Ankunfft vorgetragen/ folgendes deß Königs Gehorsamb und Ehrerbietung so er gegen dem Apostolischen Stul tragen thut angezeigt/ als welcher uns biß dato alle mögliche Hilff geleist in dem Evanzelischen Weingarten so reiche Frucht zuschaffen/ und den Catholischen Glauben aller Orthen einzuführen/ und vermittelst uns Capuccineren zupflantzen/ gnädiglich bewilliget. Ab diser unserer Relation erzeigten Ihr Heyl. ein besonderes Wolgefallen/ welche nach Befragung underschidlicher Sachen uns die Benediction mitgeteilt sprechendt/ sie wolten verschaffen/ damit wir bey nechster Gelegenheit in offentlicher Audientz die Gehorsame deß Königs köndten præstieren und ablegen.

Nach deme derowegen der Tag bestimbt/ welcher ware der 9. Maij Anno 1648. vil Hochwürdige Cardinäl/ Bischöff und Prælaten versamblet/ und andere zu dergleichen Acten nothwendige Sachen bereit/ hat der wohlehrwürdige P. Simplicianus von Mayland deß Ordens Procurator vor Ihr Heyligt. ein schöne kurtze und gelehrte sermon zu lob deß Königs auß Congo, und Frucht derselbigen Mission gethan/

darauff

deß Franciscaner-Ordens.

darauff haben wir in Gegenwärtigkeit Ihrer Heylk. in Nammen deß Königs/ dero/ vnd der Catholischen Kirchen/ vor Vberlieferung der Königlichen Schreiben/ die Geh rsame versprochen/ mit Meldung/ was massen Ihr Königl. Maystt. sich in eygner Persohn zu dero verfügt/ vnd eben das jenige abgelegt/ was wir allhie in seinem Nammen leysten/ dafern die Vnmöglichkeit nit bevor gestanden/ bäten derohalben Ihr Heylk. wolten ihro belieben lassen/ mit Ertheylung der Apostolischen Benediction ihr Meynung besonder auff den König zurichten die er dann inyende wünschte vnd begehrte.

Nach deme Ihr Heylk. vns mit Vätterlichem affect vnd Liebe angehört/ haben sie mit besonderm Trost/ den Gehorsamb vnd Andacht dises Königs Gelübd vnd solchen ihro sehr wol gefallen lassen/ sagende/ daß sie ein besondere Vätterliche Sorg zu dem König vnd seinem gantzen Reich trugen/ wolten auch dahin sehen/ damit allem eingewilliget vnd gebührende satisfaction gegeben würde. Entlich haben Ihr Heylk. vns mit tröstlichen Worten zur Gedult vnd Fortsetzung angefangener Mission ermahnt die Benediction ertheilt vnd nach Küssung der Apostolischen Füssen/ entlassen. Bald hernach hat die H. Congregation de propaganda fide auff Ihro Heyligk. Befelch 31. Religiosen/ theyls Patres, theyls Fratres, Laicos zu solcher Mission zuerwöhlen befohlen/ welche hernach von dem wohlehrwürdigen P. General Procurator deß Ordens approbiert/ mit nothwendigen Gnaden vnnd Gewalt sambt genugsamer provision versehen/ volgends entlassen worden. Mit Versprechung daß die H. Congregation ihren dise Mission zu jederzeit werden lassen angelegen sein/ vnd alle nothwendige Beyhilff zuverschaffen nit ermanglen werden. Mit disem sovil die Mission deß Königreichs Congo betrifft/ solle genug gesagt sein.

Copia-Schreibens

Deß Königs in Congo, an Ihr Päbstl. Heyligk.

so originaliter auß der Portugesischen in die Italianische/ vnd auß diser in die Teutsche Sprach trewlich übersetzt worden.

Ich leyste Ihro Heyligkeit auß gantzem meinem Gemüth/ Gehorsame/ als ein Sohn der ich bin/ der Römischen Kirchen/ vnd sage zumahlen schuldigen Danck/ wegen der Gedancken

D o die

die sie haben/ mir Evangelische Diener zuschicken/ für diß mein Reich Congo. Vnd begehre von Ihr Heyligt. das dise/ so sie mir hinfüro senden werden/ seyen Brüder deß H. Francisci Capucciner dann ich vnd mein gantzes Reich schätzet sie hoch/ als wahre Diener GOttes und daß sie in grosser Anzahl seyen/ weilen das Reich groß vnd in dem gantzen Reich nit mehr als 16. Priester/ deßwegen die Völcker grossen Mangel leyden müssen im Geistlichen.

Ich begehre auch von Ihr Heyligt. damit sie mit Schickung der Evangelischen Ministren jhro belieben lassen/ auch zumahlen Bischöff für diß Reich zuschicken/ welche andere Bischöff consecrieren/ vnd die Priester zu Erhaltung Catholischen Religion in Congo zu weyhen gewalt haben/ beschließlich wollen sie mir die Gnad thun/ das was ich mündlich meinem Abgesandten zu allgemeinem Guten dises Reichs anbefohlen/ vnd Ihro Heylk. weniger zubeschweren nit schrifftlich verfaßt/ gnädigklich anhören. Dessen Persohn vnd höchste dignitet vnser Herr zu gutem der Christenheit erhalte. Congo den 5. Octobris Anno 1646.

Ihro Heylk. Gehorsambster Sohn

König Don Garzia.

COPIA

deß Franciscaner-Ordens.

COPIA

Credentz-Schreibens
Deß Könis in Congo an Ihr Heyligkeit durch seine Gesandten geschickt.

Urch dises mein Credentz-Schreiben vnd Brieff von mir befestiget/ vnnd mit dem Insigel meines Königlichen Waappens versichert/ bestelle vnd ernambse ich für meine Ampassadorn oder Gesandten zu Ihro Heyligkeit/ die Ehrwürdigen Vätter Fr. Angelum de Valentia vnd Fr. Ioan Franciscum einen Römer/ Prediger Capucciner vnd Apostolische Missionarien dises Reichs Congo, mit völliger Vbergebung alles meines vermögens vnd Gewalts/ nit anderst als wann ich Persöhnlich vnd in meiner eygnen Königlichen Persohn solches thete/ könden auch Reden/ fürtragen und auff alle Weiß vnd Manier mit Ihro Heyl. tractieren alles was zum besten vnd nutzlichisten der Cron Congo sie erachten werden/ welchem allem völligen Glauben zugeben/ dahero alles was sie mit Ihro Heyligkeit inm meine Nammen tractieren vnd beschliessen/ halte ich für gut krässtig vnd nutzlich Congo den 5. Octobris Anno 1646.

Ihro Heylk. Gehorsamester Sohn

König Don Garzia.

Von den Missionen

Kurtze Relation

Von

Bekehrung der Königin in Cinga sambt anderen umbligenden Völckern zu dem wahren allein seligmachenden Catholischen Glauben welche Ihro Heyligkeit Alexandro dem sibenden Anno 1658. nacher Rom überschickt worden.

Allerheyligster Vatter: schon vorlengsten seynd von der heyligen Congregation vnd Versamblung der hochwürdigsten HH. Cardinälen etliche Religiosen deß Ordens der Minderen Brüder S. Francisci Capucciner in das Reich Congo abgesandt worden/ auff daß sie in selbigen weitentlegnen Ländern den waren allein seeligmachenden Römischen Catholischen Glauben und Christliche Religion einpflantzen vnd erweiteren solten/ von welchen (als sie jhrem anbefohlen Ambt fleissig oblagen/) hat es sich begeben/ das zween nie ohne sondere Schick- unnd Anordnung GOttes (wie andächtig zu glauben) Nammens F. Bonaventura à Coselia vnd F. Franciscus à Veias, die sonst zu Ovanda wohnten/ sambt einem Weltlichen/ dessen sie sich als eines Dollmetscheti/ gebrauchten/ von dem Kriegs-Heer der Königin in Cinga vnversehens ergriffen/ vnd gefänglich zu dero geführt worden/ dise/ ob sie auß fürwitz oder Göttlicher Einsprechung angetriben oder bewegt/ hat als ein andere Königin von Saba ermelten Geistlichen vnd Capuccineren vnderschidliche jhres Hertzens vnd Gemüths

deß Franciscaner-Ordens.

müths zweyffelhaffrige Puncten vorgehalten vnd entlich nach Erörtherung derselben die Zierden vnnd zu der H. Meß gehörigen Priesterlichen paramenten oder Kleydungen zusehen begehrt/ welcher/ als besagte Geistlichen in disem vnd anderem mehr vermitelst Beystande der Gnaden GOttes ein sattes Genügen gethan/ haben sie jhnen nit einen geringen Gunst Gnad vnd Anmutung bey der Königin zuwegen gebracht/ also zwar und dergestalten/ daß sie sich von selbiger Zeit vnnd Augenblick an nit wenig geneigt erzeigt/ die Catholische Religion anzunemmen vnnd den Heydnischen Jrrthumben/ (denen sie biß dahin gantz eyferig zugethan) abzusagen/ entschlossen zuseyn. Vnd damit mehrernante Capucciner ab den Speysen (deren sich die Königin zuvorderist selbst/ wie auch alle sowol vornemme Persohnen als gemeins Volck jhres Reichs gebrauchen als welche meistens von Menschen-Fleisch zubereitet werden) nit einen Grausen vnd Abschewen tragen thetten/ liesse sie jhnen Fleisch von Thieren als Hüneren ??. znrüsten vnd auffstellen/ vnd behielte sie also vil Tag gefänklich bey jhro/ je doch daß sie nichts desto weniger gantz schon vnd gütlich gehalten wurden. Als sie aber auch entlich selbige frey vnd ledig von jhr entlassen wolte/ anerbote sie jhnen gutherziglich nach Brauch selbigen Lands etliche Weiber/ die jhnen dienen vnd in allem/ so sie an selbige begehrten/ wilfahren solten/ welches als sie nichtes behenders außschlugen vnnd ein Mißfallen darab zuhaben/ erzeigten/ verursachte es jhnen noch mehrere hulden/ Liebe vnd Gutwilligkeit bey der Königin/ entliesse sie derohalben mehr als wolgetröst/ vnd im guten eyferig fortzusetzen gestärckt/ den Dollmetschen aber behielte sie bey jhro/ jnne für einen Secretarium zubrauchen/ welcher die Königin (wie er nach mahlen bekennt) öffters nit wenig mit geistlichen Worten den Christlichen Glauben anzunemmen/ ermahnet vnd angetriben/ durch welches sie dahin beweget/ daß sie entlich Schreiben an P. Seraphinum de Cortona Capuccineren Predigern vnd Missionarium oder Jhr Päbstl. Heyll. Gesandten zu Loan abgehen liesse/ daß er sich vmb die Entledigung jhrer Schwöster Barbaræ, welche sich bey den Lusitanern in Gefangenschafft befande/ annemmen/ vnd vmb sovil bemühen wolte/ selbige (wann sie solcher einlassen wurde) Persöhnlich zu jhro zubegleyten. Dises so bald es erstangeregter P. Seraphinus zu mahl auch P. Hiacinthus à Vettrsalla der Mission oder Gesandtschafft Præfect vnd fürgesetzer vernommen/ haben sie gleich alsbald (damit alles nach dem Decret vnd Befelch

Von den Missionen

der H. Congregation angestellt wurde) nacher Rom an den wohlehrwürdigen P. Generalem deß Ordens/ zuvorderist aber vnd insunderheit an die Congregation vnd Versamblung der hochwürdigsten Herren Herren Cardinälen geschriben vnd sie samentlich verständiget/ was massen sie getröster zuversicht seyen/ man ins künfftig ein stattliche reiche vñ überflüssige Ernd in dem Königreich Cinga zuverhoffen habe. Als solches die H. Congregation mit bedachtsamer vnd reiffer Erörterung erwogen/ hat sie auß Antrib vnd Eingebung deß H. Geists rathsamb befunden noch 14. andere Geistliche angedeutten Ordens der Capuccinern dahin zuverordnen und den Præfect oder Vorgesetzen der Mission in dem Reich Congo zuvermögen/ das er durch sein Anthoritet und Gewalt einen absonderlichen Præfect für das Königreich Cinga erwöhlen/ und ein newe Mission vnder jhrem eygnen vnd sonderbahren Præfect anstellen thäte. Nach deme nun 12. von den verordneten 14. Capuccineren nach vilfältig außgestandener Mühe und Arbeit auch erlitenen nit geringen Widerwärtigkeiten/ Sorgen vnd allerhand widrigen Anständen/ endtlich in das Reich Congo angelangt/ ist obvermelter P. Seraphinus ein Religios guten Nammens vnnd Wohns der Frombkeit und Heyligkeit/ so wol bey den Lusitaneren als anderen derselben Region Völckern zu einem deß Königreichs Cinga Præfect erwöhlt/ vnd jhme 6. andere zugeben worden: Als diser aber auff vil Mittel getrachtet/ auch alle Weiß vnd Weeg versucht in mehr angedeutes Königreich Cingam zukommen/ und die allbereit wol vermelte selbiger Königin Schwöster Barbaram, welche jetzt nun mehr 14. Jahr lang gefänglich zu Loan angehalten/ frey ledig vnd los mit zunemmen/ hat sich der Teuffel mit allen Kräfften bearbeitet/ durch Hilff vnd Beystand etlicher nit weniger seiner Dienern zu widersetzen/ und dises so heyliges zumahl GOtt wolgefälliges Werck zuverhindern/ dergestalten das auch gar nit ermangleten/ welche die Capucciner vnd den Gubernatorem zu Loan (der sonsten P. Seraphino gar wol gewogen vnd zu solchem seinem guten Vorhaben verhlifflich zu sein/ allerseyes sich anerbotten) stets offenlich ohne Schew schalten vnnd jhnen embsigist widerrieten/ daß sie sich solches vorzunemmen/ keines weegs vnderwinden solten/ mit dem prætext vnd Vorwand: Fahls sie der Barbaræ widerumb zu jhrer Schwöster zukomnen/ vergonneten/ es ein Augenscheinliche Gefahr sein wurde, daß selbige von dem Catholischen Glauben möchte abtrinnig werden/ allermassen auch jhr Schwöster die Köni-

deß Franciscaner-Ordens.

gin ih Cinga selbst nach deme sie den H. Tauff angenommen/ wider zu dem vorigen verlassenen Irrthumb getretten seye/ welches Exempel jhr der Barbaræ zu einem sonderlichen Antrib sein köndte/ ein gleiches/ zu höchstem jhrer Seelen Schaden vnd Nachtheyl vorzunemmen/ solten derohalben wol auffsehen/ vnd nit so bald vnd behendt in die Sach gehen/ sonder zuvor mit langsamer Bedachtsambkeit vnd mehrerem Fleiß dieselbe erwegen/ benebens auch nit wenig betrachten/ was sie in disem Fahl so es Fähl schlagen solte bey GOtt dem Allmächtigen zuverandtwordten hetten: Der Gubernator welcher die Boßheit der Widersächer vermerckt/ vnd den Arglist deß Teuffels erkennt/ hat dises Werck je länger je mehr befürdert/ in dem er den P. Seraphinum sambt den seinigen ohne Auffhören angetriben/ vnnd so andächtigem vnd H. Vorhaben fortzusetzen ermahnt/ vnd gestärckt/ auff daß sie aber desto ehender vnnd lieber sich auff den Weeg begeben thäten/ in dem Königreich Cinga den Catholischen Glauben zusäen vnd einzupflantzen/ hat er die nun mehr außgelößte vnd mit der Freyheit begaabte Fraw Barbaram dahin beredt/ daß sie sich mit jhnen zu ziehen gäntzlich entschlossen/ ja allbereit so gar schon Weeg fertig gemacht. Underdessen aber weil die 130. Sclaven welche die Königin in Cinga für jhr Schwöster außzulösen dem Gubernatorn zu Loan anerbotten/ nit so bald vnd so leichtlich dahin gelangen möchten/ ware die Königin aller vertroffen vñ vngedulsig wegen deß Verzugs der Geistlichen/ welche sie so innbrünstig/ wie vermelt/ zu Jhro zukommen/ durch bewegliche Schreiben begehrt hatte (dann deß H. Geistes Vornemmen wissen keinen Verzug zuhaben) darumb verordnete sie einen Abgesandten/ mit Schreiben vnd dem entlichen Befelch/ die Geistlichen dahin zuvermahnen/ daß sie ohne Ansehen einiges Vorwandts jhr Schwöster beredensolten/ daß sie sich ohn alles hinderhalten mit jhnen zu jhro begeben thäte/ dann sie mit jhnen mündtlich zu reden. P. Antonius Romanus, welcher an statt deß P. Seraphini zu einem Præfect vnd Vorgesetzten verordnet ware/ begabe sich ohne Verzug einzig auff die gefährliche Reyß/ beyseyts setzende etwelcher Politischen Geistern Meynung die jhne mit vnderschidlichen Prætexten grosser Vngelegenheiten darvon abzuhalten verhofften/ kame auch letztlich zwar nit ohne grosse Sorg vnd Gefahr/ zu dem Orth allwo die Königin in Cinga dazumahl jhr Residenz hielte/ vnd so bald er verständiget/ daß die Königin jhme entgegen zu kommen/ sich allbereit schon auff den Weeg begeben/ bekleydete er sich mit einem Chorrock vnnd Stol/

henckte

henckte auch ein Crucifix/ welches er mit sich truge/ für das Hertz vnnd mit solchem Ornat empfienge er die Königin/ welche jetzt sich zu jhme genahet hette/ vnd gantz demütig mit gebognen Knyen seinen Segen begehrte/ welchen er jhro auch ertheylet. Nach solchem warde er an ein sonderbahres zu disem End bereytes vnd verordnetes Orth geführt/ in welchem jhme verschafft bey der Königin niderzusitzen/ dero als er auch wie in vorigen zu willfahren/uhrbietig sich erzeigte/ hielte sie mit jhme durch zu thun deß bey vnd anwesenden Dollmetschen ein langes Gespräch/ in welchem sie jhme sonderlich jhres Hertzens-Frewd seiner Ankunfft halber anzeigen liesse/ mit vermelden/ daß sie sich in seine Händ gantz gehorsamb vnd bereit übergebe/ alles das jenige zulaisten/ was er zu jhrer vnd jhres Reichs Vnderthanen Nutz vnd Seelen Heyl erspriesßlich zu sein erkennen/ vnd befehlen werde/ sprechende mit dem H. Apostel Paulo. HErr was wilt du mit mir machen? Auß disem als Pater Antonius ersehen/ die grosse Porten jhme offen zustehn/ wolte er die erlangte Gute Gelegenheit in keinen Weeg versaumen/ weil er nun genugsamb der Sitten deß Verhaltens halber der Königin informiert vnd berichtet/ sonderlich aber der überauß vilen vnd grossen Aberglauben/ welche sie an jhrem Haupt truge/ derentwegen sie wol sagen möchte Cant. 5. Mein Haupt ist voll Thaw vnd meine Haar Locken voll Nacht tropffen.

Nahme er sich einer Vnwissenheit an/ simulierte auß einfalt oder fürwitz die Königin zufragen. Was doch sovil vnd so kostliche Sachen bedeuten/ die sie vmb jhr Haupt hangen hette? Auff welches sie/ ohne daß sie einiges Wort sagte/ willfährig vnd bereit/ auch demütig sich gleichsamb schämete/ nit allein alles behendt von dem Haupt genommen vnd auff die Erden geworffen/ sonder auch so gar ehestens in das Fewer zuwerffen befohlen/ das gar wol von jhr gesagt mag werden/ was in gleichem von etlichen Heyden der H. Evangelist Lucas Cap. 19. in den Geschichten der Aposteln geschrieben hinderlassen hat. Vil aber die da fürwitzige Künst getriben hatten/ brachten jhre Bücher zusammen vnd verbrandten sie offentlich. Eben disses nach dem die Königin auch Befelch geben/ ohne Verzug zuthun/ wendete sie sich zu dem P. Antonio vnd sagte: Er solte nur lack vnd frey herauß sagen/ ob er etwas verspürte oder sehe/ welches jhm an jhro missfallen thäte/ so wäre sie gantz bereit alles das jenige zuthun/ was er jhren schaffen wurde: Als er aber geantwortet/ er seye solches zu einer gelegnern Zeit jhren zu offenbahren gesinnet/ wolten es anjetzo bey disem verbleiben lassen/

deß Franciscaner-Ordens.

lassen/ warde er darauff in die Wohnung geführt/ so die Königin für jhne zubawen Ordnung gethan hatte/ die er auch gleichsfahls hinfüran ein beständige Residentz zu haben ermahnt/ weil sie biß dahin (wie nachfolgendes mit mehrerem soll gesagt werden) kein gewisse noch bleibende Statt oder Platz hatte/ allwo sie residierte, vnd Hoff hielte/ bey disem aber nunmehr bestimmtem Orth jhrer künfftigen Wohnung ward gleich ohne Verzug ein Kirchen sambt einem Altar gebawet/ in welcher daß Crucifix (von welchem weitere Meldung beschehen soll) mit höchsten Ehren heüt zu Tag auffbehalten vnd angebetet wird.

Auff das aber die Königin erzeigte/ daß sie von gantzem Hertzen zu GOTT bekehrt wäre/ verliesse sie von 40. lebendigen Ehe-Herzen/ welche sie bißhero gehabt 39. vnd auß rath P. Antonij thäte sie einem auß jhnen das Versprechen/ vnd liesse sich mit jhme nach dem Gebott GOttes vnd Gebrauch der H. Römischen Kirchen Ehelich zusamen geben/ vnd damit auch alle Männer vnd Weiber jhres Reichs/ durch jhre kräfftige Wort vnnd lebhafftes Exempel jhro nach zu folgen angetrieben wurden/ liesse sie ein überauß grosses Kriegs-Heer jhrer vndergebnen Soldaten versamblen/ welche sich/ gleichsamb wolten sie mit einander streitten/in jhren Wehren exercieren/vnd vben müßten/ vnd als sie disem ein gute Weil/ mit grossem jhres Hertzens Lust vnnd Frewdigkeit zugesehen/ befahle sie einen Sessell herzubringen/ setzte sich in den selben/ vnd begehrte jhren Königlichen Kocher/Bogen vnd Pfeyl/ diser als er jhro dargereicht worden/ nahme sie jhne in die Hand/ hielte jhne in die Höhe/ vnd mit lauter Stimm schrye sie auff: wer ist vnder euch allen/ welcher so tüen seye/ der sich vnderfangen dörffe seiner Königin Bogen zu überwinden? vnd dises als sie offt mit heller Stimm widerholet/ auch alle zumohl einhellig schryen: Niemandt/ niemandt (als welche bereit vnd fertig waren ehender 1000. mahl für sie zu sterben) liesse sie jhre Hand sincken/als ob sie jhnen selbige dareichen wolte vnd brache herfür mit folgenden Worten. Der König in Lutanien hat wider mich obgesiget/ mich bekenne ich heütiges Tags mit seiner starcken Hand vberwunden zuseyn ich bin ich mit jhme vereinbahret in einen stäten Friden gerathen; über dises aber ist noch eins in deme ich allermeistens gloriere vnd hertzlich frolocke/ welches ich euch auch allen die zugegen vnd abwesende kunde vnd offenbahr machen will/ vnd ist dises. Daß ich vermittelst eines Priesters deß P. Antonij welcher von Ihro Päbstl. Heylt. von Rom zu mir abgesandt/ mit der H. Römischen

schen allein seeligmachenden Kirchen einen vnzertrennlichen Fridenschluß
vnd ewige Pündtnuß gemachet/ auffgericht vnd bestätiget habe/ welchen ich hinfüran ohne vnderlaß bekennen vnd in selbigem zu sterben
auch alles das jenige was die Catholische Religion bekennet/ alle Heydnischen Jrrthumben vnd Aberglauben hindansetzende/ steiff vnnd vest
biß an mein letztes Endt zuhalten vnd zuleysten Vorhabens/ ja gäntzlich entschlossen bin. Wie dann dise Königin auch in der Warheit
nit allein in der Persohn selbst gethan vnd noch thut sonder von selbiger Zeit an alles Volck solches zuthun vnd jhro nachzufolgen/ mit disen vnnd dergleichen Worten gantz eyferig vnnd inbrünstig ermahnt
hat: Glaubet in Christum lasset euch tauffen/ die Männer verlassen
die vile jhrer Weiber/ vnd die Weiber die vile jhrer Männer/ vnd hange jeder Theyl einem allein an/ befleissend in euch die Christliche Tugenten einzupflantzen/ andächtig/ fromb/ vnd gottsförchtig zuleben/ dann
also könnet jhr ein vngezweyffelte Hoffnung haben/ wol vnd seelig zu
sterben/ vnd die ewige Frewd deß Himblischen Paradeyß zuerlangen/ im
widrigen fahl so seyet vnfelbar versichert/ vnd vergwisset/ daß jhr dem
strengen Gericht GOttes vnd folgendes dem ewigen Todt vnd der
Höllischen immerwehrenden Verdambnuß Peyn vnd Tormenten nit
entgehen werdet/ lasset vns derowegen erkennen/ vnd dise vnsere Erkandtnuß zum öfftern widerholen/ daß vns der Allmächtige ewige
GOtt auß sonderer seiner Freygebigkeit/ gütigen/ miltreichen vnnd
barmhertzigen Hand/ solche sunderbahre Guthaten erzeigt/ vnd vns auß
so weitentlegnen Ländern einen Religiosen vnd Priester zugesandt
welcher vns auff den Weeg deß Heyls vnd der ewigen Frewden leiten
vnd weisen solle.

Dises/ Allerheyligster Vatter ist die Bekehrung der Königin in
Cinga vnd jhres Reichs/ die warhafftig von GOTT dem Allmächtigen herfliessen thut/ vnd vmb sovil desto wunderbarlicher ist/ je weit
mehr dise Königin sambt jhrem gantzen Reich in den dicken Finsternussen der Vnwissenheit verwicklet/ vnd den Aberglaubischen/ Heydnischen Gewohnheiten vnd Sitten zugethan ware/ also zwar/ das obwol
jhr Persohn anlangendt/ sie zu Loan in der vnmündigen Kindheit den
H. Tauff empfangen/ hat sie sich doch/ nachdem sie zu jhrem Alter kommen/ dergestalten verhalten/ als ob sie niemahlen wäre getaufft worden/
dann sie ware die aller Ehrgeitzigste/ die aberglaubigste/ die aller grausameste/

samefte/ anderen vnzahlbren grewlichſten Laſtern/ welchen ſie ergeben
ware/ kürtze halber zugeſchweigen.

Jhren vnerſätlichen Ehr-Geitz lieſſe ſie in dem Augenſcheinlich vnd
gantz heiter vnd klar ſehen/ daß ſie auß vnmäſſiger Begird zu regieren
angetriben/ jhren leiblichen Bruder vmb das Leben bringen/ vnnd eben
diſes Bruders Sohn/ welcher noch jung vnd ſeinem Herren Vatter in
dem Reich ſuccedieren vnd nachfolgen ſolte/ mit Stricken binden vnd
in einem Fluß ertrencken lieſſe. Als ſie aber darauff nach beyder Todt
zu der Regierung gelangt/ hat ſie gleich den Luſitaneren einen blutigen
Krieg angekündet/ von denen aber/ weil ſie zu ſchwach/ vnd jhrer Macht
nit Widerſtand thun möchte/ ware ſie ſo gar auß jhrem eygnen Reich
vertriben/ vnd obwol in werendem diſem Krieg/ jhr Schwöſter Nam-
mens Barbara von dem Feind gefangen worden/ ware ſie darumb nit
verzagt noch kleinmütig/ ſonder durch eben vorigen Ehr-Geitz bewegt/
führte ſie jhr Kriegs-Heer in das Königreich Matamba/ in welchem
ſie (nach dem ſelbige Königin überwunden vnd in dem Streit ertödet)
die Herſchung vnd Regierung erobert/ ſolches vnd noch vil anders mehr
hat diſes Ehrſüchtige Weib auß Begird zuregieren verübt/welches gnug-
ſame vnd Sonnen klare anzeigen ſeynd/ ſo groſſen vnnd vnerſätlichen
Ehr-Geitzes.

Wie vberauß abergläubig ſie geweſen/ iſt auß dem wolabzunem-
men/ daß ſie jhr Haubt/ wie allbereit gehört/ gantz mit dergleichen
abergläubiſchen Sachen vmbhenckt hate/ neben diſem aber/ hatte ſie
eines jhrer verſtorbnen Brüdern Todten-Gebein in einer ſilbern Sar-
chen oder Truchen einbeſchloſſen/ welche ſie darinn als Heylthumb ver-
warte vnd verehrete/ vnd (wie durch das gemeine Geſchrey bekandt)
offentlich herfürſtellen lieſſe/ wann ſie etwas wichtigs oder nambhafftes
ſowol in Kriegs-Läuffen als zu Fridens-Zeiten vorzunemmen Willens
ware/ auff daß jhr Volck ſelbige gleichfahls verehrete/ anbettete vnd an-
ruffte/ damit jhr Vorhaben ein glückliches End vnd Außgang gewin-
nen möchte/ ja ſo gar was noch mehr/ damit das Volck ſie für ein
Abgöttin halten thäte/ hate ſie im brauch/ daß/ ſo offt jhren Underthan-
en etwas zeitliches vonnöthen ware/ als zu ſeiner Zeit Regen oder
ſchön Wetter/ ſie zu jhro Zuflucht nemmen müßten/ damit jhr Begeh-
ren einen erwünſchten Fortgang erreichen möchte/ vnd alles nach jh-
rem Willen vnd Meynung gieng/ eygnete ſie es jhren eygenen Kräfften
allein zu vnd ermahnet das Volck/ gleiches Opfer zuthun/ dann alſo

wurden sie alles/ was sie wünschen vnd begehrten ohnmangelbar erlangen/ wann es aber zu Zeiten vnd mehrertheyls Fähl schluege/ pflegte sie den gantzen Abgang jhrem schlechten Opfer vnd geringen Gaaben/ welche sie jhren gebracht zuzumessen. Vber das aber wird gesagt/ daß sie so gar für jhr eygne Persohn Opfer von Menschen thäte/ sonderlich junge Mägelin oder Junckfrawen nach Arth vnd Weiß der Heyden/ welche jhre Söhn vnnd Töchtern den Teufflen auffzuopfferen pflegen :c.

Was dann auch jhr vnvergleichliche Grausambkeit anlangt/ ist kaum einer der solche mit Worten erklären könde/ alles zuschweigen solle eins an statt tausent sein/ das sowol sie selbst/ als alles jhr vndergebenes Volck sich mehrers mit Menschen als der Thieren Fleisch anspeysen pflegen vnd deß halben ein Metzig allda verordnet/ darinn nit allein Thier sonder Menschen selbst geschlachtet wurden: Ein andere vber das grewliche Grausambkeit ware/die sie gewohnt gegen den gebährenden Weibern vnd jhren Kindern vorzunemen/dann auff daß die Weiber (welche sie nach dem Exempel der Amazonischen Weibern zu dem Krieg gebrauchte) jederzeit gerüst/ fertig vnd bereit weren/gebote sie jhnen/ das so bald sie gebohren gleich die Kinder/ es wären Knäblin oder Mägdlein ohne vnderscheid den Hünden zufressen geben/ oder aber vnbarmhertziglich mit allem Gewalt auff die Erden werffen vnnd selbsten vmbbringen müßten. Was für Eingrausambkeit sie aber in dem Krieg gegen den Lusitaneren vnd andern/ die man Blancken nennet/ vnd der Catholischen Religion meistens zugethan/ erzeigte ist vnglaublich/ ja vnmöglich zu erzehlen/ deren ich nur eins vnter vilen hiebey zufügen gnugsam erachte/ dann als sie durch 35. gantzer Jahr Krieg wider die Lusitaner führte/vnd selbige vnzahlbare mahl mit jhrer Macht überzoge vnd schädigte/ hat es sich eines Tags begeben/ daß der General deß Lusitanischen Kriegs-Heers nidergemacht worden/ dessen als sie verständiger/ befahle sie jhme das Haupt abzuschlagen vnd jhro zubringen/ welches sie gleich so bald es gebracht/ entzweyhawen vnd ein Geschirr gleich einem Becher oder Pocal machen lassen/ so sie hernach vil Jahr lang brauchte/ darauß zutrincken/ vnd auff daß sie desto besser vnd füglicher jhr Tyranney vnd Grewligkeit vnverhindert fortsetzen möchte/ wohnete sie niemahlen in einem sonderbahren verorneten Orth oder Residentz/ allwobero geschehen/ das die benachbarte Völcker zu keiner Zeit sicher vnd ohne Forcht sein möchten/ allweil sie mit jhrer

starcker

starcken fliegenden Armee selbige unversehens vnd augenblicklich vberfiele/ die Vberfallenen fienge/ die Gefangnen vmbbrachte/ die vmbgebrachten fraſſe. Aber von der Zeit an/ daß ſie durch die Göttliche Gnad erleüchtet vnd von obvermeltem P. Antonio mit ſeinem heylſamen Ermahnungen vnnd zuſprechen zu GOtt bekehrt/ hat ſie alles mit Willfährigkeit vnd beſter reſolution verlaſſen/ daß ſie auß der Ehr-geitzigiſten die allerdemütigſte: Auß der aberglaübigſten die allerandächtigſte: Auß der grauſambeſten/ die allerſanfftmütigſte: vnd auß deren die zu allen Zeiten gantz Kriegiſch die allerfridſambeſte Königin worden iſt/ mit aller ſonderlich der Luſitaneren gröſten Verwunderung vnd Frolocken/ welche Luſitaner dann/ in Betrachtung der gählingen Veränderung der Königin vnd jhrer Vaſallen vermittelſt der Rechten deß allerhöchſten/ GOtt den Herren nie genugſamb loben köndten/ in deme ſie gedenckten/ daß die jenige/ welche niemahl underlieſſe/ ſie zuverfolgen/ anjetzo da mans am wenigſten verhoffte/ inſtändig von jhnen den Friden begehrte. Das iſt allerheyligſter Vatter das jenige/ welches under allen die wenigſte Religion der Capucciner auß dem weit entlegneſten Africa (von deme ſonſten gemeinglich geſagt wird/ das es jederzeit etwas newes herfür bringe) als newe Schanckungen jhrer Andacht vnd Predigen bringet/ vnd Jhro. Heyligk. demütigſt auffopffert/ das von jhnen möge geſagt werden der Spruch deß Königlichen Pſalmiſten Davids: Jhr Kinder GOttes bringet her dem Herren bringet her die Kinder der Wideren. Welche Wort daß ſie inſonderheit von den H. Apoſtlen/ die zu predigen geſchickt worden/ und folgends auch allen Geiſtlichen Geſandten in die Orth der Vngläubigen/ allda den wahren Glauben zuverkünden/ geſagt ſeyen/ bezeuget Theodoretus mit folgenden Worten: Jhr denen das Wort GOttes zupredigen anbefohlen/ vnd die jhr Kinder GOttes genant werden/ bringet mit Frewd vnd Dapfferkeit das predigen in alle Theyl der Welt/ die jenigen welche ohne Vernunfft auffertzogen/ vnd darumb der Prophet Kinder der Wideren/ torecht vnd vnvernünfftig nennet/ vernünfftig zumachen/ vnd ſie als Erſtling auffzuopfferen. Diſes iſt in allweeg ſage ich erfüllet worden/ in Bekehrung der Königin in Cinga zu der Warheit deß Glaubens/ welche bey ihr vermittelſt Göttlicher Hilff P. Antonius Romanus Capucciner durch ſeinen embſigen Fleiß zuwegen gebracht/ diſes derohalben thut die Religion der Capucciner ewer Heyligkeit als Statthaltern GOttes auff Erden bringen vnd auffopffern.

Nit

Wie kan ich aber das jenige mit still schweigen vmbgehen/ dessen sich die Göttliche Vorsichtigkeit zu einer solchen Bekehrung (damit sie desto besser leichter vnd ehender beschehen möchte) gebrauchet hat/ dann als zwischen dem König in Congo vnnd dem Marggrafen zu Ovan ein Krieg entstanden/ wolte die Königin in Cinga/ als die sonst iederzeit zum krigen gantz geneigt/ auch in disem nit abwesend sein/ befahle derhalben jhrem General vnd Obristen Feldt-Haupt-Mann/ mit jhrem Kriegs-Heer wider den besagten Marggraffen außzuziehen/ vnd jhme ein Schlacht zuliferen/ dises als es geschehen schluge vnd jagte er deß Marggrafen Volck mit solcher Behändigkeit in die Flucht/ das jhme ein überauß grosse Beuth sowol an Menschen als an Gelt vnnd Gut zu theyl wurde. Under den eroberten Sachen aber/ ware auch ein Crucifix gefunden/ welches drey Zwerch Hand hoch ware/ vnd weil niemand vnder jhnen wüßte/ was dise Bildtnuß bedeutete/ verachtete es der General als ein unnützes Ding/ und liesse es nach deme er die köstliche Sachen mit sich genommen/ in einem eynöden Orth ligen/ vnderdessen aber als in seiner zuruck Reyß Er wider in das Königreich Cingam fortsetzte/ Vorhabens der Königin die eroberte Beuth zuliferen/ geschahe es in folgender Nacht/ als er sich zu Ruhe begabe/ das jhme das Crucifix erschine vnnd mit erzürrntem Angesicht also zuredte: Du hast mich im Krieg gefunden vnd als ein schlecht verächtliches Ding in ein Wildtnuß geworffen/ aber wisse/ daß du dein angefangene Reyß im geringsten nicht vollenden wirst/ biß dahin daß du mich auffhebst/ vnd mit dir nimest. Der General erwachte vnd kehrte von dem Traum oder Erscheinung aller erschrocken widerumb an das Orth/ wo er das Crucifix verlassen hatte/ welches er auch allderten noch gefunden/ in ein Thuch eingewicklet vnd seiner Königin gebracht/ deren er auch den gantzen Verlauff diß Handels erzehlete. Die Königin welche (wie gehört schon zu Loan den H. Tauff empfangen/ vnd in den Geheymbnussen deß Catholischen Glaubens underrichtet worden/ auch mehrmahlen gesehen/ daß die Crucifix von den Christen angebettet wurden/ so bald sie dessen ansichtig worden/ vnd verstanden/ wie es sich so wunderbahrlich darmit zugetragen/ ware sie aller verstaunet/ empfienge ein innerliche ungewohnliche Andacht/ und durch solche verursachet/ schrye sie auff: Dises ist der Christen GOtt/ dises ist die Gestalt deß Erlösers der Welt/ und nach dem sie das Crucifix angebettet/ liesse sie es in einem Zimmer verwah-

verwahren/ damit sie solches den mehr ernandten Religiosen/ welche sie stäths erwartete/ in jhrer Ankunfft zeigen köndte.

GOtt derohalben seye vnendlichen Danck/ welcher wo/ er will hinweyet/ diser wolle jhme weiters belieben lassen/ solches fürtreffliche Werck/ als dessen ein Vrheber vnd Anfänger zu einem erwünschten glücklichen End zubringen/ das gleich wie bißher nach dem Exempel diser Königin vnd eyferigen Ermahnungen P. Antonij innerhalb 8. Monaten 3000. den H. Tauff empfangen/ darunder 43. hohen Standts- vnd Adels-Persohnen/ deß Reichs/ vnd über 7000. den Cathechismum angenommen/ welcher bey gewachsenen vnd alten Menschen vorher gehen muß, auch noch die übrigen zu grösserer Vermehrung der Ehr GOttes vnd Erweiterung deß Catholischen Glaubens/ dahin beredt werden mögen/ daß sie die Christliche Religion annemmen/ welches auch ein gutes Ansehen hat/ das es GOtt mit seiner vnendlichen Gütigkeit mittheylen werde/ dann als das Geschrey von Bekehrung diser Königin außkommen/ vnd allenthalben bey den benachbarten Völckern ruhbar worden/ hat durch jhr Exempel der König in Casanga bewegt/ auch gleichsahts Missionarios oder Geistliche Gesandten begehrt/ welche jhne vnd die seinigen in dem wahren Glauben vnderrichten vnnd tauffen solten/ zu welchem sich P. Antonius à Savarella Capucciner begeben/ vnnd allbereit schon seinen Sohn/ sambt vilen anderen fürnemmen Kindern getaufft/ der König hat zwar den Tauff noch nit angenommen/ jedoch erzeiget er sich so affectioniert gegen ermeltem P. Antonio, daß er jhne bißhero niemahlen auß seinem Reich entlassen wollen/ dieweil er sich höchlich erlustiget/ theyls in seiner andächtigen vnd aufferbäwlichen conversation, theyls in seinen zuvor niemahl erhörten Ermahn: und Zusprechungen/ welchem er auch schon seinen jungen Sohn zuunderweisen vnd auffzuziehen übergeben/ selbigen gleichen hat auch der Marggraf de Guzza vnd Matambi von dem Gubernator zu Loan innständig begehrt/ daß er jhme einen Geistlichen schicken wolte welcher jhne in der Catholischen Religion vnderweisen/ und den H. Tauff mittheylen thätte/ welches alles ein gute Hoffnung eines zukünfftigen reichen Schnits in selbiger Region vnd Landen andeuttet.

Beschluß.

Beschluß.

AUt der Apostolischen Ermahnung/ hat sich keiner als in dem HErren allein zu rühmen/ allweilen der nit bewehrt/ der sich selbsten lobt/ sonder den der Herr lobt.

2. Corint. 10.

Dahero nit vergebens noch umb sonsten/ vil weniger zu eygnem Ruhm vnnd Lob/ sonder zu grösserer Ehr vnnd Glori GOttes/ auch Aufferbawung deß Nächsten seynd angeregte Missiones, Relationes, sambt anderen/ den PP. Capuccinern anvertrawte Päbstliche Decreta beygesetzt worden/ in bedencken das Krafft der Heyligen Schrifft die Werck GOTTES zu offenbahren vnnd zuverkünden/ ehrlich/ recht vnnd billich ist/ umb so vil mehr/ allweilen auch so gar Christus der HErr selbsten zu underschidlichen mahlen seine Werck vnd Wunder anßzubreyten befohlen: Euntes sagt Christus bey dem H. Mathæo: Renunciate quæ audistis & vidistis &c. Gehet hin vnnd verkündet dem H. Ioanni was jhr gehört vnd gesehen/ ꝛc.

Tob. 12.

Math. 11

Damit aber keiner Vrsach hette/ dergleichen Wunderthaten zuverkleineren oder zutadlen hat Christus hinzu gesetzt: Beatus est qui non fuerit scandalizatus &c. Selig ist/ der sich nit ärgert.

Disem Befelch deß HErren/ seynd die HH.Apostel vnnd Jünger Christi fleissig nachkomen/ aller massen der H. Lucas bezeuget: Et reversi Apostoli narraverun_, quæcunquæ fecerunt, vnd die HH. Apostel kamen wider/ vnd erzehlten was sie gethan/ in wievil Ländern Reichen sie das Evangelium verkündt/ wie grosse Menge sie getaufft vnd zur Christlichen Religion gebracht haben. Vber obangezogene Wort Lucæ, sagt Hugo Cardinalis. Reverti ad Christum, & renunciare quod factum est, est de factis DEO gratias agere, & totum virtuti eius attribuere &c. Zu Christo widerkehren/ vnd selbigem was geschehen/ erzehlen/ ist anders nichts/ als GOtt vmb den geschafften Frucht zu dancken/ vnd alles seiner Krafft vnd Würckung zuzumessen. Et sic, beschließt Hugo Card. Reverti debent Prædicatores & Prælati peracto officio suo. Auff gleiche Weiß sollen auch die Prediger vnd vorgesetzte nach vollbrachtem Ambt widerkehren vnnd jhre Verrichtungen zu Ehr vnd Glory GOttes/ auch Heyl deß Nächsten außbreyten/ welches nach Zeugnuß der Apostel Geschichten Paulus vnd Barnabas gethan/ wie auß folgenden Worten zusehen: Cùm autem venissent (Antiochiam) & congregassent Ecclesiam, retulerunt, quanta fecisset Deus cum illis, & quia aperuisset Gentibus ostium

Lucæ 9.

Actor. 14

Beschluß.

stium fidei &c. Da sie aber dar kamen/ das ist/ gegen Antiochien/ versambleten sie die Christglaubige Gemein/ vnd verkündigten/ wie vil GOTT mit jhnen gethan hette/ vnd wie er auch den Heyden hette die Thür deß Glaubens auffgethan ıc. Glossa interl. über angezogne Wort lautet also. Navigaverunt Antiochiam illam priorem, ex qua exierunt, segregati à Spiritu sancto in opus Evangelij, retulerunt quanta fecisset Deus, assignaverunt fructum sui laboris in doctrina & signis, DEUS cooperatus est obedientiæ illorum. Sie seynd auff Antiochien gefahren/ von bannen sie auch außgangen von dem H. Geist zu dem Werck deß Evangelij abgesöndert/ berichtend/ was GOTT durch sie gewürckt/ auch erzehlten sie den Fruchte jhrer Arbeit in der Lehr vnd Zeichen: GOTT hatte vermittelst jhrer Gehorsame mit gewürcket ıc. Gar recht wird gesagt/ das GOTT vermittelst der Gehorsame/ welcher man sich vnderwirfft/ so hertliche vnnd angenemme Früchte zu dem ewigen Leben herfürbringe.

Es hat sich Paulus der Apostel gar nie geschewet/eines nach dem anderen zu erzehlen/was Gott gethan habe/vnder den Heyden durch seinen Dienst/ vnd Ambt: Cùm venissemus Ierosolimam introibat Paulus nobiscum ad Iacobum omnesque collecti sunt seniores, quos cùm salutasset narrabat per singula, quæ Deus fecisset in gentibus per ministerium illius, at illi cùm audissent, magnificabant Deum. Da wir gehen Ierusalem kamen/ gienge Paulus mit vns zu Iacobo, vnd kamen die Eltern alle dar. Vnd als er sie gegrüßt hette/ erzehlet er eins nach dem andern/ was GOTT gethan hette/ vnder den Heyden durch seinen Dienst vnd Ambt. Da sie aber das höretten/ preyseten sie Gott den HErren ıc.

Act. 21.

Vnd disses solle sein der jenige Zweck all vnserer Arbeit/ damit nemblich GOTT der HErr gegeprysen/ sein Barmhertzigkeit allen bekandt vnd die Gläubigen erfrewet vnnd auffberbawet würden. Wie solches der H. Vatter Chrysostomus mit folgenden Worten beweisen thut. Vides quam alienus est à fastu, narrabat per singula, quæ fecerat Deus, per ministerium illius, non vanæ gloriæ studio, sed Dei volens misericordiam declarare, & multo eos implere gaudio. Vide sagt weiter S. Chrysost: Quomodo audientes glorificaverunt Deum non Paulum. Sihe/ was maßen sie in Anhörung solcher Sachen/ GOTT/ vnd nit Paulum geprysen.

S. Chrys in Act. Apost.

Q 4

Beschluß.

Von den H.H. Aposteln bezeügt S. Marcus/ sagendt: Et convenientes Apostoli ad IESUM renunciaverunt illi omnia quæ egerant & docuerant. Vnd die Apostel kamen zu IESU vnd verkündigten jhme alles/ was sie gethan vnd gelehrt hatten. Auff gleiche Weiß sollen sich auch die Missionarij oder Verkünder deß Evangelij verhalten/ lehret Theophilactus sagendt: Apostoli postquam prædicaverunt, congregantur ad IESUM ut & nos discamus, si quando in ministerium mittimur, ne nos totos ab eo qui mittit, abripiamus, sed illum sciamus Caput, & ad eum redeamus annuciemusque ei omnia, quæ vel docuimus, vel fecimus &c.

Theophilactus in Cap. 6. Mar.

Nach deme die Apostel jhr Predig Ampt verricht/ haben sie sich zu IESU versamblet/ darauß wir zu lehrnen/ daß so wir zum Dienst geschickt werden/ wir vns mit gar von deme geschickt/ abziehen/ sonder selben allezeit für vnser Haupt erkennen/ vnd zu jhme widerkehren/ alles daß/ so wir gelehrt vnd verricht berichten. Krafft diser Lehr/ wie mit weniger zur Nachfolg der H. Aposteln vnnd Jünger Christi deß Hertzen/ obgeschribene Verrichtungen kürtzlich angezogen worden/ auß welchen zuersehen/ was gestalt die PP. Capuciner vnder den Mindern die mindste/ nit vergebens geloffen/ nach vmb sunsten gearbeitet/ sonder nit wentzer als andere in Außbreitung deß Evangelij gethan/ ob wir zwar nichts seynd/ sagen dahero mit dem H. Apostel Paulo GOTT dem Vatter Danck/ der vns gewürdiget/ vnd geschickt gemacht hat/ zu dem Erbtheyl der Heyligen im Liecht/ nit zwar das wir gnugsamb seyen etwas zuerdencken auß vns/ als auß vns selbsten/ sonder vnser vermögen vnd Gnügsambkeit ist von GOTT/ welcher auch vns geschickt gemacht hat/ Diener zuseyn deß newen Testaments/ nit deß Buchstabens/ sonder deß Geists/ dann der Buchstaben tödet/ aber der Geist macht lebendig ist. Dann vns ist auch geben vmb Christi wegen zu leyden/ allweilen wir gleichen Kampff deß Glaubens haben/ vermitelst dessen wir mit Hindansetzung aller Gefahr/ die Gehorsame erfüllet das Evangelium geprediget/ die Catholische Religion gemehret/ die Sünd vnnd Laster gestrafft/ den Glauben gepflantzt/ den Neben-Menschen erbawet/ GOtt gepryßen/ vnd dessen heyligsten Nammen in alle Welt getragen/ vnnd noch täglich zutragen vnd außzubreiten zu Ehr vnnd Glori GOTtes/ vnd Heyl deß nechsten nit ermanglen/ wol wüssendt/ wer kärglich sähet/ der wirdt auch kärglich abmehen vnd wer da säet in Benedeyungen/ der wird

2.Cor.12

Coloss.1. 2, Corint.3.

Philip.1.

2.Cor.9.

Summarischer Innhalt.

wird abnehmen in Benedeyungen ein jeder nach dem er in seinem Hertzen zuvor erwöhlet hat/ nit auß Traurigkeit oder auß Noth/ dann einen frölichen Geber hat GOtt lieb. dahero befleissen wir vns mit dem H. Apostel Paulo deß guten/ nit allein von dem Herren/ sonder auch vor allen Menschen/ wegen das Glori vnd Ehr vnd Frid allen widerfahren wird/ die guts würcken/ welches der liebe GOtt allen gnädiglich bescheren wolle/ die eines guten Hertzens vnnd Gemüths seynd/

2 Cor. 8.

Rom. 2.

AMEN.

INDEX

Oder

Summarischer Innhalt/

Deren Haupt-Sachen/ so in diser newen Jerosolomptanischen Bilgerfahrt ordenlich begriffen.

Besondere Ermahnungen dem Christlichen Bilger nothwendig zuwissen vnd zubeobachten fol. 1.
Anfang der Reyß fol. 7.
Von der Ankunfft des Erb-Feindes: Vnd wider ihne erhaltene Victori bey den Dardaneli fol. 26.
Was die Armada nach diser Victori vorgenommen/ wie sie für Tenedo gerucket vnd selbe Insul eingenommen fol. 34.
Von den 7. Kirchen Asiæ an welche der H. Joannes in Apocalipsi geschriben fol. 41.
Die Schiffart von Candia auff Joppe fol. 45.
Wie wir zu Ioppe ankommen vnd von dannen auff Ierusalem verreyßt fol. 52.

Summarischer Innhalt.

Auff was Weiß wir zu Ierusalem von dem R. P. Guardiano vnd den RR. PP. Franciscanis empfangen worden fol. 57.

Von der ersten Visitation der HH. Orthen was Gestalt wir selbe angestelt vnd volzogen fol. 58.

Was wir in der andern Visitation gesehen/ fol. 60.

Von dem Hauß Caiphæ deß Hohenpriesters/ fol. 61.

Was Gestalt wir die dritte Visitation vorgenommen/ fol. 63.

Von der vierdten Visitation fol. 70.

Von der fünfften Visitation deß Oelbergs vnd dessen vmbligenden Orthen/ fol. 76.

Von der Rayß nach Bethania vnd selbigen nechstgelegnen Orthen vnd Strätten/ fol. 81.

Von der aussern Gestalt der Kirchen deß H. Grabs vnd was vor dem Eingang zubezahlen/ fol. 88.

Von dem Eingang in die Kirchen deß H. Grabs vnnd was Gestalt wir die H. Orth visitiert fol. 90.

Die Capell der Erscheinung vnser lieben Frawen fol. 91.

Die Capell der Gefäncknuß Christi fol. 91.

Die Capell deß H. Longini fol. 91.

Das Orth da die Söldner über die Klayder Christi das los geworffen fol. 92.

Die Capell der H. Kayserin Helenæ fol. 92.

Die Capell der Schmach fol. 92.

Der Orth/ da Christus vnser Erlöser an das Creutz genaglet worden fol. 93.

Der Orth/ da Christus an dem Heyligen Creutz gehangen vnnd gestorben/ fol. 93.

Der Stein der Salbung fol. 97.

Das Grab Christi deß HErren/ fol. 97.

Von der Gestalt vnd Formb deß H. Grabs vnnd wie die Kirchen so über dasselbe erbawt innwendig beschaffen fol. 99.

Von der Ordnung der hochheyligen Aembtern bey dem H Grab Christi deß HErren fol. 100.

Von den Gräbern der Königen Balduini vñ Godefridi fol. 104.

Von Beschaffenheit der Statt Ierusalem vnnd wie sie dißmahl beschaffen/ fol. 112.

Von

Summarischer Innhalt.

Von underschidlichen Nationen vnd Völckern so die Statt Ierusalem bewohnen fol. 112.
Zu was Zeiten die Mindern Brüder S. P. Francisci in das H. Land erstlich ankommen fol. 113.
Von der Catholischen Nation fol. 115.
Von der Griechischen Nation fol. 116.
Von den Armeniern fol. 116.
Von den Nestorianern fol. 117.
Von den Gossieren fol. 118.
Von den Abisseneren oder Æthiopen fol. 118.
Von den Iacobitern fol. 119.
Von den Georgianeren fol. 119.
Von den Maroniten fol. 119.
Von den Juden fol. 120.
Von den Türcken so Ierusalem bewohnen fol. 122.
Von der Reyß nacher Bethlehem fol. 124.
Von Bethlehem der H. Statt vnnd wie die Krippen Christi JESU beschaffen/ fol. 126.
Von andern H. Orthen der Gegend Bethlehem. fol. 131.
Die Reyß über das Jüdisch Gebürg/ vnd wie die Wüste S. Ioannis Baptistæ beschaffen/ fol. 133.
Von den Ritterlichen Orden welche zu Ierusalem eingesetzt/ vnd ihren Anfang genommen/ fol. 137.
Von den Rittern deß H. Grabs Christi deß HErren/ fol. 137.
Von dem ritterlichen Orden S. Ioannis Ierosolymitani so Maleser Ritter genannt werden/ fol. 138.
Von den Tempel-Herren fol. 140.
Von dem Teutschen Orden fol. 140.
Von vnserer Abreyß von Ierusalem vnnd wie wir zu Ioppe ankommen/ fol. 142.
Von vnserer Ankunfft zu Prolomaida vnd der Rayß nach Nareth, fol. 145.
Von der Weite vnd Grösse deß H. Landes/ fol. 150.
Wie Gestalten wir zu Prolomaida abgereißt/ vnnd zu Tripoli ankommen/ fol. 152.
Von meiner Abreyß auß Syria in Cypren. fol. 157.
Von den Reichen/ Landen vn Titul deß Türckischen Kaysers fol. 160.

Summarischer Innhalt.

Nammen deß Türckischen Kaysers Königreich/ fol. 165
Die Hertzogthumb so der Türckische Kayser besitzt/ fol. 162.
Suldanatus ein Marggraffschafft/ deren verzeichnete Land unterworffen fol. 162.
Deß Türckischen Kayser Fürstenthum vnd Herrschafften f. 162
Wie und auff was Weiß dem Erb-Feind zubegegenen/ fol. 154
Von Machomets Geburt vnd Ursprung/ fol. 1
Von dem Vorhaben vnd schandtlichen sündigen Leben Machomets/ fol. 167.
Außzug der Machometischen Gesatz fol. 70.
Von der Türcken Fasten/ fol.
Von der Türcken Wallfahrten fol.
Wie Machomet die gantze Welt will Türckisch haben, 172.
Vom ellenden Todt Machomets fol. 176.
Von meines Abreyß auff Cypren fol. 177.
Etliche observationes vnd Kennzeichen der Winden fol. 181.
Außtheylung der zwölff vornembsten Winden fol. 181.
Gewisse Kennzeichen deß künfftigen Wetters oder Windes f. 183.

Von den Missionen deß Franciscaner-Ordens.

Copia eines Send-Schreibens/ welches von dem Ehrw. P. Pacifico della Scala, Predigeren/ Capucciner-Ordens fol. 185.
Befelch deß Groß-Türcken für die Capucciner zu Aleppo f. 188.
Kayserlicher Befelch/ deß Sultan Amurats, zu Befürderung der Seraphischen Religion S Francisci der PP. Capucciner f. 190.
Abschrifft eines Schreibens an den P. Guardian der Capucciner zu Messina fol. 192.
Bericht der Franciscaner-Ordens Provintzen Custodien Persohnen fol.
Von Anfang/ Zunemmen/ Auctorn oder Urhebern der Missionen in gemein fol. 209.
Kurtze Verzeichnuß etlicher Päbstlichen Decreten den Vättern Capuccinern anvertrawt vnd übergeben worden. Æthiopia fol. 219.
Ægyptus, Andalucia, Andro Insula fol. 220.

An-

Summarischer Innhalt.

Anglia, Anglia nova seu Canada vel Virginea fol. 221.
Aquitania, Barbaria fol. 222.
Benin, Bohemia & Moravia fol. 223.
Brasilia, Britaniæ Guinea fol. 224.
Burgundia, Canada vide Anglia nova, Candia seu Creta, Zefalonia vide Zazynthus, Carolovilla seu Caropolis fol. 225.
Colonia, Congo fol. 226.
Cinga, Dalmatia, Flandria & Holandia fol. 227.
Granata Insula, Græcia vide Orientalis Missio, Guinea, Helvetia fol. 228.
Hybernia fol. 233.
India Orientalis, India Occidentalis, Insulæ Maris Ægæi fol. 234.
Lotharingia Lugdunum fol. 235.
Mosolcina, Moræa, Moscovia, Normandia fol. 236.
Nizza Orientis, Missiones fol. 237.
Palatinatus Superior, Parisina Missio fol. 238.
Pedemonte Missiones Persiæ & America fol. 239.
Polonia Promontorij Missio, Provincia fol. 240.
Rhetia fol. 241. Sabaudia fol. 242.
Scota, Sedani fol. 243.
Styria, Tartaria magna seu magnum Mogor fol. 244.
Tarbaca fide Barbaria Tolosa fide Aquitania, Thynissa, Turonensis seu Britaniensis missio, Transyluania fol. 245.
Tyrolensis, Vallonia, Ungaria fol. 246.
Zazynthus fol. 247.
Kurtzer Bericht/ durch was Mittel erstens der Catholische Glauben in das Königreich Chinam gepflantzet vnnd eingeführt worden fol. 250.
Wie vnderschidliche Christliche Ordens-Leüth sich erstens bearbeitet/ den Catholischen Glauben in daß groß vnd hochberühmbte Königreich China einzuführen fol. 251.
Kurtze Relation oder Bericht von der Mission der PP. Capuciner in das Königreich Congo fol. 259.
Kurtze Relation der Bekehrung der Königin in Cinga fol. 290.

Ende deß Registers.

Errata

ERRATA.

Verbesserung etlicher Fählern.

Blatt/	Linien		lise.	Blatt/	Linien		lise.
11.	8.	Tramontano	Tramontana	39.	3.	30cc.	30000.
13.	35.	20000 0.	20000.	41.	2.	Palmoso	Palmosa.
15.	19.	genannt/	gewendt	45.	10.	Caro	Caso.
18.	4.	Barro	Borro	48.	14.	Coenobin	Canobim.
18.	10.	Ricca	Riua	53.	12.	Simeonis	Simonis.
18.	13.	Flocken	Flacken	56.	10.	Stein	Theyl
20.	30.	Idille	Idile	78.	11.	Aneritt	Aberitt
21.	5.	spulmieren	spalmieren	82.	5.	Antonius de Cost	Antonius de Castilio.
26.	3.	Ricca	Riua	161.	27.	Transiluaria	Transiluania.
26.	8.	Barro	Borro	165.	8.	Soreto	stretto.
26.	32.	ab	ob	187.	12.	Saria	Soria.
27.	5.	Natolice	Natoliæ	203.	16.	2.	1.
28.	2.	Buttaglia	Battaglia	204.	7.	Cochium	Cochinum.
28.	27.	Badcero	Badoero	217.	5.	Alexandro 7	Alexandro 6.
30.	3.	Natolice	Natoliæ	228.	10.	geringes	gelehrtiges
31.	2.	Barro	Borro	177.	15.	Halst	Holst.
31.	14.	Cad	Cad	238.	13.	mag	nach.
31.	17.	Prinli	Priuli	242.	24.	Chambeni	Chamberi.
36.	18.	21. Julij.	31. Iulij.				

Die übrigen Errores oder Fähler/ so eingeschlichen möchten sein/ wird der verständige Leser schon wissen zuverbessern.

Omnia ad majorem DEI, Deiparæq; Virginis
MARIÆ, ac Sanctorum Cœlitum honorem & Gloriam.

ENDE.

www.ingramcontent.com/pod-product-compliance
Lightning Source LLC
Chambersburg PA
CBHW021207230426
43667CB00006B/596